ELTON JOHN

A BIOGRAFIA

Para minha mãe e para meu pai,
Mabel e Harold Buckley,
com muito amor.

ELTON JOHN
A BIOGRAFIA

DAVID BUCKLEY

Tradução Catharina Pinheiro

Título original: *Elton John The Biography*
Copyright © Texto original de David Buckley, 2010
Copyright © Edição original de Carlton Books Ltd, 2010
© Companhia Editora Nacional, 2011

Todos os direitos reservados

Gerente Editorial	Silvia Tocci Masini
Editor	Isney Savoy
Assistente Editorial	Soraya Leme
Tradução	Catharina Pinheiro
Preparação de texto	Eliel Silveira
Coordenação de Arte	Márcia Matos
Foto da capa	Dave Hogan/Getty Images
Foto da quarta capa	Terry O'Neill/Hulton Archive/Getty Images

Dados Internacionais de Catalogação na Publicação (CIP)
(Câmara Brasileira do Livro, SP, Brasil)

Buckley, David
  Elton John : a biografia / David Buckley. --
São Paulo : Companhia Editora Nacional, 2011.

  Título original: Elton John : the biography.
  Bibliografia
  ISBN 978-85-04-01725-0

  1. John, Elton, 1947- 2. Músicos de rock -
Inglaterra - Biografia I. Título.

11-01928   CDD-782.42166092

Índice para catálogo sistemático:
1. Músicos de rock : Inglaterra : Biografia e obra
782.42166092

1ª edição - São Paulo - 2011
Todos os direitos reservados

Av. Alexandre Mackenzie, 619 – Jaguaré
São Paulo – SP – 05322-000 – Brasil – Tel.: (11) 2799-7799
www.editoranacional.com.br   editoras@editoranacional.com.br

SUMÁRIO

Agradecimentos 7
Nota do Autor 9
Prólogo, por Gary Osborne 11

Parte 1: O Nascimento de um Superstar 1947-1974
Capítulo 1: Meus Amigos Eram Objetos Inanimados 17
Capítulo 2: Dificilmente um Herói 32
Capítulo 3: Um Quarto 51
Capítulo 4: It's a Little Bit Funny 75
Capítulo 5: Um Novo Messias na Cidade 90
Capítulo 6: A Cat Named Hercules 113
Capítulo 7: E-L-T-O-N 131

Parte 2: O Colapso de um Superstar 1974-1987
Capítulo 8: Dois por Cento do Mundo Pertence a Elton 151
Capítulo 9: A Primeira Cortina Final 174
Capítulo 10: A Single Man: De Watford a Moscou 198
Capítulo 11: O Pôr do Sol de Nova York 213
Capítulo 12: I Wanna Kiss the Bride 230

Parte 3: Encontrando Elton John 1987-2006
Capítulo 13: Minha Carta de Despedida para a Cocaína 251
Capítulo 14: O Rei da Floresta 265
Capítulo 15: Celebricídio 284
Capítulo 16: Reabilitação Musical 301

Epílogo 327
Apêndice: Paul Buckmaster Conversa com David Buckley 329
Bibliografia 337
Discografia 347
Índice Remissivo 359

"O que é irônico é que depois que gravamos esse álbum nossa vida se tornou o título. Bernie tornou-se o Brown Dirt Cowboy, *vivendo em um rancho na Califórnia, criando cavalos para rodeio e touros ganhadores de prêmios, e eu me tornei o* Captain Fantastic, *viajando de um canto do mundo para a sua cidade, colecionando fotografias e arte e vivendo uma vida que não poderia ter imaginado nem nos meus sonhos mais ousados."*

Elton John disse, em 2005, por ocasião do 30º aniversário e do relançamento do álbum *Captain Fantastic and the Brown Dirt Cowboy.*

AGRADECIMENTOS

Enquanto escrevia este livro, tive a grande sorte de poder conversar e me corresponder com várias pessoas que conhecem Elton John como amigo ou colega. Em Liverpool, o escritor e locutor Spencer Leigh ofereceu uma ajuda enorme nas primeiras etapas do projeto, dando-me conselhos e ideias e fornecendo inúmeros contatos, entre os quais o do antigo colaborador de Elton, Gary Osborne, que por sua vez foi extremamente prestativo e forneceu o prólogo para esta edição. Chris Charlesworth, editor contratado da Omnibus Press, e nos anos 1970 jornalista do *Melody Maker*, também me deu uma ajuda generosa, tendo ido muito além do que lhe foi pedido.

Stephan Heimbecher, responsável pelo website Hercules Elton John, também forneceu muitas sugestões e correções úteis, enquanto minha esposa, Ann Henrickson, fez comentários de valor inestimável sobre o manuscrito. Também sou grato pelo enorme apoio que recebi de toda a família Buckley: minhas duas filhas, Louise e Elsa, meus pais, Harold e Mabel, Harold, Gill, John e Beth. Em Munique, gostaria de agradecer a David Blackshaw, Bob Adkins, Graham Johnstone, Ang: Andrews e Klaus Federa, e em Liverpool a Richard Freeman e Ron Moy.

Também quero agradecer às pessoas que entrevistei, especialmente a Clive Franks, que faz parte da equipe de Elton John desde 1972 e que conversou e trocou muitas correspondências comigo, e a Ray Cooper, que jantou e bebeu vinho comigo em Munique enquanto revivia sua carreira com Elton. Além disso, meus agradecimentos a:

Mike Appleton, Rex Bishop, Jet Black, David Bodoh, Paul Buckmaster, Brian Catlin, Kevin Cann, Chris Charlesworth, BJ Cole, Ray Cooper, David Costa, Geoffrey Davis, Kiki Dee, Peter Dobbins, Bobby Elliot, Stuart Epps, Gary Farrow, Clive Franks, Paul Gambaccini, Roger Greenaway, Bob Harris, Stephan Heimbecher, David Hentschel, Tony Hiller, Patrick Humphries, Mick Inkpen, Dylan Jones, John Jorgenson, Spencer Leigh, Simon Lewis, Charlie Morgan, Trudie Myerscough-Harris, Gary Osborne, David Paton, Mark Paytress, Helen Piena, Mal Pope, Sir Tim Rice, Mick Rock, Ken Scott, Phil Sutcliffe, John Taylor, Paul Trynka, Judie Tzuke e Elizabeth Wilcox.

Também tive o prazer de entrevistar o produtor Gus Dudgeon para o meu livro de 1998 sobre David Bowie, *Strange Fascination*. Algumas das citações de Gus presentes no livro foram tiradas dessa entrevista.

Finalmente, quero agradecer aos meus editores da Carlton Books, Lorna Russell, Penny Craig e Ian Gittins (de quem foi a ideia), à designer Lucy Coley e ao pesquisador de imagens Steve Behan; e também ao meu agente, Ros Edwards, por ter guiado o livro da ideia à realidade.

NOTA DO AUTOR

Elton é uma das pessoas mais famosas do mundo. Ele acumulou mais em seus sessenta anos do que qualquer músico vivo: mais triunfos, mais desastres, mais diversão e, é claro, mais músicas. Foi uma vida vivida ao máximo, tanto em sua fraternidade quanto no seu entusiasmo quase infinito pelo mundo e tudo que há nele.

Quando era criança, eu pensava que ele era americano, e me surpreendi ao descobrir que na verdade ele era inglês. Seu vocal americanizado me irritava. Contudo, eu adorava *Goodbye Yellow Brick Road*, e tive permissão para ficar acordado na véspera de Natal para assistir a seu maravilhoso Hammersmith Odeon Show na BBC 2. Nos anos 1970 e 1980, comprei alguns de seus compactos e álbuns, mas nunca fui um grande fã. O mais perto que já cheguei dele – tanto musical quanto fisicamente – foi no Live Aid, quando uma limusine que conduzia Elton e Renate parou a metros de distância da fila para entrar em que eu e meu irmão estávamos. Para mim, ele pertencia ao lado do entretenimento leve da indústria musical; eu não o via como parte da cultura do rock.

A pesquisa para este livro foi, portanto, uma revelação. Como muitos outros, suspeito que no passado cometi o erro de encarar suas baladas sentimentais com desprezo sem perceber que elas eram apenas um aspecto de seu histórico musical. Sem dúvida, Elton gravou mais músicas excelentes do que você pode imaginar e pode se gabar de um catálogo cheio de momentos brilhantes. Assim, meu livro tenta contar sua impressionante história de vida ao mesmo tempo que lembra o leitor do motivo original que fez dele um astro de sua grandeza, principalmente por relembrar suas músicas, álbuns e apresentações ao vivo. Embora este livro não seja autorizado e tenha sido escrito sem a cooperação de Elton ou de sua equipe empresarial, conversei com muitas pessoas que tiveram papel importante em sua história.

Elton John já foi um cantor de blues, cantor-compositor, ícone do glam rock, viciado em drogas, um homem casado, um resmungão, um arrecadador de fundos e filantropo incansável, um homem casado (pela segunda vez) e, finalmente, uma lenda viva controversa. Esta é sua história.

David Buckley, Munique

PRÓLOGO POR GARY OSBORNE

Elton estava de joelhos no chão a um canto do meu quarto. "Osborne!!!", ele gritou enquanto eu olhava do meu tabuleiro de gamão. "Passei quase uma hora examinando a sua coleção de discos e acabei de perceber que você não tem nenhum dos meus malditos álbuns!" "O que você quer que eu faça?", perguntei, "que fique aqui sentado ouvindo seus discos antigos? Já falei que não era seu fã. De qualquer forma, tenho certeza de que tenho alguma coisa sua lá, não tenho?" "Só *Yellow Brick Road*", ele respondeu. "Bem, este é o seu melhor, não é?", eu disse, tentando consertar a situação. "Eu o adoro." "Tarde demais", disse Elton.

Na noite seguinte, um mensageiro me entregou uma cópia de cada álbum, compilação, trilha sonora e álbum pirata já lançados de Elton. Ainda pretendo ouvir muitos deles.

Em primeiro lugar, éramos amigos. Kiki e Davey moravam em Los Angeles e costumavam ficar hospedados comigo e minha companheira, Jenny, quando iam à Inglaterra, enquanto Elton morava em Windsor e com frequência também aparecia quando estava na cidade. Assim, durante dois anos nós todos simplesmente nos divertíamos juntos, jogando, ouvindo música, assistindo à tevê, indo a shows no West End, a concertos em Wembley e às partidas de futebol do Watford. Ríamos e brincávamos como pessoas comuns. Bem, quase isso.

Elton conhecia o meu trabalho; ele tinha *The War Of The Worlds* mesmo apesar de não ter sido lançado. Eu também havia escrito as letras para três músicas de Kiki que ele havia produzido (inclusive "Amoureuse"). Então, quando ele finalmente tocou a melodia de "Shine On Through" para mim e me pediu que escrevesse a letra, não estranhei nem um pouco; mas isso mudaria a minha vida para sempre. Ao longo dos cinco anos seguintes, Elton se tornaria meu maior colaborador e um dos amigos mais queridos.

Como letrista, escolho minhas palavras com muito cuidado, então você pode acreditar em mim quando digo que Elton é a pessoa mais talentosa, carismática, generosa e engraçada que já conheci, e tenho grande orgulho dele. Tenho orgulho dele por suas lindas músicas, por sua habilidade de emocionar o público, por sua honestidade ao "sair do armário" quando saiu e pelo trabalho incrível que ele realizou na arrecadação de fundos e na conscientização sobre as pessoas acometidas pela aids. Tenho orgulho dele porque, mais do que qualquer um que já conheci, Elton John fez a diferença.

Se isso soa como uma carta de amor, de várias formas é isso mesmo que é, pois Elton é o único homem que já partiu meu coração. Contudo, antes que você comece a sentir pena de mim, por favor, lembre-se de que um coração partido de vez em quando é a coisa mais útil que pode acontecer a um letrista. Assim, até nisso Elton me fez um favor. De qualquer forma, os corações tendem a se recuperar, e, a não ser por uma pequena cicatriz, o que me restou foram ótimas músicas, memórias fantásticas, direitos autorais e a casa que "Blue Eyes" comprou para mim. Isso é ruim?

Elton sempre deu aos amigos mais do que qualquer um já lhe deu, mas se alguma acusação pode ser feita contra ele, como acontece a todos, é a de ter dificuldade para "acabar as coisas". Os finais infelizes são um tema recorrente neste livro, e, de certa forma, posso dizer que me dei melhor que muitos.

Tive intimidade o bastante, por tempo suficiente, com ele para ver isso acontecer com pessoas que eu sabia que Elton realmente adorava, pessoas como Dee, Nigel, Ray, Gus e até Davey. Assim, eu estava preparado para o fato de que eventualmente um daqueles "finais infelizes" inevitavelmente viria para mim. Não obstante, fiquei devastado ao tomar conhecimento por um jornal de que, apesar do recente sucesso mundial de "Blue Eyes", eu não trabalharia mais com Elton. Tentei não levar isso muito para o lado pessoal, mas, mesmo agora, depois de vinte anos. Sonho com frequência com Elton, e até certo ponto há uma dor que nunca desaparece.

É uma dádiva para Elton o fato de ele inspirar grande lealdade. Até onde sei, ninguém que tenha sido realmente íntimo dele jamais foi aos jornais com algum tipo de fofoca que lhe renderia muito dinheiro. Eu, por exemplo, teria com satisfação ido para o túmulo jurando que nunca vira Elton se drogar. Felizmente, ele poupou a nós todos de termos de viver essa mentira ao ficar limpo e transformar sua vida, o que é outra razão para que eu tenha orgulho dele.

Elton tem sido Elton John por muito mais tempo do que foi Reg Dwight, portanto tornou-se muito bom nisso. E como tem a compleição de um boi e a energia de uma pequena nação, espero que ele ainda nos surpreenda mais algumas vezes antes de terminar. Para mim, a maior surpresa até agora é o fato de ele ter conseguido sobreviver a décadas de poder, pressão e bajulação sem ter enlouquecido. Tenho certeza de que a esta altura eu estaria completamente louco.

Como eu, David Buckley chegou a Elton John como um admirador, e não como um fã, e a abordagem que usou no livro não seguiu nenhum plano além de relatar com o máximo de precisão possível a vida extraordinária de um dos maiores compositores e intérpretes de todos os tempos. A força de Elton na indústria do entretenimento só pode ser comparada à dos Beatles e à de Noel Coward, e capturá-la em um livro não é para qualquer um. Suspeito que, como eu, ao longo do caminho David Buckley acabou se tornando um fã mesmo sem querer. Um dos livros mais respeitados escritos anteriormente sobre Elton cobriu os anos durante os quais convivi e trabalhei com ele em duas páginas, sem que o autor em nenhum momento tenha tentado me entrevistar. Buckley passou quase um ano conversando com cada colega de Elton com quem conseguiu entrar em contato, e isso fica claro. Este não é o primeiro livro que já li sobre Elton... mas é o melhor.

PARTE 1
O NASCIMENTO DE UM SUPERSTAR 1947-1974

CAPÍTULO 1

MEUS AMIGOS ERAM OBJETOS INANIMADOS

"Aos 40, ou você será um tipo de office boy *consagrado ou será um bilionário."*
Bill Johnson, professor de história de Reginald Dwight

"I had a quit-me father, had a love-me mother,
I had Little Richard and that black piano."
("Eu tive um pai que me abandonou, uma mãe que me amou,
tive Little Richard e aquele piano preto.")
"Made in England"; letra: Bernie Taupin; música: Elton John.

Sentado em um *pub* em frente a um piano maltratado, um adolescente folheia um bloco de partituras. É domingo, 10h da noite, e Reg Dwight está cantando – senão pelo jantar, pelo seu futuro. Antes do crédito fácil, os jovens economizavam para poder satisfazer suas necessidades "básicas". As necessidades básicas de Reg são um piano elétrico e um amplificador. Um músico à mercê do piano da casa podia sair do tom a noite inteira, e um bom equipamento significava ter ao menos controle parcial sobre a qualidade da música.

Como jovem da cidade e membro da banda Bluesology, oferecer entretenimento em um *pub* é um meio óbvio de levantar fundos. Além disso, Reg toca como "artista da casa" em um *pub* local no Northwood Hills Hotel às sextas, sábados e domingos – noites em que o Bluesology não se apresenta. Ao contrário da maioria dos músicos locais apaixonados por rock, pop e soul, Reg sabe ler música e toca com mais competência. Na verdade, de acordo com os amigos, "o filho da mãe é bom mesmo". Ele arrasa com um rock'n'roll ianque até com uma colher na boca, martelando o teclado com seus dedos grossos de forma percussiva para se adiantar um pouco na melodia. Ele também canta as baladas irlandesas sentimentais, os sucessos atuais de Jim Reeves e os clássicos dos *pubs* que todo mundo acompanha. Além disso, também se sai muito bem no soul e no pop mais leve. A verdade é que ele consegue dar aos malandros mais ou menos o que querem, e quando se tem apenas dezessete anos isso não é nada mal.

Aqui e ali surgem alguns momentos desagradáveis, como quando homens bêbados expressam sua insatisfação com o repertório da noite ameaçando "derramar" cerveja amarga no piano de Reg (que, considerando a qualidade da terrível cerveja de tonel, provavelmente seria o melhor lugar para ela). Mas, desde a chegada do cigano que assumira o posto de seu guarda-costas no *pub*, geralmente não há grandes problemas. Ademais, uma cigana ruiva está bastante interessada em Reg.

Para decepção de seus pais, mas para seu alívio, Reg – que na verdade é um rapaz muito inteligente – acabou de abandonar a escola um semestre antes das provas para o nível avançado (*A Levels*) em inglês e música. Ele já decidiu qual será seu futuro. Um emprego como assistente na Mills Music, editora musical com sede na Denmark Street, Londres, é irresistível para alguém para quem a música é a própria vida. Com um salário de 5 libras para preparar chá e fazer as vezes de contínuo, Reg passa o tempo livre analisando as paradas de sucessos, comprando discos, indo a apresentações, ouvindo rádio e consumindo a música com um desejo que faz dele um verdadeiro fanático. Em seu pequeno quarto, pilhas de discos estão organizadas em ordem alfabética. Ele sabe quem compôs os lados B, qual o selo de cada disco e quem mais gravou as músicas. Dificilmente alguém mergulhou tão fundo na música popular quanto o jovem Reg Dwight.

Contudo, o grande problema do aspirante a músico é o sexo – ou melhor, o apelo sexual, que lhe falta completamente. Ele é um rapaz gordinho no qual nada cai bem. Na escola, apesar de não ter problemas de visão, usava óculos com armações pretas grossas em homenagem a um de seus heróis da música, Buddy Holly. Na verdade, o uso dos óculos escuros prejudicou sua visão, e agora os óculos que ele usa são de verdade. Acima do peso e já exibindo os primeiros sinais de calvície, ele lembra mais Piggy, de *O Senhor das Moscas*, ou Billy Bunter do que qualquer rapaz do r'n'b e da explosão do Merseybeat que então dominam as paradas britânicas. Reg não é de forma alguma feio, mas, na época dos Beatles, dos Stones e dos Kinks, tem uma aparência muito comum.

Ninguém poderia adivinhar que em menos de dez anos o gentil Reg Dwight, com seu amor por trocadilhos e apelidos tolos para todos que conhecia, seria responsável por mais de 3% de todos os discos vendidos anualmente nos Estados Unidos. Porém, o material genético do rock'n'roll tem uma forma de realizar as mutações mais estranhas que foge a todos os padrões. Ao longo dos meses seguintes, se tornaria claro que Reg Dwight era mais que um mero cantor de *pub*. Esse rapaz tímido e introvertido da classe média baixa se tornaria a maior estrela musical de sua geração e um dos personagens mais famosos e acompanhados pela mídia na história da cultura popular. Ao adotar o *alter ego* de Elton Hercules John, Reg sofreria uma mutação que transformaria o garoto gordinho que ninguém amava no extravagante, reluzente e coberto por lantejoulas da música popular. Esta é a história dessa transformação quase inacreditável.

★ ★ ★

Elton John nasceu Reginald Kenneth Dwight no dia 25 de março de 1947. Seu pai, Stanley Dwight, comandante de esquadrão da Força Aérea Real, casara-se com sua mãe, Sheila Harris, em janeiro de 1945, e, como muitos casais recém-casados, haviam ido morar com os pais de Sheila, Fred e Ivy Harris, no número 55 da Pinner Hill Road, Pinner, uma *council house*[1] semigeminada. O casal havia se conhecido em 1942, quando Stanley servia na Força Aérea Real e Sheila, então com dezesseis anos, trabalhava para a United Dairies entregando leite. Stanley foi promovido e tornou-se tenente em 1947. As transferências frequentes forçavam-no a passar muito tempo longe de casa.

A música estava no sangue da família Dwight. Edwin Dwight, pai de Stanley, fora cornetista da banda de metais de uma fábrica de cabos de Callander, em Belvedere, Kent. Stanley, que nasceu em 1925 e tinha cinco irmãos, era por sua vez trompetista na Bob Miller and the Millermen. Mal havia aprendido a andar, Reginald Dwight já tocava melodias simples no piano de armário com uma facilidade surpreendente. Mas era a mãe de Reg, e não o pai, que parecia mais disposta a encorajar o talento inato do menino, juntamente com a avó de Reg, Ivy, e uma tia que também tocava piano, Win. Tanto Ivy quanto Win sentavam-se com o pequeno Reg no colo em frente ao piano para estimulá-lo.

Estava claro que Reg Dwight já havia descoberto a área em que podia se destacar. Seus boletins escolares ao longo dos anos descrevem um estudante pouco acima da média, com intelecto modesto na maioria das matérias, bom o bastante para passar de ano. Ao sentar-se ao piano de armário de casa, contudo, o jovem parecia outra pessoa. Ainda muito pequeno, Reg já era capaz de tocar

---

1. No Reino Unido, tipo de moradia pública construída e administrada por conselhos locais. (N. da T.)

uma música de ouvido. Aos três anos, seus pais ouviram-no tocar uma versão rudimentar de *Les Patineurs*, uma peça memorável do compositor francês do final do século XIX Émile Waldteufel e um sucesso da época. Embora a essa altura só conseguisse tocar em dó, todos podiam ver que Reg, ainda que não fosse um prodígio musical, era um pianista talentoso com um ouvido fantástico. Ele era capaz de ouvir uma melodia apenas uma vez e em seguida reproduzi-la praticamente nota por nota.

"Quando tinha quatro anos, costumávamos colocá-lo para dormir durante o dia e acordá-lo para tocar nas festas à noite", Sheila confessou. Mesmo antes de Reg ir para a escola, ele já sofria certa pressão para se apresentar. A habilidade de tocar diante de uma plateia, fosse uma dúzia de familiares e amigos, fosse dezenas de milhares de clientes pagantes, seria a chave para o futuro sucesso do músico iniciante. Muitos músicos tiveram a carreira frustrada pelo medo do palco, mas Reg Dwight mostrou-se confiante praticamente desde o início.

Aos cinco anos, Reg começou a estudar piano com uma professora local, a senhora Jones. Aos seis, quando lhe perguntavam o que ele queria ser quando crescesse, ele respondia resolutamente que pretendia ser um pianista clássico. Uma fotografia de 1952 mostra Reg de blazer e calça curta, cabelos partidos com precisão, sentado ao piano com as mãos sobre as teclas brancas. Sorrindo com carisma, o rosto meio de perfil, ele parece estar tirando sua primeira foto publicitária.

A música era a maior paixão na família de Dwight. Em uma época em que ainda era o meio predominante de entretenimento para a família de classe média, o rádio dominava o centro da casa. De acordo com Elton, ele estava sempre ligado: "Cresci com Frank Sinatra, Rosemary Clooney e Nat King Cole. Eu esperava ansioso pelo domingo, quando tocavam coisas como *Family Favourites*, *Round The Home* e *Educating Archie*. Eu gostava de peças que faziam os neurônios funcionar. Fico feliz por ter nascido nessa época e ter tido o privilégio de ouvir tantos programas excelentes de rádio".

A mãe e o pai do jovem Reg eram consumidores assíduos de discos. "Eu tinha entre três e quatro anos quando comecei a ouvir discos", ele disse. "Os primeiros discos foram os de Kay Starr, Billy May, Tennessee Ernie Ford, Les Paul, Mary Ford e Guy Mitchell. Nasci naquela era." Johnnie Ray também estava entre os favoritos. No período imediatamente pré-rock'n'roll, seu pai parecia disposto a colocar um repertório mais adulto na cabeça do filho. "Ele realmente me influenciou", Elton diria mais tarde. "Costumava colocar os discos de George Shearing [pianista de jazz] para mim. É incomum ver uma criança com quatro anos de idade apreciar George Shearing." Quando tinha sete anos, o pai de Reg lhe deu *Songs For Swinging Lovers*, de Frank Sinatra, de presente. "Não é o presente ideal para um garoto de sete anos", Elton conclui. "Na verdade, eu queria uma bicicleta."

No Reino Unido, a música que Reg achava mais inspiradora era o *skiffle*: "Comecei a gostar de *skiffle* com Lonnie Donegan", ele contou à BBC em 2002. "Ele foi o primeiro que vi tocar algo diferente na televisão britânica. Era fantástico ver alguém mudar tanto a música". Contudo, o primeiro verdadeiro amor de Reg foi o rock'n'roll americano. "Peguei uma edição da *Life*", ele explicou. "Havia uma foto de Elvis Presley na revista. Eu nunca vira nada parecido." Na mesma semana, sua mãe chegou a casa com dois compactos clássicos da infância do rock'n'roll, e Reg foi capturado.

"Minha mãe me apresentou ao rock'n'roll", Elton contou em 1971. "Um dia, ela chegou em casa com 'ABC Boogie', de Bill Haley, e 'Heartbreak Hotel', de Elvis Presley. Ela sempre acompanhou o progresso." Em pouco tempo, ele seria igualmente fisgado pelo charme dionisíaco do monstro do piano Jerry Lee Lewis. Os primeiros discos que Reg Dwight comprou foram "She's Got It" e "The Girl Can't Help It", de Little Richard. "Mas os primeiros 45 rpm que tive foram 'Reet Petite', de Jackie Wilson, e 'At The Hop', de Danny And The Juniors", ele contou a Timothy White, da *Billboard*, em 1997.

Como aconteceu a muitas outras crianças dessa época (e, se pensarmos bem, a tantos futuros músicos), foi Little Richard quem o impactou mais. Havia algo perigoso na música, algo sobrenatural na combinação de sons que parecia funcionar mesmo em sua completa falta de sentido: "A-Wop-bop-a-loo-lop a-lop-bam-boo". Também havia algo radical e diferente no próprio homem, que usava ternos elegantes e ao mesmo tempo cabelo bufante e maquiagem, o que lhe dava ao mesmo tempo uma aparência sedutoramente atraente e transgressora. Outros roqueiros, como Elvis, podem ter sido mais bonitos; outros, como Jerry Lee Lewis, podem ter sido possuídos pelo espírito do perigo e da rebeldia com mais autenticidade; mas Little Richard exibia algo mais impressionante: uma versão do homem que parecia zombar da masculinidade.

"Bem, estávamos prontos para aquilo na Inglaterra", Elton diria mais tarde. "Até aquele ponto, as músicas que ouvíamos eram muito certinhas e apropriadas. Depois, tivemos coisas como 'All Shook Up', cujas letras eram muito diferentes de Guy Mitchell cantando 'Singing The Blues'. De repente, tínhamos Bill Haley cantando 'Rock Around The Clock', Little Richard gritando 'Tutti Frutti' – em termos de letra, era um cenário completamente novo. Algo simplesmente explodiu."

Elton refletiria essas duas inspirações em seu talento emergente: "Jerry Lee Lewis sempre foi a minha maior influência. Ele é o melhor pianista de rock'n'roll de todos os tempos. Não consigo tocar como ele porque ele é rápido demais. Tenho mãos terríveis para um pianista – dedos de anão. Toco mais como Little Richard. Costumava ir ver Little Richard no Harrod's Granada. Ele pulava no piano e eu pensava: 'Queria ser ele'".

O adolescente Reginald Dwight também admirava um pianista de um gênero diferente: Winifred Atwell. Nascido em 1914, Atwell estudou música clássica em Nova York e depois mudou-se para Londres e para a Decca Records, onde seu piano estilo cabaré produziu vários sucessos, incluindo "Poor People Of Paris", que alcançou o primeiro lugar das paradas quando Reg tinha nove anos. Mais tarde, Reg desenvolveria um estilo percussivo semelhante de tocar. Mas os tons e nuances musicais que ele aplicaria ao seu som, da música clássica ao country e do rock'n'roll às baladas, eram o resultado direto do seu gosto musical completamente desprovido de preconceitos.

Para um filho único, discos de música assumiam uma importância incrível como artefatos. Seu amor pela música ia além do mero amor pelo som. A aparência e a sensação produzida pelo toque dos discos tinham igual importância. Quando se tornou adulto, e por sinal muito abastado nesse quesito, colecionar discos tornou--se uma obsessão. Aos 25 anos, Elton John era uma loja de discos e feira de arte ambulante. Olhando para trás e para o jovem que foi, ele refletiria com melancolia: "Eu comprava discos e os catalogava. Conseguia dizer os selos de todos e depois os colocava em uma pilha para checá-los. Eu gostava das coisas que tinha. Enquanto crescia, meus amigos eram objetos inanimados, e até hoje acredito que eles têm sentimentos. É por isso que guardo tudo, para me lembrar de quando me deram um pouco de felicidade – o que é mais que os seres humanos jamais me deram".

Na infância, Reg Dwight gostava de esportes – críquete, tênis e futebol. Infelizmente, sua escola secundária – a Pinner County Grammar, que frequentou de 1958 a 1965 – era especializada em rúgbi, e lá não se jogava futebol. Apesar disso, o jovem Reggie apaixonou-se pelo Watford FC e estabeleceu um relacionamento com o clube que duraria por toda a vida. Quando adulto, ele se tornaria aficionado não apenas pelo futebol mas também pelo tênis, além de ser bem informado em todos os assuntos relacionados aos esportes.

O primo de Reg, Roy Dwight, jogou pelo Nottingham Forest na final do campeonato de 1959. O gol que ele fez contribuiu para a derrota de 2 a 0 do Luton Town. Depois de marcar logo aos 9 minutos do primeiro tempo, Roy quebrou a tíbia em uma disputa pela bola aos 33 minutos e acabou assistindo ao segundo tempo no hospital, recusando-se a fazer radiografia até o fim do jogo. Como na época não havia reservas, o Forest teve de jogar com apenas dez homens no segundo tempo.

Em entrevistas dadas na década de 1970 e posteriormente, a amargura de Elton em relação ao pai é um tema recorrente. Em uma entrevista de 1976 para a *Playboy* ele reinventou a história ao afirmar: "Meu pai só me viu depois de dois anos. Eu tinha dois anos quando ele voltou da Força Aérea. Ele nunca havia me visto. E já começou mal, porque mamãe disse 'Você quer subir para vê-lo?', e papai respondeu 'Não, posso esperar até amanhã de manhã'".

Entretanto, como o biógrafo de Elton Philip Norman apontou, não foi isso que ocorreu. "Na época, Stanley Dwight ocupava um posto em casa, com a unidade Número 4 de manutenção da RAF nos arredores de Ruislip", Norman escreveu em *Sir Elton: The Definitive Biography*. "Ele estava em casa quando Reggie nasceu e registrou o filho no dia seguinte. Stanley continuou no posto de Ruislip durante o primeiro ano e meio de Reggie, mas vivia fora da base: voltava para casa, para a esposa e para o bebê toda noite como qualquer trabalhador de Metroland."

Em 1949, Stanley Dwight foi transferido para Basra, no Iraque, e ficou desolado por ter de ficar longe do filho. "No primeiro Natal que passaram separados, ele entrou em contato com a Hamleys, loja de brinquedos do West End, e pediu que um quadriciclo – o primeiro de muitos automóveis – fosse entregue a Reggie", observou Norman. Contudo, a realidade é que Reg Dwight e seu pai nunca se aproximaram, e Reg nem sequer compareceu ao funeral do pai em 1992. Um casamento que estava se desintegrando e as brigas e silêncios inevitáveis criaram uma atmosfera de tensão desagradável para o menino.

"Meus pais discutiam muito quando eu era criança", Elton contou ao *Sunday Telegraph* em 1997. "Eu me trancava no quarto. Meu pai chegava a casa e eles brigavam. Eu ficava só esperando. E vivia com medo." Ele também atribuiu a transformação de filho único em *superstar* extrovertido a sua necessidade de atenção. "Não acho que vim de uma família problemática, mas quando seus pais não se dão bem você tende a se isolar no seu próprio mundo. O meu era a música, e ela tornou-se a minha vida. Todo artista começa pedindo atenção: 'Adoro fazer isso, mas quero aplausos e a confirmação de que sou bom'." Na verdade, pedir atenção seria um tema recorrente da vida de Elton John.

Na infância, Reggie estava longe de ser um rebelde. Ao contrário, como ocorre a vários outros futuros músicos e artistas, sua infância e adolescência foram marcadas por sentimentos profundos de insegurança e solidão. Mais tarde, ele se lembraria de que era "tímido demais para dizer 'bu' para um ganso". Surpreendentemente, mesmo nos dias de hoje Elton continua exibindo um constrangimento e uma timidez naturais fora do palco na presença de qualquer pessoa, com exceção de seus amigos mais íntimos. Ele evita fazer contato visual, mexe os pés e fala distraidamente com a cabeça baixa.

"Na infância, eu ficava sempre à margem de tudo", disse a Tony Parsons em 1995. "Não fazia parte da gangue. Quando ia ao cinema com colegas, eu era sempre o último a ser convidado. Acho que ser criado por mulheres moldou a minha personalidade, pois eu passava muito tempo sozinho no meu quarto ouvindo discos. Isso me tornou um solitário. Tornou-me tímido com outras crianças. Eu criei meu próprio mundo. Já naquela época, estava imerso na música e nos discos." Seu pai era um disciplinador que achava necessário compensar a criação de Reggie por mulheres com músculos e regras. Reg foi um mimado, e Stanley achava necessário corrigir isso, mas sua atitude obviamente tornou-o pouco popular aos olhos do filho.

Stanley também desaprovava a carreira escolhida pelo filho. Em uma entrevista para a *Time* em 1975, sua mãe lembrou de uma carta que Stanley mandou de outro continente avisando que Reg, então com dezesseis anos, "devia tirar essa besteira de pop da cabeça, ou vai acabar se tornando um selvagem. Ele devia arranjar um emprego mais estável na British European Airways ou no Barclays Bank".

Enquanto isso, a carreira de Stanley na RAF estava em ascensão, e em 1953 ele se tornou comandante de esquadrão. Depois de um segundo posto no Iraque, ofereceram-lhe um posto duradouro na RAF Medmenham, em Marlow, Buckinghamshire. A família mudou-se da Pinner Hill Road para a modesta casa geminada no número 11 da Potter Street, Northwood, a 3 quilômetros da Pinner Street. A vida ali continuava infeliz. Philip Norman posteriormente diria que "a associação a essa modesta vila se tornaria tão constrangedora que mais tarde, quando a vida anterior de Reggie passou a atrair interesse dos jornalistas, ele sempre a omitiria da cronologia". A mãe e o pai de Reg estavam juntos "pelo bem do filho", e em 1960 Stanley partiria outra vez, agora para um posto em Harrogate, Yorkshire.

A atmosfera na família Dwight era tensa e silenciosa. Reginald fazia amizade principalmente com meninas. Sua gentileza e charme pessoal tornavam-no um acompanhante popular, ainda que inofensivo. É claro que sexo nunca era mencionado. "Na escola eu me apaixonava, mas nunca fiz sexo com ninguém, nem com meninos nem com meninas, até ter mais ou menos 23 anos", Elton disse ao ser entrevistado por Neil Tennant, dos Pet Shop Boys, em 1998. "E depois foi como um vulcão. Simplesmente saiu; foi um grande alívio. Nunca tive nenhuma educação sexual na escola. Sexo nunca foi discutido."

"Na primeira vez em que me masturbei tive dor. Fiquei tão aterrorizado. E meus pais descobriram, porque eu estava de pijama. E então acabaram comigo por isso. Sexo era algo completamente assustador. Na escola, todo mundo se gabava do sexo. Enquanto isso, eu estava louco para ser molestado. Quando comecei a fazer terapia, meu terapeuta disse: 'Tenho de perguntar se você foi molestado'. E eu respondi: 'Não, mas estava louco para ser molestado por alguém – só para aprender, só para descobrir, entende?'."

A mesma abordagem rígida era aplicada a outra grande obsessão adolescente – as roupas. Qualquer tentativa de comprar roupas que sequer lembrassem o que estava na moda era censurada ou proibida por seu pai. Hush Puppies eram considerados inaceitáveis. Fotografias do adolescente Reggie mostram um menino vestido com formalidade, sem nenhum dos adereços estilo Teddy Boy que eram tão populares na época.

A criação de Reggie mais tarde influenciaria a vida de Elton John de duas formas importantes. O fato de ter sido filho único lhe deu uma natureza levemente mimada e teimosa, além de uma atitude de autoapreço que emergiria em inúmeros rompantes infames ao longo dos anos. A relativa falta de intimidade com o pai talvez tenha inevitavelmente levado o Reg adulto a sentir-se inseguro em relação à afeição dos outros e à sua incapacidade de aceitar amor ou admiração prontamente. Não obstante, ele foi ambicioso e determinado desde cedo, extremamente – e talvez de maneira exagerada – competitivo e completamente concentrado na música. "Sinto-me como se estivesse vivendo minha vida à velocidade máxima, como se agora eu fosse a criança que deveria ter sido aos oito anos", ele confessou em 1975.

À medida que Reg tornava-se um pianista talentoso, seu pai deixava claro que era contrário a quaisquer noções fantasiosas ou boêmias de que ele deveria levar sua opção a sério. "Eu tinha um relacionamento difícil com meu pai porque tinha medo dele, mas agora entendo tudo", Elton refletiu em 2000. "Ele queria que eu tivesse um emprego estável. Eu queria outra coisa." Seu pai queria que Reg escolhesse uma carreira mais convencional, como a bancária por exemplo. "Ele não queria que eu me dedicasse à música, e eu nunca conseguirei entender isso, porque ele era trompetista de uma banda", Elton disse à *Playboy* em 1976.

De acordo com Elton, o relacionamento de Reg Dwight com seu pai era na melhor das hipóteses distante e na pior quase inexistente. "Acho que a única coisa que lamento na vida é ter tido uma infância ruim", ele disse em 1973. "Quero dizer, não me batiam na cabeça com uma caçarola a cada três minutos. Mas meu pai e minha mãe não se davam bem, então eu não tinha muitos amigos nem nada disso, e era muito introvertido mesmo. Acho que agora estou me rebelando contra isso. É por esse motivo que faço todas essas coisas, pois nunca me deixaram sair nem fazer nada."

Desenvolvendo o tema alguns anos depois, ele acrescentou: "Na infância, eu tinha um complexo de inferioridade terrível. Meu pai não estava nem um pouco interessado em mim e era um esnobe, o que eu detestava. Eu não podia brincar no jardim, pois podia quebrar uma roseira – essas coisas, entende? Eu ficava paralisado de medo diante dele. Morria de medo quando ele vinha para casa". Com mais amargura ainda, Elton declarou em 1976: "Meu pai era tão estúpido comigo que chegava a ser ridículo. Eu não podia comer aipo sem me meter em encrenca".

O casamento de seus pais finalmente terminou em 1962, quando Sheila admitiu ter cometido adultério. Durante o tempo em que Stanley serviu em Harrogate, Sheila começou um relacionamento com o afável Fred Farebrother, construtor e decorador local. Meses depois, Stanley se casaria com outra mulher – Edna, uma técnica de laboratório de 33 anos que conhecera em Harrogate.

Juntos, eles teriam quatro filhos em quatro anos, um fato com o qual o adolescente Reg achava difícil lidar.

"Quando meus pais se divorciaram, houve uma época em que me senti triste pela forma como minha mãe havia sido tratada", ele refletiria mais tarde. "Quando eles se divorciaram, ela teve de arcar com todas as despesas. Ela meio que desistiu de tudo e teve de admitir ter cometido adultério quando ele estava fazendo a mesma coisa pelas costas dela e fazendo-a pagar por isso. Ele era um tremendo ordinário. Então ele foi embora, e cinco meses depois se casou com uma mulher e teve quatro filhos em quatro anos. Meu orgulho foi destruído, porque ele supostamente detestava crianças. Acho que fui um erro desde o início."

Elton também admitiria que "detestava ser filho único", o que deve ter feito o fato de seu pai ter começado uma nova família com tanto entusiasmo ainda mais doloroso. "Aquilo simplesmente acabou comigo. Para ser honesto, acho que a minha infância teve uma influência terrível no que sou, no que faço e naquilo de que estou tentando me livrar." Todavia, como foi apontado por Philip Norman e por outras pessoas, na verdade Stanley arcou com todas as despesas do divórcio e continuou sustentando Reggie até ele deixar a escola. Em fevereiro de 1963, ele até mesmo comprou-lhe um piano de segunda mão pela soma considerável de 68 libras.

Stanley Dwight desistiu da carreira na RAF e mudou-se com Edna para Chadwell Heath, em Essex, onde abriu uma papelaria. Ele continuou sustentando o filho, e a correspondência entre pai e filho dá a impressão de um relacionamento muito mais cordial, ao menos no início, do que Elton admitiria. O motivo de Elton ter criticado tanto seu pai biológico para a mídia não está claro e pode ser uma manifestação curiosa de alguma insegurança profunda em relação à imagem que Elton formulou de si mesmo na adolescência. Ao usar o pai como bode expiatório, todavia, ele parece ter atribuído grande parte do que havia de errado em sua personalidade à falta de comunicação entre eles.

Elton admitiu que na infância tentava chamar a atenção dos pais e que queria a aprovação dos dois. "O divórcio é uma coisa traumática para as crianças", ele disse à entrevistadora americana Barbara Walters em 1994. "Na verdade, eu queria que meus pais se divorciassem porque não suportava as brigas que eles tinham. Essas brigas me afetavam, assim como a atmosfera da casa. Eu achava que me ressentia muito do meu pai. Quando era criança, eu morria de medo do meu pai. Era muito medo e intimidação."

Em outra semelhança com tantos artistas pop britânicos da sua geração, Elton John era um produto do subúrbio, e especificamente do subúrbio dos arredores da metrópole. Não pode ser coincidência o fato de Mick Jagger (Dartford), David Bowie (Brixton, então Bromley), Siouxsie Sioux e Billy Idol (ambos de Bromley), The Stranglers (Guildford), Paul Weller (Woking), Damon Albarn (Leytonstone, então Colchester) e Brett Anderson (Hayward's Heath) morarem todos nos subúrbios da Big Smoke. Em 2000, Anderson falou por muitos ao dizer à *Q*: "Nascer nos subúrbios de Londres, poder se enturmar, mas não ver exatamente o que está acontecendo, é como um tormento – que o torna faminto, que lhe dá ambição".

A conformidade da ordem semigeminada, da mobilidade social inerente e da hipocrisia que era parte e parcela do pensamento da classe média baixa dos subúrbios do pós-guerra, eram sufocantes para músicos e artistas que se sentiam também semigeminados: tão próximos da excitação vizinha de Londres e ao mesmo tempo separados dela. Talvez, no entanto, tenha sido exatamente essa sensação de estar geográfica e emocionalmente fora do cenário que lhes deu um ponto de vista tão singular. Ao observarem de longe, essas pessoas tornaram-se comentaristas brilhantes do cenário sem ser destruídas por ele. Elas estavam distantes o suficiente de Londres para ser relativamente imunes ao seu exibicionismo e à sua autoconfiança.

O subúrbio de Pinner está localizado a apenas cerca de 20 quilômetros da estação ferroviária Charing Cross. Dos onze aos dezesseis anos, toda manhã de domingo Reg Dwight fazia o trajeto até a Academia Real de Música de Londres, onde havia ganhado uma bolsa e começara a estudar no outono de 1958. Situada na Marylebone Road em frente ao Regent's Park, a academia era uma das instituições musicais mais respeitadas do mundo. Entre os alunos mais notáveis que passaram pela instituição estão o compositor Harrison Birtwistle, o compositor de jazz John Dankworth, o compositor clássico e de trilhas cinematográficas Michael Nyman e o condutor *sir* Simon Rattle, e, do mundo do pop, Annie Lennox e Joe Jackson. O programa era exclusivo para crianças de escolas públicas e ministrado todos os sábados das 9h às 14h sem intervalo. Tradicionalmente, as crianças aprendiam os instrumentos musicais da sua escolha, participavam do coral e, se apropriado, da orquestra.

Reg estudava piano com a senhorita Helen Piena. "Sempre o chamei de Reginald. Ele tinha uns onze anos quando o conheci, e era encantador", ela lembra atualmente com ternura. "Quando entrávamos de férias, ele sempre me trazia um presente ao voltar. Costumava me mandar cartões postais com beijos. Era uma parceria muito agradável. Ele era fofinho, mas não gordo. Usava roupas simples de adolescente. Quero dizer, na época não eram adolescentes, eram apenas crianças que estavam crescendo, e isso que ele era – um bom garoto. Dávamos-nos muito bem. Gosto muito dele."

O dom inato de Reginald para a música logo se revelou para Piena. "Começamos com um pouco de Handel", ela conta. "Lembro-me de ter tocado para ele uma peça de quatro páginas, e ele a repetiu para mim como um disco em um gramofone. Ele tinha um ouvido maravilhoso, absolutamente extraordinário. E eu nunca mais toquei para ele, jamais, pois ele tinha de aprender a tocar sozinho. Tinha um ouvido maravilhoso, mas não sabia ler sequer uma nota musical. Foi a primeira coisa que tive de lhe ensinar. Quando ele começou, não conseguia, mas quando terminamos isso havia mudado. Ele sempre fazia o que eu lhe dizia para fazer, e na aula seguinte estava perfeito – não cinco ou seis aulas depois, mas na aula seguinte."

Entretanto, Piena sentiu de imediato que a atmosfera refinada da academia era um pouco sufocante para o garoto. "No início, acho que ele sentia vergonha de estar na academia", ela diz. "Era o tipo de educação errada. Era tudo muito pomposo."

Nessa etapa do seu desenvolvimento musical, Reg tocava um repertório clássico. Ele participava de concertos escolares na Pinner County Grammar School, e aos doze tocou piano no Festival de Música de Northwood, em Ruislip, Middlesex. A apresentação incluiu "Les Petites Litanies de Jesus", de Grovlez. Mas quando Reg chegou à adolescência, ficou claro que sua verdadeira paixão musical era outra.

Durante o período da educação clássica, Reg havia começado a tocar piano no Northwood Hills Hotel, em Pinner. "Eu costumava cantar músicas de Jim Reeves, Cliff Richard, qualquer coisa que fosse popular", explicou. "Também tocava 'Roll Out The Barre', canções *cockney*[2] e 'When Irish Eyes Are Smiling'. Você tinha de tocar 'When Irish Eyes Are Smiling' ou derramavam meio litro de cerveja em cima de você. As músicas de Al Johnson eram muito populares. Eu tinha uma caixa que era passada de mão em mão ao final da noite. Quando comecei a tocar como artista da casa, ninguém costumava frequentar o bar aberto ao público, mas eventualmente as pessoas começaram a entrar, e algum tempo depois ele passou a ficar lotado todo final de semana. Com o dinheiro que as pessoas colocavam na minha caixa, eu passei a ganhar 25 libras por semana, o que era ótimo."

Embora estivesse levando uma vida bastante ocupada e tivesse alguns amigos na escola, Reg continuava sendo um adolescente inseguro. "De segunda a sexta eu ia à escola", ele se lembraria em 1975. "Aos sábados era a Academia Real de Música. No domingo eu tinha de ficar em casa para praticar e fazer meu dever de casa. Eu era introvertido e tinha um complexo de inferioridade terrível. Era por isso que usava óculos – para me esconder por trás deles. Eu não precisava deles, mas quando Buddy Holly apareceu, Deus, eu queria um par de óculos como os dele! Comecei a usá-los o tempo todo, então minha visão ficou pior."

Elton mais tarde comentaria que estudava música clássica "sem muito interesse". Quando ele tinha catorze anos, Piena também começou a perceber que

---

2. Termo de associação geográfica, cultural e linguística à classe trabalhadora londrina, especialmente do East End. (N. da T.)

o interesse de Reginald estava diminuindo. "Ele se saiu bem mais ou menos até os catorze anos, que é uma idade crucial", ela diz. "Nessa época, começou a se dar conta do que queria fazer. Depois, me contou que havia formado sua própria banda de jazz [*sic*] e que era isso que estava fazendo. Não estava se esforçando muito. Eu lhe dei uma das coisas mais maravilhosas em que poderia pensar, algumas coisas de Mozart. Queria persuadi-lo e fazê-lo praticar um pouco. Eu sabia que havia muita música nele que eu não estava conseguindo fazê-lo colocar para fora. Aquela era uma das coisas de que me orgulho, ser capaz de fazê-los colocar para fora o dom que tinham. Mas não pude fazer isso com ele, pois estava lhe apresentando o tipo errado de música."

Décadas depois, já um artista maduro, Elton falou sobre as vantagens que a educação clássica lhe deu. "Fico muito feliz por ter tido um *background* clássico, pois isso faz com que gostemos de todo tipo de música", refletiu. "Também o ajuda como compositor, pois, como pianista, você tende a compor usando mais acordes do que em uma guitarra, e eu acho que isso tem grande relação com o meu estilo de tocar piano e com meu amor por Chopin, Bach e Mozart, e também por cantar em coro. Acho que minhas músicas têm um toque clássico maior do que as de outros artistas que não têm esse *background* clássico, e me sinto grato por isso."

Dois futuros colaboradores de Elton, o arranjador Paul Buckmaster e o produtor Chris Thomas, também estudaram como alunos em tempo integral na Academia Real. No entanto, o adolescente Reg simplesmente não havia sido feito para uma carreira na música clássica e com certeza não nutria aspirações para prosseguir com sua carreira acadêmica depois de concluir o curso. "Costumava olhar para ele sentado no banco ao meu lado", lembra-se Helen Piena. "Lembro-me de passar uns 45 minutos tentando convencê-lo a ir para a universidade. E ele dizia: 'Não, ninguém na minha família foi para a universidade, não vou para a universidade'. E não conseguia fazê-lo mudar de ideia." Aos dezesseis anos, ele recebeu nota 6 no piano. "Isso é muito pouco para uma criança talentosa", conclui Piena. "Acho que ele teve mérito, mas certamente não se destacou. O examinador disse que ele não conhecia as escalas."

Apesar do fato de Piena ter tido um papel crucial no desenvolvimento do talento do futuro Elton John, ela olha para o tempo em que conviveu com o futuro *superstar* mundial com certo arrependimento. "Tecnicamente, ele não é meu melhor pupilo. Seu som não tem o calibre de um pianista solo", ela admite. "Acho que seu dom consiste em ser capaz de ficar diante de uma multidão e falar com as pessoas, e acho que esse é um dom maravilhoso. Quanto ao seu dom musical, não quero parecer maldosa, mas ele não é tão bom. Se você entra para Academia Real de Música, espera-se que aprenda música clássica e que seja capaz de tocar as coisas maravilhosas que as pessoas famosas tocam, e ele não fez nada disso. Então, desse ponto de vista eu fracassei."

Contudo, o envolvente romantismo europeu presente em grande parte da música que Elton produziu posteriormente é prova de que os cinco anos que ele passou estudando música "formal" não foram em vão. "Ele não seria capaz de compor se não tivesse estudado conosco, teria sido impossível", diz Piena. Mas o fato de Reg mais tarde ter se tornado um dos músicos mais populares do mundo foi algo com que ela nunca poderia ter sonhado. Piena, pessoalmente, apenas não gosta de música popular: "Há alguns anos, me deram uma fita dele. Não a ouvi. Simplesmente não fui capaz de encará-la".

A "banda de jazz" a que Helen Piena se referiu pode muito bem ter sido uma versão inicial da banda que ficou mais conhecida como Bluesology, que lançou três compactos e mais tarde se tornaria a banda de cabaré de Long John Baldry. No entanto, houve uma banda mesmo antes do Bluesology chamada Corvettes, na qual Reg tocava piano elétrico com o cantor e guitarrista Stewart Brown e o baixista Geoff Dyson. Na época, Elton cursava o quarto ano do ensino secundário, portanto tinha apenas quinze anos quando foi membro dessa banda que durou tão pouco tempo. Dyson tocaria no Mockingbirds, grupo que fez sucesso o bastante para acompanhar os Yardbirds.

Em 1961, Reg tornou-se o artista da casa no Northwood Hills Hotel. O bar do hotel de Benskin oferecia música ao vivo às sextas e sábados. Quando surgiu uma vaga para o emprego, o padrasto de Reg, Fred, convenceu George Hill, responsável pelo *pub*, a dar uma chance a Reginald. "Seu cabelo era cortado bem curto", a esposa de George, Ann, disse sobre o jovem Reggie a Philip Norman. "Ele usava colarinho e gravata, calça de flanela cinza e uma jaqueta esporte de *tweed* da Harris de uma cor meio avermelhada. Era muito tímido, mas nos disse que havia composto uma música chamada 'Come Back Baby'."

Atualmente, o *pub*, localizado na Joel Street, 66, em Northwood Hills, tornou-se um tipo de Meca para os fãs de Elton John, apesar de o piano original em que ele tocava ter sido removido alguns anos atrás. "Comecei a tocar semiprofissionalmente aos catorze anos", Elton lembraria mais tarde. "Little Richard e coisas do tipo. E depois, quando todo mundo estava tocando rock'n'roll, comecei a procurar os blues mais obscuros. Recebia 1 libra por noite, e meu pai ia e passava uma caixa. Depois eu tocava algumas músicas que estavam no Top 10, e assim passei a conhecer as músicas americanas."

A reação inicial à nova atração do final de semana foi bastante hostil e incluiu insultos, desligamento do sistema de alto-falantes e lançamento de objetos na direção do adolescente que se vestia como um bibliotecário de meia-idade. Mas Reggie foi em frente, e embora pudesse ser uma atração tumultuosa, ele era a atração principal do *pub* até meados dos anos 1960.

A primeira tentativa séria de Reg de entrar no negócio da música veio com a formação do Bluesology no final de 1962, quando tinha quinze anos. Ele tocava piano e cantava com Stewart Brown, guitarrista experiente com um vocal soul mais do que competente, Rex Bishop no baixo e Mick Inkpen na bateria. Originalmente membro da banda, Geoff Dyson, que tinha mais experiência no cenário musical de Londres, havia sido promovido para tornar-se seu agente.

Reg deixou a Pinner County Grammar School no dia 5 de março de 1964, seis semanas antes de fazer os exames para o nível avançado [*A levels*] em música e inglês e três semanas antes do seu aniversário de dezoito anos. Ele havia passado em apenas quatro exames para os níveis básicos [*O Levels*] – língua inglesa, literatura inglesa, música e francês –, resultado que mais tarde descreveria como "deplorável" para alguém da sua inteligência. Mas a atração de um emprego no negócio da música quando ele estava apenas começando acabou sendo tentadora demais.

O primo de Reg jogador de futebol, Roy, bem relacionado no cenário do entretenimento da década de 1960, conseguira com o amigo de um amigo uma entrevista para Reg na editora Mills Music. Relatos contam que o pai de Reg ficou furioso com Roy por ter feito isso sem seu conhecimento, e, em uma atitude que deu ao resto do mundo a impressão de que estava lavando as mãos, ele mudou-se para Wirral com a nova família. Em março de 1965, Reg Dwight começou a trabalhar como contínuo na Mills Music. O salário inicial era de 5 libras. Começava o seu aprendizado na música pop.

CAPÍTULO 2

DIFICILMENTE UM HERÓI

"Eles estavam sempre dois meses atrasados em relação à última tendência."
Elton John sobre o Bluesology

"Captain Fantastic, raised and regimented / Hardly a hero / Just someone his mother might know." ("Capitão Fantástico, educado e dominado / Dificilmente um herói / Apenas alguém que talvez sua mãe conhecesse.")
"Captain Fantastic And The Brown Dirt Cowboy";
letra: Bernie Taupin; música: Elton John

Reg Dwight havia saído com a missão de buscar uma xícara de café para Terry Venables. O jovem meio-campista do Chelsea estava visitando a Mills Music, editora musical na Denmark Street, antes do treino. O Chelsea é o clube de futebol mais badalado da Inglaterra. O Manchester United, o Everton, o Liverpool e o Leeds United são os mais bem-sucedidos, mas nenhum pode gabar-se de ter tantas celebridades da Kings Road na sua torcida: Terence Stamp, Raquel Welch, Michael Caine e Richard Attenborough são apenas alguns dos seus admiradores famosos atuais.

Terry sempre amou o mundo do *show business*. Aos quatro anos, sapateou com os Happy Tappers, e depois aprendeu o número de mímica que usaria ao apresentar-se em casas de repouso para deficientes. Aos dezessete anos começou a participar de shows de talentos, e mais tarde cantaria em várias ocasiões com a Joe Loss Orchestra. Nesse dia, contudo, ele entrou na Mills Music para conhecer o compositor Tony Hiller, que lhe daria conselhos sobre a composição de músicas. Como aspirante a compositor que esperava obter alguma renda extra, aquele era um encontro potencialmente lucrativo.

Venables vê Reg como o preguiçoso do escritório, um adolescente gordinho que divertia os clientes com sua imitação de Kenneth Williams. Vestido em um macacão marrom, Reg, por sua vez, achava que sua existência ordinária no departamento de empacotamento da Denmark Street fora enriquecida pela visita da celebridade. Seus colegas da Mills Music achavam Reg extremamente educado. Ele tratava os homens mais velhos por "senhor". Um dos colegas de Reg era o adolescente Eric Hall. Eles passavam o dia fazendo serviços de contínuo, preparando chá para seus superiores e para quaisquer celebridades e embrulhando partituras. Aquele era o primeiro emprego estável dos dois. Caleb Quaye também aparecia todos os dias. Um ano mais novo que Reg, Caleb trabalhava na Old Compton Street como contínuo para a firma de entregas de música no atacado. Seu pai, Cab Quaye, fora um *bandleader* no pré-guerra, e Caleb já era um guitarrista experiente.

Aquele dia de 1965 era, portanto, mais um dia comum na Mills Music: um futuro empresário do futebol inglês, um futuro ganhador do concurso de compositores Eurovision Song Contest ("Save Your Kisses For Me"), um empresário do pop e agente de futebol e um futuro *superstar* e seu guitarrista todos juntos no mesmo lugar.

A Denmark Street, que ganhou esse nome em homenagem ao príncipe George da Dinamarca, marido da rainha Anne, era nos anos 1960 mais conhecida como a Tin Pan Alley[1] londrina. Próxima aos bares, clubes e teatros do Soho, e a uma caminhada de três minutos do túnel da Tottenham Court Road, ela era popular entre os editores musicais desde os idos de 1890. Naquela época, o Giaconda Café Bar era a opção de centenas de músicos e empreendedores iniciantes, o que tornava a Denmark Street o centro de atividades de planejadores, conspiradores, sonhadores e idealizadores, entre os quais muitos dos *superstars* do final da década de 1960 e do início dos anos 1970.

O advento dos estúdios de gravação da Denmark Street era relativamente recente. Em 1963, os Rolling Stones gravaram seu primeiro álbum no Regents Sound Studio, número 4. Donovan acabara de gravar "Catch The Wind" em um estúdio no porão da Southern Music, número 8. Em 1965, o número 11 era o lar de

---

1. Referência ao apelido de rua em Nova York onde, a partir de 1880, instalaram-se várias editoras musicais. Do final do século 19 em diante reuniu editores e compositores que dominaram o mercado musical (N. do E.)

Rose Morris e de seis andares de instrumentos e partituras musicais. David Bowie e sua nova banda, os Lower Third, acabavam de gravar no Central Sound Studios, número 12. Lawrence Wright, "The Duke Of Denmark Street", que morrera havia um ano, fundou a *Melody Maker* em 1926, e seu escritório ficava no número 19.

A Mills Music, onde Reg Dwight e Eric Hall trabalhavam, ficava no número 20. Um compositor desconhecido chamado Paul Simon entrara recentemente no escritório para perguntar se eles gostariam de lançar duas de suas músicas, "Homeward Bound" e "The Sound of Silence", mas fora rejeitado. O número 21 abrigava a Peter Maurice Music, editora de "Hang Out The Washing On The Siegfried Line", e Lionel Bart, enquanto o Small Faces e o Manfred Mann acabavam de gravar nos estúdios do porão. Logo acima ficava a Rhodes Music, onde as futuras estrelas Jeff Beck, Eric Clapton e Pete Townshend compraram guitarras. No número 25, na Denmark Production, o Kinks – que no futuro faria uma homenagem à Denmark Street – estavam gravando material novo. A Denmark Street estava cheia de estrelas prestes a acontecer.

Reg passava o expediente na Mills Music trabalhando como um faz-tudo, mas a editora ficava perto o bastante da Berwick Street para que ele pudesse satisfazer sua paixão conferindo os novos lançamentos na loja de discos Music Land. Se ele não conhecia alguma novidade do pop, do soul e do rock'n'roll, é porque não valia a pena conhecê-la. Essas informações lhe dariam grande vantagem na sua próxima encarnação musical.

* * *

Atualmente, Mick Inkpen é um joalheiro de cinquenta e tantos anos que avalia, fabrica e conserta joias em seu estúdio em Torquay, Devon. Nos anos 1960, contudo, como muitos outros adolescentes do Reino Unido, Mick era um aspirante a músico profissional, um baterista que estava aprendendo seu ofício onde as coisas estavam acontecendo. Por mais de dois anos, ele tocou com Reg Dwight em sua banda Bluesology.

Mick, então com quinze anos, vinha praticando na sala dos fundos do Father Aymes' Youth Club da St. Edmund's Church, localizada na metade do trajeto entre a Pinner e o Northwood Hills. "Foi lá que ouvi falar de Reg, ou que o conheci", ele diz atualmente. "Eu sabia que havia um garoto que tocava piano e era muito bom; muito melhor que qualquer garoto dessa idade que eu já havia visto." A música de Mick era o blues, e ele frequentava o New Fender Club, em Kenton, para ouvir bandas como os Bluesbreakers de John Mayall e a Graham Bond Organisation. O clube também recebia veteranos americanos do rhythm and blues, como Muddy Waters, Lightnin' Hopkins, Howlin' Wolf e Memphis Slim. O blues estava produzindo grande impacto sobre a cultura jovem no início dos anos 1960.

"Muitas pessoas estavam formando bandas", conta Inkpen. "Bastava entrar em um *pub* e dizer 'Somos uma banda, estamos tocando', e eles respondiam 'Tudo bem, ótimo, as noites de terça estão vagas, vocês podem tocar nelas', ou então 'Vocês podem tocar durante os intervalos de outra banda'. Havia tantos grupos, tanta música sendo produzida. Estávamos todos no meio daquilo."

De fato, no início dos anos 1960 muitos adolescentes não iam assistir a grupos específicos como ocorre atualmente. Em vez disso, com inúmeros clubes e *pubs* oferecendo tantas atrações ao vivo, se você tivesse sorte alguém como os Rolling Stones, os Beatles, o Rhode Island Red and The Roosters (que contava com o talento do jovem Eric Clapton) ou os High Numbers (que estavam prestes a se transformar no Who) simplesmente estariam entre as atrações da noite. O Bluesology foi apenas mais uma entre essas novas bandas a cair na estrada, e, embora não tenham se tornado sucesso, sua história teve importante papel na criação de Elton John.

O baixista original do Bluesology, Rex Bishop, atualmente advogado que trabalha na região de Toronto, lembra-se de que a banda desenvolveu-se em parte tendo como base sua própria banda da escola, liderada por Ian Krause, um homem que tinha o apelido de "*Aunty*" [Titia] ("Acho que o motivo era devido à forma como ele carregava a mochila", diz Bishop). "Colocamos um anúncio em um jornal local e Mick Inkpen nos procurou. Então, começamos uma banda, e não demorou muito tempo para Mick dizer que não podíamos tocar com Krause, pois não achava que ele fosse um cantor muito bom."

Mick Inkpen ouvira falar de um ótimo pianista local chamado Reg Dwight e levou Rex para falar com ele em sua casa. A essa altura, a família Dwight havia se mudado para uma *maisonette* em Frome Court, Pinner. Reg estava trabalhando com outro músico local, Stewart Brown, cantor e guitarrista solo, e procurava por um baterista e por um baixista. "Então as duas bandas se fundiram no Bluesology", explica Rex Bishop. "Na verdade, o Bluesology era o que restou da minha banda da escola com a adição de Mick Inkpen e com quem quer que Mick nos colocasse em contato. Não demorou para que adotássemos o nome de Bluesology, uma ideia de Stewart Brown." O nome era uma homenagem ao guitarrista Jean Baptiste "Django" Reinhardt, músico belgo-romano que formou o Quintette du Hot Club de France com o violinista Stéphane Grappelli e três outros músicos. *Djangology*, gravado em 1948, foi um dos seus trabalhos mais famosos. Stewart Brown tinha uma presença de palco muito diferente da de Reg Dwight.

"Stewart era um cara incrível", diz Mick Inkpen sobre o antigo membro da banda, que morreu em 2001. "Não acho que ele diria que havia sido um dos grandes guitarristas do mundo, mas ele tinha uma voz fantástica para o blues. Era só um adolescente quando o conheci, mas cantava como um verdadeiro cantor de blues, era incrível." "Ele era bonito, um cara muito legal, muito tranquilo", concorda Rex Bishop. "Eu achava que ele tinha uma voz excelente." Durante a maior parte do tempo de vida do Bluesology, seria Stewart Brown, e não o futuro Elton John, o vocalista principal.

Ninguém sabe ao certo exatamente quando a banda começou a tocar. Em 1973, em uma entrevista com o DJ Paul Gambaccini, da BBC, Elton disse: "A banda foi formada quando eu tinha mais ou menos catorze anos, tocando em cabanas de escoteiros e clubes de dança para jovens. Só um amplificador de 10 watts com o piano sem amplificador". Porém, o Bluesology era bastante idealista em sua missão musical. "Embora todos parecessem ter preferências musicais semelhantes, não era nada parecido com a música pop da atualidade", diz Mick Inkpen. "Na verdade, acho que éramos um pouco esnobes em relação às paradas de sucessos e nos recusávamos a tocar qualquer coisa que fosse sequer um pouco popular. Consequentemente, as apresentações não atraíam muita gente." "O Bluesology estava sempre dois meses atrasado ou três anos adiantado. Nunca tocávamos a coisa certa na hora certa", foi o veredicto condenatório que Elton emitiria mais tarde.

Era evidente, contudo, que o verdadeiro talento musical do Bluesology era Reg Dwight. Quando a banda foi formada, Reg ainda fazia o trajeto até Londres para a Academia Real aos sábados. "Ele ficava exausto por viajar até a cidade e retornar, então não podíamos pressioná-lo muito para arranjar tempo aos sábados", recorda Inkpen. "Mesmo na época ele já tinha personalidade forte. Tinha uma memória enciclopédica; lembrava-se das coisas com muitos detalhes mesmo. Era engraçado e tinha senso de humor muito peculiar e inteligente. Adorava inventar apelidos para as pessoas e adorava trocadilhos. Não era uma dessas pessoas que tentam ser engraçadas e o deixam constrangido. Era tão engraçado que acabávamos chorando de rir. Sua aparência era horrível, e não tinha o tipo de pop star – e não tem até hoje! Mas era um sujeito divertido e tocava piano como ninguém."

Fred, o genial padrasto de Reg, teve o nome invertido para "Derf" pelo enteado. "Derf era um homem gentil, maravilhoso", Inkpen conta. "Aproveitávamo-nos muito dele. Não tínhamos como ir às apresentações, então só nos restava implorar-lhe para nos dar carona. Eu o chamava de Derf porque achava que esse era mesmo seu nome! Foi necessário muito tempo para que eu me desse conta de que era uma brincadeira de Reg. Também achava a mãe de Reg, Sheila, ótima. Estava claro que eles ficavam muito felizes ao ver Reg se dando bem na música."

O primeiro empresário não oficial da banda, o ex-baixista dos Corvettes Geoff Dyson, arrumou apresentações para eles em uma pequena cadeia de salões de dança que realizava concursos de talentos para bandas sem contrato. "Entramos em uma dessas competições e estávamos nos saindo muito bem", lembra Inkpen. "Passamos pelas eliminatórias, mas era a maior enganação, porque você se apresentava e, se ganhasse, recebia um contrato de gravação que não valia o papel em que era impresso. Qualquer um conseguia um contrato de gravação; isso não significava ter seu nome escrito em neon ou nada disso. Mas aquilo nos ajudou; tocamos para mais pessoas do que jamais havíamos tocado."

O posto de Dyson logo seria assumido por Arnold Tendler, primeiro empresário de verdade da banda. "Geoff Dyson tinha boas intenções e se esforçava bastante, mas era apenas um garoto, mais ou menos da nossa idade", diz Inkpen. "Eu havia deixado a escola de arte e arrumei um emprego com Arnold Tendler, um joalheiro que tinha uma oficina onde fazia consertos na Berwick Street, bem no centro do Soho, em frente a um bordel." Para os adolescentes do Bluesology, Arnold, que na época estava na casa dos trinta, provavelmente parecia mais uma relíquia de uma era passada. "Ele era muito alinhado, tinha cabelos muito pretos que estavam sempre cheios de Brylcreem", diz Inkpen. "Sempre usava um casaco de lã azul-escuro muito elegante e sapatos polidos; era o perfeito homem de negócios. Acho que nos viu tocar em algum clube. Não sabia nada sobre o negócio da música, só o que havia lido." "Arnold falava como uma matraca", acrescenta Rex Bishop.

Tendler tornou-se o empresário do grupo em uma época em que o Bluesology ainda era uma bandinha bem medíocre. "Minha mãe datilografava endereços para o *Reader's Digest*, ela estava sempre datilografando cartões", diz Inkpen. "Isso pagou um par de tons por 70 libras cada. Reg estava na mesma situação que nós: ele precisava de dinheiro para comprar equipamento. Como pianista, não podia confiar nos pianos em todos os lugares a que íamos, pois eles estavam sempre desafinados, ou alguém havia derramado cerveja neles, ou faltavam teclas. Tentávamos usar os pianos *in situ*, mas era inútil. Então, achamos que a solução era comprar um daqueles novos pianos elétricos que estavam sendo vendidos.

"Reg conseguiu isso tocando no Northwood Hills Hotel nas noites de sexta e sábado sempre que não estávamos fazendo nada. Ele tinha um grande bloco de música da Winifred Atwell com músicas que as pessoas acompanhavam nos *pubs*. Fui lá vê-lo tocar uma ou duas vezes, e foi divertido. Para controlar situações desagradáveis, ele tinha quatro ou cinco ciganos grandalhões para cuidar dele. Acho que uma garota ruiva foi a primeira namorada de Reg. Isso é interessante tendo em vista o que sabemos atualmente."

O Bluesology ensaiava no *pub*, e Reg pedira, mas não obteve sucesso, um empréstimo de 200 libras ao encarregado do Northwood Hills Hotel, George Hill, para comprar um piano elétrico. No final, ele conseguiu economizar dinheiro suficiente para comprar o lendário piano elétrico Hohner "Planet", o que deu ao Bluesology um som, ainda que não harmonioso, consistente produzido por seu músico mais talentoso.

Ocorre que Arnold Tendler arranjou dinheiro para equipamentos, uma *van* e uniformes de palco. Ele ficou genuinamente impressionado com a banda e costumava assistir a Reggie tocar no Northwood Hills. "Mesmo na época ele já chutava o banco do piano e tocava sentado no chão", Tendler contou a Philip Norman. A *van* Ford Thames foi particularmente uma aquisição de que a banda, que agora começava a conseguir apresentações no circuito local, pôde se gabar. "Antes disso, tínhamos de pedir o Dormobile de um amigo emprestado", Inkpen conta. "Stephen Hutchins foi o nosso primeiro *roadie*. Ele era dois anos mais velho que eu. Costumávamos pagar-lhe com dinheiro para a gasolina e um pouco de fumo." Com seu salário da Mills Music e as apresentações, Reg Dwight estava ganhando cerca de 35 libras por semana – uma fortuna para um rapaz da sua idade.

Outro passo em direção a um grau maior de profissionalismo veio quando Tendler sugeriu que no palco eles usassem uniformes que combinassem. "Quando estávamos no Bluesology, supostamente devíamos ganhar a vida com a música, então nossa aparência tornou-se mais importante", Inkpen diz. "Arnold pensava que seria uma boa ideia se todos se vestissem da mesma forma. Na época, os membros de uma banda deviam usar uniformes. Tínhamos jaquetas listradas e calças pretas horrorosas. Reg ficava horrível, embora eu não ache que algum de nós ficava particularmente bonito. Nós de fato não queríamos ser aquele tipo de banda. Quero dizer, eu achava que seríamos uma banda de rhythm and blues no estilo dos Bluesbreakers de John Mayall e dos Yardbirds."

Reg Dwight, então com dezoito anos, definitivamente ainda tinha problemas com a aparência. "Ele não era careca nem nada disso, mas era óbvio que seu cabelo cairia com o passar do tempo", diz Inkpen. "Ele também não era obeso, mas éramos todos magros como varetas, e ele era mais cheinho, o que o fazia parecer mais pesado que nós. Acho que não há muito que ele possa fazer em relação a seu peso. Quando o conhecíamos, contudo, ficávamos encantados. Até onde sei, foi ele que fez a banda valer a pena, pois sabia o que estava fazendo. Ele era um bom músico e fazia aquilo ser divertido."

As coisas eram um pouco diferentes para o belo Stewart Brown. "Com Stewart era ridículo", Inkpen continua. "Ele tinha garotas por todos os lados. Era abençoado com uma beleza misteriosa, então isso não era de surpreender. Reg não era assim, então o fato de ele não ter namorada não significava nada. Ele era apenas um garoto de aparência esquisita, não era do tipo que esperávamos ver com uma namorada de cada lado. Eu não diria que ele tinha algum apelo sexual. Ele certamente não era afeminado, contudo. Gostava de rúgbi e de futebol e jogava tênis." A imagem de Elton com a qual nos acostumamos – inteligente, esforçado, profissional, com alguns interesses definitivamente masculinos – óbvio que já estava presente no jovem Reg Dwight.

Além dos concursos de talentos em lugares como o Rory Blackwell's Club, a banda havia começado a apresentar-se com regularidade para plateias que frequentemente não apreciavam muito seu som. "Fizemos um show terrível em um salão comunitário de South Harrow", conta Inkpen. "Ele tinha a reputação de ser um pouco barra-pesada – não sei por quê, pois South Harrow era uma área bastante respeitável. O que eles queriam era rock'n'roll, algo vivo e um show decente. O que tocamos não foi o que tinham em mente. Então, ficaram lá no fundo com os braços cruzados encarando a banda. Mais tarde, decidiram animar um pouco as coisas pilotando uma motocicleta pelo salão. Ou melhor, estavam prestes a fazer isso quando alguém interveio. Mas nós simplesmente tocamos. Não nos importamos, estávamos tocando, e aquilo era o que importava."

O próximo passo era anunciar a existência da banda para o mundo com o lançamento de um compacto. A música escolhida foi a balada de Reg Dwight "Come Back Baby". O problema é que 1965 foi o ano de "Satisfaction", "I Got You Babe", "I Feel Fine" e "Mr. Tambourine Man", mas, não é de surpreender, não de "Come Back Baby". A letra banal de Reg não passava de uma letra romântica água com açúcar, e já era uma indicação de que, fossem quais fossem os seus talentos, eles não eram os de um letrista: "Come back baby/ Come back to me yeah/ And you will see yeah/ How I've changed/ 'Cause you're the only love that I ever had". A melodia, por outro lado, era aceitável: uma coisa de época, é verdade, mas de forma alguma motivo de vergonha para uma primeira tentativa. Balada pop de ritmo intermediário, é algo que fica entre a Motown e os blues pop que faziam sucesso na época. A voz do futuro Elton John é perfeitamente identificável, embora ainda não apresente os americanismos do seu estilo posterior. Devemos dar a ele o crédito de não ter tentado varrer essa parte da sua juventude para baixo do tapete. A música foi oficialmente gravada em CD em 1990 como parte do *box set To Be Continued...*

"Reg sempre dizia: 'Não sei escrever letras'", Inkpen conta. "Ele nunca teve facilidade com palavras, mas a melodia é legal, e eu achava que a tocávamos muito bem. Se você visse onde ela foi gravada, não acreditaria. A única forma de ter sua música gravada se você fosse uma banda sem contrato era pagar a gravação do seu próprio bolso. A ideia era gravar uma versão demo e distribuí-la entre as gravadoras."

O estúdio mais próximo que os membros da banda conheciam era o Jackson's Recording Studio, em Rickmansworth. Jack Jackson era um DJ veterano que havia trabalhado na Rádio Luxembourg e também aparecera na BBC. Seus filhos eram engenheiros de som e tinham um pequeno estúdio com quatro canais. "Era um verdadeiro barraco, e o interior parecia com o exterior", diz Inkpen. "Era ordinário ao extremo – havia pedaços de carpete estragado por todo o chão e tela de arame e acolchoamento nas paredes para isolar o som. Mas, por alguma razão, eles conseguiam produzir um som decente. Tivemos apenas algumas tomadas para gravá-la, então o que você ouve é realmente o produto de um dia no estúdio de gravação." Foi gravada ainda uma segunda faixa, um

DIFICILMENTE UM HERÓI ★ 39

cover de "Times Getting Tougher Than Tough", de Jimmy Witherspoon, com Stewart Brown nos vocais, que era mais típica do repertório ao vivo da banda do que o pop original de Dwight.

Armado com a demo, Tendler pela primeira vez conseguiu atrair algum verdadeiro interesse para a banda. Jack Baverstock, chefe do departamento de A&R da Philips, ofereceu-lhes a chance de gravar um compacto para o selo associado à companhia, a Fontana. A Fontana recebeu a demo, mas, considerando-a inapropriada para ser lançada, convidou a banda para uma segunda gravação. Rex Bishop ficou desapontado por não terem oferecido a Stewart Brown a chance de gravar o vocal principal. "Lembro-me de termos entrado no estúdio da Fontana e o cara que produzia a sessão nos interrompeu enquanto tocávamos e disse que queria que Reg cantasse. Lembro que fiquei com muita raiva, porque achava que Stu tinha voz muito boa, muito melhor que a de Reg."

De acordo com Mick Inkpen, a gravação não correu com tranquilidade. "Estávamos no Fontana Recording Studio, que fica perto da Marble Arch. Tentamos fazer 'Come Back Baby' outra vez e foi horrível, o som do piano não estava legal. Passamos a maior parte do tempo tentando gravar o piano apropriadamente. Até Jack Baverstock, que era um cara do A&R, foi chamado para fazer uma tentativa, mas simplesmente não estava dando certo. Então, depois de um tempo valioso no estúdio, eles simplesmente pegaram as fitas *master* de 'Come Back Baby' e deram um jeito nelas, e foi o que a Fontana lançou."

O compacto foi lançado em julho de 1965, e como era de esperar não entrou nas paradas de sucessos. A Mills Publishing, contudo, aceitou-o. Para a satisfação de Reg, ela também foi tocada na Rádio Luxembourg. A primeira foto publicitária da banda mostra o Bluesology em frente à Torre de Londres com roupas "legais" combinando. Reg Dwight, com um corte de cabelo em forma de cuia e óculos com armação preta, está meio de perfil e exibe um abdome protuberante.

No verão de 1965, a banda tornou-se profissional depois de entrar em um concurso de talentos no State Cinema, em Kilburn, numa manhã de sábado, 22 de junho. "O State era um tipo de salão de dança irlandês ao qual tínhamos medo de ir", diz Inkpen. "Era um lugar velho e barra-pesada. Também era enorme, havia sido usado como salão de baile no auge da época dos bailes. Tivemos um pouco de dificuldade, pois nosso equipamento era mais apropriado para clubes pequenos." Não obstante, um representante da agência de Roy Tempest ficou impressionado o bastante para oferecer um emprego estável ao Bluesology como banda de apoio em uma turnê.

O que se seguiu foram três anos de apresentações ao vivo constantes, fazendo seus próprios shows e também abrindo os shows de outros artistas e acompanhando uma série de músicos em turnês pelo Reino Unido. O primeiro pequeno destaque do Bluesology na mídia musical veio naquele verão. No dia

22 de julho de 1965, o *Record Retailer and Music Industry News* incluiu uma entrevista curta com o "porta-voz" da banda, que curiosamente não era nem Stewart Brown nem Reg Dwight, mas Mick Inkpen. "A história era sobre se Rex devia ir para a faculdade ou continuar com a banda", lembra-se Inkpen. "E havia uma foto de nós apertando a mão de Rex. Ele devia ter ido para a universidade, mas ficou mais um tempo conosco."

No momento, o Bluesology estava comprometido com empregos de temporada, trabalhando fora do horário normal por pouco dinheiro para uma variedade de artistas de *pedigree* duvidoso. "Roy Tempest era um cara interessante", diz Inkpen. "Acho que ele foi boxeador antes de tornar-se empreendedor musical e de administrar a agência. Ele estava trazendo artistas americanos que não eram grande sucesso ou que haviam caído no esquecimento. Se ainda lhes restasse alguma chance de sucesso, ele os contratava para uma turnê de duas semanas. Eles vinham com todas as despesas pagas e a promessa de uma turnê modesta mas proveitosa. Mas havia sempre uma cláusula segundo a qual podiam ser adicionadas outras datas, de forma que quando chegavam eles descobriam estar firmemente comprometidos com duas semanas de turnê. Em alguns casos, as pessoas descobriam que tinham de fazer mais de uma apresentação por noite, o que era absurdo."

A carreira do Bluesology como banda de apoio não teve um começo muito auspicioso. Roy Tempest contratou Wilson Pickett, que havia acabado de entrar no Top 20 do Reino Unido com "'In the Midnight Hour", para uma turnê. Pickett estava acostumado com músicos de estúdio experientes acompanhando-o. "Ele mandou o sujeito que era seu diretor musical, e acho que esperava ser acompanhado por músicos de estúdio", diz Inkpen. "Tive a impressão de que não éramos considerados experientes o bastante. Reg tinha todos os discos de Wilson Pickett, então conhecia seu trabalho, mas nós não conhecíamos. Não estávamos acostumados a ouvir uma música e aprendê-la duas vezes mais rápido que o normal, que era o que devíamos fazer. Realizamos algumas tentativas com um dos seus números, e seu diretor musical simplesmente nos dispensou."

A rejeição inicial era compreensível se considerarmos a inexperiência da banda, o que foi corrigido com a adição de dois veteranos. No final de 1965, o Bluesology havia sido expandido, tornando-se um grupo de seis integrantes com a chegada do trompetista Pat Higgs e do saxofonista tenor Dave Murphy. Mais velhos e musicalmente mais talentosos que os membros mais antigos – com a exceção de Reg –, eles tinham muito mais experiência no negócio da música e não estavam acostumados com rejeições. "Todos aqueles artistas americanos eram muito organizados", disse Pat Higgs. "Eles tinham todos os arranjos escritos e esperavam que a banda de apoio tivesse a mesma atitude.

O Bluesology nunca usou arranjos. Antes de passarmos para o teste seguinte, eu tinha de rabiscar alguma coisa."

O Bluesology se saiu melhor em sua segunda audição, que fizeram para a famosa estrela do soul Major Lance, famoso nos Estados Unidos por "Um, Um, Um, Um, Um, Um", que havia sido composta por seu colega de escola Curtis Mayfield. Regravada por Wayne Fontana and the Mindbenders, a música alcançara a quinta posição no Reino Unido em 1964. "Na verdade, estávamos nos saindo muito bem, [éramos] certamente adequados para o que queriam", diz Inkpen. Entretanto, o Bluesology logo foi ofuscado por Robin, o extravagante diretor musical de Major Lance.

"Robin era um guitarrista fantástico", lembra Inkpen. "Ele entrava e fazia um número com a banda antes de Major Lance entrar, e depois o apresentava, e então Major Lance entrava como um verdadeiro turbilhão. Uma noite, estávamos tocando no Q Club e Mick Jagger, Keith Richards e Alexis Korner estavam na plateia. Fizemos nosso número, e Major Lance fez o dele e saiu, e então Robin decidiu entrar outra vez conosco por volta das 3h da manhã. Ele fez seu número especial, que era tocar a guitarra atrás da cabeça e com os dentes, e botou a casa abaixo. Isso foi muito antes de Jimi Hendrix fazer a mesma coisa. Na última noite, ele foi demitido por Lance por se exibir demais."

O Bluesology passou pelo tipo mais exaustivo de aprendizado. Eles fizeram uma turnê com Patti Labelle and the Bluebells (integrado pela futura Supreme Cindy Birdsong), acompanharam os Drifters por duas semanas e fizeram uma turnê com Doris Troy e outra com os Inkspots. Os Inkspots, famosos nos anos 1940 e 1950 por suas delicadas harmonias compostas em cima de sucessos como "Only You", eram claramente figuras que não combinavam com o circuito de meados da década de 1960. "Eles eram homens fantásticos. As histórias que contavam eram maravilhosas", diz Rex Bishop. "Eles estavam naquela profissão havia séculos. Abríamos o show para eles e então eles entravam como atração principal. O trabalho era uma fria, porque os garotos para quem estávamos tocando nunca haviam ouvido falar dos Inkspots. Eu sempre achava que iam atirar pedras em nós."

"Lembro-me de uma apresentação, acho que em Sheffield. Era de madrugada, e a plateia parecia alterada por álcool ou drogas. Fizemos o nosso *set* de abertura e então os Inkspots entraram. Lembro-me de haver muita tensão na plateia, algo como 'o que diabos é isso?'. Chegamos ao último número, cujo ponto alto era um solo de clarinete de um dos Inkspots. Ocorre que ele desmontou o clarinete enquanto tocava, e quando passou para a palheta a plateia começou a gritar, porque as notas estavam agudas demais."

Eles não tinham *road managers*, de forma que os integrantes do Bluesology eram os responsáveis por arrastar o equipamento pesado ao subir escadas, descer para porões e para fora e para dentro das *vans* até três vezes cada noite. "Tocamos em clubes dos quais você nunca ouviu falar", Elton contaria anos mais tarde. "Havia cartazes anunciando coisas como 'Esta noite a fantástica Patti Labelle e suas Blue Bellies'."

Também estava no circuito "Fat Boy" Billy Stewart, de 29 anos, famoso pela versão blues do clássico de George Gershwin "Summertime", um homem que certamente fazia jus a sua fama. "Ele era um homem enorme. Parecia estar doente também, e precisava urinar várias vezes", diz Inkpen. "Isso significava que tínhamos de parar repetidamente no caminho para as apresentações para o chamado da natureza. Apesar disso, ele tinha voz muito boa e um número incrível. Ao contrário de algumas das 'estrelas' que acompanhávamos, era um cara gentil, que tinha muita paciência com sua banda inexperiente."

Patti Labelle era muito diferente. No único ensaio que fizeram antes da primeira apresentação, que seria realizada no Scotch Of St. James no dia seguinte, a banda recebeu as partes erradas. "Era um clube do tipo porão, com paredes cobertas por mantas escocesas e outros artigos da Escócia", conta Inkpen. "Um dos artigos do palco, que já não era muito grande, era um sofá. A plateia era composta pelos Beatles, pelo Who, pelos Animals e por vários produtores musicais importantes da época, além de várias pessoas do *show business* e do cinema. Aterrorizante! As garotas eram fantásticas, e a plateia de celebridades enlouqueceu. Mas nunca parecíamos bons o bastante para agradar Patti."

O Bluesology à época tocava em algumas casas famosas de rock'n'roll, incluindo a Whisky A-Go-Go e a Pink Flamingo, em Londres, que Georgie Fame tornou famosa. Uma apresentação em 1966 com Doris Troy no Cavern Club de Liverpool foi memorável pelo fato de que os banheiros transbordaram. A essa altura, Reg estava equipado com um novo órgão, um Vox Continental pintado com uma cor laranja horrível. Durante todo esse tempo ele permanecera no fundo do palco. Fora dele, divertia a todos com imitações de Stanley Unwin, Eric Morecambe e os Goons, e parecia não ter interesse pelas festas que eram realizadas após as apresentações.

Os *hipsters* de Londres frequentavam os mesmos clubes e *pubs*, e o Bluesology marcou presença durante a segunda metade dos anos 1960. Gary Osborne, um jovem funcionário do departamento de A&R que mais tarde se tornaria parceiro nas composições de Elton John, relembra: "Eu costumava ver Elton tocando com o Bluesology no Cromwellian. Ele era só um dos caras da banda. Cumprimentávamo-nos com acenos de cabeça – se você frequenta um clube regularmente, acaba cumprimentando muita gente com acenos de cabeça. Eles eram uma das melhores bandas. Quem via o Bluesology tocar saía da apresentação com a imagem do vocalista principal na cabeça – ele era um cara bonito com uma voz forte".

Outro músico que trabalharia com Elton era B.J. Cole. Ele conta ter tido a mesma impressão de um homem desprovido de qualquer coisa que pudesse destacá-lo entre os outros. "Isso é que é interessante sobre ele se você conversar com outros músicos que o conheceram na época, ele era apenas um de nós", Cole conta. "Não era ele e nós. Ele definitivamente era um músico como todos nós."

O segundo compacto do Bluesology, "Mr. Frantic", foi lançado pela Fontana em 1966. Mais uma vez, o lado B – uma regravação de "Everyday (I Have The Blues)", de B.B. King, cantado com segurança por Stewart Brown – representava melhor o repertório das apresentações da banda. Mas foi a segunda composição de Dwight que acabou escolhida para o lado A. Como "Come Back Baby", a faixa é musicalmente regular, mas com sua ingenuidade encantadora e uma influência mais óbvia do soul tinha mais chance de se tornar sucesso. Em se tratando da letra, ela era tão piegas quanto a do compacto de estreia.

Reg cantava *"When you hold me, when you thrill me/ My heart sets on fire"* no primeiro verso, e acrescentava *"You know I love you, baby"* no segundo só para garantir que a mensagem seria captada. Passava, então, para o reconfortantemente domesticado *"We could be such a happy pair/ And I promise to do my share"* no penúltimo verso, antes do golpe final: *"And if you were to go away now/ My heart couldn't stand the pain"*. "'Mr. Frantic' conseguiu entrar nas paradas, lá embaixo. Bem, quando digo que ela entrou nas paradas, quero dizer mais ou menos na 150ª posição", relembra Inkpen. "Por um breve momento, realmente vendemos alguns discos."

Em 1966, o Bluesology havia alcançado a reputação de estar entre os músicos de estúdio mais respeitados do Reino Unido. Eles haviam experimentado, ainda que indiretamente, a bajulação, as tentações e o trabalho duro que fazia parte dos clubes da segunda metade dos anos 1960. A promessa de uma renda regular levou-os a abandonar seus empregos, e Reg deu a notícia na Mills Music. Uma fotografia da época que parece ter sido tirada em uma cabine fotográfica mostra-o olhando para a câmera com uma expressão meio *nerd*, lembrando um comediante alternativo da atualidade, com as fotogênicas Patti Labelle e Cindy Birdsong exibindo sorrisos sensuais ao fundo e meio fora de foco. Apesar de todo o seu talento musical e determinação, Reg Dwight ainda parecia muito longe do lugar a que pretendia chegar.

Os integrantes do Bluesology estavam ganhando de 15 a 20 libras com seu novo *status* profissional. Mas era difícil se acostumar ao ritmo incansável das apresentações. "Havia uma turnê famosa de Roy Tempest", recorda Mick Inkpen, sua expressão ainda transformada em careta ao lembrar-se de uma sessão de dezoito horas acompanhando Billy Stewart. "Fizemos uma apresentação vespertina na antessala de um show para soldados americanos em Earls Court. Tivemos de carregar o equipamento para dentro e subir dois lances de escadas com carpete até o refeitório dos sargentos e montar tudo. Fizemos a nossa apresentação, uma hora e meia, e depois juntamos tudo e fizemos o trajeto de quatro horas até Birmingham, aonde chegamos por volta das 10h da manhã. Havia dois salões de dança em Birmingham que tinham algum tipo de associação e tocamos nos dois, depois voltamos a Londres para um show de madrugada. Foi a época em que trabalhei mais na minha vida. Eu estava destruído."

Como seria de esperar, o Bluesology logo deixou Roy Tempest e assinou com o Marquee Enterprises. Localizado na Wardour Street, Soho, o Marquee havia começado como um clube de jazz tradicional. Entre os frequentadores habituais estavam o Spencer Davis Group, Graham Bond, Chris Farlow, Long John Baldry, Rod Stewart e os Rolling Stones. Para a banda, aquele era um degrau significativo na escada e permitiu que acompanhassem outras bandas no Marquee, incluindo Manfred Mann. Por volta dessa época, a banda também dividiu a noite com um talento que estava em rápida ascensão, o Who.

"Fizemos uma apresentação no Brighton Pier", diz Rex Bishop. "Eles destruíram o lugar, fizeram as luzes e tudo mais. Entramos em seguida e não podíamos nem nos comparar a eles. Também dividimos a noite com Georgie Fame e o Spencer Davis. Fiquei orgulhoso pelo mero fato de nossa banda ter tocado no mesmo palco que eles. Mas quando ouvíamos uma banda como o Spencer Davis Group no Flamingo, sabíamos que eles estavam léguas à nossa frente. Olhávamos para eles e pensávamos 'Jesus, essa banda tem potencial'. Eles estavam compondo seu próprio material. Pensávamos 'Cristo, eles são uma banda muito melhor que a nossa'."

Reg Dwight também nutria sentimentos semelhantes de inadequação: "Nós fazíamos apenas coisas medíocres", ele diria sobre o Bluesology. "Nunca passamos fome, mas foi uma experiência tão banal. Lembro de ter visto o Move em Birmingham e dito que eles conseguiriam. E eles conseguiram. Costumávamos ver outras pessoas e pensar 'Aqui estou, a passos de tartaruga'. Eu sempre quis me sair bem, e ficava puto."

Além de acompanhar estrelas consagradas entre a metade e o final da década de 1960, o Bluesology também fez suas próprias apresentações, incluindo a Suécia, o sul da França e o ponto de parada obrigatório de toda banda ao adquirir um pouco de experiência – Hamburgo. O Bluesology fez uma turnê pela Alemanha, onde o trabalho foi mais uma vez terrivelmente árduo. "Estávamos tocando em um lugar chamado Top 10 Club, no Reeperbahn, em Hamburgo, que ficava bem perto do Star Club, onde os Beatles tocaram", recorda-se Inkpen. "Ficamos lá durante um mês, tocando oito horas por noite. Uma hora tocando, uma hora de descanso, durante oito horas. Você terminava à meia-noite se tivesse começado cedo, mas se não tivesse sorte ficava com a sessão da madrugada. Não tínhamos nenhuma folga. Mas quando voltamos certamente havíamos aprendido a tocar – estávamos muito bons. Ninguém tinha material suficiente para tocar por duas horas, e nós simplesmente tivemos de aprender músicas o bastante para preencher quatro horas, e então repetir tudo, várias vezes."

Foi nessa época que o Bluesology passou pela primeira de várias mudanças na sua formação. Já desiludido, Rex Bishop partiu depois de uma apresentação particularmente infeliz com os Inkspots no Soho, quando um membro da plateia invadiu o palco e quebrou sua guitarra. "Aquilo me deixou muito puto, pois significava que eu não poderia mais tocar pelo resto da noite. Então fui para casa, pensei e disse 'Dane-se, me enchi'. Nunca mais voltei a tocar guitarra. Eu gostava de tudo que o Bluesology fazia até nos tornarmos uma banda de apoio, e então comecei a achar que o grupo não estava indo a lugar algum."

Ao mesmo tempo, logo ficou claro que os novos recrutas, Pat Higgs e Dave Murphy, não pensavam como o restante da banda. "Eles eram mais velhos que nós, tinham vinte e poucos anos, e sabiam ler música", diz Inkpen. "Acho que pensavam que deveríamos pegar o jeito mais rápido, então tomavam o microfone de Rex sem piedade. E eu estava recebendo o mesmo tratamento que Rex, para ser honesto. Eu era jovem e inexperiente, e não achava que eles estavam sendo muito justos. Não era uma atmosfera amigável, vamos colocar dessa forma."

Além disso, Mick Inkpen logo se veria descartado por não preencher certos requisitos: "O Bluesology recebeu a oferta de outra turnê com Patti Labelle. E eu recebi um telefonema de Arnold Tendler, que disse que Patti Labelle havia dito que não poderíamos fazer a turnê a não ser que encontrássemos outro baterista. Eles queriam um baterista *funky*, e *funky* era algo em que eu não estava interessado em ser. Os dois anos que passei com a banda foram difíceis, e quando saí levou uns seis meses para me recuperar".

Dezembro de 1966 foi o mês mais importante para o Bluesology até então. No dia 11, eles apareceram como banda de apoio no Saville Theatre, Shaftesbury Avenue, da única apresentação em Londres de um dos heróis do rock'n'roll de Reg, Little Richard. A essa altura, a banda mantinha apenas dois de seus fundadores – Stewart Brown e Reg. Juntara-se ao saxofonista David Murphy o baixista Freddie Gandy, o trompetista Chris Bateson e o baterista Paul Gale.

Mais decisiva ainda para a banda, e principalmente para Reg Dwight, foi a intervenção de um dos cantores mais icônicos dos anos 1960, Long John Baldry. Foi ele o homem que descobriu Elton John? "Encontrei a banda inteira no cassino da Cromwell Road em frente ao V&A, o Cromwellian Club", contou Baldry ao locutor Spencer Leigh em 2002. "No térreo ficava o Harry's Bar, e no porão havia música ao vivo, e naquela noite era o Bluesology. Reg estava tocando teclado e os contratei. Eles iam partir para a Suécia para algumas apresentações e eu disse: 'Posso começar com vocês assim que voltarem. Encontrem-me na Birmingham University'. A barca deles estava atrasada, e eu me perguntava o que faria, mas Brian Auger e Julie Driscoll estavam se apresentando, então fizeram o primeiro *set* comigo, e aí o Bluesology apareceu, todos aparentemente enjoados por causa da viagem, e fez o segundo *set*." Mick Inkpen recorda que Baldry já estava interessado na banda meses antes de ele ter saído. "Estávamos tocando regularmente no Cromwellian e lembro bem do interesse (inoportuno) que Long John Baldry mostrou pelo nosso Stewart!"

Aos 25 anos de idade e com mais de dois metros, Baldry já era um artista consagrado quando fez o convite ao Bluesology. Ele foi um dos primeiros artistas britânicos a cantar blues nos clubes. Em 1962, havia tocado em várias formações do Blues Incorporated de Alexis Korner, o primeiro grupo de blues elétrico da Grã-Bretanha, incluindo quando faziam parte dele os ainda não famosos Charlie Watts, Mick Jagger e Jack Bruce. Eric Clapton disse que começou a querer se tornar músico depois de ter assistido a uma apresentação de Baldry no Marquee Club.

Em 1963, Long John também havia tocado com o futuro membro do Zeppelin Jimmy Page no Cyril Davis and the All Stars antes de formar o Long John Baldry and the Hoochie Coochie Men, em 1965. Um dos vocalistas do grupo era ninguém menos que Rod Stewart, então com dezenove anos, que fora descoberto praticamente por acidente quando, enquanto esperava um trem em Twickenham, Baldry viu-o tocando uma gaita e cantarolando uma música de Muddy Waters. Stewart juntou-se a Brian Auger e Julie Driscoll, assumindo a segunda voz e a gaita no último projeto de Baldry, o Steam Packet. Baldry também era amigo de Paul McCartney e foi acompanhado pelos Rolling Stones quando eles fizeram sua primeira apresentação no Marquee. Long John Baldry não apenas tinha conexões incríveis como também um dom inato para descobrir futuros talentos.

Acompanhando Long John Baldry nos dois anos seguintes, o Bluesology, instável e em expansão, seria integrado pelos cantores Marsha Hunt (a futura estrela de *Hair* e a inspiração para "Brown Sugar", dos Stones) e Alan Walker; pelo saxofonista Elton Dean, que mais tarde trabalharia com o Keith Tippett Sextet e com o Soft Machine; pelo trompetista Marc Charig, que entrou por recomendação de Elton Dean e que mais tarde tocaria com o Tippett; pelo guitarrista Neil Hubbard, que tocaria com Joe Cocker, Bryan Ferry e com o Roxy Music; e por Caleb Quaye, o faz-tudo da Denmark Street, que agora trabalhava como músico profissional.

De acordo com Elton Dean, Reg Dwight era agora um "cantor frustrado". "O problema dele é que já tínhamos três vocalistas regulares: Alan Walker, Stu Brown e Marsha Hunt – não que ela fosse incrivelmente boa, mas ela era linda. As coisas haviam ficado complicadas para o Bluesology. Lembro-me de termos acompanhado um grupo terrível de apenas um sucesso chamado Paper Dolls."

Relegado a quarto plano como cantor, Reg estava cada vez mais insatisfeito com a banda e parecia apenas acompanhar a maré. Ele lhes mostrava suas composições nos ensaios, mas nenhuma era incluída no repertório das apresentações. De acordo com Long John Baldry, ele também havia se tornado cada vez mais adepto de "explosões violentas" à medida que sua motivação despencava. Elton Dean apelidou-o de "Bunter"[2], "porque ele estava um pouco acima do peso e costumava usar *blazers* listrados". De acordo com o biógrafo Philip Norman, foi por volta dessa época que Reg começou a tomar anfetaminas para tentar controlar o peso.

No que diz respeito às apresentações ao vivo, com certeza a banda adquirira grande experiência técnica. "Fui vê-los no Marquee e fiquei muito impressionado ao notar como estavam bons", diz Mick Inkpen. "Na verdade, eram um grupo de rock muito bom, fazendo o que eu gostaria de ter feito com eles. Marsha Hunt era incrível, com uma voz muito boa para o blues, e tinha um cabelo afro maravilhoso." O Bluesology conseguiria emplacar mais uma música nas paradas do Reino Unido. "Since I Found You Baby", com "Just A Little Bit" no lado B, foi lançada em outubro de 1967 pela Polydor e creditada a Stu Brown and Bluesology. As duas haviam sido compostas por ninguém mais, ninguém menos que o multifacetado Kenny Lynch.

Porém, na primavera de 1967, depois que a nova formação do Bluesology não conseguiu ter o mesmo sucesso que o seu projeto anterior, o Steam Packet, Baldry partiu para o circuito de cabaré com o nome de John Baldry Show. No final do ano, Baldry alcançaria seu primeiro e último primeiro lugar nas paradas do Reino Unido como artista solo com a balada água com açúcar "Let The Heartaches Begin". Para Reg Dwight, então com 22 anos, esse foi o divisor de águas. "Acho que tocar em cabarés é a morte dos músicos. Acho que preferiria morrer a tocar em um cabaré", ele disse. No verão de 1967, ele encontrou uma saída.

A LIBERTY
PROCURA TALENTOS

ARTISTAS / COMPOSITORES / CANTORES-MÚSICOS PARA FORMAR UM NOVO GRUPO
Os interessados em marcar uma entrevista devem ligar ou escrever
para Ray Williams ou enviar uma fita ou disco para o número
11 da Albemarle Street, Londres, W1. Tel.: Mayfair 7362.

Foi o anúncio publicado pela revista britânica *New Musical Express* no dia 17 de junho de 1967.

---

2. Gíria que pode se referir a viciados em jogos de azar do tipo corpulento e violento ou a meninos que são perseguidos na escola por estarem acima do peso. (N. da T.)

O homem por trás do anúncio da Liberty Records era Ray Williams. Já uma figura importante na cena de Londres, em 1967 seu currículo incluía um *Ready Steady Go!* com Cathy McGowan e três anos como relações-públicas de artistas como os Kinks e Sonny e Cher. Ele dividia um *flat* em Mayfair próximo à Berkeley Square com o DJ Phil Martin e Simon Hayes, que tinha uma companhia de relações-públicas, a Ace Relations. Williams ainda era um adolescente quando o selo americano Liberty, que fizera parte do grupo britânico da EMI e então estava montando seu próprio selo independente, convidou-o para ser o chefe do departamento de A&R.

No verão de 1967, a atmosfera da música popular britânica começara a mudar dramaticamente sob a influência da contracultura. A música, a moda, a imprensa *underground* – na verdade, todo o espectro das artes populares – estavam passando por um amadurecimento muito rápido. Apenas quatro anos antes os Beatles haviam feito uma serenata para a rainha no Royal Command Performance, sua música uma fusão brilhante, mas pouco sofisticada, entre a música popular *scouse* e o *beat* americano. Agora, na metade do ano de 1967, eles estavam praticamente irreconhecíveis se comparados àquela versão mais jovem. *Sgt. Pepper's Lonely Hearts Club Band*, lançado no verão daquele ano, anunciava uma nova era. Colagem brilhante da arte erudita com a arte popular, de arranjos orquestrais com melodias pop místicas, o álbum deu à música britânica uma profundidade completamente nova. No mesmo ano, o Pink Floyd parecia avançar em direção a um futuro ainda mais radical, um mundo pop em que som e imagem se combinariam para invadir as mentes de uma nova e febril cultura jovem. Com um show em um volume explosivo, atmosfera psicodélica, zumbidos e luzes estroboscópicas, a música do Floyd se encaixava com perfeição nas mentes entorpecidas dos usuários de LSD.

Contudo, talvez tenha sido mais diretamente influente para o futuro Elton John o primeiro lugar das paradas daquele verão, "A Whiter Shade Of Pale", do Procol Harum. A letra oniricamente surrealista e a melodia triste e soberba do órgão eram etéreas e únicas. Curiosamente, considerando os preceitos em geral aceitos da música popular, a música desenvolvera-se "da forma inversa". Em uma época em que a maioria das canções começavam a ser compostas pela melodia, com a letra adicionada depois, Keith Reid, do Procol Harum, escreveu a letra primeiro para depois ser acrescentada a melodia. Surgia a possibilidade para que letristas inteligentes e eruditos, e até mesmo poetas, se tornassem parte do mundo pop.

Reg estava em Newcastle com o Bluesology quando leu o anúncio da Liberty. Enviara uma carta e foi convidado para uma entrevista com Ray Williams no recém-criado selo. "Eu não sabia o que queria fazer, só sabia que queria sair da estrada", Elton diria mais tarde a Paul Gambaccini. "Eu disse: 'Não sei escrever letras e não canto muito bem, pois não cantava no Bluesology, mas acho que posso compor melodias'." Pediram a Reg que fizesse um teste com cinco músicas em um estúdio de gravação. Depois de uma grande dificuldade para selecionar o número de músicas pedido, ele acabou tocando cinco músicas de Jim Reeves que costumava cantar em casa. Ele foi rejeitado de imediato, mas Ray Williams aconselhou-o a gravar algumas demos e fazer uma tentativa na Dick James Music, a editora dos Beatles.

Outro candidato não sabia cantar e nem sequer tocava algum instrumento. "Lembro-me de que ele disse que era basicamente um poeta, mas pensava que alguns de seus trabalhos podiam se encaixar bem com música", lembra-se Ray Williams. "Entretanto, ele não compunha melodias, então me perguntou se eu conhecia alguém que compunha." O nome do poeta era Bernard Taupin.

CAPÍTULO 3

UM QUARTO

"Quando assinamos com Dick, foram uns dois anos de sofrimento, compondo lixo."
Elton John em entrevista para a *Playboy* em 1976

"Old 67 what a time it was / What a time of innocence"
("Idos de 67, que época / Que época de inocência").
"Old 67"; letra: Bernie Taupin; música: Elton John

Reg Dwight está deitado no chão da cozinha. Ele colocou a cabeça dentro do forno, ligou o gás (baixo), e a primeira impressão é de que está tentando cometer suicídio. Mas não é uma tentativa de suicídio comum. Há um travesseiro dentro do forno para que Reg possa recostar a cabeça, e todas as janelas foram abertas. O músico de 21 anos não teria um fim como o de Sylvia Plath, aquela não era uma tentativa real de asfixia por inalação de gás. Na verdade, em matéria de tentativas de suicídio, essa parece ter saído diretamente de um filme de Woody Allen.

O novo amigo de Reg e parceiro de composição Bernie Taupin encontra-o nesse dia de 1968. O único problema, contudo, é que Bernie não consegue parar de rir. Ele saiu do quarto e, ao sentir o cheiro de gás, pensou que o fogão estivesse ligado e entrou na cozinha, onde se deparou com a cena cômica de um homem adulto encenando um suicídio estúpido. Afinal de contas, até mesmo tentativas bizarras de suicídio são um indicativo de algo que vai além de um gosto pelo bizarro.

Reg está morando na Furlong Road, Islington. Ele está noivo de Linda Ann Woodrow, dois anos mais velha e 10 cm mais alta que ele – e também potencialmente muitos milhares de libras mais rica por, coincidentemente, ser a herdeira do império de cebolas em conserva que é a Epicure Products americana. Sua educação de classe média alta incluiu uma seleta escola para meninas de Reigate e uma escola de aperfeiçoamento em Eastbourne. A herança de Linda está em um fundo fiduciário e, para sustentar a si mesma e a seu noivo sem recursos, ela trabalha como secretária. O anel de noivado que leva no dedo e que custou 200 libras foi comprado com seu próprio dinheiro. O bolo foi encomendado, os convites para o casamento, a ser realizado em junho, foram enviados, e já houve até discussões sobre a mobília, mas um alarme está soando na cabeça de Reg.

Reg está desiludido. Sua carreira musical está marcada pela frustração. Aos 21 anos, ele vê outros pegando o trem para o estrelato, enquanto para ele, há tanto tempo preso na mediocridade relativa do Bluesology no circuito de clubes, parece que a carreira está destinada a ser um sucesso regular como músico de apoio profissional. Reg também se sente sufocado pela nova vida doméstica em que está prestes a embarcar. A verdade é que ele vive em negação em relação a seus próprios sentimentos e é muito teimoso para admitir o erro que está prestes a cometer ao casar-se com Linda.

Parece-lhe que todos que conhece são contrários ao casamento. Sua mãe, Sheila, que de acordo com Reg sempre foi precisa no julgamento do caráter das pessoas, não está nem um pouco entusiasmada. O mesmo pode ser dito de seu novo melhor amigo, Bernie, um rapaz aspirante a letrista que deixou o lar em Lincolnshire para tentar o sucesso como compositor musical em Londres. Sua noiva vê um futuro mais sensato e conformista para o marido, em que a música será posta em segundo plano em favor de uma carreira adequada, uma renda fixa, um lugar só dos dois e uma família de pequenos Dwight. É claro que não há nada de errado nisso, mas Reg sabe que as primeiras músicas que compôs com Bernie têm potencial. Sua vocação musical ainda é bastante forte. Como ele pode desistir antes de sequer ter começado da forma apropriada?

Certa noite, alguns meses depois da "tentativa de suicídio", Reg está bebendo no Bag O'Nails, na Kingly Street, perto da Carnaby Street, com Bernie e Long John Baldry. Nessa noite também está presente P.J. Proby. O bar está se tornando rapidamente um dos lugares mais badalados da fraternidade do rock. É aí que John McVie pediria em casamento outra integrante do Fleetwood Mac, Christine Perfect, e também foi aí que Paul McCartney conheceria sua futura esposa, Linda Eastman. Mas nessa noite a atração não é um novo noivado, mas o fim de um relacionamento.

Bernie e Reg estão completamente bêbados. É Baldry quem toma a iniciativa e vai direto ao assunto com Reg: "Ah, querido, pelo amor de Deus, você vai se casar e ama Bernie mais do que a essa garota. Isso é ridículo. Ponha logo um ponto final nisso, Reggie". Não ocorre ao inacreditável ingênuo Reg Dwight que Long John Baldry é *gay* e provavelmente já se deu conta de que ele também é. "Se você se casar com essa garota, destruirá duas vidas – a sua e a dela." O conselho que Baldry lhe deu mudaria sua vida – ou, como o cantor anunciaria publicamente sete anos mais tarde, "salvou" a sua vida naquela noite, ou no mínimo colocou-a no caminho que ela seguiu e vem seguindo desde então.

Por volta das 4h da manhã, Bernie e Reg voltam cambaleando do bar do West End para o *flat* de Linda Woodrow em Islington, disparando o alarme de um carro de madrugada. Reg entra no *flat* e diz a Linda que o casamento está cancelado. Para a noiva, é um tremendo choque. Ela começa a chorar e, em um golpe de misericórdia para tentar prendê-lo, diz a Reggie que está grávida, a única coisa que poderia tê-lo feito mudar de ideia. Nem mesmo essa mentira, contudo, foi capaz de mudar uma decisão que já havia sido tomada. Para Reg, um grande peso foi tirado de seus ombros.

Na manhã seguinte, está tudo acabado. O padrasto Derf ajuda Reg a se mudar de volta para a *maisonette* dos pais em Frome Court, Pinner. Bernie o acompanha alguns dias depois. Linda e Reg nunca mais se falaram. Assim terminou a primeira incursão de Reg no mundo da heterossexualidade. Ele não repetiria a experiência até dezesseis anos depois.

★ ★ ★

Reg Dwight e Linda Woodrow haviam se conhecido na véspera do Natal de 1967, quando Reg fez uma apresentação com o Bluesology em um clube estilo cabaré em Sheffield. Ele fizera o papel de cavaleiro da armadura reluzente que salva a donzela em perigo. "Na época, Linda estava saindo com um *disc jockey* anão – ele dirigia um Mini com pedais adaptados e tudo mais", Elton relembraria anos mais tarde. "Mas ele batia nela." De acordo com esse relato, Reg "salvou" Linda das garras do DJ conhecido como The Mighty Atom antes que os fogos de artifício explodissem.

Linda, no entanto, contaria posteriormente ao biógrafo de Elton Philip Norman que o DJ não era seu namorado, mas apenas a acompanhava na noite em que ela conheceu Reg. "Identificamo-nos imediatamente", ela contou. "Ele me pediu que fosse assistir à sua próxima apresentação. Achei-o engraçado e gostei da sua companhia." Reg contou a todo mundo que estava apaixonado, e, durante os seis meses seguintes, os dois pareciam felizes na companhia um do outro. Conversavam com frequência por telefone, Linda em Sheffield e Reg em Londres, até que ela tomou a decisão de se mudar para ficar com ele permanentemente. Reg deixou a *maisonette* da mãe e do padrasto em Frome Court, Pinner – sua casa durante a adolescência e na época também de Bernie Taupin. Pouco depois, Bernie seguiu Reg e também foi morar no *flat* de Linda Woodrow na Furlong Road, Islington. "Estava subentendido que aonde Elton fosse, ele também iria", Linda contou ao *Sunday Mirror* em 2005. "Nenhum dos dois pagava aluguel. Eu pagava tudo – as contas, a comida. Mas não me importava – estava apaixonada e queria ficar com ele."

Mas, de acordo com Reg, havia um problema. Desde o início, Linda gostava de Mel Tormé, e a obsessão de Reg pela música pop não era o que ela tinha em mente para as bases sobre as quais pretendia construir um futuro. "Ela não achava que a carreira musical fosse uma opção sensata", Elton afirmaria muitos anos depois. "Estava tentando me fazer desistir de tudo. Não gostava das minhas músicas."

Para Linda também havia algo errado com Reg, na cama em particular. "Olhando para trás, quando namorei outros rapazes depois de Elton percebi que algo não estava certo nesse quesito", ela conta. "Ele era inexperiente e perdeu a virgindade comigo. Mas mesmo deixando isso de lado, não demonstrava muito interesse sexual por mim e não me dava muita atenção. Não fazíamos sexo com muita frequência. Mas na época eu apenas achava que as coisas eram assim." Na verdade, de acordo com Linda, Reg não parecia estar muito disposto a se dedicar a mais nada além de seus próprios interesses particulares. "Ele nunca me levava para comer fora ou tentava me agradar", Linda diz. "Gastava quase todo o seu dinheiro com roupas, discos e bebidas. Ele parecia presumir que eu devia arcar com todas as outras despesas."

Depois de morar com os pais, a vida na Furlong Road era muito diferente para Reg Dwight. Linda insistia que ele e Bernie também fizessem a sua parte nos afazeres domésticos. Bernie admitiria "cagar de medo" da dona da casa. Ele queixou-se de não ter podido sequer colocar um pôster de Simon e Garfunkel na parede do seu quarto, tão rígidas eram as regras. "Ela era estranha, muito estranha", disse um dos amigos da época de Elton. "Uma pessoa muito dominadora. E o curioso é que nunca parecia a mesma pessoa. Todos os dias parecia estar usando uma peruca diferente. Também sempre levava um cachorro consigo." O cachorro podia fazer suas necessidades no jornal que ficava no *hall* de entrada da Furlong Road. Bernie costumava entrar na casa cantando baixinho (com a melodia de "Old MacDonald Had A Farm"): "Here a turd, there a turd, everywhere a turd-turd"[1].

---

1. "Um cocô aqui, um cocô ali, cocô por todo lugar." (N. da T.)

Contudo, o relacionamento de Reg e Linda não era tão peculiar. Está claro que, pelo menos no início, Reg tinha um grande afeto por Linda, e Linda gostava muito de Reg. Já um rapaz de 21 anos, havia uma pressão para que Reg tivesse algum tipo de relacionamento, e Linda não era uma parceira sexual tão estranha para o menino tímido e educado de Pinner. Linda atribuía o gênio difícil de Elton às frustrações da carreira musical e não a quaisquer dúvidas que ele pudesse ter em relação ao futuro dos dois. Olhando em retrospecto, contudo, era óbvio que a sexualidade de Reg não era o que ela pensava. Não que lhe faltasse libido; o problema é que ele simplesmente não gostava de mulheres. "Ele [Long John Baldry] sabia que eu era *gay* e me disse para me acostumar com isso, ou destruiria a minha vida", Elton disse. A reação de Reg à separação, contudo, foi isolar-se em sua música. Linda "me deixou traumatizado com sexo por tanto tempo que nem me lembro. Acho que provavelmente foram um ou dois anos".

A "tentativa de suicídio" de 1968 seria a primeira de uma série de pedidos de ajuda que se sucederiam nos anos seguintes. Os "chiliques" (descritos pelas pessoas que conviviam com ele na época como "os pequenos momentos de Reg"), a petulância, a frustração em relação ao seu *status* relativamente medíocre como músico profissional e, talvez mais importante, a conclusão de que ele provavelmente fosse mesmo *gay* eram sentimentos muito difíceis para um homem tímido e ainda muito ingênuo.

Na verdade, Reg já vivia com um homem, mas em um relacionamento puramente platônico. Bernie Taupin, de dezoito anos, era o irmão que Reggie sempre quisera ter mas nunca tivera. Ele nasceu no dia 22 de maio de 1950, na vila de Anwick, perto de Sleaford, em Lincolnshire. Ainda na infância, ele e a família mudaram-se para a vila de Owmby-by-Spital, onde seu pai, Robert, trabalhava como administrador na Fazenda Maltkiln. Sua mãe, Daphne, era uma dona de casa que tivera ótima educação e estudara francês e russo.

"Apesar de todos os esforços, o condado de Lincolnshire nunca ganhará prêmios como um dos mais belos da Inglaterra", Taupin escreveu na década de 1980. Não obstante, o letrista teve uma infância feliz em uma parte semirrural relativamente agradável da Inglaterra localizada entre o norte e o leste. O inverno era muito frio e, ao menos no início, não havia eletricidade, sem contar a realidade dura dos cupons de racionamento. A memória mais antiga de Bernie é a de engatinhar em um tapete em frente ao Aga[2] enquanto a mãe se ocupava dos afazeres domésticos diários. "Fui abençoado com pais maravilhosos, pais que nunca me desafiaram, que nunca me perguntaram por que eu fazia o que fazia", Taupin disse. "Eles estavam sempre presentes me apoiando."

Uma grande influência na vida do jovem Bernie foi seu avô materno, John

---

2. Marca inglesa de fogões. (N. da T.)

Leonard Patchett Cort, carinhosamente chamado pelos netos de "Poppy". Com um mestrado de Cambridge, ele lecionava história e cultura clássica e acendia a imaginação do pré-adolescente com um mundo de sabedoria, palavras e histórias fantásticas. Na escola, Bernie era um daqueles alunos que se destacam em uma área – em seu caso, inglês e literatura –, mas são malsucedidos em outras – para Bernie, a matemática era um código impenetrável. Quando chegou a hora de prestar o exame de admissão, avaliação que separa o joio do trigo no que diz respeito a um futuro potencial acadêmico, sua falta de capacidade com os números implicou uma reprovação definitiva. Isso significava cursar não o ensino médio na escola que seu irmão mais velho frequentava, mas a moderna escola secundária de Market Rasen.

Bernie teve mais que o bastante para ocupar-se durante a adolescência. Rapazes nascidos no pós-guerra tinham uma dieta cultural, tanto baseada em filmes quanto na televisão, que parecia consistir em apenas duas coisas. A primeira eram as histórias de heroísmo na guerra, principalmente na então recém-terminada Segunda Guerra Mundial, para o senso comum um símbolo de coragem em que o espírito buldogue inglês sempre triunfava sobre as maquinações do inimigo demoníaco (interpretado por ingleses com sotaque alemão). O segundo passatempo dos domingos dos adolescentes eram os filmes de faroeste e os filmes B de Hollywood, produto da cultura americana disposta a promover seu passado como uma batalha ousada do homem contra a natureza, do colono contra o nativo americano e do forasteiro heroico contra a lei, tudo embrulhado em filmes de 8 milímetros, emboscadas, massacres e ataques à meia-noite.

Para o jovem Bernie, o que importava era o Velho Oeste. As músicas novas que ele ouvia na Rádio Luxembourg no início da década de 1960 pareciam confirmar o mistério e a imaginação sem limites do sonho americano. Embora tenha sido conquistado pelo *skiffle* britânico de Lonnie Donegan (com sua versão inglesa da cultura americana, ele também foi uma influência inicial decisiva para Elton) e fosse um membro pagante do fã-clube de Joe Brown, eram números como "Ring Of Fire", de Johnny Cash, e "El Paso", da estrela do country Marty Robbins, que estimulavam sua imaginação. Aquelas eram narrativas brilhantes passadas em um mundo mítico, muito distante dos alqueires da fazenda de Lincolnshire.

Tanto na escola quanto fora dela, Bernie tinha grande apetite por literatura. Ele passava horas com o *Oxford Book of English Verse* e apaixonou-se pelos grandes poetas. Como seu avô, que morreu quando Bernie tinha apenas nove anos, sua mãe costumava ler para uma criança com um apetite insaciável por tudo que estava relacionado à literatura. "As coisas que eu amava mais que tudo não eram as odes e os poemas curtos de amor", ele diria anos mais tarde. "Não era Byron, Shelley nem Keats, era Tennyson e Coleridge. Seus livros eram como histórias de aventura, e era isso que eu amava. Era como ler o *Boy's Own³*, porém mais bem escrito. Quando ouvi Johnny Cash, Johnny Horton e Marty Robbins pela primeira vez, vi que as coisas que me excitavam estavam em suas músicas."

Com sua honestidade, *Fúria no Alasca*, de Horton, e *Gunfighter Ballads And Trail Songs*, de Marty Robbins, capturaram a imaginação de Bernie de uma forma que o mundo dos filmes B de Lone Ranger e Hopalong Cassidy à época evidentemente não eram capazes de fazer. "Escrever uma história e colocá-la em uma melodia – achei aquilo incrível", Bernie disse. "Depois, fiquei obcecado pela cultura americana e a partir daí até a música country e pessoas como Woody Guthrie, que documentaram a vida social americana, foi uma evolução natural." Taupin queria escrever músicas e poemas, e, na adolescência, dedicou grande parte de seu tempo livre a escrever poemas descritivos.

Essa é uma amostra das primeiras composições de Bernie tirada de uma publicação da revista da sua escola de 1966:

> *"Klu [sic] Klux clan the hooded men,*
> *Who kill in packs for segregation*
> *Nail firey [sic] crosses to their doors.*
> *In Alabama like starving rats, despite the interegation [sic] laws."* ⁴

No que diz respeito à música propriamente dita, os ídolos pop britânicos também tinham seu lugar na coleção de Bernie, embora parecessem ser menos amados que suas exóticas contrapartes americanas. Ao contrário do adolescente Reg Dwight, Bernie podia usar paletó sem gola, botas Chelsea com saltos cubanos e sua própria versão do corte de cabelo *moptop* que era febre na Inglaterra de meados dos anos 1960, embora com pouco sucesso: "O novo corte de cabelo que implorei que o barbeiro fizesse em mim parecia muito com o de Henrique V, mas nem um pouco com o de George Harrison".

Bernie também saía com garotas e teve sua parcela de romances e aventuras adolescentes. Ele bebia em um *pub* de Market Rasen, jogava sinuca e via, em primeira mão, como as noites de sábado acabavam em conflitos territoriais e brigas entre gangues de jovens alimentadas pelo consumo liberado de cerveja. Depois de deixar a escola em 1966, ele trabalhou por curto período na sala de prensa do jornal local. Esse trabalho subalterno não era do tipo que colocaria a imaginação do aspirante a repórter para funcionar.

---

3. *Boy's Own Paper*, jornal direcionado a meninos adolescentes em que eram publicadas, entre outras coisas, histórias do gênero aventura. (N. da T.)

4. "Klu *[sic]* Klux Clan, os homens encapuzados / Que matam aos montes pela segregação / Pregam cruzes em chamas em suas portas. / No Alabama, como ratos esfomeados, mesmo apesar das leis de integração." (N. da T.)

"Eu detestava", Bernie admitiria mais tarde. "Era uma daquelas salas de prensa horríveis do tipo fábrica do norte, com claraboias muito altas, escuras e deprimentes, com homenzinhos andando de um lado para outro, pedindo seus 6 *pence* semanais para juntarem-se ao sindicato. Eu simplesmente não dava para aquilo. No final, fui despedido por procurar outro emprego no horário do trabalho." Bernie passou a fazer bicos como mecânico de máquinas caça-níqueis e depois começou a trabalhar em um aviário. Uma das suas tarefas era levar centenas de galinhas mortas para ser incineradas depois que a gripe aviária teve início. Ele disse a Philip Norman: "Tenho uma fotografia em que estou agasalhado para enfrentar o vento e cercado por cadáveres que parece uma cena de *Os gritos do silêncio*".

Como qualquer outro adolescente de dezessete anos, Bernie encarava o mundo adulto de tarefas, responsabilidades e relacionamentos que logo teria de enfrentar com um mau pressentimento. Como Reg Dwight, ele havia lido o anúncio da Liberty Records na *NME*. Reg respondera ao anúncio com uma carta escrita com cuidado e a ajuda da mãe. A mãe de Bernie também teria um papel – mais importante ainda – na futura carreira do filho. "Eu vinha escrevendo poesias. Eram todas psicodélicas, do tipo 'Os canhões da sua mente'", ele disse. "Eu não sabia tocar nenhum instrumento, como ainda não sei; mas ouço melodias em minha mente quando escrevo. Então escrevi uma carta dizendo que precisava de alguém para compor melodias para as minhas letras... mas não mandei... joguei fora. Minha mãe achou-a em uma lata de lixo e colocou-a no correio." Mais tarde, porém, Taupin mudaria o relato. "Foi meio que um conto de fadas, não é?", ele disse a Paul Gambaccini em 1973. "Não foi assim que aconteceu. Não foi como: 'Ó, que carta é essa que meu filho jogou no lixo? Uma carta! Devo colocá-la no correio!' Ela provavelmente disse 'Você tem de fazer isso, você tem de fazer isso', mas não teve nada a ver com mexer no lixo."

Na Liberty, Ray Williams ficou tão impressionado com Bernie Taupin quanto ficou com a fita de Reg Dwight. É verdade que os dois tinham algo, mas, como indivíduos, não pareciam ter o que era necessário para se sair bem numa indústria musical à beira de uma mudança que anos antes teria sido impensável. O sucesso maciço de Bob Dylan e dos Beatles, com suas composições próprias, havia mudado a forma como a indústria via o desenvolvimento de novos talentos. Evidentemente, ainda havia um lugar na indústria musical do final da década de 1960 para compositores que compunham músicas sob encomenda e produziam um portfólio de novas canções para ser gravadas por estrelas consagradas. Contudo, também havia uma parcela, ainda menor, do cenário musical britânico que estava rompendo com esse estilo antigo de produção musical. Os dias da Tin Pan Alley londrina, de compositores malpagos que enfrentavam uma carga de trabalho absurda para atender a uma demanda, estavam rapidamente chegando ao fim. A tarefa de compor suas músicas estava sendo assumida pelos próprios intérpretes.

O mesmo anúncio de 1967 da Liberty chamara a atenção de Ray Williams para o brilhantemente excêntrico Bonzo Dog Doo-Dah Band, para o compositor Jeff Lynne (que mais tarde conquistaria fama internacional com o Move, com a Electric Light Orchestra e com o Traveling Wilburys) e para o compositor Mike Batt, a voz dos Wombles e compositor de dúzias de grandes sucessos para cantores que incluem Art Garfunkel, David Essex e Elkie Brooks, e, mais recentemente, o descobridor e patrocinador da cantora-compositora Katie Melua. A antena comercial de Williams estava definitivamente muito bem sintonizada.

Ray Williams disse a Bernie que "se aparecer por estas bandas, deveria vir me ver". É claro que a ideia de Bernie um dia estar apenas "passando" por Londres era um tanto surreal. Para todos os efeitos, Lincolnshire era tudo que Taupin conhecia. Williams passou as letras de Bernie, que precisavam de uma melodia decente, para Reggie Dwight. Assim, nos primeiros cinco meses de colaboração, Bernie e Elton escreveram separadamente, com Reg Dwight compondo melodias para um parceiro que ainda não conhecia. "Compusemos nossas primeiras vinte parcerias antes de sequer termos nos conhecido", confirma Elton. Depois, Bernie passou a fazer viagens frequentes de Lincolnshire para Londres, onde ficava com tio Henry e tia Tati em Putney, e de Londres para a casa dos pais em Lincolnshire.

Williams também trabalhou com o grupo The Hollies, e os membros da banda Graham Nash, Allan Clarke e Tony Hicks também teriam um pequeno, ainda que não menos importante, papel no sucesso de Reg Dwight. Sua editora musical, a Gralto, um acrônimo de seus nomes, fazia parte do império de Dick James, editor dos Beatles e um farol na Tin Pan Alley londrina. Na época, Williams também estava promovendo outra parceria de compositores das Midlands, Nicky James e Kirk Duncan, com os quais fundou a sua própria companhia. Seu nome, à maneira do da Gralto, era uma fusão infeliz entre os nomes de batismo dos fundadores Nicky, Ray e Kirk: Niraki Music.

Williams conseguiu um acordo entre a Niraki e a Gralto, e com isso colocou Nicky James e Kirk Duncan, embora indiretamente, sob a asa do império de Dick James. No verão de 1967, James e Duncan estavam produzindo demos nos estúdios do próprio Dick James e ofereceram gentilmente a Reg Dwight a chance de usar o estúdio para experimentar suas novas composições com a possibilidade de oferecê-las à Gralto (uma possibilidade que no final das contas não se materializou). Tony Murray, que logo se juntaria aos Troggs, tocou baixo nessas demos, enquanto Dave Hinds assumiu as baquetas.

A Gralto publicou as primeiras composições de Reg, e, durante um período, Graham Nash mostrou interesse pelo novo cantor-compositor. A primeira safra de Reg incluía músicas como "A Little Love Goes A Long Long Way", "Can't You See It" e "If You Could See Me Now", todas composições originais de Dwight, além de colaborações com Bernie Taupin, como "A Dandelion Dies In The Wind", "Velvet Fountain" (em que Bernie pergunta: *Do you believe in faeries? / For the children's rhymes are in my mind*" [5]) e "Scarecrow" (cuja letra era: "*Like moths around a light bulb / Your brain is still bleeding / From visions and pictures of nature's young raincoat*" [6]).

"Deve haver algum álbum por aí com coisas como 'Scarecrow' e 'A Dandelion Dies In The Wind'", Elton diria anos depois. "Ainda temos todas as letras. Achei-as em uma mala recentemente e morri de rir por dois dias. Quero dizer, costumávamos ridicularizar pessoas que escreviam malditas letras psicodélicas, as maiores besteiras que você já leu."

Reg ficou surpreso, senão um tanto alarmado, ao descobrir que o administrador do estúdio de Dick James era ninguém menos que Caleb Quaye, o *office boy* da Paxton Music que o apelidara de Billy Bunter e o perseguira com o apelido desde então. Dessa vez, contudo, não haveria brincadeiras. Elas seriam substituídas por uma admiração mútua pelo talento um do outro e um elo de amizade que duraria anos.

Também seria nos estúdios de Dick James que Reg Dwight e Bernie Taupin se encontrariam pela primeira vez. "Certo dia, eu estava em uma sessão de gravação de demos e o vi no canto", Elton explicou. "Eu disse: 'Ah, é você que é o escritor das letras?', e ele disse: 'Sim', então fomos tomar uma xícara de café, e foi isso." À primeira vista, os dois não poderiam ser mais diferentes: Reg era o "ratinho da cidade", e Bernie era o "ratinho do campo". Não obstante, seu amor pela música deu origem a um elo que, apesar de pequenas falhas de comunicação, perdura desde então.

Dick James – careca, simpático e muito charmoso – era uma das figuras mais dominantes do meio musical da década de 1960. Nascido Isaac Vapnick em 1920, ele fora um cantor romântico de algum talento na década de 1950. A geração dos *baby-boomers*[7] lembra-se dele como a voz na canção temática *The Adventures of Robin Hood*, que entrou para o Top 20 do Reino Unido em 1956.

O compositor Tony Hiller lembra-se com afeto de James. Hiller foi o homem que recebera o time de futebol Chelsea na Mills Music quando o adolescente Reg Dwight trabalhava lá, e que dera algumas dicas sobre composição musical a Terry Venables. Ele sabia que Reg Dwight cantava bem, mas não

---

5. "Você acredita em fadas? / Pois as rimas das crianças estão em minha mente." (N. da T.)

6. "Como mariposas em volta da lâmpada / Seu cérebro ainda está sangrando / Visões e imagens da jovem capa de chuva da natureza." (N. da T.)

7. Termo com frequência usado em referência à geração nascida logo depois da Segunda Guerra Mundial, embora não haja consenso quanto ao período exato em que nasceram os *baby-boomers*. (N. da T.)

fazia ideia de que ele também era compositor. "Se eu soubesse", diz com melancolia atualmente, "teria fechado um contrato com ele e ganhado um zilhão!" Mais tarde, Hiller se tornaria um compositor famoso, autor de sucessos dos anos 1970 como "United We Stand" e "Save Your Kisses For Me", do Brotherhood of Man. Nos anos 1950, contudo, assim como Dick James, ele era apenas um compositor durante os clássicos anos da Tin Pan Alley.

"Eu vendia músicas na Denmark Street em 1954", Hiller diz. "Na época, Dick James trabalhava para a Bron Music, que era administrada por Gerry Bron, pai da atriz Eleanor Bron. Aquela foi a melhor época da nossa vida. Íamos até lá encontrar artistas que estavam procurando material. Depois, Dick James deixou a Bron e começou a trabalhar por conta própria." O que veio em seguida foi a mistura de sorte com visão extraordinárias. Durante certo tempo no início dos anos 1960, James fez negócios razoáveis. Em 1963, entretanto, ele tomou uma decisão que o transformaria em uma lenda da indústria musical.

O produtor musical George Martin havia oferecido os Beatles a todos os editores musicais importantes de Londres e tivera a oferta rejeitada por todos, exceto por Dick James. James apostou no inexperiente quarteto de Liverpool e teve um grande lucro. Em 1963, ele fundou a Northern Songs, uma companhia para a publicação de material original. James conseguiu consolidar-se na vanguarda da nova ordem. Ele era um profissional da velha guarda que lucrara com um novo tipo de cantor-compositor. Depois dos Beatles, o monopólio da Tin Pan Alley londrina seria quebrado pela nova onda de jovens talentos que assumiram a responsabilidade de escrever seu próprio material em vez de procurar músicas compostas por outras pessoas para gravar.

A sede da Dick James Music (DJM) ficava situada sob uma filial do Midland Bank, no 71-75 da New Oxford Street. Nela havia um estúdio que estava longe de ser moderno. "Ele tinha uma velha mesa de som valvulada que era fantástica", recorda-se com saudosismo o músico B.J. Cole. "Embora não fosse de última geração, as pessoas gostavam do som. A infame fita dos Troggs [que mostra a banda da região sudeste em uma acalorada discussão] foi gravada nesse estúdio."

Para a nova onda de músicos-compositores, tipos como Dick James eram anacronismos ambulantes. "Dick James era da velha guarda, ele fazia parte do cenário musical dos anos 1950, que estava morrendo rapidamente, mas ainda controlava a coisa toda", diz Cole. "Basicamente, ele fazia parte do entretenimento leve e de uma forma antiga de ver a indústria de gravação. Pessoas como Dick faziam um jogo duro, e os artistas não entendiam muito o que estavam assinando. Se comparada aos direitos autorais modernos, a coisa toda era muito injusta." Na paródia dos Beatles *All You Need Is Cash*, que memoravelmente conta a história dos "pré-*fab four*" Rutles, o personagem do editor musical judeu Dick Jaws interpretado por Barry Cryer foi claramente um "tributo" a James.

UM QUARTO ★ 61

"Dick estava sempre trancado em seu escritório, embora de vez em quando colocasse a cabeça dentro do estúdio de gravação", conta Clive Franks, um homem cujo relacionamento profissional com o futuro Elton John como técnico de som das suas apresentações ao vivo duraria mais de trinta anos. Na época, Franks havia acabado de sair da escola e subia a escadaria do sucesso na Dick James Music, que o levaria de mensageiro a engenheiro de som. "De vez em quando, ele nos surpreendia muito doidões – ninguém conseguia ver a sala de controle no meio de tanta fumaça."

Enquanto isso, Bernie Taupin havia decidido mudar-se permanentemente para Londres em vez de ocasionalmente se hospedar na casa da tia. Sempre hospitaleiros, Sheila e Derf disseram que o novo amigo de Reg podia morar em Frome Court. Assim, Bernie e Reg passaram a dividir um beliche no quarto de Reg, sempre apinhado de vinis. "Ele veio de Lincolnshire morar comigo com a menor mala que você pode imaginar", Elton contaria mais tarde, e que provavelmente foi o ideal, considerando-se o espaço disponível.

Nos anos seguintes, Frome Court receberia visitas regulares do velho amigo de Reg do Bluesology, Mick Inkpen. "Frome Court era uma *maisonette*, não passava de um sobrado", ele lembra. "Do lado de fora, parecia duas casas geminadas, mas na verdade eram quatro unidades: duas no térreo e duas no andar superior. Era muito pequena. Sheila e Derf tinham apenas dois quartos, então colocaram um beliche no quarto de Reggie, e foi isso. Bernie morou lá durante dois anos até os dois se firmarem. Mas se tudo tivesse dado errado, ele teria simplesmente voltado para Market Rasen, e aquela teria sido a última vez que Londres ouviria falar dele."

Embora mais bonito e mais atraente nos padrões convencionais que Reg, Taupin era muito introvertido. Enquanto Reg fazia o tipo piadista, Taupin preferia ser uma presença quieta, ainda que poderosa, nos bastidores. "Ele era um cara muito legal", lembra-se afetuosamente Inkpen, "e muito educado. Lia muito. Foi ele quem me fez gostar de *Senhor dos Anéis* – antes, ninguém havia ouvido falar de *Senhor dos Anéis* – e de Mervyn Peake, que na época era um sucesso."

O fato de os dois dividirem um quarto "na época parecia algo inocente", diz Inkpen. Questionado anos depois sobre se havia gostado de Bernie, Elton respondeu: "Sim, mas não foi nada sexual. Eu nunca me atiraria nos braços dele. Eu simplesmente o adorava como um irmão. Estava apaixonado por ele, mas não fisicamente. Ele era a alma gêmea que havia procurado toda a minha vida."

O relacionamento profissional entre Elton e Bernie havia começado durante seus últimos meses com o Bluesology, colaboração que terminou no final de 1967, quando Reg deixou a banda. Então um compositor assalariado da DJM, ele não precisava mais dos aborrecimentos da vida na estrada e havia se cansado do Bluesology, uma banda completamente desprovida de ambição.

Pouco antes de sair, ele descontou a frustração no seu equipamento musical, que já estava mesmo nas últimas. "Estava caindo aos pedaços", explicou. "O órgão peidava e fazia outros sons terríveis. No final, quando estávamos tocando em salões de festa, terminei por destruir meu amplificador, meu Vox 80, chutando-o durante uma sessão."

"Éramos uma banda de segunda, nos arrastando pela estrada tocando 'Knock On Wood' pela 115ª vez", ele reflete. "No final, eu não suportava mais a ideia de ter de fazer aquilo pelo resto da minha vida. Mas ainda não estava pensando em me tornar um artista solo. Só queria sair do buraco e do tédio insípido que era aquilo." Ele explicou melhor a decisão à *Melody Maker* em 1975: "Criei coragem para deixar o Bluesology. Até então, sempre fora muito fraco no que diz respeito a decisões. Era o tipo capacho na escola, com medo de fazer qualquer coisa e tomar uma advertência. Morria de medo de cometer erros".

Não obstante, o longo tempo (cerca de seis anos) que Reg Dwight passou no Bluesology, foi um aprendizado inestimável. Apesar de tudo, esse tempo permitiu que ele "desse duro", o que lhe rendeu certa credibilidade no meio musical. "Tive realmente de lutar para conquistar o que conquistei", ele disse, "mas quando olho para trás, vejo que honestamente curti aqueles primeiros dias de semanas miseráveis de trabalho com o Bluesology. Em retrospecto, não foi um tempo tão ruim quanto eu pensava na época."

Pouco antes de deixar a banda, tenha sido pelo excesso de trabalho, tenha sido pela terrível alimentação que tinha na estrada, ou, mais provavelmente, por estar tomando os comprimidos para emagrecer da mãe, Reg começou a perder peso. Ele estava treze quilos mais magro. No final de uma turnê pela Suécia, quando precisou pegar a calça de alguém emprestada, descobriu que estava cabendo nas de Elton Dean. Mick Inkpen também lembra que sua imagem mudou por volta dessa época. "Ele havia voltado do sul da França, acho que estivera lá com o Bluesology. Estava com tempo livre e decidiu me visitar. E aquilo foi uma revelação! Enquanto estavam no sul da França, eles não haviam tido muita abundância no quesito comida, então haviam passado fome. Mas ele também comprou roupas decentes para variar. Havia cortado o cabelo e estava usando umas roupas muito legais. Pensei: 'Maldição, o que temos aqui?'." Era o fim dos dias em que, como Elton mais tarde diria, ele parecia mais "um jovem Reginald Maudling".

Essa mudança na imagem acompanhou outra mudança que provavelmente seria a mais importante de sua carreira. Como ocorre com todas as mudanças que alteram o rumo de uma vida inteira, ela aconteceu em questão de minutos. A chance de gravar um compacto solo levou a uma rápida reconsideração em relação ao nome a ser impresso na capa do disco. "Bem, eu estava gravando um disco e tinha de escolher um nome, pois, como disseram, você sabe, não se pode fazer um disco com o nome de Reg Dwight, pois ele não' soa – entende? – atraente o bastante. E eu concordei. De qualquer forma, estava ansioso para mudar de nome, pois não gosto muito do nome Reginald. É um nome muito anos 1950. Então escolhi Elton porque não havia – não parecia haver – ninguém com o nome Elton. E escolhi John para completá-lo. A decisão foi tomada em um ônibus no trajeto de Heathrow até a cidade. E foi muito rápida. Então eu disse: 'Ah, Elton John. Ótimo'."

Na verdade, Reg havia (com a aprovação total dos dois) pegado o primeiro nome de Elton Dean, do Bluesology, e combinado com o "John" de Long John Baldry. Foi uma decisão espontânea mas inteligente. Ter um primeiro nome como sobrenome não era, sem dúvida, uma ideia completamente nova no mundo pop, como poderá lhe dizer qualquer fã de Cliff Richard ou Hank Marvin. A escolha de Reg, contudo, foi algo novo e original. Além disso, "Elton John" parecia um nome americano, mais uma vantagem para vender o cantor no maior mercado do mundo.

Dick James finalmente assinou um contrato com Elton e Bernie no dia 17 de novembro de 1967. Os meses de gravações no estúdio até tarde da noite, depois do expediente normal, haviam finalmente terminado. No final das contas, foi o filho de vinte anos de James, Steve, que chamou a atenção do pai para o trabalho de Elton e de Bernie. Ele achou que havia algo especial em suas músicas, e seu pai concordou. Quando Dick chamou Elton e Bernie para irem até seu escritório naquele dia de outono de 1967, os dois achavam que seriam repreendidos por usar o estúdio durante o horário normal. Em vez disso, se depararam com aquilo com o que sempre sonharam: um salário fixo em troca da composição e gravação de músicas.

Elton e Bernie assinaram com o selo de Steve James, This Music (a escolha do nome "This" devia-se ao fato de a palavra ser tanto um anagrama de "hits" quanto de "shit" [8]), por um adiantamento de 50 libras para cada um mais 10 libras semanais como garantia de direitos autorais. Em troca, eles deveriam compor pelo menos dezoito músicas em três anos. O pagamento semanal de Reg logo seria elevado para a fortuna de 15 libras.

"Pensei: 'O que esse cara tem de tão especial?'", diz Clive Franks. "Eu só ganhava 7 libras e 10 libras! Mas eu costumava sair e pegar sanduíches para ele e manter sua xícara sempre cheia de chá e café. Ele ficava sentado no pequeno escritório adaptado com um piano de armário que agora era considerado o Estúdio Dick James, com caixas de ovo no teto para isolar o som e um revestimento de estopa barato nas paredes. Não devia ter mais de 4,5 metros por 3,5 metros. A sala de controle era outro escritório adaptado e ficava muito longe do estúdio.

---

8. "Hits" – "sucessos"; "shit" – "merda". (N. da T.)

Ficava no meio do *hall* e estava conectado ao estúdio por um pequeno aparelho de tevê em preto e branco."

Contudo, com o tempo Franks percebeu que realmente havia algo especial no recém-batizado Elton John, algo diferente. Para começar, o seu conhecimento musical era enorme. Além disso, sob a superfície de comediante, havia forte determinação para vencer. Ele também tinha uma aparência muito diferente. "Naquele tempo, ele usava vários óculos diferentes e roupas ultrajantes para a época", diz Franks. "Estávamos na era hippy, mas ele não usava os adereços da época como eu. Usava roupas diferentes, com cores vivas. É claro que na época ninguém conhecia a cena *gay* – pelo menos eu não conhecia. Eu morava na casa dos meus pais, e ele costumava aparecer para o chá da tarde e ouvir uns discos. Íamos juntos ao cinema. Mas eu não imaginava o que estava por vir, uma fama internacional gigantesca. Na verdade, não gostava muito da música dele; ela era estranha."

Outro membro da equipe que ajudaria a lançar Elton era Stuart Epps, um amigo de Clive Franks que seguiu o ex-colega de escola mais velho e foi trabalhar para a Dick James Music. "Na época, havia muita gente carismática na sede", lembra-se Epps. "Havia Graham Nash, dos Hollies, e, é claro, Caleb Quaye. Caleb provavelmente era mais carismático que Elton. Ele tocava como Jimi Hendrix. Mas, embora Elton fosse só um cara gordinho e engraçado, no momento em que ouvi suas músicas achei-o brilhante."

No final de 1967 e início de 1968, as letras de Bernie Taupin exploravam o espírito da era do ácido com uma ingenuidade infantil. "As letras dele eram muito anos 1960", recorda-se Elton. "Lembravam Traffic, 'Hole In My Shoe', com duendes e fadas, e 'The Angle Tree' – essa foi uma das músicas que compusemos. Mas, de qualquer forma, eu gostava das letras." Essas primeiras criações de Taupin também incluíam pérolas nunca lançadas, como "The Year Of The Teddy Bear" e "Regimental Sgt. Zippo".

Contudo, apesar de ter sido uma época de lucros relativamente baixos, frustração e muito trabalho duro, aquele também foi um tempo de muita diversão. Foi a era que antecedeu a tomada do mercado musical por contadores e advogados, que a transformaram em algo duro e corporativo. "Nos idos de 1967", como Elton cantaria mais tarde, as pessoas não se importavam muito com o dinheiro. Elas estavam naquilo pela diversão de fazer música. Era tudo muito novo e excitante para a primeira onda de artistas pós-Beatles.

O primeiro compacto de Elton John, "I've Been Loving You", com "Here's To The Next Time" no lado B, foi lançado pela Philips no dia 1º de março de 1968. A música era uma composição solo de Reg Dwight, embora Bernie tenha sido creditado como coautor. Com melodia pouco marcante e letra insípida, ela não pode ser considerada uma grande estreia para uma carreira solo. A revista

Top Pop publicou um pequeno artigo sobre o compacto no dia 2 de março sob o título de "Problem: Who's The Star" ["Problema: quem é o astro"]:

> *Outro quebra-cabeça. Este é Elton John, cujo compacto se chama "I've Been Loving You", da Philips. Mas a publicidade dá o mesmo crédito ao compositor Bernard Taupin e ao coprodutor Caleb Quaye, os dois homens experientes e extremamente competentes da música pop. Isso significa que chegou a hora de os homens que estão por trás dos discos receberem mais crédito. Então, parabéns tanto para Bernard e Caleb quanto para Elton.*

Esse artigo pode ter vindo direto da escola "jolly good show" do jornalismo musical, que obviamente ainda tinha um lugar na Inglaterra de 1967 (e Bernard Taupin, de dezessete anos, deve ter se surpreendido ao ser chamado de "experiente"). De qualquer forma, essa provavelmente foi a primeira exposição que Elton John teve na imprensa musical como artista solo.

Outras músicas – na verdade, muitas – iam e vinham. "Baby I Miss You" era uma canção agradável, ainda que nada sensacional, enquanto "You'll Be Sorry To See Me Go" foi composta com a participação de Caleb Quaye. Elton também teve o privilégio de ter tido uma de suas músicas aceitas pelo teste Song For Europe para o Eurovision Song Contest, que iria ao ar em janeiro de 1969. Ao contrário do que ocorre na atualidade, quando os ingleses veem o concurso com certo desprezo e ironia, na época o Eurovision era levado muito a sério. Carreiras inteiras de gravação (e de composição) podiam ter início a partir de uma vitória ou de um bom desempenho na competição principal. "Can't Go On (Living Without You)", entretanto, ficou em sexto lugar entre as seis músicas interpretadas pela revelação do Reino Unido no concurso, Lulu, que o venceu com a "Boom-Bang-A-Bang". "Graças a Deus!", Elton diria anos mais tarde, temendo a trajetória que sua carreira poderia ter tomado se tivesse vencido o concurso. "Mas minha mãe ficou muito chateada; ela mandou uma enxurrada de cartões postais. Eu escrevi a letra inteira da música, algo pelo que Bernie nunca me perdoou. O mesmo aconteceu com 'I've Been Loving You'; a letra é toda minha, mas foi creditada a Elton John e Bernie Taupin. Mas a letra é tão ruim que você pode identificá-la a quilômetros."

Nessa época, Elton havia aceitado que, fosse qual fosse o talento que tinha, ele não incluía a capacidade de escrever uma letra pop sofisticada. Suas tentativas anteriores não passavam de letras pop clichê de segunda categoria. Em vez de sucumbir ao ego e fingir que isso era algo que ele dominava, Elton decidiu se concentrar na criação de melodias de qualidade e arranjos vocais, e, na maioria das vezes, passou a deixar o trabalho de escrever as letras para outra pessoa.

De acordo com aqueles que trabalhavam na DJM na época, em 1968 Elton produziu um álbum inteiro de demos. "Eles gravaram um álbum inteiro, mas ele nunca foi lançado", confirma Clive Franks. "Em algum lugar existe um álbum inteiro anterior a *Empty Sky.*" Elton compôs várias músicas com Caleb Quaye, um multi-instrumentista talentosíssimo para alguém tão jovem. "Lembro-me de algo dito por Eric Clapton há muito tempo", diz Clive Franks. "O entrevistador perguntou: 'Como é ser o melhor guitarrista do mundo?', e Eric respondeu: 'Não sei, é melhor perguntar a Caleb Quaye'. Caleb tocava tudo, mas na guitarra era fenomenal. Ele também era uma das pessoas mais engraçadas por ali. Ele e Elton John se davam muito bem, profissional e socialmente."

Elton complementava a renda que recebia na DJM participando como pianista convidado em vários sucessos da época. Em 23 de outubro de 1968, ele tocou piano no compacto do grupo de comédia Barron Knights, "An Olympic Record", que alcançou o 35º lugar no Reino Unido e foi lançado por ocasião das Olimpíadas do México. No entanto, a sessão, realizada em Abbey Road, teve uma importância maior por causa de um encontro memorável. "McCartney estava no Estúdio 2 e pensou em dar uma olhada no que os camponeses estavam fazendo", Elton contou. "Eu e Bernie Taupin congelamos e gaguejamos alguma coisa e ele disse algo, sentou e começou a tocar piano, contando que aquilo tinha sido a última coisa que a banda havia concluído, e era 'Hey Jude'. Fiquei sem chão."

A nova dupla de compositores estava sob pressão para compor um material de baladas pop para artistas de sucesso, o material "descolado" para o mundo do entretenimento leve atendido pela Dick James Music na época. Com mesas de nogueira e equipes de compositores, a Dick James Music mantinha ares de uma editora muito tradicional. Porém, a qualidade das composições de Bernie e Elton não era muito alta. Eles aprenderam rápido que não podiam compor os números comerciais que estavam lhes encomendando. "Estávamos compondo músicas que sabíamos que eram lixo", Elton diria mais tarde. "E elas não estavam sendo gravadas porque eram lixo."

Com ninguém importante gravando suas composições, em 1968 Elton John foi forçado pelas circunstâncias a assumir ele mesmo o papel de intérprete: "Fui meio que forçado a ser cantor porque ninguém gravava nossas músicas. Alguém disse: 'Bem, é melhor você mesmo gravá-las'. Quando deixei o Bluesology, não pensava em ser um cantor ou intérprete porque pensava: 'Cansei de tocar pra essas pessoas comendo frango, vou ser um compositor'. Mas depois que experimentei o trabalho de intérprete, gostei muito".

Elton e Bernie precisavam da orientação de um mentor que pudesse explicar como as coisas funcionavam. Essa pessoa, aquele que deu o empurrãozinho de que a dupla precisava, era Steve Brown, um colega da Dick James Music.

Brown seria um dos personagens mais importantes na primeira parte da história de Elton John. Ele comprometeu-se com a música de Elton John e ofereceu-lhe orientações de carreira em uma época em que Elton e Bernie pareciam não estar indo a lugar nenhum.

"Estávamos nos saindo muito mal, compondo lixo", foi como Elton colocou a situação em uma entrevista para a *Playboy* em 1976. "Ninguém havia gravado nenhuma música nossa. Àquela altura, estávamos prestes a desistir de tudo, pois estávamos muito desiludidos. Mas Dick tinha um cara que trabalhava na promoção de discos chamado Steve Brown, e tocamos para Steve as músicas comerciais que havíamos composto e algumas coisas do nosso próprio trabalho. Ele disse: 'Bem, está claro que o trabalho de vocês é melhor do que as músicas comerciais, então vocês têm de esquecer o que Dick disse', o que foi algo muito corajoso de se dizer, porque ele era só um funcionário. Ele disse: 'Escrevam exatamente o que sentirem e não deem mais nenhuma atenção a Dick'." "Nós todos pensamos 'Quem diabos é esse cara? Como ele ousa?'", lembra-se Stuart Erps. "Ele simplesmente entra aqui e diz que nosso melhor cantor-compositor não é bom. Mas ele sabia que Elton estava seguindo uma fórmula para agradar a Dick, e foi quem disse a Elton que escrevesse o que quisesse. A partir daquele momento, Steve assumiu a carreira de Elton e eu me tornei assistente de Steve."

Outros da Dick James Music deram igual apoio a Elton e Bernie. Um deles foi Lionel Conway. Conway havia começado a trabalhar na Dick James Music em 1964, logo depois de os Beatles terem emplacado um sucesso com "Please Please Me". Ele se lembrava de Paul McCartney ter aparecido um dia em 1966 e tocado para ele uma música com o título de trabalho "Scrambled Eggs" no cravo. A música se tornaria "Yesterday". Na época em que Elton e Bernie entraram em cena, Conway era o chefe do departamento de edição. Ele passou alguns originais de Bernie e Elton para artistas que tinham contrato de edição com o império de Dick James. A apresentadora de programa infantil Ayshea gravou "Taking The Sun From My Eyes" em um lado B e o ator Edward Woodward cantou "The Tide Will Turn For Rebecca".

A dupla de compositores Roger Cook e Roger Greenaway também ofereceu uma ajudinha. Em 1968, Cook e Greenaway eram uma das duplas de compositores mais bem-sucedidas do pop inglês. Sua música "You've Got Your Troubles" havia alcançado o segundo lugar com os Fortunes em 1965, e "I'd Like To Teach The World To Sing", com os New Seekers, alcançou o primeiro lugar no Reino Unido em 1972. Como Steve e Brown, Cook e Greenaway também foram testemunhas da desmoralização estampada nos semblantes de Elton e Bernie durante seu duro primeiro ano de colaboração, quando nada parecia dar certo. "Um dia, entramos na sede da Dick James e esbarramos com Reg e Bernie", conta Greenaway. "Eles pareciam muito deprimidos porque as pessoas não estavam mostrando interesse por eles. Então, tentamos tirá-los daquela depressão e pedimos a Reg que tocasse alguma coisa do seu novo material. Lembro de ter me sentado com eles e dito 'Vamos lá, coragem, toquem alguma coisa de vocês'. Eles tocaram três músicas: uma se chamava 'Skyline Pigeon' e a outra 'When I Was Tealby Abbey'. Gravamos algumas delas. Ninguém mais as ouvira."

Greenaway gravou "When I Was Tealby Abbey" com a dupla Young e Renshaw, que estava produzindo na época para a Bell Records. Paul Young mais tarde conquistaria a fama como vocalista principal do Sad Café, e, uma década antes de sua morte prematura em 2000, como membro de Mike and the Mechanics. Roger Cook também decidiu gravar "Skyline Pigeon" como Roger James Cook, e Dick James deu permissão para que a Cookaway Music também publicasse a canção. Para Roger Greenaway, "Skyline Pigeon" até hoje é um dos clássicos de Elton. "Ela era tão diferente. Quero dizer, quem mais conseguia escrever sobre pombos e fazer a música funcionar como uma canção de amor? Ela é fantástica! 'Skyline Pigeon' era o caminho certo. Eles estavam compondo suas próprias músicas individuais sem ninguém em vista."

O primeiro fruto dessa nova empreitada com uma abordagem mais espontânea para atingir o público geral seria o compacto "Lady Samantha", uma música que representou grande avanço em qualidade e que pode ser considerada o primeiro compacto clássico de Elton John. O *riff* de guitarra de Caleb Quaye, que abre e finaliza a música, e o refrão poderoso (repetido duas vezes, como seria uma marca das futuras composições dos anos 1970 de Elton) tornaram-na uma audição muito agradável. A voz de Elton soa confiante e clara, muito menos americanizada do que soaria anos mais tarde. O lado B é "All Across The Havens", um intrigante prenúncio folk-pop de grande parte do material que Elton comporia no futuro.

"Lady Samantha" foi lançado em janeiro de 1969. Embora não tenha entrado nas paradas de sucessos, o compacto tornou-se um "sucesso de execução", pois foi amplamente notado pelas rádios mesmo sem ter vendido um grande número de cópias. Ou, nas palavras do renomado letrista *sir* Tim Rice, ele era um dos discos de que "todo mundo gostava, menos o público". Os criadores de tendência da indústria, dos divulgadores de rádio aos produtores musicais, conheciam Elton John como um nome. O sucesso do compacto também convenceu Dick James de que Elton devia concentrar-se em compor para si mesmo, e não para outras pessoas, e de que o próximo passo era gravar um disco de estreia.

Dois meses antes, Elton e sua banda haviam começado pela primeira vez a ganhar espaço na rádio nacional. Stuart Henry tocou-os na Radio 1, e Elton tocou na mesma estação para John Peel. No entanto, apesar desse progresso, seu futuro continuava incerto. Em 1969, ele fez testes como cantor para duas bandas de rock progressivo, o King Crimson e o Gentle Giant, mas foi rejeitado nos dois. Tudo poderia ter sido muito diferente.

O escolhido para produzir as sessões de gravação do álbum de estreia de Elton foi Steve Brown, que havia produzido "Lady Samantha". O álbum se chamaria *Empty Sky*. Outro compacto, "It's Me That You Need", também foi gravado no Estúdio da Dick James em abril de 1969 e lançado no mês seguinte – o primeiro compacto a ser lançado pelo recém-criado selo Dick James Music (DJM). Com seus arranjos orquestrais, seu *riff* de guitarra e um longo refrão, ele era outra indicação concreta de que Elton era mais do que um compositor adepto de melodias sofisticadas. Como "Lady Samantha", contudo, este também seria um fracasso.

Com um orçamento limitado, as faixas para o álbum propriamente dito foram gravadas em pouco tempo com o equipamento de oito canais no andar térreo da DJM. "O primeiro álbum, *Empty Sky*, teve um orçamento baixo para dizer o mínimo", Elton admitiu em 1970. "[Descrevê-lo como] estéreo era enganar as pessoas. Qualquer um que o comprasse como um álbum em estéreo estava sendo enganado."

"A faixa-título é muito boa", ele diria mais tarde. "O som da guitarra é diferente de tudo que já ouvi. Nós o criamos colocando Caleb Quaye na saída de emergência no alto do estúdio com um microfone embaixo para produzir aquele eco incrível. Era assim que fazíamos as coisas na época – com o pouco que tínhamos e muita criatividade. Já faz tempo que esse tipo de criatividade desapareceu, mas grande parte da atração que as pessoas têm por essas gravações é a forma como os sons são usados."

Com pouco ou nenhum tempo para fazer *overdubs* ou mais de uma tomada, a maior parte do álbum foi gravada ao vivo com a equipe da Dick James. "Na época, era como uma festa", recorda-se Clive Franks, que foi operador de fita durante a gravação do disco. "Lembro-me do dia em que cheguei ao trabalho e todo mundo estava na janela. Perguntei: 'O que está acontecendo?', e responderam: 'Estamos procurando anúncios de Elton John na traseira dos ônibus'. Eles explicaram que alguns ônibus haviam sido usados para divulgar o lançamento do álbum *Empty Sky* e todo mundo estava olhando pelas janelas tentando ver um deles." Franks também participou de uma faixa chamada "Hymn 2000". "Assobiei nela", ele conta. "Reg queria assobiar, mas não sabia. Ele não conseguia parar de rir. Ele não sabe assobiar até hoje. É hilário vê-lo tentar. Ele tenta, mas não sai nada."

De forma geral, há um charme singelo em *Empty Sky*. A faixa-título era por si só um miniclássico, com um ritmo e uma melodia muito bons, além de algumas passagens de guitarra de Caleb Quaye gravadas ao contrário. Também gravaram flauta transversal, flauta doce e gaita, e vocais à maneira de "Sympathy

For The Devil" no final da música, que parece ter acabado quando amadoramente se repete. E a letra, que fala de liberdade e libertação, era perfeita para o final da década de 1960.

"Val Hala", o conto de cavalaria de Taupin, por sua vez, é melancólico e divagante, e anacronicamente, ainda que isso não deixe de produzir certo efeito, acompanhado por um cravo elisabetano. Em "Skyline Pigeon", Elton reverteu a música ao básico, tirou a instrumentação e a sessão rítmica e, com cravo e acompanhamento de órgão, criou sua primeira balada clássica. O álbum é perfeitamente válido, mas era produto de um artista que ainda estava procurando seu estilo.

Em um tributo óbvio aos Beatles, a última faixa, "Gulliver/Hay Chewed/Reprise" incorpora fragmentos de todas as anteriores. Em um momento em que o blues rock namorava baladas e excursões folk-pop encontravam o ruído branco ensurdecedor que era o último período da música psicodélica, essa suíte musical era uma demonstração clara de que aquela era uma dupla de compositores mais do que competentes na criação de pastiches, mas ainda jovens demais para ter um estilo próprio. Talvez não surpreenda o fato de que nos primeiros meses que sucederam seu lançamento o álbum vendeu apenas cerca de 2.500 cópias.

Durante o período de 1968 a 1970, Elton foi um dos músicos mais ocupados de Londres. Primeiro, ele compôs e gravou suas próprias músicas. Enquanto isso, acumulava um estoque de números destinados a artistas de sucesso. Como pianista talentoso e vocalista de apoio mais que competente, ele também oferecia seus serviços às sessões de gravação no estúdio. Além disso, não era orgulhoso para rejeitar trabalho e cantou em várias das compilações que invadiram o mercado nos anos 1960 e 1970 com regravações de sucessos que eram vendidas por metade do preço dos originais.

"Eu cantei naqueles discos de *covers* do *Top Of The Pops*", ele admitiu de boa vontade. "Sou um bom imitador, então conseguia adaptar minha voz a qualquer coisa. Quando gravei o vocal principal em 'Saved By The Bell', de Robin Gibb, tinha de cantar emitindo um gorjeio horrível, mas não conseguia, então acabei usando a mão na garganta para produzir o efeito." De fato, da comédia "In The Summertime", de Mungo Jerry, à reflexiva "Lady D'Arbanville", de Cat Stevens, Elton mostrou que era capaz de cantar praticamente qualquer coisa. Apesar do fato de ser apenas um músico de estúdio contratado, o que presumivelmente não implicava nenhum controle artístico, seus *covers* eram excelentes opções para animar festas.

Elton tem memórias afetuosas da época em que trabalhava como vocalista de apoio. Para quem sabe onde procurar, ele aparece em vários dos "clássicos" do período. "Estou em 'Daughter Of Darkness', de Tom Jones, em 'Back Home', do time inglês da Copa Mundial de 1970, e até em algumas coisas de

Barron Knights", ele admitiu espontaneamente. Ele também gravou algumas demos, como o original para "United We Stand", de Tony Hiller, antes de o Brotherhood Of Man transformá-la em um sucesso internacional, e uma versão de "Stormbringer", de John Martyn.

Além disso, Elton se envolveu em um projeto chamado The Bread and Beer Band. Eles gravaram um álbum homônimo nos Estúdios Abbey Road em fevereiro de 1969 com Elton no piano, Bernie Calvert, dos Hollies, no baixo, Caleb Quaye na guitarra, Roger Pope na bateria e dois percussionistas jamaicanos chamados Rolfo e Lennox. O álbum foi produzido pelo jovem Chris Thomas com a ajuda de Tony King. "Costumávamos ir ao *pub* à tarde, tomar algumas cervejas e voltar para o estúdio à noite", disse King. "Então diminuíamos as luzes para criar uma atmosfera sombria. Os Beatles estavam usando várias luzes coloridas durante as gravações. Achávamos isso incrivelmente *avant-garde*, então as roubávamos durante nossas sessões." A ideia de King de criar o equivalente britânico a uma das grandes bandas de apoio americanas, contudo, estava destinada ao fracasso. Apesar de um álbum inteiro de faixas instrumentais ter sido gravado (incluindo covers de "Wooly Bully" e "Zorba's Dance"), o álbum foi cancelado quando um compacto – "The Dick Barton Theme (The Devil's Gallop)" – não vendeu bem.

Elton também participou dos vocais de apoio do compacto clássico "Lily The Pink", primeiro lugar nas paradas do Natal de 1968, do heterogêneo grupo de comediantes, poetas e futuros fotógrafos liverpoolianos Scaffold. Além disso, tocou piano em várias faixas dos Hollies do final dos anos 1960, inclusive no clássico melodrama "He Ain't Heavy, He's My Brother". "Acho que conheci Elton na sessão de 'He Ain't Heavy', no Abbey Road", diz o baterista dos Hollies Bobby Elliot. "Ele parecia um pouco tímido, mas estava em minoria em relação a nós, o produtor Ron Richards e vários engenheiros. Ouvi-o fazer uma voz estilo *Goon Show* para si mesmo, o que me fez pensar que ele devia ser um cara legal."

Em 1969, Elton também começou a trabalhar no balcão da Music Land Records, na Soho's Berwick Street. Quantas pessoas não devem ter comprado um LP dos Beatles ou um compacto dos Rolling Stones dessa futura lenda da música pop? "Se eu não quisesse ser uma estrela da indústria fonográfica, a melhor coisa que podia imaginar para mim era ter uma loja de discos e trabalhar vendendo no balcão", Elton diria. Bernie e Elton passavam grande parte do tempo livre na loja. "Nós dois gastávamos todo o nosso dinheiro em discos. Íamos à Music Land, na Berwick Street, e ouvíamos Joni Mitchell, Hendrix, Dylan e os Beatles. Colocávamos fones de ouvido e deitávamos no chão olhando para as capas duplas dos LPs."

Um visitante que entrou na loja em 1969 teria um grande papel na divulgação da música de Elton para um público mais amplo. O locutor Bob Harris na época também era coeditor da *Time Out*, revista londrina semanal de listas musicais. "Estávamos provavelmente na segunda edição, e uma das nossas lojas favoritas de Londres na época era a Music Land, da Berwick Street, que era onde eu costumava comprar todos os meus álbuns importados", diz Bob. "Estávamos oferecendo as revistas a lojas de Londres com um acordo de consignação, então as levamos à Roundhouse, à Arts Laboratory e a todas as livrarias modernas que conhecíamos em Londres, e à One Stop Records, na South Bond Street.

"Eu queria muito colocá-nas na Music Land. Naquela época, eles ainda tinham cabines de audição onde podíamos entrar com uma pilha de álbuns e passar duas ou três horas ouvindo-os. Ela era muito boa. Comprei até mesmo um álbum de HP Lovecraft lá. Quando fui fazer o pagamento, estava com algumas cópias da revista, então disse ao jovem atrás do balcão: 'Vocês têm condições de ficar com as revistas em uma base de compra ou devolução?', e ele respondeu: 'Faço isso pra você se você prometer fazer uma resenha do meu álbum na sua próxima edição'. Perguntei: 'Qual é o álbum?', e ele me deu uma cópia de *Empty Sky*."

Um progresso gradual estava se desenrolando. Mick Inkpen e sua namorada visitavam Elton regularmente em Frome Court. "Reg tinha uma parede toda coberta por discos, centenas deles, todos arquivados e catalogados", conta Inkpen. "Se você quisesse um programa noturno, bastava ir até lá. Ele era uma companhia bastante interessante e divertida. Tocávamos toda a coleção de discos dele enquanto Derf e Sheila assistiam à tevê na outra sala." Uma noite de novembro de 1969 foi particularmente memorável. "Fui até lá certa noite logo depois que *Empty Sky* havia sido lançado, e 'Lady Samantha' foi a primeira música que teve algum sucesso. O telefone tocou e Reg foi até o corredor atender. Ouvi muitos murmúrios e risadas. Ele voltou e disse: 'Acabei de receber um telefonema incrível. Era o Three Dog Night dos Estados Unidos, e eles vão gravar 'Lady Samantha'. O que se seguiu foram muitos pulos de alegria e uma comemoração."

Durante o ano de 1969, Elton e Bernie continuaram morando na casa dos pais de Elton. A dupla continuaria consumindo música e filmes com paixão. "Fomos ver *Um convidado bem trapalhão*, de Peter Sellers, quando ele estava sendo exibido no Rex, em Northwood Hills", recorda-se Elton. "Era um filme B que estavam exibindo antes da atração principal. As pessoas se lembram desse tipo de coisa. Uma explosão de ideias estava acontecendo na época, não apenas na música, mas nas artes visuais, com roupas e tudo mais, com tudo. Aquela foi com certeza *a* era mais excitante. Podíamos comprar pelo menos dez álbuns incríveis a cada semana e ser inspirados por eles. Estávamos ouvindo sons de baixo, bateria, piano, o que realmente começou com os Beatles e *Sgt. Pepper*, e meio que explodiu na América com o Blood, Sweat and Tears. Estávamos ouvindo o primeiro álbum do Blood, Sweat and Tears [*Child Is Father To The Man*,

1968] nos nossos fones de ouvido e no nosso estéreo de 65 libras, e ficávamos simplesmente maravilhados. Foi um tempo mágico."

Em 1969, Elton havia começado a registrar tudo em um diário. Os trechos publicados até hoje oferecem uma leitura muito boa, particularmente considerando o monstro que Elton estava prestes a se tornar em sua glória de superastro. As páginas desse diário revelam um senso pré-fama de deslumbramento diante do mundo. Em 29 de março, ele escreveu: "*Assisti à Grand National e depois fui ver o Owmby United ganhar de 2 a 1*". Como se isso já não fosse excitante o bastante, no dia 22 de abril ele escreveu: "*Cheguei a casa esta noite e tia Win e mamãe haviam comprado um carro pra mim, um Hillman Husky Estate – incrível!*" Depois, em 28 de maio, veio o relato da sua própria balada de John e Yoko: "*Pinner Fair. Fui para ser pago. Fui à feira com Mick e Pat. Sou o proprietário de dois peixinhos dourados! – John e Yoko*". No dia seguinte, o diário registraria notícias tristes: "*Meu peixinho dourado morreu esta noite – muito chateado!!*". Felizmente, o dia 30 de maio trazia um final feliz para o drama: "*Fui comprar mais peixinhos dourados. Comprei um aquário e quatro peixes. Joguei tênis com o amigo de Tony, Mark – venci por 6-2 6-4 2-6 4-6 6-0*".

Mas seriam os eventos descritos no dia 27 de outubro daquele ano que teriam consequências que mudariam sua vida para sempre: "*Sessão [no Estúdio] De Lane Lea 9:00. Bobby Bruce. Fiquei em casa hoje. Fui ao mercado de South Harrow. A sessão foi hilária. No final, não fizemos nada. Compus 'Your Song'*".

CAPÍTULO 4

IT'S A LITTLE BIT FUNNY

"É o ano de Elton John?"

Escritor da *Melody Maker* Richard Williams, abril de 1970

"'Your Song' was such a fucking misrepresentation of me, although it's become almost a trademark. From the first time we went on the road, we were rockers at heart and on stage." ("'Your Song' era uma representação tão malditamente equivocada de mim, mesmo apesar de ter se tornado quase uma marca registrada. Desde a primeira vez que fomos para a estrada, éramos roqueiros de coração no palco.")

Elton John, 1976

Nenhum país na Europa Ocidental tem um clima pior do que o da Inglaterra. Os verões possuem uma capacidade incrível de decepcionar. Estamos em pleno mês de agosto e Elton John e sua nova banda – formada por Nigel Olsson na bateria e Dee Murray no baixo – acabaram de subir ao palco do Yorkshire Folk, Blues and Jazz Festival em Krumlin, perto de Halifax. Na verdade, o tempo não é apenas uma decepção; ele está horrível. Gotas de chuva pesadas já encharcaram o terreno que em breve se transformará em uma massa viscosa de lama. No verão de 1970, em vez de "não se reprima", o ditado estava mais para "agasalhe-se".

O tempo chuvoso é complementado pela atmosfera lúgubre do cenário musical daquele ano. Na verdade, 1970 será o fim de uma etapa, onde terão lugar novos começos e finais históricos. Os Beatles, por mais de uma década personagens principais do cenário pop mundial, acabaram de implodir em meio a circunstâncias inéditas de ressentimento e conflitos legais. A vitalidade e a atmosfera de inovação que foi 1967 parecem ter chegado ao fim em 1970. A insipidez seria uma característica de grande parte do cenário musical da década seguinte, com seus cantores-compositores terrivelmente sérios e releituras do acid rock, para não falar dos solos intermináveis dos novos "virtuosos" da guitarra. Os gigantes da contracultura parecem ter desaparecido, ao mesmo tempo que parece não haver nenhuma nova tendência para substituí-los. Na nublada Yorkshire, quase um ano depois da estreia do festival lendário no norte de Nova York, Krumlin não é nenhuma Woodstock. Mas mal sabem os fãs da música que enfrentam o frio do verão inglês de agosto de 1970 que estão prestes a testemunhar uma mudança da guarda.

O Festival de Krumlin começou com cinco horas de atraso. Os artistas, que tiveram grande dificuldade para chegar ao local, brigam para decidir qual será a ordem das apresentações. A apresentação dos Humblebums, apresentando o folk escocês de Glasgow de Billy Connolly e Gerry Rafferty, está marcada para o dia seguinte, mas eles decidiram subir ao palco um dia antes e abrir o festival. Elton John e sua banda serão os segundos a apresentarem-se nesse dia. Eles tocam com uma paixão e abandono tão grandes que nem o coração mais frio consegue permanecer indiferente. Elton abre com "Bad Side Of The Moon". Seguem-se "Border Song" e "Sixty Years On", e, quando chegam a um *cover* de "Honky Tonk Women", música dos Stones que havia alcançado o primeiro lugar nas paradas pouco antes, a audiência bate palmas como focas na hora da refeição. Com os acordes com sabor de blues de Elton, com as passagens poéticas e notas descuidadas do baixo de Murray e com a poderosa batida de rock de Olsson (que resultaria em várias baquetas quebradas ao longo do caminho), esse novo trio parece possuir uma magia. "Ele é como a versão masculina branca de Aretha Franklin", ouve-se um integrante da plateia dizer.

Com exceção da apresentação de Elton John, que roubou o show, o festival de três dias de Krumlin é um desastre musical, pessoal e ambiental. Os rumores sobre uma apresentação do Pink Floyd, que seria a maior atração, não se materializaram. "O Pink Floyd está preso pela neblina em Paris", informa um anúncio emitido pelo sistema de alto-falantes no sábado, embora a maioria duvide que a banda ao menos tenha concordado em aparecer. O principal problema, contudo, é que os organizadores deveriam ter-se dado conta de que um festival de três dias na charneca de Yorkshire não era exatamente uma ideia brilhante mesmo em agosto, principalmente com tonéis de óleo sendo usados como banheiros unissex durante o final de semana.

"A plateia ficava completamente exposta", lembra-se a lenda que é o cantor e compositor Richard Thompson, que foi uma das atrações do final de semana com o Fairport Convention. "Todo mundo estava vestindo aquelas coisas de saco plástico. Foi muito divertido." Quando o final de semana terminou, o tempo estava tão ruim que o palco havia praticamente sido levado pelo vento. "Olhei para aquela cena de destruição total", diz um fã, lembrando-se do momento em que acordou. "Parecia um grande aterro sanitário." "A chuva foi violenta – mal conseguíamos ficar de pé", diz outra fã. "Todo mundo comprou uns sacos plásticos laranja enormes. Colocamos os sacos de dormir dentro daquilo e assistimos à banda, quase dormindo, na chuva. Foi bom ter os sacos. Eles provavelmente salvaram muita gente de se molhar. Abandonamos nossas barracas na noite de sábado porque não conseguíamos prendê-las com as estacas. O vento e a chuva mal nos deixavam ficar de pé. Fomos para debaixo de um dos grandes toldos. Lembro-me de que havia muito vapor sendo emitido de todos aqueles corpos molhados. Acho que um dos toldos caiu no meio da noite e algumas pessoas ficaram feridas." Cerca de 330 fãs foram atendidos por problemas relacionados à exposição ao mau tempo, e 70 pessoas foram hospitalizadas. Houve até relatos não confirmados de que um dos promotores do evento foi encontrado vários dias depois do festival perdido na charneca de Yorkshire desorientado e com problemas de saúde resultantes da exposição ao mau tempo.

Tudo sai errado para vários dos artistas também. O Move aparece, mas não consegue tocar, pois as péssimas condições, comparáveis às da famosa Batalha do Somme, impedem que o veículo que transportava o seu equipamento se aproxime o bastante do palco para descarregá-lo. Vários artistas ficam impossibilitados de tocar pelo consumo excessivo de álcool. O *set* do Fairport Convention foi particularmente memorável no que diz respeito a esse aspecto. O violinista Dave Swarbrick passa por uma situação inusitada no meio da apresentação. "Havia um buraco na lona do palco", lembra-se o companheiro de banda Dave Pegg. "Ele foi até a extremidade do palco, enfiou o pinto no buraco e mijou. Infelizmente, a área da imprensa ficava do outro lado do buraco. Como consequência, depois de 1970 não fizemos muito sucesso com a *Melody Maker*." O próprio Pegg passou por uma eventualidade ainda pior: "Eu estava usando calça branca. Tinha bebido muito, e quando subi ao palco me caguei, o que foi muito constrangedor, pois a parte de trás da minha calça mudou de cor rapidamente. Atrás de mim estavam os outros artistas que se apresentariam, inclusive Elton John, que na época não era muito famoso, e o Move. Fui motivo de risada".

Um dos jornalistas presentes, Chris Charlesworth, da *Melody Maker*, ficou muito impressionado com Elton John, e publicou um artigo dizendo o que achou na semana seguinte. "Conheci Elton nos bastidores de Krumlin", conta Charlesworth. "Ele estava em um *trailer* tomando um drinque com Sandy Denny. Na mesma noite se apresentariam os Pretty Things, o Juicy Lucy e os Groundhogs. Foi a primeira vez que assisti a um show de Elton. E lá veio ele, vestindo roupas berrantes, e arrebentou o piano durante cerca de uma hora. Eu nunca havia ouvido sua música, mas o achei absolutamente fantástico. Todos aqueles miseráveis na plateia... quando ele terminou sua apresentação, eles estavam felizes. Ele pegou algumas garrafas de conhaque e vários copos plásticos e distribuiu conhaque para a multidão, dizendo: 'Desculpem pelo tempo. Não é minha culpa, mas farei o que puder para mantê-los aquecidos, então aí vai um pouco de conhaque'." Isso caiu muito bem.

"Depois do show, fui aos bastidores lhe perguntar o nome das músicas que ele havia acabado de tocar, já que não as conhecia. Ele me recebeu em seu *trailer* de braços abertos, obviamente nas nuvens por alguém da imprensa musical estar interessado nele. Era muito humilde."

Aqueles fãs da música não sabiam que apenas seis semanas depois dois ícones da sua era, Jimi Hendrix e Janis Joplin, estariam mortos. Grandes estrelas da década de 1960, os Rolling Stones conservariam seu sucesso maciço durante a nova década, mas seriam um dos poucos da década anterior a conseguir. Os espectadores de Krumlin, contudo, haviam acabado de testemunhar uma das primeiras apresentações ao vivo de um artista solo que em dois anos preencheria a lacuna deixada pelos Beatles.

* * *

Assim, 1970 de forma geral foi um ano pobre para a música pop. Para Elton John, porém, aquele foi *o* ano crucial da sua carreira. Ele começou com a gravação do seu segundo álbum. Elton havia gravado a demo de uma nova balada, "Your Song", que, junto com várias outras composições inéditas, pôs fim a quaisquer dúvidas que Steve Brown, seu maior defensor na DJM, podia ter de que Elton precisava de um produtor apropriado.

Elton já havia gravado algumas faixas para o segundo álbum no Olympic Studios, em Barnes, com a banda Hookfoot. O Hookfoot – formado por Caleb Quaye na guitarra, Dave Glover no baixo e Roger Pope na bateria – havia acompanhado Elton no ano anterior em apresentações ocasionais, como a da Royal College of Art, em Londres. Eles também participaram de algumas sessões de gravação para programas de rádio como o Johnnie Walker na Radio 1. O Hookfoot acompanhou Elton em suas apresentações até abril de 1970 e em uma sessão para Dave Lee Travis.

No entanto, Steve Brown era competente o bastante para ver suas próprias limitações, e demitiu a si mesmo do posto de produtor. Ele sabia que outra pessoa podia se sair melhor, e que as próprias músicas, que já eram muito boas, podiam se tornar algo realmente especial com a ajuda de uma equipe mais profissional. Em outro acontecimento crucial para a carreira de Elton John, Brown convenceu Dick James de que Elton precisava de uma equipe maior e melhor para trabalhar com ele no estúdio.

O progresso em qualidade foi evidente. Em apenas dois anos de colaboração, Elton e Bernie estavam compondo músicas não apenas boas, mas excelentes. Era quase evidente que eles seriam um sucesso – só faltava saber o quão grande esse sucesso seria. Ao longo de 1969, Elton acumularia um acervo impressionante de composições. Bernie procurava a solidão de seu quarto, escrevendo as letras sentado no beliche antes de mostrá-las a Elton, que criava a melodia no piano de Frome Court. Várias músicas eram então apresentadas para a aprovação de toda a família – sua mãe, seu padrasto, suas tias e sua avó.

Todavia, foi "Your Song" que deixou claro para todos da DJM que Elton tinha a capacidade de compor um compacto de sucesso. A certa altura, até mesmo os Hollies mostraram interesse em gravá-la, como se lembra Bobby Elliot. "Tony Hicks e eu procuramos tio Dick – ou seja, Dick James – e dissemos que gostaríamos de gravar 'Your Song'. Ele respondeu: 'Não, estou pensando em colocar uma orquestra nela e dar uma chance a Elton'. O fato de os Hollies quererem gravá-la ajudou Dick a perceber o grande artista que Elton era. Perdemos a música, mas isso mostra como éramos capazes de identificar algo bom."

A tarefa de encontrar a equipe de produção certa estava no topo da lista de prioridades de Steve Brown. De acordo com o assistente de Brown, Stuart Epps, vários nomes foram sugeridos e várias pessoas foram sondadas, inclusive Denny Cordell, produtor do Moody Blues e do Procol Harum. Em novembro de 1969, no clube de Ronnie Scott, em Londres, Brown apresentou Bernie e Elton ao arranjador Paul Buckmaster. Buckmaster era um dos arranjadores e artistas mais famosos da Inglaterra, havia desenvolvido no final da década de 1960 e início da de 1970 um relacionamento, tanto pessoal quanto profissional, com o monstro do jazz Miles Davis. Ele tocava violoncelo desde os quatro anos de idade, e, como Elton, havia frequentado a Academia Real de Música de Londres, com a diferença de que sua bolsa era integral.

"Fui ao Ronnie Scott para ouvir Miles Davis tocar", recorda Buckmaster. " 'Space Oddity', de David Bowie, cujos arranjos eram meus, havia sido lançada no verão de 1969, e eu tinha feito algumas gravações que haviam aparecido em artigos da imprensa pop. Elton ouvira essas coisas. Steve Brown me mandou uma fita de rolo de 1/4 de polegada e duas faixas com demos depois do nosso encontro no Ronnie Scott. Ouvi as músicas, me senti atraído de imediato pelo material e quis trabalhar nele. Elton era calado. Não tímido – apenas calado e reservado de uma forma agradável. Bernie também era muito calado –, taciturno é a palavra que me vem à mente. No início, achei-o um pouco seco, mas isso se devia ao fato de ser muito quieto. Ele era muito contido."

Por volta da época em que Buckmaster foi contatado para compor os arranjos do novo álbum, o produtor dos Beatles, George Martin, foi convidado para produzi-lo. Contudo, o produtor, de uma experiência irreprochável também, talvez compreensivelmente, queria compor os arranjos do disco. Depois de terem conseguido Buckmaster, porém, a equipe de Elton John estava tão decidida a trabalhar com o arranjador que tanto admirava que tomou a decisão quase sem precedentes de dispensar George Martin. Assim, partiram em busca de alguém para trabalhar com o arranjador que haviam escolhido.

Analisando-a agora, essa decisão parece ter sido uma estratégia de alto risco. George Martin era, afinal de contas, uma lenda da indústria fonográfica. Contudo, o produtor contratado no final das contas encaixou-se perfeitamente: Gus Dudgeon. "Eles me perguntaram quem eu recomendava como produtor", continua Buckmaster. "Eu havia trabalhado com Gus Dudgeon em várias sessões e me dava muito bem com ele, então sugeri seu nome." "Nós havíamos ouvido '*Space Oddity*', que para nós era um dos melhores discos de todos os tempos, e soubemos que ele havia sido produzido por Gus Dudgeon", Elton contou. "E então percebemos que tínhamos de conseguir que ele produzisse o meu segundo álbum."

Gus Dudgeon teria um papel crucial na carreira de Elton. Na verdade, não seria exagero afirmar que sem ele talvez o som de Elton John como o conhecemos nunca houvesse existido. Dudgeon era um dos produtores mais perfeccionistas, esforçados e adoráveis da indústria musical. Sua atenção a detalhes chegava a ser por vezes irritante para os que trabalhavam com ele. Não obstante, os detalhes das suas produções falam por si mesmos. Já respeitado em 1969, em 1976 ele era sem dúvida um dos maiores produtores do mundo.

Depois de tentar várias carreiras diferentes, Dudgeon entrara para o negócio da música servindo chá no Olympic Studios, em Barnes. "Na verdade, tive onze empregos diferentes depois que deixei a escola", ele admitiu. "Era demitido de todos. Alguns duraram apenas uma semana. A realidade é que chegou uma hora em que eu havia passado por três empregos depois do meu último P45, o que significava que se eu não reduzisse o ritmo o maldito P45[1] nunca me alcançaria."

Para Dudgeon, a música era perfeita para dar vazão a sua criatividade. "Era a década de 1960. Não existia área melhor para trabalhar do que a música, a

---

1. Na Inglaterra, formulário que deve ser preenchido quando um funcionário deixa o emprego e cujas informações devem ser repassadas para o órgão do governo (*Her Majesty's Revenue and Customs – HMRC*) responsável pela cobrança de impostos. (N. da T.)

moda e as artes em geral", ele disse. Em 1964, ele já se estabelecera como engenheiro de som, havia trabalhado na Decca no clássico dos Zombies "She's Not There". Trabalhando com o produtor Mike Vernon, Dudgeon seria o engenheiro de vários outros artistas da Decca, incluindo John Mayall, o Ten Years After e o Savoy Brown. "Mike e eu éramos como um time e estávamos tendo sucesso, por mais incrível que pareça, em dois gêneros musicais completamente diferentes", Dudgeon conta. "Um era o blues, e o outro era o pop". Seu relacionamento pessoal com David Bowie levou-o a trabalhar como engenheiro no álbum de estreia de Bowie. Na verdade, Dudgeon é um dos dois gnomos no humorístico disco de 1967 de Bowie *The Laughing Gnome*, que ele apelidaria de "minha gravação pessoal dos Troggs".

Em 1968 ele já estava trabalhando como produtor, emplacando grande sucesso com o compacto da Bonzo Dog Doo-Dah Band "I'm The Urban Spaceman", coproduzido por Paul McCartney sob o pseudônimo Apollo C. Vermouth. Entretanto, foi a produção extremamente detalhista do compacto épico de 1969 de David Bowie "Space Oddity" que o tornou um dos melhores jovens produtores do Reino Unido. "Os arranjos sempre foram uma parte crucial do que faço", ele afirmaria em 1998. "A apresentação da canção é de suma importância."

Dudgeon já conhecia o trabalho de Elton, em particular "Lady Samantha", antes de ser convidado para ser seu produtor. "Eu já havia ouvido o nome dele", disse Dudgeon. "Lembro-me de ter visto anúncios na traseira de alguns ônibus dizendo 'Elton John'." O escritório de Dick James ficava a uma caminhada de apenas cinco minutos do de Dudgeon, e Elton e Bernie foram até lá e tocaram doze demos para ele. "Eu simplesmente não conseguia acreditar", disse Dudgeon. "Todas elas me impressionaram. Minhas preces haviam sido atendidas. Embora tivesse tido quatro sucessos antes desse, havia sido com quatro artistas diferentes. O que eu realmente queria era um artista com quem pudesse trabalhar em uma base consistente. Então eu disse: 'É isso aí, vou fazer isso'."

No primeiro encontro entre Dudgeon, Elton e Bernie, durante os primeiros vinte minutos a conversa girou em torno de um caso de erro de identidade, como confessou Dudgeon. "Quando nos encontramos pela primeira vez, pensei que Bernie fosse Elton. Como ninguém havia me apresentado a ele, me confundi. Bernie tinha cabelo grande, era magro e parecia mais um cantor."

Dick James havia liberado cerca de 6 mil libras para o segundo álbum de Elton, embora mais dinheiro tenha sido injetado no projeto depois que a gravação começou devido aos custos relativamente elevados da orquestra. "Podíamos comprar uma casa semigeminada em Pinner por aquele valor", Elton brincaria mais tarde. Aquele era com certeza um grande progresso em relação à gravação de *Empty Sky*, e de certa forma uma aposta para Dick James. "Gravamos o álbum em uma semana, e eu era só sorrisos do início ao fim, pois tudo se encaixou brilhantemente", Gus Dudgeon lembraria em 1997. "Na verdade, o álbum não foi gravado para lançar Elton como artista; ele foi gravado como uma série muito glamourosa de demos para que outras pessoas gravassem suas músicas. Era como se Jimmy Webb estivesse fazendo um álbum, e então todo mundo correria para gravar todas as músicas dele. Esse era o plano."

As sessões do álbum, que teria o prosaico título de *Elton John*, foram realizadas no Trident Studios, em Londres. O piano do estúdio, um Bechstein, produzia um som distintamente agressivo e pesado, com um timbre muito claro e muito diferente dos sons tímidos de piano geralmente ouvidos nos álbuns de então. "O Trident Studios era uma das salas mais mortas que eu já vira", diz Buckmaster. "Quando você entrava era como se seus ouvidos fossem sugados para dentro de tão morta que ela era. A atmosfera do álbum foi criada por Gus e Robin Geoffrey Cable, o engenheiro brilhante que trabalhou no disco usando pratos grandes e câmaras para a reverberação. O ambiente do Trident causou impacto semelhante em Clive Franks. "Eu não conseguia acreditar no quão mais profissional ele era do que as coisas que Elton havia gravado no estúdio da Dick James Music. Podíamos ver os músicos através de uma janela de vidro em vez de termos de usar um aparelho quebrado de tevê. Gus foi fantástico – ele sabia o que queríamos e sabia como se comunicar com os engenheiros. Ele tinha personalidade incrível e forte. Isso foi importante para Elton, porque ele também tinha personalidade muito forte e precisava de alguém para guiá-lo."

O som do álbum é criativo e maduro. "Começamos a compor um tipo de música diferente. Crescemos", foi como Elton mais tarde colocou. Com apenas dezenove anos, Taupin havia tido grande amadurecimento. Sua atração pelas letras de Bob Dylan, com ricas alusões alegóricas, foi uma influência óbvia. Não obstante, também havia grande potencial metafórico em suas composições, além de uma forma nova mais simples de colocar as palavras que servia para equilibrar os momentos mais conscientemente enigmáticos. Os ingredientes psicodélicos do seu repertório inicial desapareceram para dar lugar a um trabalho mais sério.

Contratar Paul Buckmaster acabou sendo um golpe de gênio. Em suas mãos, com a colaboração de Dudgeon, as músicas ganharam vida com arranjos orquestrais claros e algumas vezes ousados que estavam a anos-luz dos arranjos de cordas açucarados da música popular da época. Buckmaster inseriu drama, perigo e ação nas músicas de Elton. As linhas orquestrais baseadas no tema central de cada faixa fundiam-se brilhantemente com o piano e o vocal do artista. "Tivemos muita, muita sorte por Buckmaster estar disponível", Elton disse. "Fazíamos três faixas a cada sessão. Tocar com uma orquestra ao vivo era bastante intimidante. Era uma tarefa assustadora, mas conseguimos. Gus Dudgeon produziu e a equipe ganhou vida. Foi exatamente como com Bernie e eu; foi basicamente o destino."

Elton também revelou uma influência interessante: "Do ponto de vista da produção e da composição, a maior influência que tive foi Brian Wilson. Amo os Beatles, mas não acho que eles tenham me influenciado como compositores. A produção, o som, o estilo de compor e as melodias dos Beach Boys foram uma influência muito maior. Brian Wilson era e sempre será um gênio. Um gênio da produção, sua ideia de usar em uma faixa primeiro vocais com eco para depois usar vocais simples também mudou completamente a forma como os vocais eram gravados".

" 'Your Song' foi a primeira coisa que ouvi e de imediato quis produzir esse álbum", diz Buckmaster. "Me apaixonei completamente pelo material. A cada canção que ouvia na demo, meu nível de entusiasmo aumentava mais ainda. Eu estava pulando de excitação por estar envolvido naquele projeto. Elton decidiu não ter nenhum envolvimento no processo criativo de como arranjaríamos as músicas. Ele colocou o trabalho inteiro nas minhas mãos e nas de Gus, então Gus e eu tivemos duas reuniões em que analisamos todo o material que gravaríamos. Cada um de nós tinha uma cópia das letras e analisávamos cada música na mesa dele com um pente fino."

As discussões sobre o álbum continuavam em Frome Court. "Certa noite, fui até lá com minha esposa, Pat", recorda-se Mick Inkpen, do Bluesology. "Elton estava trabalhando nos arranjos orquestrais. Paul Buckmaster e Gus Dudgeon estavam sentados em seu quartinho com ele discutindo sobre o novo álbum, o que foi interessante. Paul Buckmaster era um músico muito sério, e acho que queria falar de trabalho, mas Gus Dudgeon era brincalhão, muito engraçado. Tomamos cidra Merrydown e nos divertimos muito."

As sessões de gravação do álbum foram realizadas em janeiro de 1970. Elton manteve Quaye e Pope do Hookfoot e convocou uma equipe de músicos de estúdio de renome, incluindo o baterista Barry Morgan e o baixista Herbie Flowers, ambos do Blue Mink. As guitarras ficaram a cargo de Roland Harker, Colin Green, Clive Hicks, Alan Parker, do Blue Mink, e Caleb Quaye, sempre uma presença positiva no estúdio de gravação com seu bom humor. A faixa "Border Song" contou com a presença de Madeline Bell, do Blue Mink, e de Tony Burrows, cantor que tivera a honra de trabalhar com três bandas diferentes – Edison Lighthouse, White Plains e The Brotherhood Of Man – em um único episódio do *Top Of The Pops*.

Apesar da ansiedade em relação a cantar com um arranjo orquestral completo, Elton trabalhou com uma maturidade não condizente com seus 22 anos, conforme lembra Paul Buckmaster: "Elton estava lá, excelente, indo sempre direto ao ponto, forte e confiante". As sessões correram em um ritmo rápido e constante, com uso do gravador de oito canais do estúdio. "Trabalhávamos das 10h às 13h, das 14h às 17h e das 18h às 21h. A duração normal de uma sessão de gravação era de três horas com intervalos: dois intervalos de dez minutos ou um intervalo de vinte. Acho que gravávamos duas músicas por sessão."

As gravações começaram com "Your Song". "Essa foi composta em cinco minutos e gravada em dois", Elton brincou. Na verdade, reza a lenda que ela nasceu certa manhã em Frome Court, durante um café da manhã com ovos mexidos. É uma canção de amor muito inocente, com uma letra escrita por um adolescente com uma experiência muito pequena com mulheres. "Eu costumo dizer que esse número parece uma música sobre um cara de dezessete anos que está desesperado para transar. O que naquela época era verdade. [Éramos] tão ingênuos", Taupin refletiria anos mais tarde.

Apesar disso, "Your Song" possui um apelo atemporal que sobrevive de geração em geração e é a música que define esse período na carreira de Elton John. Sua estrutura seria repetida por Elton com alterações em várias outras músicas bem conhecidas da época. A introdução ao piano é tocada em dois versos para depois dar lugar ao refrão. Com essa evolução, a pausa que antecede o refrão o torna mais impactante, já que ele vem bem depois do que o ouvinte esperava. A satisfação retardada é uma das marcas registradas das melhores melodias de Elton. O que fez "Your Song" funcionar, contudo, foi a forma como Elton cantou a letra em forma de diálogo de Taupin. As pausas e hesitações transmitem uma sensação de autenticidade à insegurança da letra. O *If I was a sculptor, but then again, no* [2] soa como se Elton estivesse externando seus pensamentos mais secretos. *"And so excuse me forgetting, but these things I do / You see I've forgotten if they're green or they're blue"* [3] conjura a intimidade de uma conversa particular.

Curiosamente, "Your Song" não foi escolhida para o primeiro compacto de *Elton John*. Essa honra foi para "Border Song". "Eu escrevi o último verso de 'Border Song'", Elton revelaria à *Q* em 1986. "E é por isso que não escrevo mais letras!" (Uma amostra: *"There's a man over there/ What's his colour?/ I don't care"* [4].) Música intensa, com sabor gospel, ela não entrou para as paradas de sucessos no Reino Unido, apesar de ter sido tocada na primeira participação de Elton no *Top Of The Pops* em abril de 1970. Lançada nos Estados Unidos no verão de 1970, a música chegou à 92ª posição.

"Your Song" alcançou um prestígio tão grande que é muito fácil esquecer o restante do material presente no álbum, que é claramente bom e agora que o grande sucesso já foi exaustivamente explorado é certo que desperta mais interesse. "I Need You To Turn To", por exemplo, é uma das melhores baladas de Elton. "A maior parte do dinheiro foi para a orquestra – tínhamos de gravar

---

2. "Se eu fosse um escultor, quer dizer, melhor não." (N. da T.)

3. "Então me perdoe por esquecer, mas essas coisas que faço / Veja só, esqueci se são verdes ou azuis." (N. da T.)

4. "Há um homem ali / Qual é sua cor? Não tô nem aí." (N. da T.)

três músicas por sessão porque ela custava muito caro", ele diria. "A gravação de 'I Need You To Turn To' foi um momento de nervosismo. Eu estava tocando cravo, e, embora seu som seja muito parecido com o do piano, há um retardo em seu mecanismo, então é muito fácil estragar tudo se seu pensamento não estiver à frente. Essa música foi muito influenciada por Leonard Cohen, pois Bernie e eu éramos grandes fãs dele."

Outra música com uma letra direta era "The Greatest Discovery", uma canção simples com letra descritiva e nenhum dos enigmas ou referências indiretas que caracterizam o estilo de Taupin. Contudo, talvez a faixa mais impressionante do álbum seja "Sixty Years On". "Aquela era uma das demos, e eu sabia desde o início que não queria que ela tivesse piano", lembra-se Buckmaster. "Então, me sentei com Gus e disse: 'Veja bem, tem piano em tudo aqui, vamos pensar em alguma coisa diferente'. Minha sugestão foi substituir o piano por uma harpa, então a introdução inteira foi feita pela harpa com cordas, e depois a harpa é substituída por um violão de cordas de náilon, que acompanha o primeiro verso."

"Take Me To The Pilot" é um híbrido blues-rock-gospel agitado que ainda impressiona seus criadores. "Acho que nenhum de nós sabe sobre o que é essa música", Elton confessou em 2003. A última faixa, "The King Must Die", é outro número pop melancólico orquestrado que deu seriedade ao álbum, enquanto "First Episode At Hienton", escrita por Taupin dois anos antes, era uma reflexão sobre um amor perdido. O glissando de Diana Lewis no sintetizador Moog deu a essa balada que gira em torno do piano uma atmosfera sombria. A letra metafísica surpreende com sua franqueza: *"For your thighs were the cushions / Of my love and yours for each other"* [5].

O efeito imediato do álbum convenceria Dick James de que Elton tinha um futuro muito promissor. Dois meses depois das sessões de gravação, Dick James renovou o contrato com Elton, aumentando o valor pago por direitos autorais para 4% do preço de revenda do disco para os primeiros dois anos do contrato, depois do que esse valor passaria para 6%. De acordo com Philip Norman, os termos do contrato perdurariam cinco anos, durante os quais Elton teria de lançar seis lados de música por ano. Preparando-se para lançar Elton em uma escala maior, James também criou o cargo para um agente de publicidade e imprensa em período integral na DJM do qual a primeira ocupante foi Helen Walters.

Elton John foi lançado durante uma fase muito egocêntrica da história da música popular. Em 1970, parecia que cada novo artista queria contar seus segredos mais profundos acompanhado por um violão e encarando a câmera com olhar misterioso. Além disso, a capa do álbum revelou o que na época constituía

---

5. "Pois suas coxas eram as almofadas / Do amor que sentíamos um pelo outro." (N. da T.)

um grande problema. Indo direto ao ponto, Elton John não era fotogênico. Na verdade, ele tinha a infelicidade de ser antifotogênico. "Elton não era muito atraente na época. Quando demos uma olhada nas fotos, vimos que elas eram horríveis, para ser honesto", diz Stuart Epps. "Em uma foto, mal podíamos vê-lo, pois ela estava escura, então foi essa que usamos." Por causa disso, os fãs de Elton John (e ele mesmo) com frequência se referem ao seu segundo álbum como o Álbum Preto.

Elton tinha 23 anos, a idade ideal para um cantor pop, mas ninguém na DJM tinha a ilusão de que ele conseguiria vender sua música com a aparência que tinha. Porém, à medida que os anos passaram, essa desvantagem inicial tornou-se uma vantagem importante. O fato de ter uma aparência tão comum acabou se tornando um apelo para um público que havia se cansado da iconografia vaidosa, desgastada e presunçosa de tantos astros do rock dos anos 1970. Uma olhada nas fotos do *Top Of The Pops* da época revela um desfile de camisetas regata, casacos de lã estampados, casacos com lapela, para não mencionar os cabelos longos escorridos, *combovers*, *mullets* e permanentes. Elton, com suas roupas muitas vezes chocantes, estava apenas refletindo a moda infeliz que quase todo mundo estava adotando. Na verdade, certas vezes ele parecia escolher roupas exageradas de propósito para satirizar seus rivais, que talvez acreditassem que o que usavam era de fato recomendável. Na maioria das vezes, contudo, as roupas de Elton eram muito divertidas.

O álbum não foi recebido apenas por críticas positivas. A *Rolling Stone*, por exemplo, torceu o nariz: "O principal problema de *Elton John* é que é muito difícil chegar a Elton John com todos esses enfeites. Considerando como ela parece, a pomposa orquestra do arranjador Paul Buckmaster deve ter sido acrescentada como uma ideia de última hora." Enquanto isso, um novo compacto, que não havia sido incluído no álbum, estava sendo preparado para ser lançado. "Rock And Roll Madonna", com a superior "Grey Seal" no lado B, foi lançado no Reino Unido em 1970. Apesar das críticas efusivas ("Ele é provavelmente a primeira resposta real da Inglaterra a Neil Young e Van Morrison", disse o *Record Mirror*), o compacto, como todos os seus antecessores, não conseguiu entrar nas paradas de sucessos.

Em 1970, Elton John continuava trabalhando como músico de apoio, forçado a aceitar qualquer trabalho pago que lhe oferecessem. Ele acompanharia Simon Dupree ao vivo, participaria nos vocais de apoio em apresentações do Brotherhood Of Man e do Pickettywitch no *Top Of The Pops* e gravaria um dueto com Cat Stevens chamado "Honey Man", que só seria lançado trinta anos depois. Ele havia ainda se envolvido em um projeto para popularizar as canções do cantor-compositor Nick Drake. As gravações foram realizadas no Sound Techniques Studios, em Chelsea, em julho de 1970. Com *covers* de "Saturday

Sun", "Way To Blue" e "Time Has Told Me", a tarefa de Elton era transformar os moribundos originais em sucessos comerciais. "Uma missão impossível", ele admitiria em 2004. "Eu precisava do dinheiro, então aceitei."

Elton também gravou com um novo grupo de instrumentistas que, com o nome de Mr. Bloe, em 1970 conseguiu alcançar o segundo lugar nas paradas de sucessos do Reino Unido com o instrumental "Groovin' With Mr. Bloe". O compacto "71-75 New Oxford Street" (o endereço da Dick James Music) dá o crédito de compositor a Elton John. Alguns fãs especularam que Mr. Bloe seria o próprio Elton.

Quando *Elton John* foi lançado, já fazia quase dois anos que Elton não tocava ao vivo, e a princípio ele mostrou-se hesitante. "Disseram-nos que teríamos de reunir uma banda", contou Elton, "o que era a última coisa que eu queria fazer. A última coisa que passava pela minha cabeça era ser um cantor. Mas eles me disseram que eu teria de fazer isso." Parecendo ter perdido a confiança depois dos últimos anos com o Bluesology, nos primeiros anos como artista solo ele tinha uma presença de palco deplorável. "Ele parecia ter dificuldades terríveis para se comunicar", contou o filho de Dick James, Stephen. "Simplesmente se sentava ao piano, tocava de seis a oito músicas e dizia: 'Aí está. É isso aí'. Não me lembro de vê-lo dizer mais do que duas palavras por um bom tempo durante seu *set*. Meu pai e eu passamos um bom tempo tentando convencê-lo a se soltar e a projetar-se."

Elton sempre admirara os grandes trios pop, como o Cream e o Jimi Hendrix Experience, então decidiu fazer uma turnê apenas com um baterista e um baixista, com o piano assumindo o papel principal em geral reservado à guitarra. Nigel Olsson tornou-se o baterista de Elton, enquanto Dee Murray, o baixista, juntou-se ao trio depois de curto período trabalhando com o Mirage. Olsson – figura curiosa que lembrava um duende – havia tocado em uma banda chamada Plastic Penny, afiliada da Dick James. Em 1968 eles haviam alcançado o sexto lugar das paradas com "Everything I Am", mas ficaram por aí. "Éramos uma das bandas de um sucesso só", ele admite. "Mas foi ele que me colocou no círculo certo. Elton gravava as demos e, se eu estivesse disponível, tocava bateria nelas."

Olsson havia feito um teste para o recém-formado Uriah Heep e realizou alguns concertos com eles antes de ser convidado por Elton para participar da sua turnê. "Ele disse que tinha uma apresentação única no Roundhouse, em Londres, e perguntou se eu queria tocar com ele e Dee", o baterista lembra. "Fomos até o estúdio de Dick James e bastaram dezesseis compassos de música para me convencer de que eu queria fazer aquilo. Mexeu com meu coração, com minha mente, com tudo. Antes disso, eu estava sem direção. Tinha um estilo bem Keith Moon; usava baterias enormes e batia em tudo que via pela frente!

Elton disse: 'Ótimo. Esta será a banda, e faremos algumas apresentações'. E sempre que subíamos ao palco era fantástico."

A apresentação no Roundhouse fazia parte de um festival de seis noites chamado Pop Proms. Era apresentado por John Peel, e entre os participantes estavam o Tyrannosaurus Rex, o Pretty Things, o Traffic, o Mott The Hoople, o Fairport Convention, o Matthew's Southern Comfort e o Fleetwood Mac. A entrada custava 25 xelins por noite. Àquela altura, Elton já havia se tornado um cantor mais confiante para fazer apresentações ao vivo. Os dias de insegurança em relação à sua voz haviam ficado para trás; três anos de sessões de gravação haviam servido para isso. Ainda havia, porém, dúvidas em relação a sua presença de palco. No Roundhouse, como Ray Williams contou ao biógrafo de Elton Philip Norman, "[Elton] chutou acidentalmente o banco do piano. A reação da plateia foi incrível. Então, na apresentação seguinte, ele chutou-o de propósito".

Durante o verão de 1970, Elton e sua nova banda fizeram apresentações na região de Londres em locais como o Marquee e o Lyceum, intercaladas por uma ou outra viagem para o exterior, como a do Knokke Festival, na Bélgica (apresentação que no final das contas foi um concurso musical vencido por Elton). Em maio de 1970 *Elton John* entrou nas paradas de sucessos, subindo gradualmente até a quinta posição e permanecendo nas paradas por 22 semanas. Embora ainda não tivesse um compacto de sucesso, Elton John já se estabelecera. Aqueles que assistiam às suas apresentações ficavam surpresos. A capa escura e séria do álbum combinava perfeitamente com seu conteúdo. Ao vivo, contudo, as músicas arrasavam, com Olsson, Murray e Elton reinterpretando-as de forma completamente diferente. Nas apresentações ao vivo, a música, que no álbum era basicamente um produto de estúdio, ganhava vida nova.

Dick James estava convencido de que chegara a hora de lançar Elton John nos Estados Unidos. Ao longo dos dezoito meses anteriores, atrair qualquer interesse para ele fora uma tarefa infrutífera. A DJM tinha um contrato de licenciamento com a Bell Records, de Nova York, mas Larry Uttal havia rejeitado *Empty Sky*. Em 1970, por outro lado, com o segundo álbum como isca para interessados em potencial, Elton finalmente conseguiu um contrato de gravação nos Estados Unidos. Roger Greenaway, que já havia divulgado Elton na indústria musical, teria um papel considerável em como o acordo seria feito.

"Na época, eu costumava ir à América quatro vezes por ano para divulgar músicas de Cook e Greenaway", ele conta. "Certa vez, eu estava com o cara que na época era o responsável pela DJM nos Estados Unidos, Lenny Hodes. Lenny costumava 'abrir as portas para mim', e nesse dia em particular tínhamos uma reunião com Russ Regan na Universal, que então ficava na Sunset Strip, perto do Hyatt House Hotel. Naquele tempo, eu já havia tido alguns sucessos na América. Toquei algumas das minhas últimas demos para Russ e ele rejeitou todas. Depois, ouvimos algum material de Elton, e ele disse 'Eu gosto um pouco, mas é esotérico demais. Não acho que vá dar certo na América'."

"Estávamos prestes a sair quando ele olhou para mim e disse: 'O que você acha desse cara, Roger?'. Respondi: 'Bem, essa não é muito a minha área, mas posso lhe dizer que, se você não assinar com ele, será o homem de A&R mais arrependido de todos os tempos, pois ele é um grande compositor. Já o vi se apresentar e ele também é um intérprete sensacional. Portanto, se eu fosse você, assinaria com ele'."

O problema é que a Universal também estava interessada em outro cliente de Dick James, o Argosy. Stephen James disse a Hodes que a Universal só poderia ficar com o Argosy se também ficasse com Elton. No final das contas, a Universal assinou com o Argosy por US$ 10 mil e não pagou nada a Elton. O Argosy não foi a lugar nenhum. Elton John, por outro lado, estava prestes a se tornar um superastro global.

CAPÍTULO 5

UM NOVO MESSIAS NA CIDADE

"Sinto-me mais americano do que inglês. Falo sério."

Elton John, 1970

"In open arms we put our trust they put us on a big red bus / Twin spirits soaking up a dream, / Fuel to feed the press machine." ("Nos braços abertos depositamos nossa confiança, eles nos colocaram em um grande ônibus vermelho / Almas gêmeas absorvendo um sonho, combustível para alimentar a prensa".)

"Postcards From Richard Nixon"; letra: Bernie Taupin; música: Elton John

Eles finalmente conseguiram: estão a caminho dos Estados Unidos. É a primeira visita de Elton e Bernie, que enfim colocaram os pés na terra que os encanta desde quando aprenderam a ligar o rádio. Para eles que são dois dos maiores viciados em discos de vinil do mundo, a América é o paraíso na terra. Os Estados Unidos não apenas são o país que produz a melhor música pop do mundo mas o que a comercializa na melhor embalagem, com capas de melhor qualidade. Nada do frágil papelão britânico: as capas dos discos americanas são feitas com um material resistente. Essa é a terra de Elvis, de Bob Dylan e dos Beach Boys. Também é a terra de Steve McQueen, de Hollywood, dos fantasmas de Martin Luther King e de JFK. É a terra dos motéis, dos Holiday Inns, dos drive-

-ins e das intermináveis autoestradas de "Lucille", "Maybelline" e "Peggy Sue". Em 1970, os Estados Unidos são a terra de cada sonho sério de um músico pop.

Elton e Bernie passam pelo controle de passaportes do Aeroporto Internacional de Los Angeles esperando encontrar um motorista uniformizado com sapatos impecavelmente polidos e uma longa limusine com bar esperando para levá-los a um palácio com ar condicionado na Strip. Aquilo com que se deparam, contudo, parece surrealmente errado. Num desses momentos de choque surrealista que mais lembram a cena de um desenho animado, o que eles veem ao deixar o terminal de desembarque é um ônibus de dois andares – do tipo que se vê aos montes nas ruas de Londres. O sol intenso de Los Angeles reflete sobre a sua superfície lustrosa, de um vermelho-vivo, um lembrete gráfico das raízes que eles esperavam deixar para trás. Como a cerveja quente, o rosbife, o pudim de Yorkshire, a repressão de tudo que está relacionado a sexo, o chapéu coco e o guarda-chuva do homem de classe média, o ônibus vermelho de Londres é um símbolo da Inglaterra para aqueles que não são ingleses; e ingleses é tudo que Elton e Bernie não querem ser nesse momento.

Há também um cartaz anunciando "ELTON JOHN CHEGOU". Vários transeuntes se perguntam se aquela é a propaganda de um novo tipo de toalete. O capitão e o garoto são conduzidos a bordo e levados pelas ruas escaldantes da cidade. Parece que toda Los Angeles os observa incrédula enquanto seu ônibus avança pela estrada, e seus passageiros se encolhem de constrangimento.

* * *

"Achei que seria legal fazê-lo sentir-se importante, não como um alarde para promover o álbum, mas apenas para sua equipe e ele se sentirem bem-vindos", disse o agente publicitário americano de Elton, Norm Winter. "Então conseguimos esse ônibus inglês e pensamos: 'Mas que diabos, podemos ir além', e colocamos 'ELTON JOHN CHEGOU' no topo. Ele estava na área de desembarque quando viu aquilo e arregalou os olhos. Todos fomos no ônibus para Hollywood. Mais tarde, ele me contou que esperava ser recebido por uma grande limusine Cadillac e gozar os prazeres da vida. E ali estava ele, em um ônibus sacolejante que nem sequer conseguia subir uma ladeira – os ônibus ingleses são terríveis." "Para mim, foi muito constrangedor", Elton diria mais tarde sobre as boas-vindas de dois andares. "Todo mundo estava encolhido, tentando se esconder por trás das janelas. Não sei – parecia uma piada barata. Eu simplesmente não conseguia acreditar." A semana traria muitas outras coisas em que Elton acharia difícil acreditar.

Norm Winter foi um personagem importante no início da carreira de Elton John. Na adolescência, ele havia se mudado de Nova York para Los

Angeles, onde trabalhou como fotógrafo para um fanzine antes de se envolver com relações públicas. Em 1970, ele já era chefe do departamento de publicidade da MCA/Universal (conhecida como Uni). No mesmo ano, ele também seria o responsável pelo sucesso de *Jesus Christ Superstar*, de Andrew Lloyd-Webber e Tim Rice, ajudando a transformar compositor e letrista em superastros. Na semana em que Elton chegou, todas as lojas de discos exibiam cartazes de Elton John nas janelas. Elton também estava no rádio e na televisão.

Também haviam sido reservadas seis noites para apresentações de Elton no clube Doug Western's Troubadour. Fundado em 1957 no Santa Monica Boulevard, em West Hollywood, o Troubadour havia tido início como um clube folk, mas nos últimos anos ajudara a estabelecer cantores-compositores como Joni Mitchell, James Taylor e Kris Kristofferson. Foi nesse clube, em 1970, que outro artista da MCA, Neil Diamond, gravou seu álbum ao vivo *Gold*, e foi nele que a MCA/Universal escolheu lançar sua nova aposta. As expectativas em relação a Elton e Bernie eram altas. Como Elton lembra, Dick James lhes disse: "O.k., garotos, agora ou vai ou racha". Antes da primeira noite, Elton tremia. Nervoso e em estado de choque diante da importância da sua iminente grande noite, ele anunciou que estava voltando para casa. Ray Williams, o homem que promovera o encontro entre Elton e Bernie em 1967, ainda era o empresário pessoal de Elton, mesmo apesar de o relacionamento entre eles ter começado a se deteriorar. Ele providenciou um dia de folga em Palm Springs: Bernie aceitou a oferta, mas Elton ficou mal-humorado no hotel. Para Bernie, aquele seria o dia em que ele se apaixonaria por uma linda loira de Los Angeles chamada Maxine Fiebelmann. Para Elton, foi um dia em que ele se sentiu abandonado. Seria necessário um telefonema transatlântico de Dick James e uma conversa direta com Ray Williams para fazê-lo voltar a si.

Antes de partir para os Estados Unidos, Elton havia dado início a um projeto para aperfeiçoamento de seu guarda-roupa, que ganhava peças cada vez mais curiosas. Assim, o alfaiate de Londres Tommy Roberts, que trabalhava sob o pseudônimo de Mr. Freedom, havia produzido um grupo completamente novo de trajes para a turnê dos Estados Unidos. "Ele me procurou certo dia e disse que queria algumas coisas para levar para a América", Roberts contou a Philip Norman. "Lembro-me de ter feito um macacão amarelo com um piano de calda aplicado nas costas. E botas brancas com asas verdes. Essas primeiras tinham saltos normais."

Na primeira apresentação, Elton – agora com a barba crescida e um corte de cabelo que o fazia parecer um coco humano – usou um jeans boca de sino e uma camiseta vermelha com as palavras "Rock And Roll" em branco. David Ackles, um intérprete por quem Elton e Bernie tinham grande admiração, estava presente para dar seu apoio, algo que deixou Elton tão chocado que ele pediu que mudassem a ordem das apresentações. O pedido foi inútil: Elton era a atração principal.

Naquela noite de estreia de 25 de agosto no quente e abafado Troubadour, de trás do seu piano Elton pôde ver Quincy Jones logo na frente da plateia com quase toda a família. Também estavam presentes Dave Crosby, Graham Nash, Henry Mancini e o Beach Boy Mike Love. Neil Diamond, já praticamente uma lenda da música depois de ter feito uma transição bem-sucedida de compositor para intérprete, subiu ao palco para apresentar o novo sucesso da Inglaterra: "Conheço o álbum e adoro o álbum, mas não tenho ideia do que esse pessoal está prestes a fazer. Quero apenas sentar e apreciar com vocês". Ao longo das seis noites em que Elton se apresentou no clube, outras celebridades juntaram--se ao público, incluindo o Everly Brother Gordon Lightfoot, outros Beach Boys, o Bread e o herói particular de Elton e Bernie, o cantor e compositor Leon Russell. Norm Winter pediu a seu fotógrafo, Pierre, o máximo possível de fotos dos executivos e estrelas que fossem prestigiar o novo artista de sucesso. A divulgação não podia parar – e não pararia.

Parecia que todos os jornalistas interessados e figuras importantes de A&R dos Estados Unidos haviam pegado um avião para Los Angeles a fim de teste-munhar a chegada de Elton John. Norm Winter saudava-os na porta depositan-do um envelope com informações para a imprensa nas mãos deles. Todos eram apresentados pessoalmente ao astro, como Elton contaria mais tarde: "A semana no Troubadour devia ter sido chamada de Um Milhão de Apertos de Mão. Foi isso que fiz. Não conseguiria dizer quem conheci. Tantas pessoas queriam me conhecer. Eu apenas ouvia enquanto Norman Winter dizia: 'Este aqui é um cara importante, do *Detroit Evening Puddle*, e ele pegou um avião para vê-lo', e eu respondia: 'Ah, é um grande prazer conhecê-lo'".

As críticas não foram apenas positivas; elas foram arrebatadoras. A tática de estender a hospitalidade a dezenas de jornais e revistas, pagando passagens para que os jornalistas pudessem assistir aos shows e tratando-os com respeito, rendeu lucros. "Desde o momento em que chegamos foi um verdadeiro pan-demônio", Elton diria. "A primeira noite no Troubadour foi um sucesso, [com] todas as pessoas das gravadoras e da imprensa, e o primeiro *set* foi incrível, e isso se repetiu durante todo o tempo. Recebemos críticas inacreditáveis – não vi nenhuma ruim."

Kathy Orloff, do *Chicago Sun Times*, escreveu: "Antes do final do seu *set*, ele já era um astro". John Gibson, do *Hollywood Reporter*, disse com entusiasmo: "Não é sempre que a plateia do Troubadour aplaude alguém de pé, mas Elton John conseguiu – duas vezes". Talvez a crítica mais entusiasta e influente tenha vindo de Robert Hilburn, do *Los Angeles Times*: "Alegrem-se. O gênero do rock, que vem passando por um período sem grandes novidades, tem um novo astro.

Estou falando de Elton John, inglês de 23 anos cuja estreia nos Estados Unidos na noite de terça no Troubadour foi, em quase todos os aspectos, magnífica". "Bem, honestamente, não me lembro da primeira semana na América", Elton diria mais tarde. "Só consigo me lembrar de que eles tinham grama artificial no topo do Continental Hyatt House. E que fui à Disneylândia. Mas suspeitei de toda a excitação que provoquei em Los Angeles. Talvez as pessoas tivessem ido me ver apenas por causa de uma crítica entusiástica que Robert Hilburn fez no *Los Angeles Times*."

A relativa obscuridade de Elton acabou sendo uma vantagem. "Pensei que estivesse contratando um cantor e compositor", disse Russ Regan. "Não havia tido a oportunidade de vê-lo no palco pessoalmente. Assinei o contrato com base na música e no artista. No Troubadour foi a primeira vez em que o vi como intérprete, e então soube que estávamos com tudo na mão. Simplesmente senti." Era "como um míssil Exocet", nas palavras de Elton. "Fui ao Troubadour e havia lançado o álbum *Elton John*, que, não sei se você se lembra, era muito escuro e [mostrava] o meu rosto de perfil com os óculos e o cabelo, e então subi ao palco e toquei 'Sixty Years On' com botas voadoras e de short."

Ninguém estava preparado para a versão de Elton John que veriam naquela noite de agosto: as roupas berrantes, o intérprete intenso, o pianista extrovertido. No vinil, Elton era todo introspecção; no palco, era como se o espírito dos primeiros roqueiros, de Jerry Lee Lewis e Little Richard, houvesse encontrado um novo lar. "Eu pulava no piano, subia nele, plantava até bananeira sobre ele, e as pessoas diziam: 'Cacete! O que é isso?'. Pela primeira vez na minha vida, me senti libertado", Elton disse. "O piano que toco é um instrumento de 2,5 metros e um objeto de madeira. Ele não vai a lugar nenhum, e eu não queria ser alguém que ficasse sentado simplesmente tocando. Eu queria me mover ao redor dele, ficar em cima dele, dentro dele, como os guitarristas fazem com a guitarra, eu queria ser capaz de fazer qualquer coisa com meu instrumento."

A recepção que ele recebeu de astros consagrados do cenário americano foi tanto calorosa quanto generosa. Neil Diamond convidou Elton e Roger Greenaway para visitarem sua casa em Los Angeles. Uma rádio de Los Angeles fez um anúncio de página inteira agradecendo a Elton pelos shows. Conhecer Leon Russell, que prestigiou Elton em sua segunda noite no Troubadour, foi especialmente emocionante. "Ele é o meu ídolo do piano, e lá estava ele sentado na primeira fileira. Minhas pernas ficaram moles. Quero dizer, comparar o meu som ao piano com o dele seria um sacrilégio. Eu não daria nem pro começo", Elton disse à *Melody Maker*. "Ele disse que quer gravar conosco, e disse que compôs 'Delta Lady' depois de ter ouvido uma música minha, o que é inacreditável."

Depois de uma semana de apresentações no Troubadour, Elton fez um show na Bay Arena, em São Francisco, antes de voar para a Costa Leste, onde faria mais concertos, dessa vez em Nova York. "Quando vi Nova York pela primeira vez, a cidade me deixou aterrorizado. Ela realmente me deu medo", Bernie admitiu. "Levou algum tempo para que eu entendesse e apreciasse a cidade." A primeira apresentação de Elton em Nova York foi no Playboy Club. "De todos os lugares possíveis", disse Elton. "Não poderia ser mais irônico! Tudo que eu queria fazer era ir até o Apollo Theater. Era perigoso entrar no Harlem, mas Bernie e eu queríamos ir. Sendo caras brancos da Inglaterra, precisamos pegar vários táxis antes de achar um motorista que estivesse disposto a nos levar lá. Eu só queria ficar em frente ao teatro, olhar para ele e pensar em toda a música maravilhosa que saiu de lá. Ficamos na Oitava Avenida, e na primeira noite nos hospedamos em um hotel chamado Lowe's Midtown. Houve um tiroteio, e ficamos aterrorizados."

Quando Elton chegou a Nova York, para onde Dick James voou a fim de parabenizar o cantor, seu sucesso já cruzava o país. "Foi o sucesso mais rápido já obtido na América, pois ele era desconhecido no dia em que chegou a Los Angeles", disse Roger Greenaway. "Ninguém poderia ter previsto aquilo. Fiz as duas primeiras turnês com os Beatles e ninguém imaginava no que eles se tornariam. Com Reg foi a mesma coisa. Brian Epstein não fazia ideia do que tinha com os Beatles, mas, para ser justo, acho que Dick James sabia o que havia em Elton, e por isso estava disposto a gastar muito dinheiro." Greenaway voltava para o Aeroporto Internacional de Nova York quando ouviu um anúncio na rádio local. O DJ disse: "'Senhoras e senhores, há um novo messias na cidade. Seu nome é Elton John'. Nesse momento pensei: 'Ele vai ser um gigante'", diz Greenaway. "Reg será um grande astro na América."

Porém, isso tudo quase não aconteceu. Elton estava hesitante sobre a viagem à América. Ele ainda não era popular nem em seu próprio país, e achava que era cedo demais para tentar conquistar os Estados Unidos. Entretanto, James fizera um acordo com a MCA segundo o qual eles dividiriam os custos da visita promocional. A MCA insistia que, assim que fechasse o contrato com o artista, ele deveria ser visto ao vivo. Elton deu de ombros: "A única razão que me fez concordar foi que pensei que finalmente poderia comprar alguns discos". Ele não esperava que nada além de algumas viagens à Tower Records ocorresse.

Na verdade, semanas antes de seu encontro com o destino no Troubadour, Elton quase aceitara um convite para voltar a ser músico de apoio. "Antes de viajarmos, eu estava prestes a cancelar tudo e me a juntar a Jeff Beck, acredite ou não", ele confessou. Beck já havia visto Elton ao vivo e se oferecera para se juntar a sua banda como guitarrista solo e fazer a turnê dos Estados Unidos com eles. Evidentemente, Jeff Beck já era importante, e Elton, a princípio, estava determinado a fazer a turnê. "*Elton John* estava atraindo muita atenção nas rádios americanas, e eu havia acabado de assinar com a MCA, então eles me disseram que seria bom se eu me apresentasse no Troubadour. Em certo momento, a ideia era que eu me apresentasse no Troubadour com Jeff Beck; eu o conhecera em Londres e nós nos dávamos muito bem."

"O empresário de Jeff entrou em cena e disse que, como ele já era famoso nos Estados Unidos, eu ficaria com 10% e Jeff com 90%. Ele disse a Dick James que havia lugares em que Jeff ganhava US$ 10 mil por noite e que levaria seis anos para que eu chegasse àquele ponto. E lá estava eu ouvindo, pensando: 'US$ 10 mil por noite, uau!'. Ouvi Dick responder: 'Ouça, eu garanto que esse garoto estará ganhando isso em seis meses'. E pensei comigo: 'Dick, você é um velho muito doido! Você poderia ganhar agora mesmo uma competição de Patife do Mês! Que idiota...'. Então o lance com Jeff Beck foi por água abaixo e eu fiquei muito chateado." Porém, Dick James estava certo por confiar nos seus instintos. Sua profecia sobre o futuro potencial de venda de Elton se tornaria realidade.

Com seus arranjos orquestrados, piano e temas familiares para os Estados Unidos, a música de Elton encaixava-se perfeitamente com o cenário musical americano da época. Na verdade, na Inglaterra, ele era considerado um excêntrico. Além de Cat Stevens, cujos cachos sedutores e beleza grega deixavam os corações femininos acelerados, era provável que Elton fosse o único cantor-compositor do país. Embora ele e Bernie compartilhassem a tarefa da composição, Elton logo foi inserido na categoria de cantor-compositor e era comparado a pessoas como David Gates, Neil Young, Tom Paxton, Tim Buckley, David Ackles, Leon Russell e James Taylor. Assim, para o público americano, Elton era algo novo, mas não estranho. Seu som não era algo tão distante das harmonias de Crosby, Stills & Nash ou do som simples com influência do gospel e do soul de The Band, além de remeter ao pop melódico meticulosamente trabalhado dos Hollies e ao estilo das baladas centradas no piano do último período dos Beatles. Para resumir, ele lembrava os americanos deles mesmos e ao mesmo tempo das partes palatáveis da cena pop britânica. Seu DNA musical era perfeitamente assimilável.

Elton John foi o primeiro superastro dos anos 1970 nos Estados Unidos. Sua fama nesse país antecede a de David Bowie em três anos. Embora Marc Bolan tenha sido o artista que vendeu mais compactos na Inglaterra em 1971 e 1972, a reputação do membro do T. Rex era comparativamente menor nos Estados Unidos, e assim permaneceria. Era muito incomum um artista inglês se sair tão bem nos Estados Unidos logo no início, com a notável exceção do ataque-relâmpago em forma de blues do Led Zeppelin. Apesar disso, dois outros compositores do selo americano de Elton estavam vivendo o mesmo fenômeno: o letrista Tim Rice e o compositor Andrew Lloyd-Webber.

"Estávamos de certa forma ao lado de Elton no início, visto que éramos do mesmo selo, a MCA, embora tecnicamente ele estivesse com a Uni e nós estivéssemos com a Decca", diz *sir* Tim Rice. "*Jesus Christ Superstar* e o álbum de Elton saíram na América mais ou menos na mesma época, e os dois foram para o topo das paradas americanas sem obter nenhum sucesso na Inglaterra. Nós até aparecemos na mesma capa da *Cashbox* como as novas estrelas da MCA: Elton, Andrew e eu."

Antes da viagem de 1970 aos Estados Unidos, Elton começara a gravar a sequência para *Elton John*, na época ainda a um mês de ser lançado no Reino Unido. Em *Tumbleweed Connection* ele contaria com a mesma equipe formada por Dudgeon e Buckmaster, e usaria o mesmo estúdio de Londres, o Trident. O som, por outro lado, seria muito diferente. O álbum teve claramente uma influência country maior, e os arranjos orquestrais foram feitos com menos ostentação, a fim de que um Elton mais cru pudesse ser capturado. *Tumbleweed Connection* seria "tão diferente do anterior", ele disse com entusiasmo à *Melody Maker* ao falar de um álbum que ainda estava a meses de ser lançado. "Eu queria sair um pouco do lance orquestral, e uma das faixas é apenas eu ao piano, gravada ao vivo. É muito mais simples e forte."

Apesar de Buckmaster ter criado alguns arranjos maravilhosos outra vez, eles eram menos extravagantes. "Eu estava tentando recriar o som das bandas de metais da Guerra Civil", ele recorda. "Havia tubas, trombones e fliscorne em algumas faixas." Um fato que representa o quanto a reputação de Elton havia crescido é o de Dusty Springfield poder ser ouvida nos vocais de apoio. Sempre atencioso, Elton dedicou o álbum ao artista que dividiu a casa com ele no Troubadour, David Ackles.

Esse álbum seria a materialização da visão de Bernie de uma terra que ele ainda não havia visitado: a América. Nas entrevistas, Elton citava James Taylor e Randy Newman como suas maiores influências, mas para Bernie, Robbie Robertson, de The Band, havia usurpado até mesmo o lugar de Dylan como seu letrista favorito. The Band tinha um sucesso comercial muito restrito no Reino Unido, emplacando um único sucesso no Top 20 com o compacto "Rag Mama Rag". Seu álbum de estreia, *Music From Big Pink*, considerado por muitos o álbum mais influente da época, nem sequer entrou nas paradas de sucessos no Reino Unido. Não obstante, eles pareciam ter conquistado um lugar nos corações e mentes dos músicos britânicos que buscavam inspiração na música americana. Foi a eles que Eric Clapton atribuiu a mudança do blues rock do Cream para a música mais despojada que produziu com o Blind Faith e no seu primeiro álbum solo em 1970.

"Naquela época, todos estávamos ouvindo The Band", diz o respeitado guitarrista de pedal-steel B.J. Cole. "Para os músicos do início dos anos 1970, The Band provavelmente foi a maior influência. Eles tinham um pé no mito americano porque Levon Helm era do sul, mas os outros eram todos canadenses que apenas viviam o mito americano. Eles tinham uma atitude semelhante em relação aos músicos ingleses. Eram muito mais observadores, então nos entendiam melhor que pessoas como os artistas do country e do blues, que eram americanas e nos subestimavam."

As letras de Taupin não foram inspiradas pelos Estados Unidos da época – as intrigas policiais, os desastres da política externa, a tensão da Guerra Fria e a batalha entre a contracultura e o Establishment nos *campi* universitários. Tampouco discutiam o passado americano como o conhecemos: não havia nada sobre o abolicionismo, a Era Dourada, a Grande Depressão, o New Deal ou o movimento pelos direitos civis. Na verdade, a ideia que ele fazia dos Estados Unidos parecia ter sido extraída do ponto de vista de alguém montado a cavalo. Eram os Estados Unidos que ele conhecera em sua infância e adolescência na Inglaterra dos anos 1950 e 1960: os Estados Unidos do faroeste, do glamour dos gângsteres e dos romances.

Como tantos outros artistas que cresceram na mesma época, Taupin via nos Estados Unidos o sonho do progresso sem fronteiras, de aventuras e perigos. E esse sonho, embora essencialmente um mito, era fascinante ao extremo. Taupin nunca deixava de se maravilhar com tudo que ele representava. "Tudo começou com o que eu assistia na tevê quando criança", ele confessou. "Vinha de coisas muito fantasiosas, como *O Cavaleiro Solitário*. Comecei a ler sobre o tema na época e agora tenho prateleiras de livros sobre ele." Contudo, Bernie não era nenhum amador. Em 1972, ele revelou para o jornalista Steve Turner que havia recorrido a artefatos históricos como *The Bad Men*, um registro com músicas de caubói autênticas e uma entrevista com a namorada de Wyatt Earp.

As fontes de Taupin eram selecionadas com cuidado. Reagindo com irritação às críticas de que ele estava meramente vivendo os eventos dessas músicas a distância, visto que na época em que elas foram escritas nunca havia colocado os pés em solo americano, Bernie disse: "Acho que é uma coisa estúpida de se dizer. Se as pessoas não usassem a imaginação, onde estariam? As pessoas vêm escrevendo sobre coisas que nunca viram há anos. Acho que capturamos a atmosfera muito bem em *Tumbleweed Connection* – sem querer me gabar, Robbie Robertson achou-o excelente! Parece que as pessoas o aceitam muito melhor nos Estados Unidos".

Tumbleweed Connection fazia mais sentido quando era encarado como um álbum conceitual, composto por uma série de canções narrativas baseadas em um tema central. Ele não produziu nenhum compacto de sucesso, e oferece uma audição mais agradável quando executado em sua completude como uma coleção de histórias curtas do que como uma série de músicas individuais. O auge do álbum é sem dúvida "Burn Down The Mission", uma música que também ganhou lugar de destaque no repertório das apresentações ao vivo de Elton.

Nela Elton produz um som poderoso martelando o piano à medida que a música ganha força e atinge o clímax em um frenesi orgástico. Há outras faixas consistentes, como "Amoreena" (que leva o nome da filha de Ray Williams, afilhada de Elton), "Where To Now St. Peter?" e "Come Down In Time", que exibe um arranjo de cordas suavemente romântico de Buckmaster e remete ao álbum anterior.

Ao longo do disco, as letras de Bernie exibem uma exuberância juvenil, mas são baseadas essencialmente em estereótipos americanos. Há confederados e ianques em "My Father's Gun"; há um romance rico na história do homem procurado em "Ballad Of A Well-Known Gun"; e há as memórias melodramáticas de personagens com cicatrizes de guerra em "Talking Old Soldiers". Encontramos ainda a dama tranquila em um milharal de "Amoreena"; a vovó de 84 anos que precisa de alguém para consertar seu celeiro em "Country Comfort" e a barca com destino a Nova Orleans em "My Father's Gun".

Da capa sépia com a imagem de Elton vestido de terno, casaco e chapéu (talvez com a intenção de lembrar a roupa de Robert Mitchum no clássico *noir O mensageiro do diabo*) ao vocal muito mais americanizado de Elton (algo que o produtor Gus Dudgeon chamaria de "quase uma imitação"), o álbum era uma visão inglesa da vida americana. Parecia falar tanto da adolescência de Taupin em Lincolnshire quanto sobre a realidade da vida no Oeste americano. Apesar disso, como um conjunto de ideias ele alcançou um *status* elevado no cânone de Elton. O próprio Elton considera-o seu melhor trabalho dos anos 1970.

Uma das músicas, "Country Comfort", seria regravada pelo amigo de Elton Rod Stewart, que começou na mesma época que ele, em seu álbum de 1970 *Gasoline Alley*, em um esforço que, ao menos na época, não agradou a Elton. "Ficamos putos com isso. Parece que ele a inventou enquanto tocavam", Elton queixou-se. "Quero dizer, eles não conseguiriam ter se afastado mais do original se tivessem cantado 'Camptown Races'. É uma pena, porque se alguém deveria cantar essa música, esse alguém é ele. Uma voz tão boa, mas agora não consigo nem ouvir o álbum [de Stewart]; fico muito chateado. Ele ainda canta errado alguns trechos."

Tumbleweed Connection foi lançado no Reino Unido em 20 de outubro de 1970 (e nos Estados Unidos em janeiro) com uma festa de lançamento para a imprensa no requintado Revolution Club de Londres, em uma rua transversal à Berkeley Square. Foram servidas asas de galinha com molho bechamel e melão verde, e os amigos mais íntimos de Elton ainda o chamavam de Reg. Ele voltara dos Estados Unidos fazia pouco mais de um mês, e com sua capacidade impressionante já havia gravado outro álbum, a trilha sonora do filme *Friends*.

O tema central do filme, dirigido por Lewis Gilbert e escrito também por ele em conjunto com Vernon Harris e Jack Russell, era o romance entre um rapaz inglês com uma menina francesa. Ele gerou grande controvérsia por conter um nu frontal da menina, interpretada por Anicée Alvina, de dezessete anos, mas cujo personagem tinha apenas catorze. A trilha sonora, encomendada no início de 1970, antes do sucesso de Elton no Troubadour, foi gravada em tempo recorde e não é um dos seus melhores trabalhos. As melodias possuem poucos momentos memoráveis, enquanto as letras de Bernie parecem superficiais.

"Mandaram-me o roteiro, e eu apenas meio que fiz uma leitura dinâmica dele", Bernie confessaria mais tarde. "Acho que conversei com o filho do diretor, John Gilbert, o responsável pela trilha, e ele me contou sobre o que o filme era. Tive preguiça de ler o roteiro, então escrevi todas as músicas sem ter assistido ao filme. A trilha tinha de estar pronta em quatro semanas; foi uma sessão desesperada, um verdadeiro drama." Enquanto com sua superficialidade as letras de Bernie pareciam mais o texto de uma crítica escrita com base na sinopse da contracapa, a verdadeira tarefa de criar grande parte da música de *Friends* recaiu sobre os ombros de Paul Buckmaster. Sem material suficiente para compor o álbum, ele usou os temas centrais do filme e expandiu-os para criar a suíte orquestral "Four Moods". Quanto à capa, Stuart Epps é honesto: "A capa era horrível. Ninguém ficou satisfeito com ela".

O próprio Elton mostrou interesse por envolver-se no desenvolvimento da arte da capa e mandou o álbum *Tumbleweed Connection* para a Paramount apenas para receber a resposta de que eles podiam criar algo melhor. No final, a capa criada foi um desenho a lápis medíocre dos amantes em preto e branco sobre um fundo cor-de-rosa. Mais tarde, Elton se referia a ela como "aquele maldito massacre cor-de-rosa".

Enquanto isso, o que realmente causava sensação era *Tumbleweed Connection*. De volta ao lançamento no Revolution Club, Elton demonstrava um orgulho evidente ao conversar com Robert Greenfield, da *Rolling Stone*, sobre seu "novo álbum country" e como ele agora poderia conseguir ganhar até US$ 500 no Troubadour e US$ 750 em São Francisco. O álbum foi tocado para uma audiência atenta, e ao final da última nota de "Burn Down The Mission" houve um aplauso espontâneo. Elton pegou o microfone e disse com generosidade: "Se vocês ouvirem o álbum, se realmente prestarem atenção, verão que o trabalho é tanto de Steve Brown quanto meu, tanto de Gus Dudgeon quanto meu, tanto de Paul Buckmaster quanto meu".

Entre os presentes estava Chris Charlesworth: "Quando saí", ele se recorda, "estava esperando por um táxi e Elton estava por perto com Helen Walters. Não sei por que, mas comecei a cantar 'Your Song' baixinho... '*It's a little bit funny...*', e Elton estava obviamente perto o bastante para ouvir. 'Não tão engraçado quando se tem que cantar isso toda noite', ele disse. Estava rindo, mas tive a impressão clara de que ele estava farto de cantar sempre a mesma coisa".

Elton agora queria ser visto como um cantor sério. Ele não queria ser visto, como suspeitava ser encarado por certos setores da mídia, como uma estrela pop, parte da "Sensação da Radio One", como disse: "Agora mesmo ainda estou tentando me livrar dessa imagem que pessoas como as da Radio One construíram para mim. Você sabe, as pessoas acham que sou fofinho e adorável, um artista pop bonitinho. Não sou isso, realmente não sou". O lançamento de *Tumbleweed Connection* confirmou que na realidade ele estava sendo levado a sério. "Ontem me mudei para o meu novo *flat*, querem que eu viva na cidade agora", Elton disse no final da festa de lançamento, enquanto os presentes faziam suas apostas. Aquele era o começo de uma vida muito diferente para o novo astro Elton John.

Na verdade, Elton procurara Geoffrey Ellis na DJM para fazer um pedido. Ele precisava de ajuda para comprar uma nova propriedade e não sabia ao certo o que fazer. Fora os seis meses que passou com Linda Woodrow, sempre morara na casa dos pais. Aos 23 anos, Elton dava muito pouca atenção a assuntos relacionados a negócios. Quando chegou a hora de renegociar seus contratos empresarial, editorial e de gravação com Dick James e este demonstrou grande decência ao lhe dizer que ele precisava de um advogado, Elton respondeu com uma pergunta que ficaria famosa: "Posso usar o seu?". De acordo com seu biógrafo Philip Norman, James havia tirado o empresário pessoal de Elton, Ray Williams, do páreo rasgando cruelmente seu contrato e dizendo a Williams que fosse em frente e o processasse. Se o processasse, Williams teria grandes chances de ganhar, já que não havia quebrado o contrato, mas James sabia que ele não tinha recursos para enfrentar uma longa batalha legal. Williams ficou estupefato. O homem que descobrira Elton John estava sendo tirado de cena.

Na verdade, Williams e Elton já haviam concordado em setembro de 1970 que o relacionamento não estava dando certo. "Eu sabia de que tipo de empresário ele precisava, e não era alguém como eu", disse Williams. "E tinha mais uma coisa: com o sucesso, ele estava se safando até de assassinato. Ele era muito rápido, muito sagaz, muito engraçado, e as pessoas simplesmente deixavam-no fazer qualquer coisa que quisesse. Eu o enfrentava, o que não estava dando muito certo." Ainda faltavam nove meses para que o contrato com Williams vencesse, um período que teria sido muito lucrativo dado o recente sucesso das gravações de Elton. Dois meses depois, contudo, ele seria dispensado, mas foi recompensado em 1.500 libras. "Pelo menos deu para pagar o aluguel e colocar comida na geladeira", diria.

Quando Elton foi comprar sua nova propriedade, um *flat* no relativamente exclusivo e recém-construído complexo Water Gardens, em uma rua que dava para a Edgware Road, Geoffrey Ellis o acompanhou em seu encontro com os agentes imobiliários de Chesterton. "Eles claramente não ficaram muito impressionados com Elton", Ellis se lembra. "Mesmo na época, suas roupas não podiam ser descritas como convencionais. Além disso, ele ainda não havia se tornado famoso nos círculos frequentados pelos agentes." No entanto, tio Dick resolveria tudo. Teddy Barnes, o advogado de Dick James, conhecia algumas pessoas importantes em Chesterton, e depois de uma conversa mais apropriada ao meio imobiliário, a compra pôde ser realizada.

Elton, contudo, não moraria sozinho no número 384 do Winter Gardens. John Reid, um homem baixinho de presença forte, de 21 anos, de Paisley, Glasgow, cuja compleição franzina escondia a personalidade de um terrier, dividiria o *flat* com ele. Nascido em 1949, filho de um marceneiro, na infância Reid havia morado por um curto período na Nova Zelândia, onde seu pai trabalhara como soldador. A família logo voltou para Clydeside, porque a mãe de Reid sentia saudade de casa. Quando terminou o colégio, ele foi estudar biologia marinha na Stow College, em Glasgow, mas abandonou a faculdade aos dezoito anos e mudou-se para Londres em busca do sucesso musical. Ele vendia camisetas na Austin Reed e cantava no Locarno antes de finalmente ser contratado como divulgador musical pela editora da EMI, Ardmore and Beechwood. Aos dezenove anos, Reid havia sido promovido na EMI e se tornado gerente do selo do Reino Unido da Tamla Motown Records. Foi uma promoção rápida para o jovem trabalhador, persistente e elegante de Glasgow.

Pouco depois de ter chegado a Londres, Reid começou a sair com a bela atriz de *Carry On* Barbara Windsor, doze anos mais velha do que ele. "Conheci um jovem divulgador musical, baixinho mas bonito, que acabara de chegar de Paisley, Escócia", Windsor escreveria em suas memórias, *All Of Me*. "John Reid tinha apenas dezoito anos, mas possuía uma determinação e uma ambição que eu achava muito atraentes. Ele era ousado e tinha brilho nos olhos. Queria tudo, e dava para ver que tinha a audácia necessária para conseguir. Não demorou para que nos apaixonássemos profundamente; e, mais importante, gostávamos um do outro e até hoje somos grandes amigos."

John Reid conhecia Elton John, visto que o cantor costumava aparecer na sede da EMI quando Reid trabalhava lá. Ele era "um cara gordinho com um macacão engraçado que colocava a cabeça na porta e pedia discos emprestados", recorda-se Reid. Ele havia recebido um disco promocional de selo branco de *Elton John*, mas não tivera curiosidade de ouvi-lo. Quando assistiu a uma apresentação de Elton pela primeira vez, porém, não acreditou no que viu: "Ele era algo que eu ainda não havia visto, e que desde então não vi mais. Ele é único".

Um envolvimento romântico teve início em 1970 durante a primeira turnê de Elton pelos Estados Unidos, quando John Reid estava trabalhando em São Francisco. Reid contaria: "Ele estava nas nuvens com o que os críticos haviam dito e ansioso por contar a alguém. Eu era o inglês mais próximo – ou ao menos o que havia de mais parecido". Apenas dois meses depois, o cantor e o escocês haviam se tornado uma dupla, tanto profissional quanto pessoal. Reid se tornaria empresário de Elton. Dick James já havia chegado à conclusão de que Elton precisava de um empresário em tempo integral, e Steve Brown, da DJM, embora fosse um empresário mais do que eficiente e pudesse fornecer conselhos inestimáveis à companhia, não podia dedicar seu tempo integralmente a ele. "Dick James convidou John Reid a ir até seu escritório e depois de uma conversa aceitou contratá-lo por um salário não muito alto especificamente para cuidar de Elton John, mas também para defender os próprios interesses de Dick", de acordo com Geoffrey Ellis. "Achei [Reid] encantador e claramente ansioso para causar uma boa impressão."

Os pais de Elton aceitaram sua opção sexual com a típica tolerância, amor e compreensão. "Eles foram fabulosos, pois foram os primeiros a quem contei", Elton disse. "Minha mãe sempre disse como ficaria magoada se eu um dia escondesse algo dela, então, quando confessei naquela noite que era possível que eu fosse *gay*, ela foi muito compreensiva, tive muita sorte com isso. Minha família aceitou muito bem. No meio em que trabalho não é raro as pessoas serem *gays*, ou o que seja". O alívio era palpável. Elton finalmente reunira coragem para aceitar a si mesmo como era: "Eu não aceitava o fato de ser *gay*, e não saí da concha até os 24 anos. E não quero dizer apenas sexualmente, mas em relação a tudo. Eu era tão ingênuo que era de dar pena".

Bernie Taupin ficou muito feliz por finalmente ver Elton em um relacionamento sério. Em vez de ter ciúme ou de competir com os parceiros de Elton, ele aparentou sentir-se muito à vontade com a situação desde o início. Afinal de contas, nunca fora amante de Elton. Dick James também parece ter visto uma vantagem nesse novo cenário: "Se ele está vivendo com o empresário, pelo menos terá alguém para tirá-lo da cama de manhã".

Para outros, todavia, John Reid era apenas um mal necessário. Ele era um homem que lutaria com unhas e dentes por Elton, mas o problema era que geralmente reservava seu sarcasmo mais cortante e temperamento por vezes violentos para aqueles que estavam tão comprometidos com a causa quanto ele. "Ele nunca me tratou mal, mas parecia não confiar nas pessoas, ou pelo menos olhá-las com grande desconfiança, como se estivessem tentando prejudicar Elton", são as palavras do jornalista Chris Charlesworth da *Melody Maker*. "Não sei se isso era apenas o ciúme *gay* ou se ele temia que Elton explodisse e decidisse contratar outro empresário – embora não parecesse que Elton dependia muito dele na época. John Reid também tinha péssimo temperamento. Ele saía de si pelas coisas mais insignificantes e se tornava selvagem como um terrier."

"Lembro-me de ter ido visitá-los no novo *flat* de Water Gardens", conta Mike Inkpen. "Ele era moderno e luxuoso. Um elevador nos levava direto ao *flat*; não era preciso subir escadas. Era muito pequeno, mas perfeitamente distribuído e localizado em uma parte muito cara da cidade. John preparou um prato. Eu não havia me dado conta de que o relacionamento deles ia além do de empresário/cliente, mas ele era exatamente o que Elton queria, e Elton era exatamente aquilo de que John precisava. John era totalmente dedicado. Sabia que Elton era uma estrela e sabia exatamente como desenvolvê-lo. Mas ele era implacável, muito durão." "Conheci John Reid quando ele estava na EMI", recorda-se Bob Harris. "Ele era incrível. 'Brilhante' seria a palavra certa para descrevê-lo. Havia sempre algo acontecendo quando ele estava por perto."

O entusiástico artigo de Chris Charlesworth sobre o Krumlin Festival por volta da mesma época levou a uma amizade casual com Elton, e ele se lembra dele como um rapaz simpático e sem afetação. Como Charlesworth era um grande divulgador de Elton na *Melody Maker*, a equipe empresarial do cantor mostrava-se sempre simpática e disposta a cooperar, em particular depois da resenha sobre Krumlin. "Depois que 'Your Song' tornou-se um sucesso, eu me encontrava com ele em todos os lugares", conta. "Fui a um show em Londres, o encontrei, e ele me cumprimentou dizendo: 'Oh, Chris, muito obrigado', e me abraçou. Acabei sabendo que ele estava morando em um bloco de apartamentos em uma rua transversal à Edgware Road, não muito longe de onde eu morava. Esbarrei com ele na lavanderia e fomos tomar uma cerveja no *pub*. Comecei a ir com mais frequência aos concertos de Elton John. Ele era muito legal, amável, encantador. Tinha um conhecimento incrível sobre música pop e rock. Ficava claro que era um colecionador aficionado de discos. Ele era o tipo de cara que, se você mencionasse um disco, diria: 'Ah, esse foi lançado pela MGM: o selo era amarelo'. Ele conhecia o lado B e sabia quem fazia os vocais de apoio. Era como se tivesse estudado pop, praticamente como se tivesse feito uma faculdade."

A vida de Bernie Taupin também estava prestes a mudar. Ele estava perdidamente apaixonado por Maxine Feibelmann, que mais tarde seria imortalizada por Bernie como a "costureira da banda" no clássico "Tiny Dancer". Maxine de fato fazia consertos de última hora nas roupas dos membros da banda quando estavam em turnê. Os dois casaram-se em abril de 1971 em Market Rasen. "Bernie usou um terno branco de veludo, camisa lilás e brincos", noticiou o jornal local. "Elton John, astro pop e parceiro de Bernie, foi seu padrinho e também usou branco, superando todos os padrinhos que já passaram por Rasen. Ele usou uma cartola de seda prateada, e seu terno de seda branca de 250 guinéus tinha grandes flores azuis, vermelhas e amarelas feitas de imitações de diamante. Estavam presentes figuras conhecidas do mundo pop, o que deu ao cenário uma aparência quase surreal, só possível no mundo dos espetáculos. Com três policiais orientando o tráfego e tantos moradores de Rasen alinhados ao longo do caminho até a igreja, isso foi o mais perto que pude chegar do tipo de casamento tradicional de Market Rasen."

John Walters, produtor da BBC, brincou com Bernie: "Se eu fosse um noivo... quer dizer, melhor não". Mike Inkpen lembra-se do casamento como uma festa e tanto. "Fomos com todos da Dick James Music. Eles alugaram um ônibus que nos apanhou em Londres. Depois do casamento, todos fomos ao jóquei clube, onde foi realizada a recepção. E é claro que, como o pai de Maxine era um importador de champanhe, ele ofereceu champanhe para bebermos à vontade. Então lá estava uma sala com cerca de 150 fãs de música e champanhe liberada. Não preciso descrever a cena, não é?"

Bernie comprou uma casa perto de Tealby. Beck Hill era uma casa rural de pedra semigeminada de dois quartos que cem anos antes havia pertencido à família Tennyson d'Eyncourt, parentes do poeta laureado Alfred, lorde Tennyson. Vários dos primeiros clássicos de Elton John foram concebidos nesse retiro.

Estimulados pelo sucesso repentino, Elton e sua banda não paravam. Três meses depois eles voaram com destino a Boston para uma segunda turnê pelos Estados Unidos, e Bernie Taupin foi permanentemente afetado pela experiência americana. "Para nós, ir lá mudou nossa vida", ele disse. "Era o Jardim do Éden – musicalmente, culturalmente e sexualmente." A terra encantada da sua infância e adolescência de repente se descortinava diante dele em toda a sua glória. "Na primeira oportunidade, aluguei um carro e dirigi pelo Arizona, através do coração do país. Aquela era a realização de um sonho, porque eu estava vendo de perto o país que me emocionara e inspirara praticamente desde o dia em que nasci."

Na estrada, aquela foi uma época de camaradagem. "Agora somos uma banda de verdade", Elton disse à *Melody Maker* em 1970, durante uma pausa no Reino Unido que se seguiu às primeiras apresentações nos Estados Unidos. "E os rapazes têm me ajudado muito. Estamos muito bons agora, mas em um ano seremos incríveis. Os Estados Unidos fizeram muito bem para nossa autoconfiança, e nunca preciso dizer a eles o que fazer, pois todos sabemos o que temos de fazer. Algumas músicas têm ritmo muito peculiar, e eles simplesmente as tocam sem termos de explicar nada."

Algumas apresentações foram inseridas na agenda da turnê, incluindo um concerto no Royal Albert Hall em outubro e um show beneficente acompanhando o Who no Roundhouse em dezembro, no qual Pete Townshend dedicou a execução da ópera-rock *Tommy* a Elton. Seria a última vez que o Who tocaria a obra inteira até a reunião da banda de 1989. Elton dedicaria o restante de 1970 principalmente aos Estados Unidos. "Voltei aos Estados Unidos para outra turnê. E quer saber o que mais? Em seis meses estava ganhando US$ 10 mil por noite!", Elton contou. "Fiquei furioso, porque Dick estava certo." Ele tocou em Boston, na Filadélfia, no Fillmore West de São Francisco, no Santa Mônica Civic, em Los Angeles, no Fillmore East de Nova

York – pouco mais de vinte apresentações antes do Natal. Estava se tornando um showman cada vez melhor. O jornalista David Felton observou: "Em Santa Mônica, Elton usou uma cartola Jagger, uma capa e um macacão roxo... Durante 'Burn Down The Mission', chutou o banco do piano, arrancou o macacão e finalizou com uma série de pulos gigantes de coelho usando meia-calça roxa. A multidão, segundo as palavras de Elton, pirou".

No Filmore West, Bernie e Elton foram apresentados a Bob Dylan. "Conheci Dylan... e para dizer a verdade não dei a mínima", foi a resposta que Elton deu em 1971 quando lhe pediram que comparasse o encontro com Dylan ao que ocorrera com seu verdadeiro herói, Leon Russell. Com o passar dos anos, entretanto, Elton se lembraria do encontro de forma um pouco diferente: "Bernie e eu ficamos, assim, cacete! Dylan tem uma aura. Não assustadora. Mas só... caramba!". "Nem sequer o reconheci", Bernie confessou. "Elton disse: 'Este é Bob Dylan'. Eu não estava preparado para aquilo, o que posso dizer? Quero dizer, foi algo como 'Ah, Deus', ou 'Você é Deus', ou 'Meu Deus!'."

Notícias do sucesso de Elton começaram a chegar ao Reino Unido por meio dos jornais musicais. "Dylan Gosta de Elton", dizia uma capa da *Melody Maker* no outono daquele ano. A aprovação do icônico compositor americano confirmou a recém-adquirida posição de Elton como músico de renome. Surgiriam ainda outros admiradores notórios. "Lembro-me de ter ouvido 'Your Song', de Elton John, nos Estados Unidos", John Lennon disse em 1975. "Lembro que pensei: 'Muito bom, a primeira inovação desde nós'. Foi um passo à frente. Algo no vocal dele era uma evolução em relação a todos os vocais ingleses até então." Lennon não foi o único *beatle* a ficar impressionado. "Quando estive nos Estados Unidos pela primeira vez e o álbum *Elton John* estava acho que no 19º lugar das paradas e eu estava me beliscando, procurando todos os álbuns dos meus heróis que também estavam nas paradas, recebi um telegrama de George [Harrison] me parabenizando. Ainda o tenho em algum lugar. Foi muito atencioso da parte dele. Teve um significado enorme pra mim."

Elton ainda não era um astro grande o bastante para ter sua própria comitiva, não tinha um meio de transporte nem uma agenda pessoal. Por enquanto, ele era apenas um dos caras da banda: o mais importante, é claro, mas as turnês eram como um trabalho em equipe. "Tínhamos as nossas diferenças em turnês longas, especialmente quando fazíamos aquelas turnês de ônibus", conta Nigel Olsson. "Eram ônibus Greyhound sem telefone nem serviço de bufê a bordo. Ficávamos exaustos, e os ânimos esquentavam. Mas aqueles foram os anos dourados. Naquela época, o dinheiro não era lá essas coisas: era apenas aquele fluxo cada vez que subíamos ao palco."

Parecia que a cada apresentação Elton adquiria uma presença de palco mais poderosa: fazendo careta, cara de mau, batendo com um tamborim no traseiro, contando piadas, fazendo vozes esquisitas, martelando as teclas do piano com a cabeça inclinada para trás em êxtase, pulando em cima das teclas e plantando bananeira como se o piano fosse um cavalo com alças. "O ultraje faz parte de mim, e é por isso que admiro pessoas como Jagger e Zappa", ele refletiria. O clímax, "Burn Down The Mission", era sempre a oportunidade para que Elton desse vazão a esse lado. "Elton transformava-a em um evento esportivo", conta o jornalista David Felton. "Ele saía do piano e batia palmas, como o ponto central saindo do meio de um círculo. Pulava e corria pelo palco, apertando a mão das pessoas que se aproximavam na multidão. Havia um ponto em que ele até mesmo pulava em cima do piano de calda."

Enquanto alguns roqueiros transformavam o espetáculo pop em algo frio e alheio aos espectadores, para Elton John ele era uma forma de diversão, uma oportunidade para a banda tocar dando o máximo de si, de se conectar com a plateia. No final do show, Elton explicou por que apertava a mão das pessoas na plateia: "Para mim, é como se esses garotos pensassem que sou seu vizinho gordo e baixinho que não tem o direito de ser um astro de rock'n'roll. Esta é minha imagem, e me serve muito bem".

"Ele decidiu que não queria mais ser ignorado", diz Stuart Epps sobre a mudança abrupta de 1970 da persona que Elton adotava no palco. "Ele decidiu que aproveitaria a oportunidade ao subir ao palco. Ele queria ser grande. Queria ir além do que pensávamos dele. Ele é exatamente isso." Contudo, apesar da extravagância exibida no palco e da persona como que possuída pelo demônio que ele assumia durante as apresentações, no interior Elton ainda estava cheio de insegurança. Após os shows, ele se sentava quieto, perdido em pensamentos. Educado a ponto de ser tímido, Elton admitiu: "Eu me sentia à vontade no palco, mas fora dele não era a mesma coisa. Embora estivesse me divertindo demais, no fundo ainda era uma pessoa insegura e nervosa. O mero fato de fazer sucesso não cura isso".

Durante esse período, Elton estava quase sempre em turnê. A turnê americana de outono foi sucedida por uma série de apresentações de Ano-Novo no Reino Unido, com apresentações em casas urbanas pequenas e em universidades. Um álbum ao vivo, *17-11-70*, foi lançado em maio de 1971, completando quatro álbuns em doze meses. "Ele foi feito como um programa de rádio no estúdio de Phil Ramone em Nova York, a plateia composta por umas cem pessoas", contou Gus Dudgeon. "Cópias piratas começaram a surgir sem parar, então Dick James me telefonou e disse: 'Escute, se eu lhe mandar uma fita dessa transmissão, você acha que dá um álbum?'. Assim, consegui vinte minutos para preencher cada lado, e Dick disse: 'Pode mixar, pois a lançaremos como um álbum'. Aquele foi um álbum simplesmente incrível", Elton disse. "Um dos melhores álbuns ao vivo que já ouvi."

Uma amostra dos primeiros anos de Elton como artista solo, *17-11-70* tem um valor inestimável. O instrumental e os vocais são originais e cheios de espontaneidade. Elton entremeia uma versão de dezoito minutos de "Burn Down The Mission" com "My Baby Left Me", de Elvis, e "Get Back", dos Beatles. O álbum também inclui um dos números que ele tocava ao vivo, dos que faziam mais sucesso na época, um *cover* de "Honky Tonk Women", dos Stones, que – para grande surpresa da plateia – começa com um coro de três vozes.

Por volta desse período de 1971, o cantor folk e futuro comediante stand--up "Big Yin" Billy Connolly assistiu a uma apresentação ao vivo de Elton John pela primeira vez. "Um astro pop que tocava piano?", ele disse exultante. "O último que tivéramos fora Neil Sedaka. Mas ali estava aquele cara fantástico, tão diferente de tudo e ao mesmo tempo sem medo de ser um artista em um lugar que era só incenso, maconha e estilos alternativos e calças. Como todo mundo, fiquei estupefato."

A música de Elton vendia rápido. O álbum *Elton John*, que vendera 10 mil cópias no Reino Unido, invadiu o Top 10 americano, com 100 mil cópias vendidas. *Tumbleweed Connection* alcançaria a segunda posição no Reino Unido e a quinta nos Estados Unidos. Nesse país, os dois passariam respectivamente 51 e 37 semanas nas paradas. Foi então que finalmente veio o grande compacto de sucesso. Embora tenha havido uma relutância inicial para lançar "Your Song" como um lado A nos Estados Unidos (ela fora originalmente o lado B de "Take Me To The Pilot"), divulgadores das rádios logo começaram a promover a balada. Ela foi lançada como um lado A no Reino Unido, e logo no início de 1971 tornou-se um sucesso nos dois lados do Atlântico, alcançando a sétima posição no Reino Unido e a oitava nos Estados Unidos. Com uma melodia romântica e o som tilintante de piano, "Your Song" era perfeita para a época. No final de 1971, "Imagine", de John Lennon, e a popularidade de Gilbert O'Sullivan confirmariam que o piano pop era um grande sucesso.

O vídeo de "Your Song" pode ser muito primitivo para os padrões de meados dos anos 1970, mas ainda assim é encantador. Filmado na zona rural, Elton dublava a canção diante da câmera, a princípio com insegurança, mas com uma ternura genuína que a tornava símbolo da sinceridade. E não era apenas isso: na verdade, Elton estava bonito. Ele estava prestes a conquistar os corações de uma geração inteira de adolescentes.

Ao longo de 1971, Elton continuou fazendo turnês incansavelmente. A turnê de primavera do Reino Unido foi para os Estados Unidos, prosseguindo quase sem intervalo de 2 de abril a 13 de junho. O show tinha início com Elton tocando piano sozinho antes de a banda se juntar a ele na segunda metade do *set*. O álbum ao vivo, reintitulado *11.17.70* para o lançamento americano, ocorrido em maio daquele ano, alcançou a 11ª posição da *Billboard*. Elton também ajudou seu velho amigo Long John Baldry trabalhando como produtor e músico de estúdio em seu álbum *It Ain't Easy*. Em uma estratégia inédita, Elton trabalhou em um lado do disco de Baldry, enquanto o outro foi produzido por outro de seus ex-vocalistas, Rod Stewart.

Bernie também estava bastante ocupado; havia produzido o álbum de David Ackles *American Gothic*. Ele também foi convencido pela DJM a gravar seu próprio álbum. Esquecido pelo público havia muito, o álbum aparentemente também foi esquecido por seu criador logo após o lançamento, em 1971. "Para ser honesto, não estou mais tão interessado no meu álbum", ele disse a Paul Gambaccini dois anos depois. "Gravei-o com a intenção de satisfazer interesses próprios e por satisfação pessoal. Apenas reuni alguns amigos, fui até o estúdio e gravei uns poemas que queria registrar. Nem me lembro mais do que colocamos nele." Seus "amigos" de estúdio consistiam em integrantes habituais da equipe de Elton John, com Gus Dudgeon produzindo o álbum, Clive Franks como engenheiro de som, Steve Brown coordenando o projeto e Caleb Quaye na guitarra. A novidade era o violonista Davey Johnstone, que logo se tornaria o quarto membro da banda e mais tarde se tornaria o músico de apoio que trabalharia com Elton John por mais tempo.

Johnstone nasceu em Edinburgo em 1951, e aos dezessete anos mudou-se para Londres para tocar no circuito folk. Sob o pseudônimo original de Shaggis, ele tocou banjo com Noel Murphy como Murf e Shaggis antes de formarem um trio, Draught Porridge, complementado por Ron Chesterman, do Strawbs, no contrabaixo. Davey deixou o Draught Porridge para juntar-se ao projeto folk Magna Carta, cujo produtor por acaso era Gus Dudgeon. Dudgeon mencionou Elton para Davey, repetindo sempre que se ele fosse convidado para trabalhar com Elton deveria aceitar a oportunidade sem pestanejar.

O destino logo se concretizou, e Davey foi convidado para tocar violão, bandolim e cítara em *Madman Across The Water*, o quinto álbum de estúdio de Elton, gravado no Trident Studio. A maior parte do álbum foi gravada em apenas alguns dias de agosto. Embora Dee Murray e Nigel Olsson então fossem integrantes permanentes da banda de turnê de Elton, Gus Dudgeon ainda estava longe de se convencer de que a banda também funcionaria no estúdio. Assim, um conjunto extraordinário de músicos foi reunido, incluindo Roger Pope, Barry Morgan e Terry Cox na bateria, e Dave Glover, Brian Odgers e Herbie Flowers no baixo. O percussionista de estúdio Ray Cooper – homem que também teria importante papel na história de Elton John mas que na época era apenas um músico de estúdio – foi chamado para dar um brilho a mais à sessão rítmica. Rick Wakeman também teve uma participação no órgão. Caleb Quaye retornou à guitarra, e Dee e Nigel foram convidados para tocar em apenas uma faixa, "All The Nasties".

Madman Across The Water era sem dúvida o álbum mais experimental de Elton. Combinação ousada entre a estética orquestral europeia, o decano do blues, o country e o rock'n'roll, seu som remetia a *Elton John*, mas ao mesmo tempo continha algo mais estridente e agressivo. Em alguns pontos as cordas explodem com violência, o que confere um clima de ameaça às melodias de Elton.

Ken Scott trabalhou como engenheiro de som no álbum. Com apenas 24 anos, ele já havia trabalhado em várias sessões lendárias dos Beatles, como as do *White Album*, e no verão de 1971 também havia se tornado o produtor oficial de David Bowie. "Os arranjos de Buckmaster realmente deixavam as pessoas vidradas", diz Scott. "Não havia nenhum arranjador como ele na época. Havia muito menos sentimentalismo e muito mais da intensidade dos Beatles."

"Quando entrávamos no estúdio, éramos surpreendidos por essa orquestra sendo executada em determinados trechos, e podíamos de fato ouvi-la ser tocada por vinte ou trinta pessoas", disse Gus Dudgeon. "Eu pensava: 'Uau, isso é pura mágica', porque aquela era a primeira vez que ouvíamos aquilo. Então por fim juntávamos as cordas à orquestra e era incrível. Era extremamente excitante. Não há nada como ouvir uma orquestra executando um grande arranjo."

Sob a orientação de Buckmaster, a faixa-título do álbum tornou-se um número brilhante de rock orquestral. A letra obscura de Taupin levava as pessoas a pensar que o homem louco em questão era Richard Nixon, embora Bernie tenha em seguida negado qualquer intenção de passar essa impressão. A versão original de "Madman Across The Water", com o guitarrista de David Bowie, Mick Ronson, havia sido gravada durante as sessões de *Tumbleweed Connection* e depois descartada. Como sempre, Ronson mostrou-se bastante inspirado, emprestando à faixa uma atmosfera com um quê atordoante de rock pesado que nunca seria repetida na longa e ilustre carreira de Elton. Gus Dudgeon, por exemplo, gostava muito da versão original. "Era uma versão pirada, completamente louca. Acho-a engraçada, especialmente a parte em que atiro efeitos sonoros para todos os lados. É Mick Ronson enlouquecendo."

O verdadeiro clássico, contudo, é "Tiny Dancer". "Certa noite Steve Brown me telefonou por volta das dez da noite e me perguntou se eu podia ir até o Trident Studios", conta o guitarrista de pedal-steel B.J. Cole. "O estúdio estava cheio de músicos. Elton evidentemente tinha a semente de uma canção que estava terminando enquanto estávamos lá. Então a música simplesmente se desenvolveu a partir daí. Lembro-me que quando saí de lá já havia amanhecido, o que foi fantástico. É um jeito maravilhoso de gravar. Fiquei muito satisfeito com o que fiz nela, e ainda me sinto da mesma forma."

As narrativas de Taupin eram cativantes e ao mesmo tempo estranhamente enigmáticas. Alguns decifraram "Indian Sunset" como uma música de protesto, mas Elton desmentiu rápido esse significado oculto, dizendo que a música era apenas uma narrativa nativo-americana. No entanto, é inegável que *Madman Across The Water* revelou uma maturidade maior nas letras de Bernie. Elas agora tinham temas mais amplos e com certeza eram mais abstratas.

Uma das razões disso é que, embora não fosse o autor das letras, Elton era o editor e diretor do time. Confrontado com as páginas de letras novas, ele fazia os ajustes necessários para dar vida a canções pop. Taupin ainda era um aprendiz em sua arte. Com uma ideia rudimentar da estrutura de uma música, de onde os versos, refrões e segundas partes deviam entrar, suas canções eram muito estranhas na forma, o que as tornava únicas e inspiradoras. "As letras de Bernie não eram um bom exemplo de pentâmeros iâmbicos", Elton diria. "Elas eram compostas por sete versos, seguidos de três, seguidos de quatro, seguidos de nove, e eu riscava muita coisa. Ele não interferia nas melodias; era basicamente assim. Mas na maioria das vezes eu sabia sobre o que ele estava escrevendo, porque éramos como irmãos. Portanto, era muito fácil interpretar suas músicas."

Os primeiros álbuns de Elton John acabaram se tornando clássicos *cult*, particularmente entre outros músicos. Na verdade, duas das músicas de *Madman Across The Water* seriam revividas trinta anos depois. "Tiny Dancer" integrou a trilha sonora do filme do ex-escritor da *Rolling Stone* Cameron Crowe, sobre o cenário da música dos anos 1970, *Quase famosos*, enquanto Eminem engenhosamente inseriu "Indian Sunset" no compacto póstumo de 2Pac lançado em 2005 no Reino Unido "Gheto Gospel", que alcançou a primeira posição nas paradas de sucessos.

Com sua atmosfera de cumplicidade e afabilidade, a música de Elton tocava ambos os sexos. E embora outros astros do rock de maior beleza física atraíssem declarações mais abertas da adulação feminina, Elton sempre teve um número considerável de admiradoras. A adolescente Kate Bush, por exemplo: "Durante uma época eu meio que tive uma paixonite por Elton John", ela confessou. "Eu o achava fantástico. Foi antes de ele se tornar famoso... por volta de *Madman Across The Water*. Eu tocava seus discos e sonhava que tocava como ele, aquelas mãos fantásticas. Eu era louca de verdade por ele, pela música dele, por tudo que ele fazia. Conhecia pianistas clássicos dos discos, mas ele foi o primeiro pianista popular que ouvi. Escrevi [para ele] dizendo o quanto gostava dele. Citei algumas letras de Bernie Taupin e lhe contei que tocava suas músicas quando estava por baixo e como me sentia melhor. Levei [a carta] para a BBC, [porque] não sabia para onde mandá-la. Não acho que ele a tenha recebido."

Apesar da sua qualidade, *Madman Across The Water* não foi um grande sucesso – pelo menos não no Reino Unido. Nos Estados Unidos ele vendeu relativamente bem, e alcançou o oitavo lugar nas paradas. Do outro lado do Atlântico, contudo, a história era completamente diferente. Lançado no dia 5 de novembro de 1971, ele chegou apenas à 41ª posição. A carreira de Elton entrava mais uma vez em calmaria, e o compacto "Friends" nem sequer chegaria às paradas de sucessos.

Já se passara um ano sem que Elton John tivesse algum sucesso nas paradas de compactos britânicas quando, dirigindo a caminho da casa dos pais, Bernie teve a ideia para os primeiros versos de uma nova música quase completamente formados. Repetindo-os na cabeça até conseguir um papel e uma caneta, ele rabiscou rapidamente a primeira estrofe:

> *"She packed my bags last night pre-flight*
> *Zero hour 9am..."* [1]

---

1. "Ela fez minhas malas ontem à noite antes do voo / Hora zero 9 da manhã..." (N. da T.)

CAPÍTULO 6

A CAT NAMED HERCULES

"Quero ser uma lenda."

Elton John para o cineasta Bryan Forbes

"I'm gonna grab myself a place in history / A teenage idol, that's what I'm gonna be."
("Vou conseguir um lugar na história / Um ídolo adolescente, é isso que vou ser.")
"I'm Gonna Be A Teenage Idol"; letra: Bernie Taupin; música: Elton John

Era a primavera de 1972. Elton John e John Reid respiram o ar da manhã enquanto olham em volta analisando a nova vizinhança no coração da região metropolitana de Londres. Eles acabaram de se mudar para a sua nova casa, um exclusivo e espaçoso bangalô no número 14 da Abbots Drive, Virginia Water, Runnymede, Surrey. Windsor, Ascot e Eton são todos vizinhos. Londres fica a uma pequena distância. Essa é uma das áreas mais abastadas das ilhas britânicas.

A nova casa da dupla fica perto da A30, na extremidade do Clube de Golfe Wentworth. Ela tem uma piscina e um extenso gramado, e pelo preço de 50 mil libras é um oásis de opulência adequado a um *nouveau riche*. Na garagem, vários carros, entre os quais o obrigatório Rolls Royce. Na parte da frente da propriedade há uma cozinha bem abastecida, uma sala de jogos que inclui uma máquina de *pinball*, uma mesa de pingue-pongue na qual os visitantes desafiam o perigo ao vencerem o anfitrião *rock star* e uma *jukebox* cheia de compactos de 7 polegadas. Uma sala de jantar cavernosa fica na parte de trás do bangalô, cheia de *objets d'art* e outros ornamentos. Os discos de ouro de Elton estão pendurados no banheiro.

O novo círculo de amizades de Elton John inclui pessoas como o cineasta Bryan Forbes e sua esposa, a atriz Nanette Newman. Em pouco menos de dezoito meses, sua renda catapultou-o da *maisonette* de dois quartos em que morava com Bernie, Sheila e Derf para o CEP habitado por artistas como Bruce Forsyth. Na verdade, a mãe de Elton é presença constante na casa que seu filho batizou de Hercules. Ele acabou de comprar para ela uma casa de 15 mil libras em Ickenham e um carro esporte MGB branco. Além disso, Elton acabou de assinar a certidão de casamento de Sheila e Derf; sua mãe finalmente se casou outra vez. A certidão contém o nome de duas testemunhas: a mãe de Reid, Elizabeth, e Elton Hercules John.

★ ★ ★

Embora algumas pessoas da DJM na época ainda o chamassem de Reg, em janeiro de 1972 elas passaram a cometer um erro técnico. Foi então que Reginald Kenneth Dwight mudou o nome para Elton Hercules John por meio de uma declaração legal. Muitos roqueiros adotaram nomes artísticos, mas a transformação de Elton foi mais completa que a da maioria – Reg Dwight havia sido legal e definitivamente banido dos anais da história.

Ainda em 1990, Eric Clapton continuava se referindo a Elton como Reg, o que não agradava muito ao astro. "Reg é uma parte triste da minha vida", Elton disse ao entrevistador Tony Parsons. "Não aguento que me chamem de Reg. Se alguém me manda uma carta endereçada a Reginald Dwight, nem sequer a abro. Sou Elton John há 33 anos. Se minha mãe me chama de Elton, então qualquer um pode fazer o mesmo." Em 2006, para prazer do anfitrião do programa e da equipe de produção do *New Paul O'Grady Show*, do Canal 4, Elton disse à plateia que "Reginald Kenneth Dwight soava como o nome de um banqueiro... ou de um babaca, uma das duas coisas".

O novo nome do meio de Elton, Hercules, tem uma origem engraçada, e não heroica. Era o nome do cavalo de um dos *sitcoms* mais famosos da televisão britânica, *Steptoe And Son*, uma longa saga sobre um pai que vende coisas velhas com o filho. O filho patético, quase de meia-idade, fazia grande esforço (mas sempre fracassava terrivelmente) para se rebelar contra o pai conservador, com dentes estragados e roupas de mendigo, enquanto os dois encenam uma rivalidade clássica contra uma Londres que estava mudando mais rápido do que nenhum dos dois podia compreender. O *status quo* nunca mudava, e o filho continuava sempre sendo o empregado de Steptoe. É uma amostra do senso de humor de Elton o fato de seu mitológico nome do meio ter uma origem tão curiosa. Com que frequência vemos um homem adulto adotar o nome de um cavalo fictício?

Todavia, o mundo do glam rock teria sido muito mais entediante sem alguns números deliberadamente tolos: "Metal Guru", de Marc Feld, "School's Out", de Vincent Furnier, "The Jean Genie", de David Jones, "I'm The Leader Of The Gang", de Paul Gadd, "Dancing On A Saturday Night", de Barry Green, "Rock On", de David Cook, "Get Down", de Raymond O'Sullivan, "Sugar Me", de Lynsey Rubin, "My Coo-Ca-Choo", de Bernard Jewry e também "Crocodile Rock", de Reginald Dwight – todos com ideias muito diferentes.

Em 1972, quando tantos habitantes do mundo pop estavam mudando – vestindo-se com mais glamour e usando batom, pó de arroz e maquiagem –, a promoção da música popular também estava prestes a sofrer uma mudança dramática. Por intermédio do progresso na mídia e na televisão, o pop passou a ser ouvido, visto e comprado em vários outros locais diferentes do mundo em relação aos anos anteriores. O advento do rádio transistor e da fita cassete levou a música a ser ouvida tanto no carro e no local de trabalho quanto em casa. Avanços na tecnologia dos estúdios de gravação, especialmente a popularização dos gravadores de 16 e de 32 canais, também permitiu que obras musicais como a de Elton (sofisticadas e com elevado custo de produção) florescessem no rádio FM e nos aparelhos de som domésticos de alta fidelidade.

A demanda e o amor pela música popular eram maiores que nunca. Na primeira metade dos anos 1970, o programa da televisão britânica *Top Of The Pops* era regularmente assistido por mais de 16 milhões de telespectadores. Esse número correspondia a mais de 1/4 da população britânica, todos ouvindo as mesmas músicas toda quinta – uma proporção impressionante até para os padrões atuais. Os compactos chegavam a vender mais de 250 mil cópias sem sequer chegarem ao quinto lugar das paradas. Os DJs da Radio One eram quase superastros, quase tão populares quanto os artistas que divulgavam, e às vezes mais ainda. Ao elenco de estrelas que dominaram a era do glam rock – Bolan, Bowie, Roxy Music, Elton, Alice Cooper, Slade, Sweet, Wizzard etc. – juntavam-se no imaginário público Jimmy Savile, Noel Edmonds, Tony Blackburn e o autodenominado *"hairy cornflake"* [grão de milho cabeludo] Dave Lee Travis. Elton John viu-se, tenha gostado ou não, no mesmo barco que astros do glam rock. Com 1,72 m de altura, em um processo de calvície, com óculos esquisitos e abdome protuberante, Elton subitamente se tornou um ídolo adolescente.

Embora 1972 e 1973 tenham visto o frock'n'roll criar raízes profundas no cenário musical da época, seria errado pensar no período como uma grande roda-gigante de diversão. Os anos 1970 foram, ao menos em sua maior parte, um período conturbado. Nos Estados Unidos, 1973 foi o ano dos desastres do Vietnã e de Watergate. Na Inglaterra, foi o período da semana de três dias e da intranquilidade industrial que em fevereiro de 1974 levaria a uma mudança no governo. O glam rock era a *ir*realidade da época. Ele proporcionou uma atmosfera de espetáculo e diversão num momento da sociedade britânica em que a vida das pessoas comuns era difícil. Depois da escola, crianças chegavam a suas casas e descobriam que a energia havia sido cortada, que não tinham um prato quente e que teriam de fazer as tarefas da escola à luz de velas. O desemprego e a inflação começaram a sair de controle. Enquanto isso, as ideias correntes do Serviço de Saúde Pública e da igualdade de oportunidades de educação para todos estavam sofrendo ataques cada vez maiores do New Right. Em pouco tempo, o consenso político que dominara a sociedade britânica por quase cinquenta anos estava sendo quebrado por pontos de vista cada vez mais polarizados de como a sociedade devia ser administrada: sob o controle do Estado ou sem regulações e à mercê do mercado.

Na Grã-Bretanha, no entanto, esse clima político e social radical foi o catalisador de algumas obras notáveis da cultura popular, visto que os jovens refletiam sobre esse período turbulento por meio da arte. Aquela parecia ser uma era dourada da literatura, do cinema, da moda, da música popular, do teatro e da televisão. Praticamente quase todas as comédias de sucesso foram inventadas nos anos 1970, bem como grande parte do que foi mais incrível e único na música popular. Por trás da tolice aparente do glam rock, havia um núcleo muito mais sério de mudança. O Roxy Music original com Bryan Ferry e Brian Eno deu origem a uma pauta pós-moderna para a música popular. Contudo, mais importante que isso foi o surgimento de David Bowie.

No verão de 1972, Bowie apareceu no *Top Of The Pops* cantando "Starman". Em um dos momentos definitivos do pop britânico do início dos anos 1970, ele tinha uma aparência diferente – na verdade, assustadoramente diferente –, com sua compleição pálida, cabelos vermelhos e beleza de menino travesso. Bowie tinha um fã-clube *gay*, mas também um número considerável de seguidores entre meninos e meninas. Sua música contava histórias esquisitas de múltiplas personalidades, sexualidade e vários futuros previstos para a música popular como um todo, já que a cada álbum ele mudava de estilo com uma distorção estonteante do novo. O momento em que Bowie passou o braço em volta do desajeitado guitarrista Mick Ronson para cantar o refrão de "Starman" no *Top Of The Pops* pode parecer algo comum para os padrões atuais, mas no contexto da época era um pedacinho de história, uma manifestação de carinho entre homens: o momento em que a música popular travestiu-se. Dali em diante, o fato de um homem usar maquiagem não mais indicava necessariamente que ele era efeminado ou travesti.

É irônico o fato de Bowie (predominantemente heterossexual, com esposa e filho) ter sido o primeiro a entrar no jogo da política sexual. Em janeiro de 1972 ele anunciou para a *Melody Maker* que era "(...) *gay* e sempre fui". Como os fãs de Bowie já esperavam e aceitavam o choque e o ultraje, sua confissão só o tornou mais especial. A realidade, entretanto, é que no início de 1972 Bowie não tinha ainda tantos fãs para chocar. Sua fama explodiria mais tarde no mesmo ano com o lançamento de *The Rise And Fall Of Ziggy Stardust And The Spiders From Mars*.

Elton John, por sua vez, morando com seu parceiro e quase exclusivamente homossexual por orientação, fingia, ao menos em público, ser heterossexual. Não havia, contudo, nada de estranho nisso. A sociedade ainda era predominantemente intolerante em relação à homossexualidade. Para um homem que havia acabado de se encontrar em sua sexualidade, podemos concluir que a perspectiva de trazer sua orientação a público era pouco atraente. Além disso, a admissão de Bowie havia meramente aumentado o misticismo de uma persona já muito carismática. O público de Elton era muito diferente.

A música de Elton John aparentemente não representava a profunda modificação estética que a sociedade estava sofrendo e que o Roxy Music e David Bowie pareciam quase de maneira natural refletir. Para o Roxy e Bowie, sua música era arte. Para Elton, por outro lado, sua música era diversão. Ela tornou-se bastante popular por oferecer oportunidades de fuga da realidade. Nos conturbados anos 1970, fugir da realidade era exatamente o que a maioria dos consumidores de música queria. "Minha música – gosto muito do que faço", Elton diria. "Mas ainda assim você não pode levá-la muito a sério. Nunca considerei a música pop uma forma de arte: acho que ela é apenas uma forma de entretenimento, e acho que é por isso que os grupos pop estão voltando, pois as pessoas estão cansadas e deprimidas e preferem sair e se divertir."

O cantor também estava ficando cansado do que chamava de "síndrome Elton John". "Estou ficando farto de discos cantor-compositor. Eles me deixam louco", comenta-se que tenha dito. "Fui rotulado como um cantor-compositor e gravei quatro LPs com essa síndrome. Mas sempre lutei contra a síndrome Elton John. As pessoas a levam muito a sério. Eu gostaria que fôssemos uma banda. Nos primeiros álbuns tivemos muitos músicos de estúdio, mas não podemos mais trabalhar assim, planejando tudo até a última flauta." "Se as pessoas negam que estão escrevendo música pop, acho que é por causa do ego", Bernie Taupin concordou. "Os Beatles não eram um grupo pop? Isso é tudo de que precisamos – um pouco de simplicidade. Eu simplesmente gosto de um bom disco pop. Gosto de T. Rex e acho os Kinks fantásticos. No que diz respeito à música, não me importo com nada contanto que goste."

O álbum seguinte de Elton, *Honky Château*, lançado em junho de 1972, seria feito com uma mudança tanto no local da sua concepção quanto na sua direção musical. "Vai ser um álbum muito funky", Bernie prometeu no início do ano. "Será um choque para algumas pessoas. Acho que fizemos tudo que podíamos fazer no quesito de arranjos de cordas e coisas assim. Queremos apenas voltar às raízes."

O novo membro da banda, Davey Johnstone, transformou o trio de Elton John, composto por baterista, baixista e cantor-pianista, em um grupo muito mais versátil. A adição de um quarto instrumentista deu cor e profundidade ao material mais antigo, e tirou de Elton a responsabilidade de ser o único solista da banda; agora, a guitarra solo de Dave podia interagir com o piano de Elton ou até mesmo assumir o papel central no som.

Para Johnstone, foi uma mudança de percurso. Até então, ele tocava principalmente violão folk, mas foi notável como o guitarrista de 21 anos adaptou-se ao novo papel. Ele também era um cantor talentoso e, junto com Nigel e Dee, formou um trio que produziria alguns dos melhores vocais de apoio do pop. Loiro, de cabelos longos e esbelto, Johnstone também se tornou uma atração visual no palco. Para o restante da banda, o recrutamento de Davey como membro permanente veio de repente. "Eu queria que Mick Grabham entrasse, pois ele era meu amigo desde a escola", confessou Olsson. "Mas achamos que ele era o tipo de guitarrista mais pesado. Davey se encaixou melhor por causa das suas raízes folk."

O engenheiro de som Ken Scott lembra que *Honky Château* foi concebido como o início de uma nova página na história musical de Elton John: "Havia decidido que *Madman Across The Water* era o fim do Capítulo 1, e que já era hora de seguir em frente e fazer algo completamente diferente, e esse algo diferente foi *Honky Château*". Canções mais curtas, arranjos menos complexos e um toque mais leve eram a ordem do dia. O novo material não tinha a profundidade grave dos álbuns anteriores, porém mais que compensava por sua qualidade pop. "Eu estava pronto para desistir de tudo", afirmou Elton em 1973 um tanto melodramático. "Fiquei muito deprimido com todas as críticas negativas que *Madman* recebeu." A *Rolling Stone* resumiu o desapontamento sentido por alguns críticos: "*Madman* é um álbum difícil, às vezes insuportavelmente denso. Os Estados Unidos merecem uma história melhor que esse disco, e Elton John precisa de uma história melhor que essa para cantar".

Também havia sido sugerido que, por razões tributárias, Elton precisava gravar fora do Reino Unido. Ao mesmo tempo, estrelas do rock da época queixavam-se do que consideravam impostos muito elevados exigidos pelo governo. Os Rolling Stones, por exemplo, levaram sua unidade de gravação móvel para Nice a fim de trabalhar nas faixas para o seu álbum de 1972, *Exile On Main St.* Elton também escolheu a França em busca de um refúgio o mais recluso possível. Ele encontrou o que procurava no Château Hérouville, também conhecido como Strawberry Studios, na zona rural, a 40 quilômetros de Paris, perto da cidade de Auvers-sur-Oise, o local de descanso de Vincent Van Gogh. O chatô havia sido construído no século XVII e tinha até um fosso medieval. Na época em que Elton o descobriu, ele era propriedade do compositor de trilhas sonoras para o cinema Michel Magne, e aparentemente se encontrava em estado de restauração permanente. Em meados do século XIX, o chatô havia sido o lar do compositor Frédéric Chopin e sua amante, a romancista George Sand. Assim, os dois estúdios do complexo receberam seus nomes. Diziam que seus fantasmas assombravam o chatô. Depois de passar quatro horas trabalhando até tarde com David Bowie, o produtor Tony Visconti confirmou os rumores: "Acho que ele é muito assombrado, mas o que poderiam Frédéric e George fazer comigo? Me assustar em francês?".

No verão anterior à primeira estada de Elton no local, outro grupo deixara sua marca na população local com um show gratuito que nunca seria esquecido. Em junho de 1971, o Grateful Dead foi convidado para tocar em um festival, mas quando a apresentação foi cancelada devido ao mau tempo, eles simplesmente montaram tudo no gramado e tocaram. Conta a lenda que ou a comida e as bebidas ou o próprio suprimento de água fora batizado com ácido. Um bombeiro foi visto nadando completamente vestido na piscina, enquanto um professor escolar e um padre dançaram a polca. "É verdade, o Grateful Dead batizou tudo com ácido", afirmou o engenheiro de som de Elton, Ken Scott. "Fizeram até a polícia beber aquilo. Depois disso, a gendarmaria local passou a ser extravigilante em relação ao chatô, ao tipo de pessoas que o ocupavam e ao consumo de drogas, então tínhamos de ser muito cuidadosos. Os telefones haviam supostamente sido grampeados também. Pelo menos, essa era a história que contavam."

O chatô tinha duas alas principais. A ala leste abrigava o Sand Studio, os aposentos e o escritório dos proprietários, enquanto na ala oeste ficava o alojamento dos músicos e sua equipe, além de uma suíte com o nome "artista". Essa área também incluía uma sala de jogos e outra sala que diziam ser assombrada e que estava sempre trancada. "Estamos totalmente fora do nosso ambiente", disse Elton. "E não há parasitas nem telefonemas lá."

A vida no Strawberry Studios resumia-se a uma convivência comunal e trabalho duro, mas também incluía uma boa dose de relaxamento. O tempo de lazer era passado apreciando-se o charme rústico do estúdio, a excelente cozinha, o suprimento interminável do vinho francês exclusivo do chatô, a quadra de tênis e a piscina. Depois do café da manhã, a banda começava a trabalhar com Elton na cozinha. Ele compunha, e a banda, armada com instrumentos e amplificadores rudimentares, aprendia a música e trabalhava nela. Trabalhando rápido, Elton lia as últimas letras de Bernie, selecionando-as, editando-as, mudando um verso aqui e eliminando outro ali antes de produzir duas ou até três melodias que eram gravadas mais tarde no estúdio. De maneira surpreendente, Elton parecia estar concebendo as melodias já completamente formadas.

"Vi Elton compor 'Rocket Man' em dez minutos na minha frente enquanto eu tomava café da manhã. Foi inacreditável", recorda-se Ken Scott. "Bernie se recolhia em seu quarto todas as noites depois do jantar por volta das nove da noite. Ele descia na manhã seguinte com várias folhas de papel e dava-as a Elton. Elton as pegava e dizia: 'Ah, esta parece boa', e colocava outra de lado, passando os olhos por elas até escolher duas ou três de que realmente gostasse. Depois, ele ia até o piano e começava a trabalhar nelas. A que realmente se destacou foi 'Rocket Man', porque ela nasceu em apenas dez minutos. Elton pegava as letras de Bernie e mudava várias coisas. Bernie podia ter escrito algo como uma poesia e Elton tirava alguns versos dela e a transformava em um refrão. Era muito impressionante."

Durante essas sessões de janeiro de 1972, logo se tornou claro que Elton e Bernie estavam em ótima forma como compositores. O álbum resultante se provaria o disco mais consistentemente excelente de Elton John até então, e o transformaria de um simples astro em um superastro internacional. "*Honky Château* foi um álbum muito importante para nós", ele diria mais tarde. "Havíamos conseguido o que queríamos, mas ainda precisávamos atravessar mais uma ponte, que era produzir um grande álbum." Duas músicas em particular confirmaram esse avanço em qualidade: "Rocket Man" e "Mona Lisas And Mad Hatters".

"Rocket Man" foi lançado como compacto em abril de 1972; alcançou o sexto lugar nos Estados Unidos e o segundo no Reino Unido. Com um som muito diferente de tudo que ele já fizera, a música foi uma confirmação de que Elton havia adotado completamente o pop. Como o álbum que obviamente a inspirara – "*Space Oddity*", de David Bowie –, "Rocket Man" era uma música pop sobre um astronauta em uma guerra no espaço. As semelhanças entre os dois compactos eram inegáveis: eles tiveram o mesmo produtor (Gus Dudgeon), o mesmo toque infantil na letra ("*Mars ain't the kind of place, to raise your kids / In fact, it's cold as hell*" [1], canta Elton) e a mesma utilização do espaço como uma metáfora para a alienação pessoal (o major Tom de Bowie está "*sitting in his tin can, far above the moon*" [2]; o astronauta de Bernie também está à deriva, "*burning out his fuse up here alone*" [3]). "Ninguém além de Elton poderia ter cantado aquele verso de 'Rocket Man' sobre estar '*high as a kite*' [4] sem ser censurado no rádio", diria Taupin dois anos depois do lançamento do compacto. "Era uma música sobre drogas."

---

1. "Marte não é o lugar adequado para criar seus filhos / Na verdade, faz um frio infernal." (N. da T.)

2. "Sentado em uma lata / Muito mais alto que a lua." (N. da T.)

3. "Com o fusível queimando sozinho aqui em cima." (N. da T.)

4. "Alto como uma pipa" – expressão em inglês que se refere ao uso de drogas, a estar muito drogado. (N. da T.)

"Rocket Man" é sem dúvida um dos compactos mais brilhantes de Elton John. O instrumental é fantástico. O arranjo de guitarra da era espacial de Davey Johnstone, com seus *slides*, proporcionou os zumbidos sônicos que se encaixaram tão bem no material, enquanto David Hentschel tocou um sintetizador ARP. Hentschel havia começado a trabalhar no Trident Studios servindo chá, o que fez por um ano entre o término da escola pública e a universidade, mas logo decidiu que sua profissão estava na música. Como engenheiro, Hentschel se tornaria o braço direito de Gus Dudgeon em várias outras sessões de Elton John antes de se tornar um produtor respeitado com o Genesis.

"A versão moderna dos sintetizadores começou a aparecer nas gravações na época em que comecei a trabalhar no Trident", lembra-se Hentschel. "Os Beatles flertaram com um Moog. Como eu era a única pessoa do Trident que tinha uma educação musical formal, fui eleito como programador/músico de estúdio. Apaixonei-me pela variedade quase infinita de sons, que pareciam pura imaginação ganhando vida. Gus ouviu algumas das minhas demos e ficou interessado em usar esses sons novos – 'Rocket Man' era o tema perfeito para a nova tecnologia da era espacial." Para 1972, o som produzido na música foi um marco. Ela também soava muito bem no rádio, visto que a produção de Dudgeon lhe deu muitos agudos, em especial no violão e nas harmonias vocais agudas.

"Rocket Man" retornaria às paradas de sucessos em 1991 depois de ser regravada por Kate Bush, embora aquele que talvez seja o *cover* mais famoso de todos os tempos tenha sido de 1978, quando da aparição de William Shatner, de *Jornada nas Estrelas*, na cerimônia de Premiação do Melhor Filme de Ficção Científica. Shatner, apresentado pelo próprio Bernie Taupin, fez uma declamação da letra que, com seu estilo canastrão, como foi sugerido, deixa as referências a drogas mais claras que no original. Ao comentar sobre a filmagem anos depois no YouTube, um usuário do site a chamaria de "uma das piores coisas inofensivas que já ouvi ou vi".

A outra faixa a destacar-se em *Honky Château*, gravada rapidamente no meio das sessões de gravação, foi "Mona Lisas And Mad Hatters". Embora não tenha tido nem metade do sucesso de "Your Song" e nunca tenha sido lançada como lado A de um compacto, ela merece um lugar entre os clássicos de Elton. Os arranjos com piano e bandolim, mas sem bateria, deram à música uma atmosfera de hino. A letra revela os sentimentos experimentados por Bernie em sua primeira visita a Nova York, a sensação de ser um peixe muito pequeno em um lago onde tudo é mais intenso e diferente do que era esperado. "*Until you've seen this trash can dream come true / You stand at the edge, while people run you through*" [5]. Cameron Crowe usou a canção em *Quase famosos* para expressar a ideia de um indivíduo que é apenas "*just one story in the big, big, big world of the city*" [6].

Outro ponto alto é a melodia burlesca de "I Think I'm Going To Kill Myself". A letra de Bernie explora de forma inteligente o egocentrismo adolescente, enquanto o vocal de Elton John é cantado em um tom perfeito – ao mesmo tempo melodramático e cheio de escárnio para zombar da superficialidade de um adolescente que planeja se matar pela mera razão de ter a morte noticiada nos jornais. Elton transformou a música em um clássico levando sua evolução a uma conclusão absurda. Sem esperanças de que a música fosse levada a sério, ele a completou com um piano de cabaré maravilhoso. O refrão soava como uma paródia clara do tema de *The Goodies* – um dos programas de comédia menos atualizados porém mais populares da televisão do Reino Unido nos anos 1970. Na verdade, seus roteiros ridículos mas hilários, que incluíam gatos gigantes, chouriços usados como armas de artes marciais, homens adultos com cuecas de Union Jack[7] e várias piadas visuais no estilo Buster Keaton, Bill Oddie, Tim Brooke-Taylor e Graeme Garden podem ser considerados o equivalente da comédia à música de Elton do início dos anos 1970. Elton não era nem um satírico nem um intelectual; ele fazia mais o tipo bufão disposto a tudo, e sem dúvida teria aprovado as cuecas de Union Jack.

"I Think I'm Going To Kill Myself" também contou com a participação bastante apropriada de um convidado famoso nas sessões de *overdubs*, "Legs" Larry Smith, do Bonzo Dog Doo-Dah Band, que acrescentou um solo de sapateado ao final da faixa. "Acho que ele trouxe seu próprio piso", diz rindo Ken Scott. Também há relatos de que o padrasto de Elton, Derf, seria convidado para bater colheres na gravação da faixa, mas aparentemente a ideia foi vetada antes que as coisas ficassem mais tolas ainda.

A alegre faixa de abertura do álbum, ainda que pouco sofisticada, "Honky Cat", gravação cuja introdução apresenta um toque oriental e sequências estilo cabaré executadas por saxofones, foi lançada depois de "Rocket Man". O compacto se saiu bem nos Estados Unidos, onde alcançou a oitava posição. Na Grã--Bretanha, por outro lado, ele só chegou à 31ª, o que reflete melhor seu mérito. "Slave" é memorável unicamente pela paródia surpreendentemente precisa que Elton fez de Mick Jagger. A última faixa, "Hercules", mostra que Elton não ficou indiferente ao resgate dos anos 1950 que dois anos depois estouraria nas

---

5. "Até perceber que esse lixo é um sonho que pode se tornar realidade / Você fica à margem enquanto as pessoas o atropelam." (N. da T.)

6. "Apenas uma história no mundo muito, muito, muito grande da cidade." (N. da T.)

7. Nome da bandeira do Reino Unido que adorna a roupa de super-herói inglês criado pela Marvel Comics. (N. da T.)

paradas de sucessos do Reino Unido com o Mud e o Showaddywaddy – contudo, além de precedê-los, ela também é superior.

Depois de compor uma música e gravar o vocal e o piano na faixa básica, o papel de Elton no processo para todos os efeitos chegava ao fim. Ficava a cargo de Gus Dudgeon trabalhar com a banda nos vocais de apoio e em outros ornamentos da produção. O limiar de tédio de Elton era incrivelmente baixo, e para não ficar andando em círculos pelo estúdio e deixando todo mundo nervoso, ele saía para passear. "Ele ia a Paris quando chegávamos às 'partes chatas' da gravação", diz David Hentschel. "Deleitava-se em todas as casas de moda do Rio Gauche e voltava com peças de todas as cores de cada item. Talvez aquele já fosse um indício do que se seguiria."

Durante os dezoito meses seguintes, o Strawberry Studios seria usado para a gravação de mais três álbuns de Elton John. Após a gravação de *Honky Château*, o astro fez uma oferta à banda. "Elton dirigiu-se a mim e a Davey e disse: 'Cara, esse álbum ficou tão bom. De agora em diante vocês vão receber direitos autorais'", lembraria Nigel Olsson em 2000. "Isso era inédito, e continua sendo até hoje."

A vida com Elton no chatô era sempre uma surpresa. "Certo dia, John Reid foi a Paris e trouxe para Elton uma garrafa de vinho do Porto que tinha cem anos", lembra-se Ken Scott. "Ele deve ter gastado umas mil pratas nela, e Elton a bebeu na mesma noite. Pode parecer surpreendente, mas não trabalhamos muito naquela noite. Elton nos deixou histéricos. Ele começou a telefonar para conhecidos na Inglaterra, acordando-os com um sotaque esquisito imitando alemão, dizendo: 'Quero lamber seu corpo! Quero lamber seu corpo!' Morremos de rir."

Inevitavelmente, peças eram pregadas. "Minha cama ficava no corredor entre dois quartos", conta Clive Franks. "Certa manhã, ao acordar, me deparei com Elton e a banda inclinados sobre mim rindo. Eles me pegaram ainda enrolado nos lençóis, desceram as escadas e me levaram para o lado de fora. Jogaram-me com lençóis e tudo na piscina. Quase me afoguei, porque ainda estava enrolado nos lençóis. Acho que estava com a calça do pijama, mas, quando saí da piscina, é claro que ela estava encharcada e mostrando muita coisa. A namorada do dono, que era simplesmente linda, também estava por perto, o que me deixou muito constrangido. Fiquei puto daquela vez, mas acho que agora consigo ver graça naquilo. Eles sempre pegavam os mais quietos para pregar peças. Costumavam fazer o mesmo com Dee Murray."

Alguns achavam que à noite o chatô tinha uma atmosfera lúgubre. "Pelo que dizem, a sala que geralmente é reservada ao produtor é assombrada, e Gus ou Sheila viu algo lá, não me lembro o quê", diz Ken Scott. "A esposa de Ken fez uma sessão espírita certa noite ao pé da escada", conta Clive Franks. "Participamos eu, Stuart Epps e mais algumas pessoas, mas não conseguíamos parar de rir, e ela começou a ficar muito chateada. Acho que ela conseguiu entrar em contato com alguém, mas não tenho certeza, porque nessa hora Stuart e eu havíamos saído do círculo. Tivemos de sair, porque eu estava morrendo de rir." O próprio Ken Scott não tinha interesse nessa experiência e retirou-se para o estúdio.

O novo material de *Honky Château* foi executado pela primeira vez no Royal Festival Hall em 5 de fevereiro de 1972. A velocidade do processo criativo de Elton era incrível. Ele era capaz de interpretar músicas recém-compostas sem medo, então tocou o disco inteiro. Abriu o concerto tocando sozinho, e depois Dee, Nigel e Davey (fazendo sua estreia em uma apresentação ao vivo com a banda) se juntaram a ele. Alan Parker, do Blue Mink, tocou guitarra enquanto os vocais de apoio foram proporcionados por Madeline Bell, Lesley Duncan e Caroline Attard. No *medley* de onze músicas que encerrou a apresentação e incluiu trabalhos anteriores, como "Your Song", "The Greatest Discovery" e "Madman Across The Water", Elton John foi acompanhado pela Royal Philharmonic Orchestra, conduzida por Paul Buckmaster.

Em março de 1972, Elton juntou-se a Marc Bolan, um de seus amigos mais íntimos do meio musical, para gravar faixas para o próximo filme de rock de Marc, *Born To Boogie*. No início de 1972, a Bolanmania estava no auge na Grã-Bretanha. Ídolo adolescente e de acordo com alguns o astro de rock mais carismático e sensual da década, Bolan também foi o primeiro superastro pós--Beatles. "Cresci com a era da mímica e do espetáculo de variedades, e éramos todos exuberantes", Elton refletiria em 2004. "Marc Bolan era um amigo querido; ele era de outro planeta. Gosto que meus astros do rock sejam um pouco exuberantes. Não me importo com os mais honestos, mas gosto de um pouco de individualidade." Bolan também possuía um conhecimento musical fantástico e grande paixão pela música. "Na época, Marc e Elton costumavam trocar figurinhas sobre suas coleções de discos", lembra-se o locutor Bob Harris. "Os dois tinham um conhecimento profundo e uma enorme coleção de discos. Eu costumava ir até a casa de Marc para ouvir compactos antigos, números de rock'n'roll ou Phil Spector, e com Elton era – e continua sendo – o mesmo."

Se algo podia ser dito de Bolan era que ele era original. Com seu vocal de balido insolente e amálgama adolescente do boogie dos anos 1950, do folk dos anos 1960 e da atitude dos anos 1970 (combinados perfeitamente com a ajuda do produtor americano residente em Londres Tony Visconti), ele tornou-se o maior artista de compactos da época. Em 1971, quando o T. Rex tocou "Get It On" na edição de Natal do *Top Of The Pops*, Elton tocou piano com eles. Para o filme de Bolan, Elton gravou uma versão estrondeante de "Tutti Frutti" e "Children Of The Revolution", de Bolan, no Apple Studios. Ringo Starr completou a banda de estrelas na bateria. Em um momento surreal do filme, Bolan é colocado dentro do piano de Elton. Ao colocar a cabeça para o lado de fora, ele é fotografado pela aparição bizarra de um Ringo Starr com *mullet* vestido de palhaço. Uma versão de "The Slider", de Bolan, e um *cover* do clássico de Little Richard, "Long Tall Sally", aparentemente também foram gravados, mas acabaram sendo deixados de fora da edição final do filme.

Elton John e sua banda passaram longos períodos de 1972 na estrada. O cartaz da turnê daquele ano exibia Elton sem camisa, usando borsalino e fazendo a cara mais estúpida para a câmera. O contraste entre ele e os outros ícones do glam rock da época, como Bolan, Bowie ou Ferry, não podia ser mais claro. O estrelato de Elton era acompanhado por doses generosas de comédia e ridicularização própria.

A caminho do primeiro lugar nas paradas americanas (o primeiro a conseguir isso) e do segundo nas inglesas, fazia apenas algumas semanas que *Honky Château* estava nas lojas quando chegou a hora de Elton gravar o álbum que o sucederia. Seu contrato com a DJM estipulava que ele tinha de gravar dois álbuns por ano, um planejamento bastante árduo para os padrões atuais, mas que Elton cumpriria com relativa facilidade graças à grande produtividade dele e de Bernie. Entretanto, dessa vez Elton queria adiar a gravação. Ele havia contraído mononucleose e não se encontrava na melhor das formas.

"Quando gravei *Don't Shoot Me, I'm Only The Piano Player*, estava realmente à beira de um ataque de nervos", ele diria anos mais tarde. "Estava muito doente. Eu não sabia, mas estava com mononucleose e me sentia muito indisposto. Quando começamos a gravá-lo, *Honky Château* havia acabado de chegar à primeira posição nos Estados Unidos e eu disse a Gus: 'Não posso gravar esse álbum', e ele respondeu: 'Tudo bem, vamos gravá-lo em setembro'. Então eu disse: 'Espere um pouco, vou sair de férias em julho, então é melhor tê-lo terminado até lá'. Foi uma decisão pouco sensata. Então o gravamos, mas eu estava muito doente e tínhamos brigas terríveis. Acho que eu e Dick James passamos uns quatro meses sem nos falar depois disso."

O novo material apresenta basicamente a mesma essência de *Honky Château:* música pop de qualidade superior, mas dessa vez com uma atmosfera mais leve e retrô. O título *Don't Shoot Me, I'm Only The Piano Player* tem uma origem interessante na lenda de Elton. Ele havia conhecido o gigante da comédia Groucho Marx em 1972 enquanto passava férias em Malibu com Bryan Forbes e Nanette Newman. Em uma festa, Groucho virou-se para Elton e disse: "Estão me dizendo que você é o Número Um, mas nunca ouvi falar de você até entrar no meu escritório esta manhã e dizer que jantaria com Elton John. Todos desmaiaram. Depois disso, perdi qualquer respeito que podia ter por você".

De acordo com o biógrafo de Elton, Philip Norman, o homem que disse aquela que provavelmente foi uma das frases mais engraçadas já ditas no mundo quase levou Elton John à loucura por causa do seu nome, insistindo que ele fizera a escolha errada no que diz respeito a sua ordem e insistindo em chamá-lo de John Elton. A resposta de Elton para Groucho depois de uma noite inteira de provocações foi jogar as mãos para cima e dizer em sua defesa: "*Don't shoot me, I'm only the piano player*"[8]. A capa do álbum, que trazia um cinema de cidadezinha do interior com o nome iluminado como se fosse o título do próximo filme a ser exibido, também contém um cartaz do clássico da MGM de 1940 dos Irmãos Marx *Go West*.

O álbum continha dois compactos de grande sucesso: "Crocodile Rock" e "Daniel". "Crocodile Rock", que três décadas depois ainda faz parte do repertório das apresentações de Elton, é uma faixa agradável, cheia de nostalgia, com uma melodia repetitiva no órgão Farfisa e um refrão do tipo "Lah, la, la, la, la, lah" clássico. "Eu queria fazer algo que ilustrasse o início dos anos 1960", Elton declararia. "Queria fazer uma homenagem a todas aquelas pessoas que eu ia ver quando garoto. É por isso que usei vocais estilo Del Shannon e aquele trecho de 'Speedy Gonzales', de Pat Boone. Também tentamos colocar o pior som possível de órgão."

"Daniel", com um quê de calipso, por outro lado, não tinha nada da simplicidade de "Crocodile Rock", ao menos no que diz respeito à letra. Musicalmente, era outra obra de soft rock com uma melodia pop memorável. "David Hentschel e eu passávamos muito tempo fazendo experiências com o ARP 2600 no Trident", conta Ken Scott. "Enquanto eu estava no meio da mixagem de 'Daniel', o produtor Gus Dudgeon julgou que o solo de Davey Johnstone não estava 'pop'. Então, eu dobrei o solo no sintetizador."

A letra deu origem a especulações sobre a identidade do protagonista da canção. Alguns presumiam que Daniel era o parceiro *gay* do narrador. Contudo, a ambiguidade da letra vem do fato de que o verso final, que revela que Daniel era um veterano do Vietnã, foi cortado da música pelo próprio Elton. A razão dada por ele, de acordo com o escritor Robert Sandall, foi que o último verso "parecia muito americano para que Elton, um rapaz de Pinner, em Middlesex, cantasse com verdadeira convicção". "Eu estava lendo a *Newsweek* na cama tarde da noite e havia um artigo sobre o retorno dos veteranos do Vietnã", Bernie lembraria. "A história era sobre um cara que retornara a uma cidadezinha do Texas. Ele havia sido mutilado durante a ofensiva do Tet. Quando ele voltou para casa, receberam-no com homenagens e o trataram como herói. Eles não o deixavam em paz, mas a única coisa que ele queria era ir para casa, voltar para a fazenda e tentar retomar a vida que vivia antes. Apenas embelezei a história, e, como tudo que escrevo, talvez no final das contas ela tenha se tornado muito obscura. Essa música é importante para mim, pois foi a única coisa que eu

---

8. "Não atire em mim, sou apenas o pianista." (N. da T.)

disse sobre o Vietnã. Cheguei a este país [os Estados Unidos] na época em que isso estava acontecendo e estava aqui quando acabou. Contudo, quando dou as coisas a Elton, é importante não colocar uma mensagem muito forte ou meus sentimentos mais profundos nelas, pois estarei colocando palavras na boca dele. De certa forma, às vezes tenho de ocultar algumas coisas. Talvez eu tenha ocultado muito em 'Daniel'."

A eliminação do último verso significava que Elton teria de repetir o terceiro e o último a fim de alcançar a duração necessária para a música, mas essa repetição não parece prejudicar a canção. Mesmo assim, ela tem algo de inacabado ou não resolvido, o que lhe dá um charme a mais. "Daniel" seria o segundo grande sucesso do álbum no início de 1973 e seria promovido no Reino Unido com a ajuda de outra aparição no *Top Of The Pops*. Dick James foi tão contrário a lançar a faixa em um compacto que concordou apenas com a condição de que Elton arcasse com todos os custos de divulgação. Dick disse que, se o compacto entrasse para o Top 10, pagaria o que ele tivesse gastado. De acordo com a mentalidade da época, um segundo compacto do mesmo álbum afetaria seriamente o seu desempenho. Uma década depois, Michael Jackson lançaria sete compactos de um álbum de estúdio de nove faixas, *Thriller*.

Contudo, a melhor canção do álbum nunca foi lançada em compacto. "High Flying Bird", com sua melodia autêntica, era a favorita de Bernie, e, ao contrário de "Crocodile Rock" e "Daniel", nunca foi explorada no rádio nem no palco. "Ela é uma fusão entre Crosby, Stills & Nash e Erma Franklin", Elton disse. A paixão de Bernie, seu *high flying bird* que *has flown from out of my arms* confunde afeto com controle: *She thought I meant her harm / She thought I was the archer* [9]. Ainda no tema das aves, Elton também gravou uma versão mais bonita e superior de uma das suas primeiras músicas, "Skyline Pigeon", que pode ser encontrada como faixa bônus no relançamento do álbum em CD. Outra música gravada foi "Elderberry Wine", de batida forte, enquanto "Blues For Baby And Me" parecia uma releitura deliberada da psicodélica faixa do Love "Alone Again, Or", do clássico *Forever Changes*.

Tomando mais um empréstimo musical, "Have Mercy On The Criminal" parecia reinventar o *riff* principal de "Layla", do Derek and the Dominoes. "Teacher I Need You" começava com um dos temas musicais que são marca registrada de Elton John, a repetição rápida de tercetos no piano antes de embarcar em um conto de um pupilo cuja fantasia sobre o currículo escolar transforma-se em uma demonstração a dois da professora sobre *the birds and the bees* [10] (um tema

---

9. Seguindo a ordem dos trechos: "pássaro que voa alto"; "voou dos meus braços"; "Ela pensou que eu queria seu mal / Ela pensou que eu fosse o arqueiro". (N. da T.)

10. "os passarinhos e as abelhas" – referência à explicação clássica da língua inglesa sobre sexo para crianças. (N. da T.)

que seria explorado sete anos mais tarde por "Don't Stand So Close To Me", do Police, embora na segunda canção o desejo parta da professora). Aqui, a voz de Elton parece mais uma vez uma imitação dos ídolos americanos da sua adolescência nos anos 1960, como o próprio Elton admitiu: "Pensei em todos os discos de Bobby Vee que já ouvira".

A combinação de estilos musicais continuou com "Texas Love Song", uma faixa que remete ao folk elétrico do Fairport Convention. Em "I'm Gonna Be A Teenage Idol", Bernie parece fazer alusão a Marc Bolan com a imagem de um cantor que se senta *cross-legged with my old guitar* [11]. "Nós a tocamos para [Bolan] e acho que ele gostou", Elton disse em 1973. "Bem, pelo menos ele não me bateu."

O lançamento de *Don't Shoot Me, I'm Only The Piano Player* foi adiado em seis meses a fim de dar a *Honky Château* mais espaço nas paradas. Durante o segundo semestre de 1972 e nos primeiros meses de 1973, ficou claro que Elton estava se tornando realmente um superastro. Alguns dos seus primeiros fãs podem ter lamentado a transição de cantor-compositor sensível que o próprio Elton descreveu como "Cher em uma viagem de ácido", mas os amantes do pop em geral adoraram o resultado.

No final de agosto e início de setembro haveria uma turnê de sete apresentações pela Inglaterra com Linda Lewis acompanhando-os. A partir de 26 de setembro, Elton fez uma turnê de dois meses pelos Estados Unidos, dessa vez com "Legs" Larry Smith como convidado especial sapateando e com o Family, com o rugido de Roger Chapman, como banda acompanhante em várias apresentações. "Smith entrava sapateando no palco durante 'I Think I'm Going To Kill Myself' usando um vestido de noiva muito fino", lembra-se o jornalista Richard Cromelin sobre a participação especial do homem do Bonzo. "Depois ele voltava vestido como Gene Kelly para cantar e dançar 'Singin' In The Rain', com Elton usando uma capa de chuva nas apresentações de Los Angeles e Nova York no meio de um grupo de dançarinas e uma chuva interminável de confetes."

Durante a turnê americana de outono daquele ano, Elton conheceu o outro ícone que definiu 1972: David Bowie. Elton era um grande admirador de *Hunky Dory* e de *Ziggy Stardust*, e havia contratado Paul Buckmaster como seu arranjador por causa do seu trabalho em "Space Oddity". Contudo, os dois aparentemente eram muito diferentes, tanto artística quanto pessoalmente, para tornarem-se realmente amigos. "[Elton] me convidou para o chá", Bowie conta em seu livro sobre o período Ziggy, *Moonage Daydream*. "Encontrei-o apenas uma vez, e embora ele tenha sido agradável e muito simpático, não nos tornamos exatamente amigos, pois não tínhamos muito em comum, especialmente

---

11. "de pernas cruzadas com minha velha guitarra". (N. da T.)

no que diz respeito à música. O encontro foi extremamente embaraçoso. Sua sala de estar inteira estava cheia de pilhas de discos. Ele sentou-se no meio, baixinho e com olhar confuso, como se aquilo fosse algum tipo de abrigo antiaéreo. Aparentemente, fizera um acordo com todas as grandes companhias de gravação para que lhe mandassem seus últimos lançamentos. Eu não entendia como alguém podia guardar a quantidade de vinis que o cercava. Tomamos chá e comemos bolo e perguntamos um ao outro o que havíamos achado dos Estados Unidos. Depois de cerca de meia hora de uma conversa educada, me despedi, declinando de outra xícara de chá, e saí para um passeio pela Sunset."

Como engenheiro de som de Elton e produtor de Bowie, Ken Scott provavelmente estava em uma posição melhor para comparar os ícones. À primeira vista, os dois cantores pareciam compartilhar a mesma herança de estilos. Quase da mesma idade, ambos eram do subúrbio, intérpretes extrovertidos no palco, apaixonados tanto pela música inglesa quanto pela americana. Entretanto, ainda que houvesse semelhanças entre discos de David Bowie como "Starman" e alguns dos trabalhos de Elton, eles eram artistas muito diferentes. "Bowie nunca se tornou pop. Ele sempre teve uma tendência artística", são as palavras de Scott. "Elton era um cantor pop. É por isso que tinha um sucesso tão grande, porque você pode ouvi-lo com sua avó e é possível que os dois gostem. Bowie estava com a juventude, lutando contra o *Establishment*. Você não se sentaria com seus pais para assistir a Bowie."

A única interrupção na agenda da turnê americana foi a convocação do outro lado do Atlântico para uma aparição no Royal Command Performance Variety Show no London Palladium, onde Elton mais uma vez tocou "I Think I'm Going To Kill Myself" com "Legs" Larry. Essa seria a primeira apresentação de um artista de rock no Royal Command Performance desde a dos Beatles em 1963, uma indicação da extensão do público de Elton, embora a escolha da música possa não ter sido o que os organizadores tinham em mente para uma noite musical adequada para os ocupantes do camarote real. "Foi tão constrangedor, assustador", é a memória que Nigel Olsson tem dessa aparição em particular com o famoso Bonzo. "Estávamos nos apresentando para Sua Majestade, e esse maldito idiota entrou usando um capacete de segurança com figuras de uma noiva e um noivo grudadas no topo. Olhei para Dee e disse: 'Espero estar sonhando'."

Também se apresentariam naquela noite de novembro o cantor romântico Jack Jones e o *showman* consagrado Liberace. Elton sempre tivera uma admiração genuína pelo *showman* Número Um da época. Liberace – com seus ternos reluzentes, o cabelo com laquê e o exagerado sorriso largo para a câmera – era o símbolo do entretenimento leve anglo-americano dos anos 1950, 1960 e 1970. Com um candelabro adornado como adereço de palco e um repertório agradável de melodias que o público podia acompanhar com facilidade, Liberace cantava ao piano com floreios delicados e movimentos tão exagerados das mãos que levava muitos a acreditarem que ele era só estilo, desprovido de conteúdo. Todavia, ele também era um pianista tecnicamente talentosíssimo. Elton acabaria sendo também mal compreendido pela crítica, que não percebia que seu talento como *showman* não passava de uma parte do artista que ele era.

No início de 1973 e da turnê britânica para a divulgação de *Don't Shoot Me...* Elton estava na crista de uma onda de aprovação popular. Pela primeira vez em sua carreira, ele subia ao palco ao som dos gritos de um grande grupo de admiradoras. Ao ser lançado em janeiro, *Don't Shoot Me...* tornou-se o álbum mais vendido de Elton até então, apesar de em retrospecto o astro achá-lo insatisfatório: "Gosto muito de algumas coisas de *Don't Shoot Me...* mas ele não tem consistência como fluxo contínuo. É um álbum *bubblegum*." [12]

A arte da capa do álbum, trabalho de Michael Ross e David Larkham, confirmou a percepção pública de Elton como um astro pop consagrado. Os dias da seriedade calculada de *Elton John,* da Americana de *Tumbleweed* e da simplicidade da capa de *Honky Château* (uma fotografia de Elton da primeira turnê americana de 1970) haviam chegado ao fim, substituídos por obras coloridas icônicas que exibem um Elton mestre do mundo dos espetáculos usando capa, chapéu preto, terno cor-de-rosa, chapéu de palha, saltos plataforma, e Bernie com sua beleza de astro de cinema. "Bernie foi mal aproveitado. Ele deveria ter sido um astro do cinema", refletiria Nigel Olsson. "Em algumas das fotos dos primeiros discos, ele parece um Brad Pitt, um Tom Cruise ou um James Dean."

Promovido pelo sucesso de "Crocodile Rock" e de "Daniel", *Don't Shoot Me...* foi o primeiro álbum a alcançar a primeira posição no Reino Unido, onde ficou por seis semanas. Ele também alcançou o primeiro lugar nos Estados Unidos, e ficou nas paradas da *Billboard* por surpreendentes 89 semanas. "Crocodile Rock" foi o primeiro compacto a conquistar a primeira posição nos Estados Unidos, e aí se manteve por três semanas. Elton John não estava mais a caminho do estrelato: ele já havia chegado lá.

---

12. Referência a *"rock bubblegum"*, ou "rock goma de mascar", gênero musical derivado do rock nascido nos anos 1960 e direcionado a um público adolescente interessado em músicas simples. (N. da T.)

CAPÍTULO 7

E-L-T-O-N

"Foi mágico; aquele período criativo da minha vida nunca voltará."

Elton John

"Extravagante? Bizarro? Ridículo? É melhor acreditar! O Rock foi para Hollywood."

Albert Goldman, escritor, acadêmico e polemista, 1974

O dia é 7 de setembro de 1973. Raios de luz gigantescos provenientes de holofotes iluminam o céu noturno. É hora do show no Hollywood Bowl, anfiteatro com capacidade para 18 mil lugares de Los Angeles. Linda Lovelace, estrela do filme pornô *Garganta profunda*, sobe ao palco. Atrás dela, o fundo é uma pintura de Elton John sorrindo de perfil. Ele está usando cartola e casaca, e, para completar a tradição musical, não poderia esquecer do cravo branco e da bengala. É a mesma imagem que adorna um *outdoor* na Sunset Boulevard que anuncia um show que vinha sendo comentado fazia semanas. Trata-se de uma imagem clássica dos musicais dos anos 1930 e 1940, a era dourada de Hollywood de Fred Astaire, Busby Berkeley, glamour e esplendor. Esse não é o rock'n'roll que conhecemos – barulhento, sujo, produzido por indivíduos com um argumento a ser defendido ou interpretado por cantores ardentes, predadores sexuais. Isso é puro entretenimento.

É claro que o lugar está lotado. Na manhã do concerto, os ingressos foram vendidos no mercado negro pela quantia absurda de US$ 500. No palco, banhado por uma luz brilhante, há uma escada iluminada ladeada por palmeiras. O cenário inclui cinco pianos pintados de laranja, amarelo, azul, roxo e rosa para produzir o efeito de um arco-íris. "Senhoras e senhores", começa Lovelace. "Na tradição da velha Hollywood, permitam-me que lhes apresente... a rainha da Inglaterra." E pela escadaria reluzente desce Elizabete II – ou pelo menos uma sósia dela. A rainha é seguida pelo rei – Elvis Presley –, e a ele seguem-se Batman e Robin, o monstro de Frankenstein, Groucho Marx, Marilyn Monroe, Mae West e os Beatles. "Agora", anuncia Lovelace, "o outro astro do meu próximo filme" – e o papa desce a escadaria. É então que ela apresenta o homem em pessoa: "O cavalheiro que vocês estão esperando. O maior, mais colossal, gigantesco, fantástico, Elton John!".

Elton aparece no topo da escadaria, mais ultrajante, mais *showbiz*, mais superastro que qualquer um dos famosos dublês que desceram a escadaria antes dele. Groucho Marx e o monstro de Frankenstein acenam-lhe enquanto ele se aproxima vestindo um macacão branco e prata complementado por um chapéu de abas largas e adornado por plumas. O tema da Twentieth Century Fox Cinemascope explode no sistema de alto-falantes. Quando ele chega ao palco, as tampas dos cinco pianos acendem e revelam as letras E-L-T-O-N. E, quando as tampas se abrem, quatrocentos pombos brancos são soltos e voam em direção ao céu. Bem, pelo menos era essa a intenção, mas vários dos pássaros, aterrorizados, recusam-se a cooperar. Dentro de um dos pianos, oculto, está ninguém menos que Bernie Taupin, arremessando desesperadamente os pássaros relutantes em direção ao ar para que o efeito não se perca. O público assiste maravilhado ao espetáculo. Nesse momento, o primeiro acorde ressonante de "Elderberry Wine" preenche o ar noturno de Los Angeles. "Foi a entrada em um palco mais espetacular que eu e provavelmente todo mundo que estava no Bowl já viu", foi como Chris Charlesworth resumiu o evento na *Melody Maker*. Elton agora é oficialmente um G-I-G-A-N-T-E.

***

Muitos dos acontecimentos mais importantes da carreira de Elton John ocorreram não em um disco, mas no palco. A apresentação do Hollywood Bowl foi sem dúvida uma das mais memoráveis. "A banda dividiu um camarim com Linda Lovelace", recorda-se o técnico de som Clive Franks. "Isso já foi bastante ultrajante." Franks também se lembra de um momento inusitado durante a segunda música da noite, "High Flying Bird". "Todos os pombos que soltamos voltaram, exceto um. Eles haviam sido treinados para fazer um circuito pelo

Bowl e depois voltar para os bastidores. Aparentemente, 399 haviam voltado, então um estava faltando. Elton estava no meio de 'High Flying Bird' quando o último pombo voltou. Ele sobrevoou o palco e o técnico de iluminação o seguiu com um holofote enquanto ele voava, como se houvesse sido treinado para fazer isso. E no final da música ele voou para os bastidores."

Ao se aproximar do final do *set*, Elton devia tocar um dos seus maiores sucessos, "Crocodile Rock", seu primeiro e até então único primeiro lugar nas paradas americanas. Clive Franks tinha um truque na manga. "Como você deve saber, 'Crocodile Rock' tinha uma parte com um órgão Farfisa repetitivo, e era evidente que Elton precisava de alguém para tocar o órgão enquanto ele tocava piano. Assim, quando nos apresentássemos ao vivo eu deixaria a mesa de som durante essa música. Geralmente, eu usava uma jaqueta prateada de *teddy boy* que pegava emprestada dele. Mas no Hollywood Bowl decidi fazer algo diferente. Aluguei uma cabeça de crocodilo e uma grande capa preta que amarrei na cabeça para parecer que a cabeça estava surgindo do nada. Não contei a ninguém da banda que faria isso. Quando entrei no palco, Elton virou-se para me ver, mas em vez disso deparou-se com uma enorme cabeça de crocodilo. Ele mal conseguia cantar, de tanto rir. E quando chegamos ao refrão do 'Lah, la, la, la, la, lah', havia uma corda dentro da capa que puxei e que fazia as mandíbulas da cabeça de crocodilo se abrirem como se ele estivesse cantando junto."

"Depois do show, houve uma grande festa no recém-inaugurado Roxy Club", lembra-se Chris Charlesworth. "Para entrar, era necessário ter convite. Elton e seu cortejo ficaram hospedados no Beverly Hills Hotel, e um ou dois dias depois deram um almoço para comemorar o aniversário de John Reid. Elton deu a ele uma escultura de metal de um pau ereto com o saco, que John abriu na frente de todo mundo e que foi passada em volta para que todos pudessem examiná-la. Lembro que a mãe de Elton morreu de rir quando a segurou... o bom humor vulgar."

Em 1973, Elton havia se tornado o artista mais extravagante do rock. Essencial para a diversão era a sua capacidade aparentemente ilimitada de zombar de si mesmo. "Não estou tentando fazer nada a sério", ele confessou. "Faço tudo por diversão, os óculos e todas as coisas ultrapop. Tudo que estou dizendo é: 'Sou um cara gordinho de 26 anos que está ficando careca e vendo milhões de discos, então vou me divertir quando tocar, não importa o quão ridículo possa parecer'."

Porém, desde o início da carreira, Elton John era incompleto em um aspecto crucial como intérprete em apresentações ao vivo. Ele tinha que passar 99% do tempo no palco "no banco", escondido por trás de um piano de cauda. Com isso, ele desenvolveu um senso único de mau gosto e extravagância autodepreciativa. "As roupas eram importantes. E desenvolvi todos aqueles óculos que usava, e as pessoas desenvolviam óculos para mim, e eles se tornavam cada vez mais engraçados e maiores em uma época em que usar óculos era algo muito chato, devo acrescentar. Eu era do tipo que gosta e ouve, não sou David Bowie. Não sou Mick Jagger e não sou Rod Stewart. Não sou sexy. Não rebolo na frente do microfone. Mas aqui estou eu, e estou dando o melhor de mim, e o que digo é apenas 'É isso aí! Vamos curtir! Joguem todas as regras pela janela!'."

"Eu sentia que aquilo me mudava. Mudava meus pensamentos. É quando visto minha fantasia que sei que estou pronto para subir ao palco. Trata-se de algo extremamente necessário para mim. Estou oferecendo um show para as pessoas, e não quero apenas lhes dar algo para ouvir, mas também quero lhes dar algo visual."

Uma parte essencial da diversão também eram os óculos de Elton. Seus habituais óculos brancos de *nerd* Joe 90 logo dariam lugar a um catálogo do absurdo cujo item principal era sem dúvida um par encomendado por US$ 5 mil que, em forma de *outdoor*, exibia as letras E-L-T-O-N em caixa-alta coloridas em vermelho, amarelo, azul, verde e laranja e compostas por 57 lâmpadas brilhantes alimentadas por uma bateria recarregável. Elton parecia ter construído o caminho para a imortalidade sobre os óculos mais ridículos. No início dos anos 1970, a coleção incluía itens com temas ultrajantes, como um em que se lia "Z-O-O-M" (uma foto infame mostra Elton usando esses óculos com o dedo no nariz). Havia óculos em forma de piano, óculos com penas que lhe davam o efeito de um pavão, óculos em forma de coração e óculos com armações brancas fofinhas, óculos em forma de cavalo-marinho, óculos que davam a impressão de que ele tinha um olho composto como o de uma mosca-varejeira e enormes óculos com armações quadradas e redondas incrustadas com contas. À medida em que a década de 1970 avançava, os óculos tornavam-se o maior adereço de palco de Elton. Na turnê do outono de 1973, um dos pares tinha um limpador de para-brisa movido a bateria. A coisa estava claramente se tornando cada vez mais tola, talvez mais tola ainda do que Bernie Taupin – que via as poesias em que havia trabalhado durante semanas a fio serem cantadas por um homem com um par de óculos que, nas palavras de Philip Norman, "iluminavam seu rosto como as bocas de um fogão elétrico" – teria gostado.

Elton tornou seu gosto por óculos uma tendência da moda pop. Até então, eles costumavam ser horrorosos, alcançando seu auge com os terríveis óculos usados por Nana Mouskouri. Somente no cinema alguém tivera uma aparência semelhante. Ao interpretar Harry Palmer, Michael Caine na verdade ficou sensual ao viver um personagem com o que na época era chamado nos *playgrounds* do país de "quatro olhos". A missão de Elton de transformar o uso de óculos em algo espetacular tornou-se realmente séria na segunda metade de 1973, quando ele começou a fazer encomendas à Optique Boutique, na Sunset Strip, em Los Angeles, de uma variedade interminável de itens bizarros.

O fornecedor de vários dos óculos usados por Elton no palco era Dennis Roberts, um homem que seria eleito o Criador de Óculos do Ano. Os famosos óculos "Elton In Flashing Lights" foram criação de Roberts, e "terríveis de desenhar". Outros clientes do meio musical incluíam Elvis Presley, Sammy Davis Jr., Andy Williams, Barbra Streisand, Diana Ross e os Osmonds. Em 1975, Elton ganhou o prêmio "Eyes Right" da Sociedade de Oftalmologia Americana. Dennis Roberts presenteou o cantor, que usava óculos espetaculares, com um certificado em reconhecimento da sua "influência mundial encorajando pessoas a usar óculos e por sua conquista no mundo do entretenimento".

Em uma atitude mais séria, ele faria concertos para a caridade – entre os quais um no Troubadour – para divulgar e levantar fundos para a renomada clínica de oftalmologia de Los Angeles do dr. Jules Stein.

Na noite no Hollywood Bowl, Elton tocou pela primeira vez quatro canções do álbum que lançaria em seguida, *Goodbye Yellow Brick Road*. Lançado em outubro de 1973, esse álbum marcou o auge da carreira de gravação de Elton. Das dezessete músicas distribuídas em quatro lados de magia musical, metade eram clássicos de Elton. Bernie Taupin disse que o álbum é de certa forma "a raiz cármica" para os fãs de Elton John, se considerarmos tudo que veio antes e depois dele. Quase todas as músicas pintavam uma imagem vívida na mente do ouvinte enquanto doces damas da noite, as estrelas reais do cinema Marilyn Monroe e Roy Rogers e uma banda de glam rock fictícia, Bennie and the Jets, subiam ao palco ao lado de gângsteres, amantes lésbicas e *mods* e *rockers* em conflito. Para quase toda imagem criada por Taupin, havia uma melodia extraordinária de Elton. O álbum produziu quatro compactos de sucesso, mas poderia ter produzido pelo menos mais meia dúzia.

No entanto, várias das músicas poderiam nunca ter sido criadas se o destino não tivesse tido um pequeno mas crucial papel na criação do álbum. Elton mostrara interesse em gravar no Dynamic Sound Studios de Byron Lee, em Kingston, Jamaica, depois de saber que os Rolling Stones haviam acabado de gravar o álbum *Goats Head Soup* lá. Bob Marley and the Wailers, por sua vez, haviam gravado *Catch A Fire* também aí, de forma que o estúdio estava adquirindo certo *pedigree*. Todavia, quando a banda de Elton John chegou, descobriram que o termo "dinâmico" era no mínimo pouco apropriado para o estúdio. Para a unidade extremamente profissional que a banda de Elton John tornara-se em 1973, estava óbvio que o estúdio era inadequado.

"Chegamos lá, primeiro dia, e estou tentando produzir um som com a bateria, mas não consigo tirar nada com força, era tudo muito fraco", diz Ken Scott, que voltara ao posto de engenheiro de som nas sessões de gravação. "Então usamos uma gravação-teste e descobrimos que o estúdio tinha péssima qualidade." "O momento em que soubemos que estávamos completamente encrencados foi quando o cara que administrava o estúdio disse: 'Carlton, pegue o microfone'. Mesmo na época, usávamos vinte microfones na bateria", diz Davey Johnstone.

"Ele tinha um som excelente quando eu havia trabalhado lá pela última vez", disse Dudgeon. "Tinha exatamente o que estávamos procurando, que era um som cru. As coisas pareciam ótimas até que montamos o equipamento. Então vimos que o som era terrível. Os Stones haviam acabado de sair quando chegamos. Eles haviam nos contado algumas histórias meio assustadoras, como 'não abram a tampa do piano muito rápido ou assustarão as baratas que vivem dentro dele'."

Além de terem de trabalhar em um estúdio desprovido de equipamentos, as circunstâncias da viagem dificilmente poderiam oferecer o ambiente propício para estimular a criatividade. "Fomos levados do hotel para o estúdio em uma *van*, e havia hordas de pessoas balançando a *van* quando entramos", lembra-se Ken Scott. "O estúdio ficava no meio de uma companhia fonográfica, e um sindicato americano estava tentando convencer todos os trabalhadores a se filiarem ao sindicato e a entrarem em greve. Eles estavam nos atacando enquanto tentávamos tecnicamente atravessar um piquete de grevistas. Foi muito assustador."

"Havia arame farpado em volta do estúdio, metralhadoras e pessoas gritando obscenidades nas ruas", são as memórias de Bernie. "A atmosfera do lugar não era positiva." "Decidimos ir embora antes do previsto", contou Elton. "A decisão não foi muito bem aceita, então confiscaram nosso equipamento e os carros que havíamos alugado. Enquanto éramos levados para o aeroporto, pensei: 'Eles vão nos matar!'."

De acordo com Ken Scott, foi ele quem sofreu mais com as férias forçadas na Jamaica. "Algumas semanas depois, a administração do Trident me disse que John Reid havia feito uma reserva para gravar no Château, mas me pediu que eu não cobrasse pelo trabalho da Jamaica. Acontece que eu não podia decidir cobrar ou não. Isso dependia da administração do estúdio, pois na época eu ainda era apenas um funcionário, e eles disseram que isso era ridículo. Disseram que a culpa havia sido de Gus. Ninguém escolhe um estúdio às cegas. Então acabei não trabalhando no álbum porque John Reid disse que eu era muito caro. Porém, naquela época eu acho que cobrava umas 100 libras por dia. Então seriam 700 libras, e isso era muito caro. Nunca mais trabalhei com Elton John."

De forma geral, contudo, o desastre da Jamaica teve mais efeitos positivos que negativos. Presos durante quatro dias esperando que o estúdio estivesse pronto, Elton e Bernie compuseram músicas adicionais para o álbum, e quando chegaram ao Château, já tinham material mais que suficiente para um único álbum. Quando mais músicas surgiram na França, incluindo "The Ballad Of Danny Bailey", decidiu-se que o oitavo álbum de estúdio de Elton seria duplo.

Goodbye Yellow Brick Road foi o auge pop de Elton. Além disso, Elton e sua equipe o produziram quase sem esforço. "Ele não foi difícil", Elton refletiria. "Não foi trabalhoso; foi um prazer." A banda parecia saber por intuição como tocar. "Nosso estilo de gravação era simplesmente sentar no estúdio e ir em frente. Ouvíamos as músicas enquanto eram criadas", diz Nigel Olsson. "Não havia nenhum momento em que Elton dizia: 'Nigel, quero que você toque isso assim, e Dee, quero que você toque aquilo assado'. Estávamos sintonizados antes mesmo de começar a gravar. Nunca precisávamos fazer mais que três ou quatro tomadas de uma música. Se não conseguíssemos nas primeiras tomadas, passávamos para a música seguinte."

A música mais famosa do álbum é "Candle In The Wind". Contudo, seu *status* lendário (alguns diriam infame) só seria confirmado em 1997, após a morte de Diana, princesa de Gales. Embora tenha sido originalmente gravada em 1988 como um desapontador compacto ao vivo, Bernie reescreveu a letra como uma homenagem à "Rosa da Inglaterra", e, depois que Elton cantou a nova versão no funeral de Diana, realizado na Abadia de Westminster, ela se tornou o compacto em CD mais vendido de todos os tempos. Na época, contudo, ela foi vista apenas como um componente admirável de um portfólio de canções muito boas. De fato, ela foi apenas o terceiro compacto saído do álbum a ser lançado depois de "Saturday Night's Alright For Fighting" e a faixa-título. Ao ser lançada em 1974, chegou apenas à 11ª posição no Reino Unido. "Não me lembro de quando a escrevi", Bernie confessou. "Realmente não me lembro de tê-la escrito, não me lembro muito dela", um Elton igualmente vago acrescentou.

"Muitas músicas eram compostas durante o café da manhã antes de serem gravadas mais tarde no mesmo dia", diz David Hentschel. "Lembro-me particularmente de 'Candle In The Wind'. Bernie Taupin dava a letra a Elton, que então compunha a melodia em um piano que ficava na ampla sala de jantar enquanto todos tomávamos café da manhã. Era mágico. A banda ouvia a coisa acontecer, e então íamos todos para o estúdio gravar a faixa." "Eu sempre amara a expressão", diz Bernie. "Solzhenitsyn escrevera um livro chamado *Candle In The Wind*. [O magnata da indústria musical] Clive Davis usara-o para descrever Janis Joplin, e por alguma razão eu não parava de ouvir a expressão. Pensei: 'Que ótima forma de descrever a vida de alguém'."

Embora a letra da música tenha a vida e a morte de Marilyn Monroe como tema central, seria simplista dizer que ela é uma homenagem direta à estrela de cinema. "Candle In The Wind" era sobre a fama hollywoodiana de forma geral. Uma canção que fala da pressão que vem com o estrelato, sobre o potencial não aproveitado, sobre ser tirado de cena no auge e ter a imagem deturpada pela imprensa. "A música poderia ter sido sobre James Dean, poderia ter sido sobre Montgomery Cliff, poderia ter sido sobre Jim Morrison", Bernie explicou.

"Qualquer um cuja vida tenha acabado prematuramente no auge da carreira, e como conferimos glamour à morte e imortalizamos as pessoas." Na verdade, trata-se de uma canção que fala de todos, famosos ou não, que já conheceram alguém que partiu prematuramente e cuja vida foi distorcida. Porém, se a música merece ou não o *status* de um clássico de Elton é discutível. Pode-se argumentar, por exemplo, que somente no álbum em questão há pelo menos meia dúzia de faixas melhores.

"Candle In The Wind" foi colocada no lado A do álbum – provavelmente o melhor lado de um álbum já produzido por Elton. A faixa-título, grande sucesso no outono de 1973, possui uma das melodias mais belas e melancólicas, e seu vocal é tão agudo que várias pessoas já perguntaram a Dudgeon se ele foi acelerado. Ao longo dos anos, o vocal de Elton compreensivelmente foi transposto para níveis menos agudos em apresentações ao vivo. A letra reflexiva de Bernie é uma indicação de que a fama estava se tornando pesada para o rapaz de Lincolnshire: "*I should have stayed on the farm / should have listened to my old man*"[1]. É uma canção sobre desilusão, e seria a primeira vez que Bernie revelaria o cansaço de estar na estrada e o desejo de uma vida pós-fama, "*beyond the Yellow Brick Road*"[2]. A Cidade das Esmeraldas da fama e da fortuna é evidente que estava trazendo tanto benefícios quanto dificuldades. Bernie queria deixá-la: "*I'm going back to my plough*"[3]. Bernie produziria outras composições mais sombrias ainda antes do final dos anos 1970.

A faixa de abertura do álbum é uma das melhores criações musicais de Elton. "Funeral For a Friend", instrumental sombrio, funde-se com perfeição à uma clássica obra de arte com excelentes *riffs* de Elton, "Love Lies Bleeding". Essa sequência até hoje é usada em seus concertos. "Se me lembro bem, *Goodbye Yellow Brick Road* a princípio iria se chamar *Silent Movies And Talking Pictures*", diz David Hentschel. "Gus queria usar o jingle da MGM para abrir o álbum, mas havia problemas de direitos autorais. A segunda ideia foi fazer um tipo de 'abertura' para o álbum. Peguei várias partes das melodias das canções, fiz as modificações necessárias para combiná-las da melhor forma e depois acrescentei algumas sequências minhas para completar. Sabíamos que a faixa poderia ser fundida com 'Funeral For a Friend', daí o vento e a atmosfera de funeral nos primeiros compassos."

O primeiro lado original do vinil também continha uma música que ninguém da banda, nem Elton, via como um compacto, mas que acabou se tornando um dos maiores campeões de vendas dos Estados Unidos: "Bennie And The Jets".

---

1. "Eu deveria ter ficado na fazenda / Deveria ter ouvido meu velho." (N. da T.)

2. "além da Estrada de Tijolos Amarelos." (N. da T.)

3. "Vou voltar para o meu arado." (N. da T.)

Na história fictícia desse grupo de glam rock escrita por Bernie, o vocal de Elton alterna entre o mais perfeito *jiving soul* e gritos em soprano. O crédito pela transformação da música em algo ao mesmo tempo diferente e espetacular deve-se à magia da produção de Dudgeon. Dudgeon recorreu ao arquivo de gravações para desencavar um concerto do início da carreira de Elton John, gravado no Royal Festival Hall, em Londres, e a uma apresentação de Jimi Hendrix na Ilha de Wight de 1970. Inserindo aplausos dos dois shows para criar a impressão de uma plateia ao vivo, ele acrescentou assobios e um toque cômico com algumas palmas "fora do ritmo, porque as plateias inglesas sempre batem palmas junto com as batidas, e não entre elas, o que me deixa louco", disse Dudgeon em uma entrevista dada pouco antes de morrer em um acidente de carro em 2002.

Embora "Bennie And The Jets" não tenha sido lançada como compacto na Inglaterra até 1976, quando teve um desempenho decepcionante, em 1974 nos Estados Unidos, quando Elton já era o maior superastro pop do país, ela foi um sucesso imediato. Pat Pipolo, chefe do departamento de promoções da MCA Records, teve pressentimento de que ela poderia ser bem-sucedida nas paradas de R&B, e pediu a Elton que a lançasse como compacto. Elton estava cético, mas concordou, e o compacto foi direto tanto para o topo da *Billboard* quanto para o das paradas de R&B. Assim, Elton tornou-se o primeiro artista do Reino Unido da sua geração a ser aceito pelas estações de rádio negras. Seu sucesso nesse quesito antecedeu o de Bowie, dos Bee Gees e da Average White Band em mais de um ano.

O primeiro compacto extraído do álbum foi o rock clássico de Elton "Saturday Night's Alright For Fighting", faixa que sem nenhuma dúvida exibe Davey Johnstone no seu melhor. Elton se queixou do fato de que compor no piano muitas vezes leva à tendência de superelaborar e exagerar no número de acordes, enquanto um compositor que toca alguns acordes na guitarra tem mais probabilidade de criar algo mais vivo e direto. Elton gravou poucos números vigorosos de rock; os poucos que ele gravou, contudo, em sua maioria compensaram a espera.

O *riff* de Johnstone transformou "Saturday Night" em uma das melhores músicas de rock dos anos 1970. A gravação da música, contudo, foi problemática. Uma tentativa com Elton tocando com a banda fora feita e abortada na Jamaica. "Não conseguíamos acertar com apenas nós quatro tocando-a como uma banda ao vivo no estúdio", Elton contaria. "Acabávamos nos perdendo, ou acelerando demais, ou então a música se desintegrava em um verdadeiro caos. Quando chegou a hora de retornar a ela no Château, disse à banda: 'Certo, vocês três tocam a desgraçada comigo cantando e acrescentaremos o piano depois'. Eu sempre cantava ao piano, mas dessa vez gravei o vocal de pé como a maioria dos cantores fazem e funcionou. E lá estava eu balançando os braços, realmente entrando na coisa, simplesmente enlouquecendo."

A música alcançou a sétima posição na Grã-Bretanha alguns meses antes do lançamento do álbum em outubro. Foi uma das poucas composições de Bernie Taupin da época que não tiveram um tema completamente americano, o que também significou uma mudança renovadora para um letrista que talvez estivesse começando a se repetir. Para "Saturday", Bernie mais uma vez recorreu à sua adolescência, à época dos *mods* e dos *rockers*, quando uma noite de sábado nas North Midlands podia facilmente acabar em uma briga de socos movida a cerveja. Até hoje os fãs de Elton viajam a Market Rasen para visitar o *pub* Aston Arms, que se acredita ter sido a principal inspiração para a música.

Goodbye Yellow Brick Road foi um álbum conceitual em tudo, menos no nome. Foi a sessão de cinema de Bernie e Elton, com Bernie no seu período mais cinematográfico e Elton no auge da sua flexibilidade melódica. Das dezessete gravações, apenas quatro deixam a desejar: "Your Sister Can't Twist (But She Can Rock'n'Roll)" mostrou que depois de "Crocodile Rock" e "Hercules" a onda da nostalgia dos anos 1960 já havia sido explorada ao máximo e tinha esfriado, enquanto o maior elogio que pode ser feito sobre o reggae "Jamaica Jerk-Off" é que ele fica na cabeça – isso para não dizer que ela é completamente dispensável. Duas faixas exibem sinais de que Bernie estava se tornando um pouco amargo: "Sweet Painted Lady", canção sobre prostituição, teve a letra relativamente polida, mas "Dirty Little Girl" é com certeza mais problemática para o ouvinte atual. Versos como *"Someone grab that bitch by the ears / Rub her down, scrub her back"* e *"So, don't show up round here 'til your social worker's helped"* [4] não estão entre os mais lúcidos de Bernie.

O restante do álbum, contudo, apresenta grande qualidade. "Harmony", uma melodia simples muito admirada pelos fãs de Elton, tinha potencial para ter sido lançada como compacto. "This Song Has No Title" também exibia arranjos simples, com Elton queixando-se no piano e no sintetizador. "All The Young Girls Love Alice" é inequivocamente uma letra sobre lesbianismo que parece ter passado completamente despercebida por todos os responsáveis pela censura na mídia. "Social Disease" apresentava imagens das camadas sociais inferiores imersas em um estupor alcoólico. Na vida real, não demoraria muito para que Bernie passasse a beber tanto quanto seu astro fictício, que estava *"juiced on Mateus"* [5].

"Roy Rogers", uma homenagem jovial ao herói do cinema, encaixa-se perfeitamente na sequência do álbum de vilões e heróis. "The Ballad Of Danny Bailey (1909-34)" apresenta o gângster criado por Bernie em uma referência a

---

4. Seguindo a sequência: "Alguém agarre aquela cadela pelas orelhas / Esfregue-a, massageie suas costas"; "Então não apareça aqui até ter conseguido alguma ajuda do seu assistente social". (N. da T.)

5. "Embriagado com Mateus"; Mateus é uma marca de vinho portuguesa. (N. da T.)

Al Capone e John Dillinger (cujo nome é mencionado na música). A melodia de Elton também é uma das melhores do álbum; o baixo de Dee Murray, com linhas tocadas nas escalas mais altas, é muito original, assim como a sessão orquestral que encerra a música escrita por Del Newman. "I've Seen That Movie Too" representava a raiz temática do álbum, que era a da vida como um cenário de filme. Segue-se "Grey Seal", um lado B de 1970 arranjado por Paul Buckmaster e agora reinventado como uma canção pop uptempo com os tercetos rápidos no piano que são a marca registrada de Elton John e as cordas ascendentes de Newman. Bernie admitiria não fazer ideia do que a letra abstrata realmente quer dizer.

Goodbye Yellow Brick Road conseguiu ao mesmo tempo ter uma criatividade musical consistente e ser um dos álbuns mais acessíveis de Elton John. Ele lançou seu melhor álbum no início do auge da popularidade global. "Se ele não é *o* clássico, certamente é um dos melhores da sua carreira", diz David Hentschel. "Em primeiro lugar, embora seja um tanto subjetivo, isso se deve às próprias músicas, muitas das quais acho que estão entre as suas melhores. Em segundo, é muito difícil um artista fazer um álbum duplo e mais ainda fazê-lo com uma qualidade consistente o bastante para manter o interesse do ouvinte durante toda a execução. Em minha opinião, *Goodbye Yellow Brick Road* conseguiu, e eu só posso pensar em três outros álbuns da história da música contemporânea que alcançaram isso."

Goodbye Yellow Brick Road alcançaria a primeira posição nos dois lados do Atlântico. No Reino Unido, permaneceu no topo das paradas durante duas semanas no final de dezembro de 1973, completando um ano de domínio do glam rock: nas paradas dos álbuns lançados durante aquele ano, Slade, David Bowie, Elton John, Alice Cooper e Roxy Music somavam 27 semanas no primeiro lugar (trinta para quem acha que Rod Stewart merece um lugar no clube dos *glam rockers*). Nos Estados Unidos, *Goodbye Yellow Brick Road* passou oito semanas no Billboard Top 100 e vendeu um total de 6 milhões de cópias.

Um dos temas recorrentes na carreira de Elton John é o desejo de retribuir o que recebe do mercado musical. Na imprensa, Elton era um divulgador entusiástico do trabalho de outras pessoas, e mesmo em 1972, depois de ter conquistado uma posição sólida no firmamento pop, ele quis usar sua influência e dinheiro para promover o talento de outras pessoas. Durante a gravação de *Don't Shoot Me...* Davey Johnstone estava discutindo seu próprio trabalho solo e lamentando o fato de não ter um selo. Certa noite, depois de várias taças do vinho tinto do Château, Elton falou que queria abrir sua própria gravadora. Quando alguém lembrou no dia seguinte, enquanto curtiam a ressaca da noite anterior, que a ideia havia sido mencionada, Elton encarou-a com grande entusiasmo.

No dia 16 de setembro de 1972, Elton divulgou que montaria seu próprio selo, a Rocket Records, com um anúncio de página inteira na *Disc*. Gus Dudgeon,

Steve Brown, Bernie Taupin e John Reid também teriam ações da companhia, que teria o compromisso de apoiar novos talentos. "O que estamos oferecendo é amor e devoção individuais, direitos autorais muito bons para o artista e uma companhia determinada a trabalhar de verdade", Elton disse à *Disc*.

"Era uma família maravilhosa", diz Gary Farrow, que atualmente possui uma empresa de relações públicas, mas na época era um mensageiro adolescente na Rocket Records. "Era como uma pequena família que trabalhava todos os dias naquela casinha no número 101 da Wardour Street. Não era como trabalho de verdade. Você entrava pela porta da frente e era como uma casa com sofás confortáveis." Steve Brown administrava o escritório: sua sala, de acordo com Philip Norman, tinha um mural com "locomotivas a vapor, campos e vacas". O irmão mais novo de Steve, Pete, era seu assistente. John Reid também se mudaria da sala no Soho para seu próprio escritório na South Audley Street, Mayfair, lar da recém-inaugurada John Reid Enterprises.

No ano seguinte, a equipe de artistas contratados pela Rocket Records incluiria Longdancer, com o irmão de Nigel Olsson, Kai, Steve Sproxton, Brian Harrison e um certo Dave Stewart, que encontraria a fama como membro do Tourists na década de 1970 e dos Eurythmics em seguida. Eles também assinaram com o número folk Stackridge, que em 1970 abriu o primeiro Glastonbury Festival; o cantor e compositor Colin Blunstone, que fizera parte dos Zombies; o experiente veterano americano Neil Sedaka; e a cantora que se tornaria o primeiro sucesso da Rocket Records: Kiki Dee.

Kiki nasceu Pauline Mathews no dia 6 de março de 1947 em Little Horton, perto de Bradford. Dona de uma das vozes mais naturais e impressionantes do pop, ela passara a maior parte da década sendo cortejada, mas na maior parte do tempo subestimada. Aos dezessete anos, ela já havia gravado um álbum para a Fontana, e nos anos 1960 tornou-se a primeira cantora europeia a ser contratada pela Motown Records. "A Rocket estava interessada em Dusty Springfield, mas por alguma razão não aconteceu", ela conta. "Eu conhecia John Reid, pois ele era o diretor da Motown EMI London, na Manchester Square. Sempre me dera bem com ele. Ele tinha uns 18 anos na época, e eu uns 21. Eu havia gravado um álbum para a Motown e nada acontecera comercialmente, embora eu ache que tenha feito um bom trabalho. Então eu disse a John: 'Estou meio sem rumo, por isso pensei em lhe telefonar'. E ele disse: 'Bem, vou apresentá-la a Elton'."

Kiki recebeu o convite para conhecer Elton enquanto ele ainda morava no *flat* de Water Gardens. Ela se lembra de ter feito algo que quebrou o gelo – literalmente. "Neil Young era outro convidado naquela noite, então eu teria a chance de conhecê-lo também. Elton pediu que eu fosse à cozinha e trouxesse taças de vinho. Provavelmente era o primeiro jogo de taças de boa qualidade que ele já tivera. Abri o que pensei ser uma porta de vidro e derrubei todas as taças.

Elton achou isso hilário. Quebrei tudo ao abrir uma porta de vidro que já estava aberta." Kiki ficou impressionada com Elton, achou-o um homem charmoso, "com uma bolsa de ombro e botas de salto cubano. Eu diria que ele fazia o tipo do vizinho bonitinho. Não era um símbolo sexual, mas tinha persona e presença. Acho que muitas mulheres ainda o acham atraente".

Elton decidiu que na estreia de Kiki na Rocket ele também faria sua estreia como produtor. A pedido de Steve Brown, Kiki escrevera várias músicas para o álbum, incluindo a faixa-título, *Loving And Free*. "Na época, Elton havia se mudado para Wentworth. Fui a sua casa e tinha de tocar a música para ele. Estava completamente petrificada. Ele disse que tinha uma guitarra em casa, mas quando a peguei, ela só tinha cinco cordas, e além de tudo eu não era guitarrista. Comecei a cantar a música 'Loving And Free', e no final ele me olhou como se não soubesse o que dizer. Pensei: 'Ah, não, ele detestou'. Mas ele disse 'Ela é muito boa, Kiki, mas você não pode começar uma música com '*Bound, I am bound, like an ox in a stream*'. Eu expliquei que a letra era '*Bound, I am bound, like the knots in a string*' [6], e caímos na gargalhada."

O álbum *Loving And Free* foi lançado pela Rocket em abril de 1973, mas Kiki teria de esperar pelo menos seis meses pelo seu primeiro compacto, "Amoureuse", cuja letra em inglês foi composta por Gary Osborne. Osborne se tornaria um dos amigos mais íntimos de Elton na década de 1970, e mais tarde um parceiro de composição. No gênero superpopulado das canções românticas, das quais tantas soam banais e/ou triviais, ou ainda seguem a maré do insípido clichê emocional, "Amoureuse" é notável por falar sobre intimidade, amor e sexo de uma forma que parece completamente real. "Além de ter sido meu primeiro sucesso, ela foi o primeiro sucesso de Elton como produtor, o primeiro sucesso da Rocket como selo e o primeiro de Kiki como cantora", diz Osborne. "Sempre nos lembramos da primeira vez, que, é claro, é exatamente sobre o que a música fala."

A música atraiu muitos admiradores de renome. "Conheci Pete Townshend nas sessões para o filme *Tommy*", conta Osborne. "Fui com meu cunhado Kenney Jones, que estava substituindo Keith Moon. Kenney nos apresentou, e Pete me disse que achava 'Amoureuse' uma das melhores canções de amor já compostas. Alguns meses depois, ele fez uma apresentação solo no Roundhouse. No meio do show, ele tirou a guitarra, foi até o piano e tocou 'Amoureuse'. Eu morava perto de Hampstead e tinha planos de ir à apresentação, mas algo acabou surgindo. Isso foi bom, pois eu provavelmente teria desmaiado."

"Amoureuse" não foi um sucesso instantâneo; ficou meses fora do Top 40 antes de alcançar um respeitável 13º lugar. "Foi durante aquele período que

---

6. Seguindo a sequência: "Atada, estou atada, como um boi em um rebanho"; "Atada, estou atada, como os nós de uma corda". (N. da T.)

me tornei gradualmente amigo de Elton", diz Osborne. Filho do respeitado *bandleader*, compositor e arranjador Tony Osborne, Gary tinha entre oito e onze anos quando frequentava a Arts Educational School com aulas acadêmicas de manhã e de teatro, canto, sapateado, dança de salão e balé à tarde. "Era o tipo de escola para as quais as pessoas mandam os filhos quando querem colocá-los no *show business*. Assim, fui um astro de livros de tricô, um gêmeo siamês na produção em gênero de Velho Oeste de *O rei e eu* e um figurante no filme *O Pequeno Polegar*. Fui o garoto do comercial da *Lucozade* que estava muito doente para sair e jogar futebol com os amigos. Também participei dos comerciais do Milkybar antes de haver um Garoto Milkybar. Nesse tempo, meu pai era o diretor musical de todos os melhores atores da época – Shirley Bassey, Johnny Mathis, Judy Garland, pessoas desse nível – e também estava regendo para Dorothy Squires, então seu marido, Roger Moore, ia muito a nossa casa. Ele me deu minha primeira cravelha para que eu pudesse tocar guitarra em tons diferentes. Foi uma criação muito envolvida no *show business*. Na época, de repente ocorreu aos meus pais que eu nunca havia assistido a um jogo de futebol, e muito menos jogado, então eles acharam que era melhor me dar atividades mais masculinas, e fui colocado no Lycée Jaccard, uma escola internacional de Lausanne."

Gary descobriu seu talento como compositor aos quinze anos, escrevendo a letra em inglês para um sucesso francês da época. "Logo me dei conta de que não podíamos traduzi-las literalmente e ainda manter o lirismo, mas podíamos traduzir a ideia." O letrista Hal Shaper, que tinha sua própria editora, começou a encomendar versões em inglês de músicas francesas, e no mesmo período Osborne começou também a compor suas próprias melodias. "Mostrei uma das minhas melodias aos meus pais e eles a levaram para a Alemanha e deram-na a Nana Mouskouri", lembra-se Osborne. "Então eu fazia versões em inglês para músicas francesas e os alemães colocavam letra em alemão nas minhas melodias; eu tinha quinze anos e eram as férias de verão. Eu recebia adiantamentos de 5 e de 10 libras. Dez libras era muito na época." Osborne compôs "Say You Do" com seu pai para o filme *Every Day's A Holiday*, estrelado pelos Mojos, por Freddie and the Dreamers, Mike Same e John Leyton. "Fui ver a gravação e lá estava na bateria Kenny Clare, o melhor baterista do lugar. Big Jim Sullivan estava na guitarra principal, Jimmy Page na guitarra rítmica e John Paul Jones – ou John Baldwin, como o conhecíamos na época – no baixo. Então metade do que se tornaria conhecido como Led Zeppelin tocou na sessão rítmica do que foi a minha primeira faixa!"

Osborne deixou a escola aos quinze anos para sair em busca de fama e fortuna na música. "Não permitiam que deixássemos a escola nessa idade, mas como eu tinha estudado na Suíça, ninguém sabia que eu a abandonara."

"Quando eu tinha quinze anos, minha irmã Jan, que tinha treze, e eu fizemos uma gravação para a Pye. Depois, fui trabalhar para a editora de Hal Shaper como divulgador, antes de ir para a RCA trabalhar no departamento de A&R. Quando eu não estava ocupado com o departamento, também fazia um pouco de divulgação. Era 1969, então os artistas que eu estava promovendo eram Nilsson, Mama Cass, Steppenwolf e Richard Harris. No meu tempo livre, eu fazia um programa musical transmitido pelo Serviço Mundial da BBC que se chamava *Cool Britannia* 35 anos antes de o termo se tornar popular."

No início dos anos 1970, Osborne começou a fazer vocais de apoio e também criou nome como cantor e compositor de centenas de *jingles* para comerciais. "Além de cantar coisas como The Abbey Habit, eu também cantava nos comerciais de cinco cervejas ao mesmo tempo: Carling, Worthington E, Tennants, Younger's Tartan e Bass Export. E também fazia comerciais de fornecedores de gás e eletricidade concorrentes." Ele conhecia todos os outros cantores no circuito de Londres, o que lhe dava a oportunidade de contratar os serviços de vários artistas. "Para um comercial dos Smarties, coloquei Linda Lewis nos vocais. David Essex fez o óleo Pledge para mim, e Julie Corvington fez a margarina Blue Band."

No final dos anos 1970, Osborne também faria vocais de apoio com seu parceiro Paul Vigrass nos primeiros lugares das paradas do Reino Unido "Sugar Baby Love" e "Gonna Make You a Star". Em 1973, Vigrass e Osborne também conquistaram sucesso no Japão. "Pegamos um comercial para a Lego que havíamos feito com Jeff Wayne (o rei dos jingles da época). Colocamos letra na música, a colocamos no nosso álbum, e ela chegou à terceira posição no Japão. Chamava-se 'Forever Autumn'." Cinco anos depois, a música se tornaria grande sucesso numa versão de Justin Hayward, quando encomendaram a Osborne as letras do álbum de Jeff Wayne *War Of The Worlds*, disco que se tornaria um dos mais vendidos de todos os tempos.

"Lembro-me de ter ficado trancada fora do meu apartamento quando morava em Hampstead, e Gary e sua esposa, Jenny, me convidaram para passar a noite", conta Kiki Dee. "Tornamo-nos grandes amigos desde então. Em 1973, Gary era muito, muito bonito, com cabelos loiros compridos no estilo de Justin Haywood. Ele era um excelente letrista, com quem era maravilhoso trabalhar, e tinha um coração amável. Também era muito extrovertido, tinha muito a dizer."

A Rocket Records foi inaugurada oficialmente no dia 30 de abril de 1973. Os convites foram desenhados em forma de bilhetes de trem. Um trem transportou os convidados de Paddington até a vila Moreton-in-Marsh, nas Cotswolds. O estoque de champanhe não demorou muito para acabar. "Eu organizei o dia", diz Stuart Epps. "Reservei o salão e o bufê. Quando chegaram, já estavam todos completamente bêbados. Contratei uma banda de metais, e ao som de 'Hello Dolly' marchamos até o salão da vila, onde haviam sido montados um palco e um sistema de som, e Longdancer tocou. Foi uma noite incrível."

No final de 1973, o selo fechou um contrato com o cantor-compositor de treze anos Maldwyn Pope. "Eu havia feito uma sessão de rádio para John Peel em julho e duas gravadoras ficaram interessadas", lembra-se Maldwyn – atualmente Mal – Pope. "Uma delas foi a Virgin, mas John Peel e [seu produtor] John Walters acharam que o interesse era passageiro e disseram que Elton e a Rocket seriam uma aposta melhor. Eu vinha de uma família muito religiosa, e, embora meus pais me apoiassem, morriam de medo do mundo em que eu estava entrando. Gravei uma fita com as minhas músicas para John Peel e a mandei sem que eles soubessem. A única razão que os convenceu a me deixar fechar um contrato com a Rocket foi que o pai de Steve Brown havia sido major do Exército de Salvação."

"Steve Brown veio a Swansea para gravar algumas canções e trouxe o contrato para eu assinar. Fui apanhado na estação de Paddington e, acompanhado por meu irmão mais velho, David, levado no Rolls Royce de Dee Murray até o estúdio de Mayfair para a minha primeira sessão de gravação. Elton estava em turnê pelos Estados Unidos, mas mandou um telegrama para ser entregue no estúdio. Ele estava endereçado a Madwyn em vez de Maldwyn, o que me deixou um pouco decepcionado. Ele teve problemas para memorizar meu nome quando nosso relacionamento começou e com frequência se referia a mim em entrevistas como Blodwyn Pig."

Contudo, Maldwyn logo conheceria seu principal benfeitor. "A primeira vez que vi Elton foi bem no final das minhas férias do meio do ano. Eu estava gravando em Londres, e ele havia voltado de uma turnê de 48 apresentações pelos Estados Unidos. Eu estava com meu pai, e me lembro de chegar ao número 101 da Wardour Street e ver um Phantom 5 Rolls enorme do lado de fora. Lembro-me de ter subido as escadas extremamente nervoso e excitado. Elton estava sentado em uma daquelas cadeiras de bambu dos anos 1970 que tinham um encosto enorme que lembrava uma borboleta. Ele estava com o cabelo cor-de-rosa e passou a maior parte do tempo conversando sobre jardinagem com meu pai, que era diretor e superintendente de uma escola bíblica dominical. Depois de assinar o meu livro de autógrafos, ele disse ao seu motorista que nos levasse no Rolls a Paddington, onde pegamos o trem de volta para Swansea."

Dono de parte de um selo musical com uma visão liberal o bastante para incluir entre seus artistas um cantor infantil galês e um profissional consagrado como Neil Sedaka e com uma carreira que parecia definitiva nos dois lados do Atlântico, aparentemente Elton John chegara ao auge. Seus gastos certamente anunciavam a chegada ao grupo dos super-ricos. Elton gastara 40 mil libras em um quadro de Francis Bacon e 18 mil libras em um esboço de Rembrandt, além de distribuir presentes. Ele já havia dado seu piano branco de armário A-Day de 1910 a seus vizinhos, Bryan Forbes e Nanette Newman. Uma inscrição no piano dizia:

"Para Bryan e Nanette, Sarah e Emma com amor, Elton John, 31 de maio de 1972, piano original, muito sucesso com ele".

"Dentro deste piano estão os fantasmas de cem canções. Cuidem bem deles, eles os amam. Com a bênção daquele que escreve as letras, Bernie Taupin."

Em 1972, Forbes havia começado a filmar um documentário sobre Elton John intitulado *Elton John and Bernie Taupin Say Goodbye To Norma Jean and Other Things.* Algumas sequências foram incluídas no DVD *Goodbye Yellow Brick Road Classic Albums.* Ele mostra Elton com o cabelo pintado de turquesa um dia e de laranja no outro, confiante e feliz. Ele não sabia, mas aquele seria o período de maior satisfação pessoal de sua carreira musical. Tendo chegado ao topo em termos de criatividade, apesar de parecer improvável que pudesse ir além, Elton ainda tinha entusiasmo pela profissão.

Seu entusiasmo e compromisso foram exibidos em uma entrevista que anos mais tarde seria considerada com razão uma das melhores já realizadas com o cantor. O correspondente-chefe da *Rolling Stone* em Londres, Paul Gambaccini, de 23 anos, achou que chegara a hora de Elton receber a cobertura apropriada no papel. "Conheci Elton em circunstâncias que agora não desejaria que se repetissem com ninguém", recorda-se Gambaccini. "Eu gostava tanto de música que, como escritor da *Rolling Stone* enquanto ainda estudava em Oxford, recebi uma carta branca maravilhosa. Nosso muito amado editor Andrew Bailey estava um pouco desmotivado e ficaria muito feliz se eu entrevistasse qualquer um que achasse bom o bastante para ser colocado no papel. Era uma oportunidade incrível para mim, pois estavam todos brigando na matriz em São Francisco para conseguir os melhores trabalhos, e era em Londres que a maioria das estrelas estava aparecendo."

"Fui a um concerto dos Bee Gees no Royal Festival Hall e Elton estava na plateia. Pensei, bem, você sabe, toda a imprensa estava concentrada em dizer como Stevie Wonder era maravilhoso, e ele é mesmo, mas enquanto ninguém lhe dava atenção, Elton se tornou o vocalista mais vendido. Já era hora de ele ter o que era chamado de A Entrevista da *Rolling Stone*, que era a verdadeira *magnum opus*. Assim, durante o intervalo, o segui até o banheiro masculino e, enquanto ele estava no mictório, perguntei se ele gostaria de fazer A Entrevista da *Rolling Stone*. É claro que, olhando em retrospecto, isso parece uma coisa inacreditavelmente inapropriada de se fazer, e ele não estaria errado se tivesse apenas se virado na minha direção. Mas ele foi um cavalheiro, olhou para mim e disse: 'Ligue para Helen Walters, da DJM, é ela quem cuida dessas coisas'. Não houve aperto de mãos."

Gambaccini reencontrou Elton pouco depois, levado por um motorista até a casa do cantor em Virginia Water. Bernie Taupin também estava presente. "Adorei os dois", diz Gambaccini. "Não conheço ninguém que não goste de Bernie. Era um milagre eles terem se conhecido, e os dois formavam uma dupla perfeita." A longa entrevista – honesta, engraçada e inteligente – mais tarde seria publicada como um livro, com uma atualização que inseria a história em 1974. Para Gambaccini, escritor e locutor que se tornaria mais do que um amigo pessoal do cantor, uma das razões por trás do enorme sucesso de Elton era o seu *status* social relativamente baixo: "Ninguém proveniente da elite social, ou seja, de uma universidade de renome ou de uma família rica, ou que seja alguém que consideraríamos musicalmente educado, se torna um astro pop, pois a verdade é que ou essas pessoas não têm necessidades o bastante para tornarem-se um prodígio da criatividade ou o rock'n'roll não faz parte de sua linguagem".

No final do ano de 1973, Elton passava pela fase mais despreocupada da sua vida. No final da turnê de Iggy and the Stooges em dezembro, o jornalista da *Creem* Ben Edmonds, que na época estava ajudando os Stooges, conseguiu montar um inacreditável número de pantomima rock envolvendo Elton, uma fantasia de gorila e os Stooges. "Acho que aquela foi a última turnê dos Stooges, que quase terminou em um tumulto em Detroit", conta Iggy Pop. "Eu estava muito drogado depois de um tipo de desastre da noite anterior e mal tinha condições de ficar de pé. Cambaleei até o palco, tentando suportar os cinquenta minutos de show. Viro-me para a esquerda e um maldito gorila enorme está vindo em direção ao palco. Fiquei com medo. Achei que quem estava vestindo a fantasia de gorila era algum filho da mãe cheio de metanfetamina. Ele teve sorte por nenhum de nós, mais provavelmente eu, ter botado ele pra fora. Mas fiquei muito irritado. Elton foi esperto o bastante para perceber isso e tirou a cabeça para que as pessoas vissem que era ele. Ele me pegou e dançou comigo pelo palco sem segundas intenções. Acho que ele tinha uma queda por James [Williamson, guitarrista dos Stooges]. James era o bonitinho."

A diversão continuou no vinil. Um compacto de Natal chamado "Step Into Christmas" entrou para o Top 30 no Reino Unido e encheu as ondas do rádio junto com "Merry Christmas Everybody", do Slade, e "I Wish It Could Be Christmas Every Day", do Wizzard. Um tributo à grande figura da época natalina, Phil Spector, seu humor natalino era contagiante. Entretanto, ele marcaria o fim da primeira fase da carreira e da inocência para Elton John. Logo, a jovialidade, a ingenuidade e a inconsequência de 1973 seriam substituídas pelo amargor dos excessos do estrelato que já estavam à espreita.

PARTE 2

O COLAPSO DE UM
SUPERSTAR 1974-1987

CAPÍTULO 8

DOIS POR CENTO DO MUNDO
PERTENCE A ELTON

"Eu podia peidar e alcançar a segunda posição das paradas."

Elton John

"We've been living in a tinderbox / And two sparks can set the whole thing off..."
("Temos vivido em um barril de pólvora / E duas fagulhas podem pôr fogo na coisa toda.")
"Tinderbox"; letra: Bernie Taupin; música: Elton John

O dia é 28 de novembro de 1974. John Lennon está vomitando em um balde. Faltam apenas alguns minutos para que ele suba ao palco em uma das casas de show mais prestigiosas dos Estados Unidos, o Madison Square Garden, em Nova York, e ele foi tomado por uma crise de medo de palco. E tudo por causa de uma aposta idiota.

A amizade entre Elton e Lennon produziu uma colaboração no estúdio. Elton fez os vocais de apoio e tocou piano em um novo clássico de Lennon, "Whatever Gets You Through The Night". Elton desafiou o ex-Beatle: se a música chegar ao primeiro lugar da *Billboard*, Lennon terá de se apresentar no palco com ele.

"Como é Dia de Ação de Graças, pensamos em transformar esta noite em uma ocasião alegre e convidar alguém para subir ao palco conosco", diz Elton. (Não há como voltar atrás agora. Vai acontecer.) "Tenho certeza de que ele não será nenhum estranho para qualquer um na plateia quando eu disser que é um grande privilégio para nós e para vocês ver e ouvir o senhor John Lennon..."

A plateia, delirante com a presença de Lennon, parece saber instintivamente que está presenciando um grande acontecimento histórico. A onda de emoção é enorme. Alguns membros da banda de Elton têm lágrimas nos olhos diante da reação. Eles tocam apenas três músicas: "Whatever Gets You Through The Night", de Lennon, a versão de "Lucy In The Sky With Diamonds", de Elton, e finalmente terminam com algo inesperado. "Estávamos pensando em uma música para acabar logo com isso e eu poder sair daqui e ir vomitar", Lennon diz à plateia. "E decidimos fazer um número de uma ex-noiva minha chamada Paul. Aí vai uma que nunca cantei; um antigo número dos Beatles que sabemos tocar mais ou menos." A banda ataca com "I Saw Her Standing There". Essa seria a última aparição em um concerto de John Lennon.

* * *

"Tocamos 'I Saw Her Standing There', o que foi maravilhoso, e fiquei muito feliz por termos feito aquilo", Elton disse. "Primeiro, eu disse: 'Vamos fazer dois números, mas você vai ter de fazer outro. Que tal 'Imagine'?'. E ele respondeu: 'Ah, não, muito chato. Já a toquei antes. Vamos tocar um rock'n'roll'. Então tive a ideia de tocar 'I Saw Her Standing There', que é a primeira faixa do primeiro álbum dos Beatles. E ele nunca a havia cantado. Era McCartney que a cantava. John ficou muito animado porque nunca havia feito o vocal principal dela."

"Lembro-me de Lennon ter pedido a Davey Johnstone para afinar a guitarra dele", diz o técnico de som Clive Franks sobre a apresentação histórica. "John entrou no palco e não acredito que jamais alguém na história tenha recebido uma ovação daquelas. Deve ter durado uns oito ou dez minutos. Fiquei como todas as pessoas; estava tremendo. Houve uma festa ultrajante depois da apresentação. Foi nela que John e Yoko reataram. Lembro que eles estavam sentados ao lado de Uri Geller, e Geller entortava uma colher depois da outra."

"Fiquei emocionado, mas todos os outros ficaram com lágrimas nos olhos", Lennon diria em 1975. "Senti-me culpado por não estar chorando: simplesmente subi ao palco e toquei alguns números. Mas a parte emocionante foi Elton e eu juntos. Elton estava trabalhando na Dick James quando mandávamos nossas demos para lá, e as pessoas não sabem, mas há um antigo relacionamento musical com Elton. Ele tem um lance meio Beatles de muito tempo. Ele levava as demos para casa e as ouvia... bem, isso significou muito para mim, e significou muito para Elton, e ele estava com lágrimas nos olhos. Foi uma noite incrível, uma noite verdadeiramente incrível... Yoko e eu nos encontramos nos bastidores e alguém disse: 'Bem, aí estão duas pessoas apaixonadas'. Isso foi antes de reatarmos, mas provavelmente foi quando sentimos algo. Foi muito estranho."

Na adolescência, Elton assistira a um concerto dos Beatles em Londres, evento que mais tarde diria ter sido "como ver a Deus". Dividir o estúdio e depois o palco com uma lenda viva foi, portanto, um dos pontos altos da sua vida. "Estava morrendo de medo de conhecê-lo por causa de seu humor sarcástico e de sua genialidade musical", Elton confessaria em 2005. "Mas foi como encontrar um velho amigo – ele foi tão caloroso, doce e muito engraçado. Foi tão gentil com minha família, com minha banda e com meus amigos. Não havia arrogância, apenas humildade e afeto. Foi como passar dois anos com o sol brilhando sobre mim, e esse calor permaneceu comigo desde então. Eu o amava e nunca o esquecerei."

"Elton meio que apareceu durante a gravação de *Walls and Bridges*, enturmou-se, tocou piano e acabou cantando 'Whatever Gets You Thru the Night' comigo, o que foi um grande estímulo", contou Lennon. "Eu havia feito uns três quartos dela: 'Agora o que fazemos? Colocamos um camelo ou um xilofone?'. Esse tipo de coisa. E ele entrou e disse: 'Ei, posso tocar piano!'."

John Lennon passou bastante tempo com Elton em 1974. Ele era uma presença regular nos bastidores durante as turnês e visitou Elton com sua então namorada May Pang quando este estava gravando no Caribou Ranch Studio, no Colorado. Em julho de 1974, Elton fez uma bela versão de "Lucy In The Sky With Diamonds", e Lennon fez uma participação na guitarra. Davey teve de ensinar os acordes a John Lennon, pois o próprio compositor da canção os havia esquecido.

"Então ouvi que ele estava gravando 'Lucy', e um amigo perguntou – porque ele era tímido – se eu poderia estar presente quando ele gravasse 'Lucy'. Talvez sem tocar nela, mas apenas estar lá", disse John. "Então eu fui, e cantei no refrão e contribuí com o reggae no meio. E depois, novamente por intermédio de um amigo em comum, ele perguntou se, caso ela [Whatever Gets You Through The Night] alcançasse o primeiro lugar, eu tocaria ao vivo com ele, e eu respondi 'claro', pensando que não havia a mais remota possibilidade de ela chegar ao primeiro lugar. Com Al Coury ou sem Al Coury, o homem do departamento de divulgação da Capitol. E lá estava eu. No palco."

Elton falou que trabalhar em "Whatever Gets You Through The Night" foi como "um sonho incrível. Eu realmente pensei que havia morrido e ido para o céu. Ele gravou o vocal primeiro, e eu tive de fazer os vocais de apoio dobrados com outra pessoa fazendo o fraseado. Eu sou muito rápido, mas isso levou um bom tempo, porque o fraseado de Lennon era muito estranho. Era fantástico, mas então começamos a entender por que ele era único. Fizemos duas harmonias vocais no estúdio com base no seu vocal principal, e a coisa foi enlouquecedora". Lennon estava em sua famosa fase "*lost weekend*" [fim de semana perdido], período em que deixou Yoko Ono e começou um relacionamento com May Pang. "No fundo, John era um homem extremamente gentil; realmente uma pessoa muito humilde e maravilhosa", Elton diria. "O tempo que passamos juntos – pelo que me lembro – era uma gargalhada após outra. John era o tipo de homem que entrava em uma sala cheia de pessoas e, em vez de ir para perto da maior celebridade, andava pela sala inteira falando com todo mundo, um por um, um verdadeiro homem do povo. Uma vez ele levou meus pais para jantar; John levantou-se para ir ao toalete e, quando voltou, meu pai havia tirado a dentadura e colocado no copo de água. Lennon fez xixi de tanto rir."

O fato de Elton ser talvez um dos três ou quatro ícones do rock seguros o bastante para não parecer completamente sem rumo no palco com um ex-Beatle é um indicativo do prestígio colossal que ele tinha no mundo pop em 1974. No final do ano, Elton estava entrando numa fase de sua carreira em que tudo que fazia era em escala grandiosa. Quando parecia que o enorme sucesso de 1973 não poderia ser igualado, a popularidade de Elton indicava que ele estava a caminho da ionosfera do *show business*.

No final de 1974, a compilação *Elton's Greatest Hits* passou onze semanas consecutivas no topo das paradas do Reino Unido e também alcançou a primeira posição nos Estados Unidos. Em junho de 1974, Elton renovou o contrato com a MCA nos Estados Unidos. A revista *Billboard* publicou que o presidente Mike Mailand havia dito que fora "o melhor contrato que qualquer um já teve". Pelo que diziam, Elton receberia um aumento nos direitos autorais por seu catálogo, além de um adiantamento de lucros futuros de extraordinários US$ 8 milhões. Apesar do gasto que teve, a gravadora obviamente ainda pensava que o prestígio colossal de Elton fosse uma garantia de que o bolo financeiro seria grande o bastante para que todos se fartassem.

Contudo, inevitavelmente, os críticos começavam a caçar Elton. De repente, ele era popular *demais*. "Na época, se você fazia música progressiva, levava sua 'música', entre aspas, a sério, e é claro que Elton nunca fez exatamente isso", é como explica o locutor Bob Harris. "Ele se divertia muito no palco, e por isso algumas pessoas achavam fácil subestimá-lo, pois ele não estava levando a coisa a sério ou não estava passando nenhuma mensagem." "Os artistas respeitados eram aqueles que sofriam em voz alta ou eram rebeldes, e ele não era nem uma coisa nem outra", acrescenta Paul Gambaccini.

A maioria dos críticos considerava Elton irrelevante, ou na melhor das hipóteses um fenômeno de vendas, e não musical. "Era precisamente pelo fato de Elton John oferecer grande diversão em seus concertos que os americanos o amavam", escreveu Paul Gambaccini em 2002. "Eles estavam vivendo o período de Nixon, do Vietnã e de Watergate, e precisavam desesperadamente de um tempo das contínuas notícias desagradáveis. Ele poderia ter sido mais relevante socialmente! Chegou um ponto em que seus discos representavam 2% das vendas mundiais." A música de Elton estava dominando a arena global em um nível surpreendente. Ela ajudou a definir o que o acadêmico Dave Laing chamou de "som transacional". Ela não tinha barreiras culturais nem geográficas. Era uma linguagem musical universal, tão inteligível no Japão quanto na Europa. Suas melodias e temas eram inclusivos e acessíveis.

Consequentemente, a marca Elton John tornou-se massiva. Em meados da década de 1970, os campeões de vendas do mercado musical podiam se tornar milionários várias vezes. Um novo profissionalismo estava surgindo no meio. Havia apenas dez anos que grupos como os Beatles ainda faziam apresentações de escala relativamente pequena, com uma rede de apoio empresarial e promocional mínima. Agora, os superastros podiam tocar para 60 mil pessoas regularmente. Eles tinham verdadeiros cortejos à disposição – músicos, contadores, advogados, empresários e assistentes pessoais, além de encarregados pelo guarda-roupa, pelo bufê, pelo som e pela iluminação.

Uma turnê mundial agora era uma operação massiva, especialmente nos Estados Unidos, onde as apresentações eram feitas em estádios gigantescos originalmente destinados a jogos de beisebol. Tietes, parasitas e traficantes também eram presença garantida para muitos dos astros do rock. Embora a música ainda não tivesse sido dominada por contadores, e estilistas e conceitualistas não tentassem empurrá-la para segundo plano e o comércio para primeiro (o que aconteceria nos anos 1980), o cenário musical da metade dos anos 1970 com certeza estava se afastando do amadorismo da década anterior. Em 1975, turnês em estádios esportivos impessoais mas lucrativos, nos Estados Unidos, eram o que dava dinheiro. O artista podia ficar praticamente invisível, o som podia ser quase precário, mas não importava. Os shows de rock haviam se tornado eventos, espetáculos, e as pessoas precisavam estar presentes. Mesmo para o fã pouco comprometido, perder a turnê significava perder um dos maiores eventos do ano, musicais ou de outra natureza.

No verão de 1974, Elton decidiu pela primeira vez em sua carreira gravar um álbum nos Estados Unidos. *Caribou*, mais um álbum a alcançar a primeira posição das paradas, foi gravado no estúdio Caribou Ranch, nas Montanhas Rochosas. "Ele foi gravado nas piores circunstâncias", Elton admitiu para Allan Jones, da *Melody Maker*, em junho do mesmo ano. "Tínhamos oito dias para gravar catorze faixas. Fizemos os vocais de apoio em dois dias e meio. Quase enlouquecemos, pois tínhamos uma grande turnê que passaria pelo Japão, pela Austrália e depois pela Nova Zelândia que não podia ser adiada. Era a primeira vez que gravávamos nos Estados Unidos, e não conseguíamos nos acostumar com o sistema de monitoração, que era muito simples. Nunca achei que conseguiríamos tirar um álbum daquilo."

Um dos momentos mais surpreendentes do álbum é "Solar Prestige A Gammon". Aparentemente cansado de ter suas letras analisadas a fundo por fãs e por críticos em busca de significados dilanescos ocultos (ou até, de acordo com Elton, mensagens antirreligiosas ou antissemitas), Elton pediu a Bernie que escrevesse alguma coisa sem nenhum sentido. A composição pode ter sido uma brincadeira de Bernie, mas agora eles que ririam do público. A letra propriamente dita não passava de uma mistura de coisas sem sentido, trocadilhos e alusões a peixes: Elton canta *"Kool kar kyrie kay salmon/ Har ring molassis abounding/ Common lap kitch sardin a poor floundin"* imitando um tenor italiano e acompanhado por um animado *eurobeat* no refrão.

A maior parte do restante de *Caribou* segue esse padrão divertido e leve. Com sabor country, "Dixie Lily" não apresentava nada do sentimento encontrado na Americana dos álbuns clássicos anteriores de Elton. Várias gravações incluíam sessões de metais do Tower of Power: no outono daquele ano, Elton faria uma turnê com o Muscle Shoals Horns. Contudo, a adição da sessão de metais não funcionou tão bem quanto era a intenção.

Elton e Bernie aparentemente entraram no estúdio de gravação com uma coleção de composições que não chegava nem perto do que precisavam para dar continuidade à qualidade de *Goodbye Yellow Brick Road*. A exceção é a última faixa, "Ticking", uma das melhores criações dos anos 1970 de Elton e Bernie. Ela conta a história de um rapaz solitário e perturbado que sucumbe à bomba--relógio interior de uma profunda ansiedade emocional e se entrega a uma orgia de assassinatos em um bar do Queens, Nova York. A narrativa é de arrepiar, e a letra de Bernie explora a mente do assassino de forma completamente convincente. Ela é acompanhada apenas pela melodia simples de piano de Elton e pelo sintetizador de David Hentschel.

O álbum seria salvo pela inclusão de dois compactos brilhantes. "The Bitch Is Back", gravada em janeiro de 1974, é uma das músicas mais icônicas de Elton. Além de grande generosidade de espírito, ele era de uma sinceridade aparentemente sem limites. Qualquer entrevista com Elton John apresenta críticas, apartes e comentários maldosos (em geral bem-humorados) sobre todos, dos amigos mais próximos aos maiores rivais. É isso que torna Elton tão carismático para muitas pessoas, o fato de ele não apenas ser bom no que faz mas também falar o que pensa sobre a arrogância dos outros. Os versos *"I can bitch, I can bitch, 'cause I'm better than you/ It's the way that I move, the things that I do"* [1] é resumo

---

1. "Posso reclamar, reclamar, porque sou melhor que você/ É o meu movimento, as coisas que faço." (N. da T.)

perfeito de Bernie sobre a arrogância existente no mundo pop, mas também claramente um trecho de autoanálise das frequentes crises histéricas de Elton e de seu "temperamento artístico". Poucos artistas pop possuem a mesma capacidade de ridicularizar a si mesmos. Os outros ingredientes da faixa incluem um ótimo arranjo de guitarra de Davey Johnstone, um solo de sax-tenor explosivo de Lenny Pickett e Dusty Springfield nos vocais de apoio. Ele foi lançado como segundo compacto do álbum em outono de 1974 e alcançou a 15ª posição na Grã-Bretanha e a 4ª nos Estados Unidos.

A segunda canção de destaque do álbum é a balada "Don't Let The Sun Go Down On Me". O débito e o amor de Elton para com os Beach Boys foram capturados nessa música, que era um tributo óbvio ao som clássico da banda de "God Only Knows" e "Good Vibrations". Carl Wilson e Bruce Johnstone, dos Beach Boys, colaboraram com maravilhosos vocais de apoio junto com Toni Tennille, que logo alcançaria o primeiro lugar das paradas nos Estados Unidos com "Love Will Keep Us Together", da dupla Captain and Tennille. "Don't Let The Sun Go Down On Me" teve um desempenho decepcionante em casa ao ser lançado no início do verão de 1974, alcançando apenas a 16ª posição, mas no lar comercial de Elton, os Estados Unidos, ela passou duas semanas na 2ª posição. Elton, contudo, teve certa dificuldade na gravação do vocal principal. De acordo com o relato de Nigel Olsson: "Ele ficou tão frustrado por não conseguir cantar um verso [que] gritou para Gus Dudgeon: 'Dane-se! Mande-a para Lulu, e se ela não gostar, mande para Engelbert [Humperdinck]!'. Mas cinco minutos depois deu tudo certo".

Caribou marcou a entrada de Ray Cooper na banda de Elton. Cooper tinha grande experiência como músico e já havia tocado jazz, rock'n'roll e pop. Ele tocara com o Who e com os Stones e continuaria sendo um dos mais respeitados músicos de estúdio nas duas décadas seguintes. Seu interesse por cinema (Cooper também era ator e produtor musical, e mais tarde assumiria várias funções em filmes como *Popeye, Meu reino por um leitão* e em vários filmes com Terry Gilliam, incluindo *Brazil – O filme* e *As aventuras do Barão Munchausen*) e pelas artes em geral significava que Elton passaria a ter um genuíno poliglota cultural na equipe.

Cooper trouxe especificamente duas novas dimensões para o mundo de Elton. Com uma presença de palco brilhante e fortemente teatral, ele adicionou um contraponto à própria *performance* do artista principal. Suas viradas no tímpano, solos de vibrafone e ataques maníacos ao tamborim eram executados com um senso de estilo único. Homem alto e careca, de cartola e terno completo, ele parecia o irmão mais velho – e um pouco mais louco – de Elton; era ao mesmo tempo um humorista visual e um músico insano e talentoso. "Ray é o melhor", diz Ken Scott. "Acredite em mim, quando ele está lá, você não consegue tirar os olhos dele; ele se torna a estrela do show; é cheio de energia no palco."

Mas a principal razão pela qual Ray passou a fazer parte da banda de Elton é seu talento musical. "Deram-me o crédito (ou talvez descrédito, de um ponto de vista mais conservador) por ser uma das primeiras pessoas a usar instrumentos clássicos de percussão no rock'n'roll: tímpano, sinos tubulares, vibrafone, todas essas coisas que são espetaculares em orquestras clássicas", ele diz. "Era completamente instintivo. Eu não me sentava para planejar nada. Uma das várias tarefas envolvidas em ser um percussionista em vez de um baterista é que, enquanto a função principal do baterista é prover a força motivadora por trás da música, o percussionista, que também é uma parte integral dessa 'força', também pode ter a habilidade de ser um colorista musical. Como percussionista, tenho diante de mim uma variedade incrível de cores sonoras para orquestrar ou iluminar as letras ou certas nuances da música. Assim, geralmente tenho mais liberdade que o baterista. Gus Dudgeon, produtor dos discos de Elton, percebeu e compreendeu isso, e me deu a liberdade de pontuar, colorir e embelezar várias das canções de Elton e Bernie. Gus deu aos sons da percussão 'ar, espaço e dignidade'. Sempre serei grato a ele por isso."

A banda que abriu os shows de Elton durante turnê foi a Kiki Dee Band. Kiki estava ocupada gravando seu segundo álbum para a Rocket Records, chamado *I've Got The Music In Me*. "Kiki é uma pessoa adorável e uma cantora fantástica, mas também a pessoa mais paranoica do planeta", lembra-se Clive Franks. "Ela não tem a confiança que aparentemente deveria ter. Quando estava tentando gravar o vocal de 'I've Got The Music In Me', começou a chorar porque não conseguia."

"Foi em Nova York, no Ladyland, o estúdio de Jimi Hendrix", lembra-se Kiki. "Cissy Houston estava lá fazendo os vocais de apoio com duas mulheres negras. Eram cantoras absolutamente fantásticas. Isso me deixou nervosa, e eu perdi a confiança." "Elton estava no estúdio, então rasgou as roupas e começou a correr em volta dela no microfone, o que a deixou aterrorizada", continua Clive Franks. "Bem, qualquer um teria ficado assustado. De qualquer forma, isso quebrou o gelo e ela começou a rir, então conseguiu gravar na tomada seguinte, provavelmente por ter ficado com medo de ele entrar e fazer a mesma coisa outra vez."

Se a versão de Elton de "The Streak" mostrou que ele estava em sintonia com o *Zeitgeist*, sua turnê de 1974, com seu esplendor e amplitude, representou com perfeição o estilo da celebridade do rock de meados de 1970. Ele tinha à disposição o *Starship I*, o avião preferido das estrelas do rock – um Boeing particular cujos assentos regulares haviam sido removidos e substituídos por cadeiras e sofás confortáveis, por um bar, um escritório e um quarto. "Era tão glamouroso", diz Kiki. "Era muito anos 1970. Havia uma sala para relaxar com um tapete fofo e um bar onde podíamos nos sentar e tomar uma xícara de café. E eles tinham esses pacotes de vitaminas bem americanos, muito início dos anos

1970, que podíamos tomar para suprir nossa necessidade diária. O que fizemos nos Estados Unidos foi nos hospedar em um hotel por uma semana, de forma que podíamos desfazer as malas e ter um ninho, e então todos os dias voávamos para o local da apresentação e depois voltávamos para o hotel. Era como uma família. Eu conhecia toda a equipe, conhecia os engenheiros de som e me dava muito bem com a banda de Elton. Não éramos tratados como bandas de apoio, que não são consideradas parte da família. Eu tinha confiança o bastante para saber que podia tocar durante 45 minutos antes de Elton subir ao palco sem que as pessoas ficassem gritando: 'Queremos Elton! Queremos Elton!'."

A proximidade entre Kiki e a banda de turnê de Elton produziu um romance com um dos membros da banda. Kiki e Davey Johnstone namorariam entre 1974 e 1978. "Acho que muitas pessoas na época achavam que eu era homossexual, mas, embora eu não tenha me casado, esse definitivamente não era o caso", diz Kiki. "Tenho de admitir que tenho tido uma vida de solteira interessante!"

Um dos ingredientes da vida em turnê era a proteção exagerada de John Reid para com seu cliente. Como muitos empresários que o antecederam e tantos outros que o sucederam, Reid desenvolveu um estilo no qual o artista sempre vinha em primeiro lugar, e quase a todo custo. Seu principal objetivo era certificar-se de que tudo corresse com a maior tranquilidade e profissionalismo possíveis, e quando erros humanos comuns impediam que isso acontecesse, sua reação era quase sempre inevitavelmente uma explosão irracional. "Acho que ele era um bom empresário, mas era muito agressivo", afirma Clive Franks. "Ele era como o personagem de *O médico e o monstro*; muito parecido com Elton nesse aspecto. Era por isso que os dois se davam tão bem. De um dia para o outro se transformavam em pessoas diferentes. Havia ocasiões em que John era uma pessoa amigável e afetuosa, mas isso não justifica seu outro lado. Esse outro lado era horrendo. Certa vez o vi quase estrangular uma recepcionista de hotel porque seu quarto não estava pronto."

Apesar de ser um dos membros mais plácidos da equipe de turnê, Franks também foi vítima dos abusos de Reid. Havia um histórico entre os dois. Franks havia coproduzido o segundo álbum de Kiki Dee com Gus Dudgeon, e, de acordo com Franks, Reid havia recebido "o trabalho muito mal, pois não havia gostado do que eu fizera. Fui creditado em letras mínimas e não recebi um centavo". Uma noite, durante um concerto no Alabama, quando Franks, como de costume, mixava o som ao vivo de Elton, sentiu um dedo apertando seu pescoço por trás. "Era John Reid", continua Franks. "Ele disse: 'Aumente o som do piano'. E eu disse: 'O piano é a coisa mais alta na mixagem, como é que você quer que eu o aumente?'. 'Aumente o som da porra do piano', ele respondeu. Eu disse: 'Bem, com todo respeito, John, se eu aumentar o piano, vou perder a voz'. E ele disse 'Se você não aumentar o piano, está despedido e irá para casa amanhã'. Eu não pude acreditar, então respondi: 'Por que esperar até amanhã? Vou pra casa agora mesmo'."

"Deixei o console com meu assistente e voltei para o camarim. John Reid me encontrou nos bastidores e saiu de si: 'Nunca mais deixe a mesa de som no meio de uma apresentação'. Então refresquei sua memória: 'Você acabou de me despedir, e de qualquer forma pode enfiar o trabalho no rabo, não o quero mais'. John não aguentou. Estava segurando uma taça de champanhe e jogou-o no meu rosto. Agarrou-me pela garganta e rasgou minha camiseta bordada dos Beatles favorita! E fechou o punho pra me dar um soco. Sei que não foi uma coisa muito gentil de se fazer, mas chutei o saco dele com toda a minha força e o derrubei. Ele estava deitado no camarim e eu pensei: 'Merda, o matei'. O supervisor do local me tirou dali."

Franks achou que sua carreira com a banda de Elton John havia chegado abruptamente ao fim. Contudo, havia uma surpresa na história. Em vez de ele ser despedido, quando a banda se reuniu para a apresentação seguinte em Los Angeles, Elton convocou uma "reunião da casa". "Eu havia desencadeado um estopim", continua Franks. "Elton disse a John: 'Esfrie a cabeça. Comece a ser gentil com as pessoas, pois se você não for, vou despedi-lo'. Na época, eles ainda eram um casal, mas agora havia muita tensão entre os dois. John Reid teve a nobreza de me procurar depois do show em Los Angeles. Fiquei muito nervoso ao vê-lo. Ele estava segurando uma taça de champanhe, e por um momento pensei que ele a jogaria em mim outra vez. Mas ele disse: 'Aproveite a festa'. Essa foi sua forma de se desculpar."

Houve, no entanto, outros incidentes. Em fevereiro de 1974, durante uma recepção no Parnell Rose Garden, em Auckland, Nova Zelândia, Reid foi preso e teve de cumprir sentença sob custódia por agredir a jornalista Judith Baragwanath. De acordo com Philip Norman, Reid havia tido uma atitude violenta para com o organizador da festa, Kevin Williams, quando, ao pedir um uísque, Williams respondeu que o estoque da casa havia acabado e perguntou se ele aceitaria uma taça de champanhe. Censurado de forma direta pela jornalista Baragwanath, Reid reagiu com um tapa no rosto dela. Mais tarde no mesmo dia, em uma festa realizada após um concerto de David Cassidy à qual Reid e Elton foram, David Wheeler, amigo da jornalista agredida, disse aos acompanhantes de Elton que eles eram todos "homens marcados". "A ameaça foi comunicada a Elton, que reagiu com uma violência atípica, marchando até David Wheeler, agarrando-o pela camisa e perguntando quem ele pensava que estava ameaçando", contou Norman. "John Reid, então, interveio, derrubando Wheeler e chutando-o quando ele estava no chão." Reid foi preso pela polícia de Auckland e acusado de agressão contra Baragwanath e Wheeler. Elton também foi preso pela agressão cometida contra Wheeler no clube noturno.

De acordo com Norman, Reid desculpou-se com Baragwanath e ofereceu um acordo para que o problema fosse resolvido fora do tribunal. Ao ir a julgamento, Elton foi condenado a pagar míseros US$ 50 em custas, enquanto Reid ficou sob custódia. Aflito com a prisão de seu empresário e companheiro, Elton a princípio recusou-se a fazer uma apresentação que estava agendada. Durante o julgamento, Baragwanath admitiu ter chamado Reid de "bastardo desgraçado", mas negou ter usado a palavra "bicha". Clive Franks lembra-se: "Fui à recepção de carro com John, e uma jornalista muito direta [Baragwanath] foi até ele com um gravador e um pequeno microfone. Ela disse algo que deve ter deixado John muito ofendido, então ele virou-se para ela e deu-lhe um tapa bem no meio dos olhos".

Depois que Reid foi condenado, o antagonismo local direcionado a toda a equipe de Elton John aumentou. "Todos que estavam ligados a nós sofreram ameaças de morte", confirma Clive Franks. "Eu estava na mesa de som com dois policiais armados com rifles que estavam de olho na plateia para o caso de alguém estar planejando fazer alguma bobagem. No dia seguinte, nosso avião atrasou três ou quatro horas porque telefonaram para as autoridades dizendo que havia uma bomba a bordo. John Reid ficou com um carcereiro e a esposa para cumprir a sentença. Ele não ficou em uma prisão, mas ficou detido." Questionado em 2001 sobre o incidente, Reid disse: "Bem, ela foi muito agressiva, e não estou tentando me justificar, mas foi uma reação instintiva".

O problema na metade dos anos 1970 era que John Reid tinha péssimo temperamento quando bebia. "Eu era muito jovem quando comecei, tinha de aprender com a experiência quase todo dia. Eu sempre parecia estar me metendo em encrenca e acabei ficando com a reputação", ele admitiu. Elton também não estava imune aos excessos alcoólicos, e por volta de meados dos anos 1970 começou a usar drogas. Para Elton, um homem que gostava de beber mas que até então não havia se interessado por drogas, o novo hábito trouxe consequências desastrosas.

A droga número 1 da época era a cocaína. "O glam foi o primeiro gênero musical diretamente originado da cocaína", foi o que disse o empresário do pop Simon Napier-Bell em sua autobiografia, *Black Vinyl, White Powder*. "O agente publicitário do pop Tony Brainsby resumiu a situação com perfeição ao dizer: 'A cocaína era a droga 'foda-se'. Você não estava nem aí para o que os outros pensavam. Colocava sua roupa cheia de lantejoulas, dava um tapa no rosto, jogava os ombros para trás, cheirava mais um pouco de cocaína e entrava empertigado no palco... Podíamos ver a arrogância da cocaína em todos eles – Bowie, Bolan, Elton...'."

"Entrei para a indústria fonográfica e tinha uma mesa e um bar. Acabei cheirando duas ou três gramas de cocaína diariamente. Ela nunca faltava", John

Reid admitiria mais tarde. "Não me orgulho dessas brigas. Mas no meu lado escocês temos uma forma de vida agressiva. Embora eu saiba que podemos realizar mais com palavras bem escolhidas em lugar de atitudes violentas."

Ao contrário da heroína, a cocaína era uma droga que não tinha consequências fatais com *tanta* frequência. Mas um período de uso prolongado destrói o septo nasal e no final das contas destrói o próprio usuário. Era a droga perfeita para o mundo do cinema, da moda e da música. Inibidor natural do apetite, ao contrário do álcool, ela não fazia os usuários vestirem números cada vez maiores. A princípio, a cocaína dá ao usuário uma sensação de indestrutibilidade. Ela produz uma sensação suprema de autoconfiança, permitindo que os usuários fiquem acordados e em estado de alerta por dias. Para alguns, ela aumenta a euforia do sexo e o apetite sexual. Também faz o viciado falar sem parar e atenua os efeitos imediatos do álcool (embora não elimine a ressaca do dia seguinte). Pessoas tímidas tornam-se loquazes, e filósofos amadores logo adquirem uma certeza renovada em relação a seus valores e ideias. Os usuários de cocaína são pessoas irracionais e, pior do que isso, não se importam se tiverem de prejudicar outras pessoas ao longo do caminho.

Não foi apenas Elton que sucumbiu a esses excessos. Bernie Taupin bebia mais e mais à medida que seu casamento com Maxine Feibelman chegava ao fim e também começou a usar cocaína. "O problema de ficar ligado com cocaína é que você se torna um maníaco paranoico", Bernie afirmaria em 2006. "De repente, você está pregando toalhas na janela e enlouquece toda vez que o telefone ou a campainha toca." John Reid sucumbiria um pouco mais tarde, por volta dos 28 anos. "No início, é muito divertido e lhe dá muita energia, ao menos nos primeiros anos. Depois vai se tornando cada vez menos divertido, e no final das contas se transforma em algo completamente destrutivo. Não recomendo."

No meio musical da metade dos anos 1970 a cocaína havia se espalhado de tal forma que ameaçava se tornar a norma. "Todo mundo estava cheirando, não era nada demais", lembra-se o repórter da *Melody Maker* Chris Charlesworth. "Se você era um astro do rock, cheirava cocaína, e ponto final. Os jornalistas cheiravam, os *roadies* cheiravam, o pessoal da gravadora cheirava; todo mundo cheirava. O fato de ser ilegal era irrelevante, porque as pessoas dificilmente eram pegas. Chegavam até mesmo a usar colheres em volta do pescoço anunciando o fato. E a abundância era enorme. Ninguém era julgado por fumar baseados ou cheirar cocaína."

Enquanto isso, embora possa ter sido uma decepção, *Caribou* seguiu em sua inexorável escalada para o topo das paradas americanas e inglesas, e chegou a alcançar o primeiro lugar nos Estados Unidos. O ano de 1974 também teve outros pontos altos: em abril, no Rampart Studios, Elton filmou uma ultrajante breve participação para o filme de Ken Russel da clássica ópera-rock do Who,

Tommy. A versão frenética de Elton de "Pinball Wizard", gravada rapidamente no estúdio do Who, em Battersea, não perde em nada para a original. A nova versão apresentava tercetos frenéticos na introdução do piano, marca registrada de Elton John, um violão agressivo dobrado duas vezes (totalizando três faixas do instrumento), a percussão igualmente selvagem de Ray Cooper e a guitarra rock crua de Davey (que interpola "I Can't Explain" à música quando ela se aproxima do final). Elton a lançaria como compacto no Reino Unido no início de 1976, emplacando mais um sucesso no Top 10. Na vida real, seus saltos gigantes às vezes atraíam mais que uma ou outra sobrancelha erguida. Em uma turnê, ele foi supostamente interceptado pela segurança de um aeroporto, que suspeitava haver drogas ilegais escondidas em seus calçados.

No dia 4 de maio de 1974, Elton fez outro concerto beneficente no Vicarage Road, Watford. Um dos temas recorrentes da carreira de Elton é a sua disposição para financiar coisas que lhe são importantes. Não existe um fã maior do Watford Football Club que Elton John. Na época, o Watford, dirigido por Mike Keen, parecia preso na Terceira Divisão. Também no palco naquele dia de maio estava um dos amigos mais íntimos de Elton na fraternidade do rock, Rod Stewart. O fato de Rod Stewart e a banda de rock pesado Nazareth terem aberto o show para Elton naquela noite atesta seu sucesso comercial.

Rod e Elton travaram uma amizade tanto competitiva quanto carinhosa nos anos 1970. Rod confiava no julgamento de Elton. Sua agente publicitária da época, Sally Croft, disse: "Rod costumava recorrer a Elton sempre que estava gravando um álbum, porque Elton era ótimo para apontar as notas que estavam erradas ou um pouco fora do tom. Ele e Rod eram amigos muito íntimos". Elton enchia o outro cantor de presentes. De acordo com os biógrafos mais recentes de Rod, Tim Ewbank e Stafford Hildred, Elton chegou à ceia de Natal oferecida por Rod em 1974 com um Rembrandt, *A adoração dos pastores*, de presente para o anfitrião. Rod chamava Elton de "Sharon", enquanto Elton chamava Rod de "Phyllis". John Reid, é claro, era "Beryl" por causa da atriz britânica Beryl Reid. (Só para complicar mais as coisas, Clive Franks e Elton sempre chamavam um ao outro de Sid.). "Ele é o melhor cantor que já ouvi no rock'n'roll, ponto final", Elton diria de Rod. "Também é o melhor cantor branco de soul."

Duas semanas depois do show de Watford, Elton fez outra apresentação beneficente, dessa vez na atmosfera mais rarefeita do Royal Festival Hall, para o Invalid Children's Aid Society Benefit. A recepção resumiu-se a aplausos educados enquanto Elton mergulhava em seu passado musical executando músicas como "Skyline Pigeon" e "Burn Down The Mission". Uma execução louca de "Honky Cat" apresenta a maior curiosidade da noite: um solo com som de pato emitido por um instrumento tipo *kazoo* do rei do absurdo de plantão Ray Cooper. Faixas extraídas desse concerto comporiam o lado A do segundo álbum ao vivo de Elton, *Here and There*, com o famoso show no Madison Square Garden para o Dia de Ação de Graças de 1974 no lado B.

Se a apresentação com Lennon no Madison Square Garden entrou para a história, o que os fãs ingleses guardariam por mais tempo na memória seria a aparição de Elton no *Old Grey Whistle Test* na véspera de Natal daquele ano. O apresentador do show, Bob Harris, havia muito era grande admirador e divulgador do trabalho de Elton, e o via – ou melhor, via a Elton John Band, como eles foram conhecidos por breve período – como a atração perfeita para levar uma dose de diversão festiva para o programa noturno da BBC 2.

"Foi uma das melhores experiências musicais de toda a minha vida", diz Harris, que subiu ao palco vestido de Papai Noel para apresentar a atração principal. "Elton estava no auge absoluto em termos de energia, extravagância, presença de palco e entusiasmo. Estávamos no Hammersmith Odeon, e passei a maior parte do concerto ao lado do palco. A maior parte da plateia estava banhada por luz – em parte pelas luzes do palco, mas também pelas luzes que a televisão usava para que as câmeras pudessem filmar o rosto das pessoas. Então eu podia olhar para Elton e também para a multidão no auditório, e todo mundo tinha um sorriso estampado no rosto. O entusiasmo gerado por Elton naquela noite era palpável. Todo mundo cantava todas as músicas, balançando de um lado para outro, com os braços levantados. Elton também estava sorrindo. Foi a fase mais brincalhona de Elton. Ele subia no piano, pulava de volta para o chão, corria até a plateia, sorrindo e falando. Foi uma das maiores noites da música de todos os tempos." Durante o show, duas coelhinhas subiram ao palco para entregar o bolo de Natal a Elton e para cantar no coro de "White Christmas", e Rod Stewart e Gary Glitter, de casaco de pele. também se juntaram brevemente a Elton. Neve artificial caiu sobre a plateia em uma quantidade tão grande que Elton não conseguia cantar de tanto rir.

Os shows de Natal do Hammersmith Odeon foram por muitos anos uma das paradas regulares da agenda de turnês de Elton. Uma noite em particular entrou para o folclore de Elton como uma das mais hilárias. "Havia um fio suspenso da sacada do andar de cima, do lado oposto do palco ao qual Elton se sentaria, à esquerda", conta Clive Franks, que assistiu a tudo da mesa de som. "Vestiram um manequim com as mesmas roupas que Elton usaria no palco, com o chapéu, os óculos e as botas plataforma. O boneco deveria ficar oculto da plateia, e quando as luzes fossem apagadas, seria revelado e empurrado da sacada. Um holofote o acompanharia, mostrando-o caindo e desaparecendo abaixo do palco. Um segundo depois – ahá! – Elton sairia como se ele mesmo houvesse feito o truque. Tudo deu certo até que certa noite o manequim ficou preso na metade do caminho. Um assistente de palco começou a balançar o fio para fazê--lo mover-se, mas com isso fez a calça [do boneco] cair. Hilário! Aquela coisa foi sacudindo até o palco com a calça nos joelhos."

O primeiro compacto de 1975 de Elton traria uma mudança na direção musical. "Philadelphia Freedom" foi claramente influenciada pelo som da Filadélfia do meio da década de 1970. Embora não tenha sido sucesso na Inglaterra, onde nem sequer entrou para o Top 10, ele inevitavelmente alcançou o primeiro lugar com rapidez nos Estados Unidos e continua fazendo parte do repertório ao vivo de Elton até os dias de hoje, tal é o frescor e a exuberância da música. O fraseado de Elton em "Philadelphia Freedom" é perfeito, uma evidência inegável de sua suprema habilidade como vocalista. A forma como ele canta as sílabas de "Phil-a-del-phi-a" lembra o grito "ra-ra" das líderes de torcida de beisebol. O instrumental – repleto de arranjos de cordas na região mais aguda do registro, trompas, uma guitarra rítmica estilo Doobie Brothers, um bumbo explosivo e a utilização competente do instrumento mais doce de todos, a flauta doce – é a base de uma das melhores músicas de Elton.

O título da música é uma homenagem de Bernie e Elton a Billie Jean King, a lendária tenista que em 1975 ganharia seu sexto e último título em Wimbledon. O time de tênis de King era o Philadelphia Freedoms. Grande fã do esporte, Elton gostava principalmente de tênis, e teve algumas aulas com a própria Billie Jean. "Elton é louco por tênis", diz Gary Osborne. "Ele é um jogador fanático, muito melhor do que se esperaria de pessoas com seu tipo físico. Ele não é tão baixinho quanto as pessoas imaginam. As pessoas têm essa ideia de que ele é baixinho por causa dos sapatos, pois presumem que eles servem como disfarce, mas ele tem mais ou menos 1,77 metro, o que é uma altura mediana. Ele é rápido, e seu espírito competitivo está sempre em evidência."

Bem antes do lançamento do compacto, contudo, Elton já estava com outro álbum de estúdio no forno, embora seu lançamento tenha sido adiado pelo enorme sucesso do *Greatest Hits*, lançado no final de 1974. Na verdade, o trabalho para esse álbum havia começado ainda no início do verão de 1974. Elton havia pegado o *SS France* da Inglaterra para Nova York, escoltando Julian Lennon, então com onze anos, que estava indo visitar o pai. Durante a viagem, Elton havia pedido um piano e começado a trabalhar em um novo conjunto de letras de Bernie. Essa nova coleção era mais consistente e fluía melhor que a de *Caribou*. De natureza mais autobiográfica, elas examinavam a vida de Elton e Bernie juntos em Londres entre 1967 e 1969, quando eram novatos que lutavam no negócio da música. Bernie escreveu as letras seguindo uma ordem, e Elton adotou o mesmo padrão nas melodias. Aquele não era apenas o trabalho mais pessoal de Elton e Bernie até então, mas também atraiu críticas importantes da indústria do rock. A letra de Bernie criticava com maturidade – mas às vezes também com certa amargura – os últimos dias da Tin Pan Alley londrina. Elas registram o fim da velha guarda e contam com triunfo sobre a chegada da nova guarda.

Se *Goodbye Yellow Brick Road* é o álbum pop clássico de Elton John, um disco cheio de imagens e melodias, *Captain Fantastic And The Brown Dirt Cowboy*, de 1975, é um romance musical, uma peça que funciona com perfeição do início ao fim. "Aquele álbum era sobre nós dois, as coisas pelas quais havíamos passado juntos e o que tudo significava até então", Elton disse. "Foi muito bom escrever músicas cujas letras eu não apenas entendia mas das quais fazia parte. Antes disso, eu cantava coisas que às vezes não estavam diretamente relacionadas comigo." "Para mim, *Captain Fantastic* sempre será um trabalho satisfatório por completo, provavelmente o único álbum que fizemos em que cada faixa se encaixa em um padrão coeso livre de elementos corruptores", afirma Bernie. "É o tempo em uma garrafa, uma fotografia encapsulada de um período crucial em nossa vida que me ajuda a lembrar que nada vem fácil."

O álbum apresenta os personagens centrais como personagens fictícios de desenho animado. Elton era o *Captain Fantastic*, e Bernie, o *Brown Dirt Cowboy*. Contudo, no período de tempo coberto pelo álbum, do primeiro encontro entre os dois em 1967 até o lançamento do primeiro disco, *Empty Sky*, nenhum dos parceiros havia alcançado o que queria. Em 1969, Elton ainda não era de forma alguma o *Captain Fantastic*, e o mais próximo que Bernie chegara de ser um caubói fora em uma festa à fantasia quando criança. *Captain Fantastic* é mais uma profecia do que a história.

Há realmente uma ligação forte na cadeia de canções que compõem o álbum. A faixa-título possui uma das mais belas melodias de Elton, seu suave encanto rural muito satisfatório para Bernie. "Bitter Fingers" talvez tenha a melhor letra, com Bernie lembrando-se da época em que a dupla de compositores inexperientes não conseguia avançar, compondo pop banal para clientes desinteressados: "*It seems to me a change is really needed/ I'm sick of tra-la-las and la-de-das*".[2] A sequência final da música, quando Davey repete a melodia principal na guitarra durante o *fade-out*, é um momento clássico de Elton. Outra faixa de destaque é "Better Off Dead". Elton compôs para o depressivo conto de Bernie uma melodia que neutraliza completamente a seriedade da canção com sua imitação operística de Gilbert e Sullivan. A gravação de Dudgeon da bateria de Olsson, as batidas alternando-se entre sons abafados e explosivos ao longo da música, foi outro momento de grande inovação. O último número, "Curtains", foi uma finalização perfeita para o álbum, evolui em um crescendo de harmonias vocais estilo parede de som à medida que a bela melodia desaparece ao fundo.

Duas músicas exibem as emoções de Elton da forma mais direta. Ele sempre adorou "We All Fall In Love Sometimes": "é simplesmente uma linda maldita música de amor", Elton disse à *Mojo* em 1997. "Mas não é, como já

---

2. "Parece-me que uma mudança se faz necessária/ Estou farto de *of tra-la-las* e *la-de-das*." (N. da T.)

sugeriram, sobre um amor sexual, e sim sobre o tipo de amor que pode existir entre duas pessoas e que está de várias formas acima do simples amor ou luxúria sexual. Bernie me mostrou coisas e ideias com as quais eu nunca havia me deparado; ele foi o irmão que nunca tive. Em vários aspectos éramos completamente diferentes, mas tínhamos o tipo de relacionamento que, se ele gostasse de alguma coisa, eu achava que devia ter algo nela. Por exemplo, ouço Dylan porque Bernie achava que ele era o melhor escritor de todos os tempos."

"Hoje em dia ouço 'We Fall In Love Sometimes' e a letra às vezes me faz chorar, pois me lembro da intimidade que tínhamos. De forma mais ampla, ela também possui um pouco do meu passado. Apaixonei-me várias vezes pelas pessoas erradas. Eu costumava ir a clubes e ver pessoas no bar, e quando conseguia falar com elas já havia planejado toda a nossa vida juntos. Mesmo que conseguisse estabelecer um relacionamento com elas, sempre dava errado e eu acabava magoado. Sempre acabava em lágrimas."

O melhor momento, contudo, é "Someone Saved My Life Tonight". "Pensei em Brian Wilson e 'God Only Knows'", Elton diria em 2005. "Pode-se perceber isso a partir do primeiro acorde." A canção é um dos momentos mais dramáticos de seu vasto repertório, e mesmo assim durante a gravação o produtor Gus Dudgeon aparentemente pediu a Elton que colocasse um pouco mais de emoção na *performance*, sem perceber que o tema central girava em torno de um período muito confuso para o cantor.

A música fala sobre a noite de 1968 em que Long John Baldry "salvou" a vida de Elton ao impedir que ele fosse em frente com um casamento fadado ao fracasso. Seu alvo era claramente a noiva rejeitada de Elton, Linda Woodrow. Woodrow aparecia na letra *"Sitting like a princess perched in her electric chair"* enquanto Elton cantava: *"'I'm strangled by your haunted social scene/ Just a pawn outplayed by a dominating queen"* [3]. Poucas canções pop foram tão poéticas, tão perfeitas e ao mesmo tempo tão coléricas em seu ataque ao domínio psicológico e emocional de uma pessoa sobre a outra. Tratava-se de uma verdadeira retaliação pública.

Paul Gambaccini lembra-se de estar presente quando o álbum foi executado para jornalistas no verão de 1975 no Marquee Studios, perto da Rocket Records, na Wardour Street, Londres. Ele considerou o álbum "brilhante" em sua primeira audição, e depois de trinta anos sua opinião não mudou. "*Captain Fantastic* não é *poppy. Goodbye Yellow Brick Road* é um álbum ultrapop", diz Gambaccini. "*Captain Fantastic* é um álbum sério; não é para dar risada. O livreto acompanhado por ilustrações de *Goodbye Yellow Brick Road* não é à toa, pois

---

3. Seguindo a sequência: "Sentada como uma princesa empoleirada em sua cadeira elétrica"; "Estou sendo sufocado pela sua cena social mal-assombrada / Apenas um peão subjugado por uma rainha dominadora". (N. da T.)

Bernie tem essa capacidade de conjurar algo visual. Você pode vê-lo enquanto o ouve. *Captain Fantastic* não era dirigido a imagens, era autobiográfico, portanto é quase como se parte da dimensão de Elton John não estivesse presente. Como um trabalho estritamente musical, os dois estão no mesmo nível, mas ele não tem os adicionais da cultura pop presentes em *Goodbye Yellow Brick Road*."

A peça final é o quebra-cabeça da capa do álbum. Elton convidou o *designer* Alan Aldridge para trabalhar no projeto. Aldridge havia criado a capa do livro *Beatles Illustrated Lyrics*, e seu estilo, como descrito pelo *Guardian* em 1969, era "uma reminiscência luxuosa e harmoniosa da art nouveau, imagens cheias de cores psicodélicas que saltam aos olhos do observador". Seu *design* não desapontou. Usando óculos de aviador, fones de ouvido e cartola, Elton segura o que poderia ser a batuta de um maestro em uma mão e uma rosa na outra, sentado sobre um piano com uma perna de cada lado e cercado por uma exibição surrealista de pássaros, cobras e peixes. Sob ele, uma cápsula meio aberta mostra, presumivelmente, a vida controlada pelo relógio da cidade e da indústria.

O "ratinho da cidade" Elton é contrastado com o "ratinho do campo" Bernie. A contracapa exibe Bernie sentado, sorrindo com satisfação enquanto lê um livro, ainda hermeticamente fechado em sua bolha, um idílio rural com lebres, lesmas, besouros e ovelhas por companhia. Do lado de fora da sua cápsula pessoal encontrava-se um submundo sinistro no estilo de Lewis Carroll que incluía um personagem de cartola segurando uma chave, a estátua de uma mulher com cabeça de pássaro e vários vermes e esqueletos. A distância, Davey, Dee, Nigel, Ray e uma última figura minúscula que se acredita ser John Reid flutuam em direção à imagem de Bernie em suas próprias "bolhas" especialmente desenhadas. Uma das capas mais cheias de humor e ainda assim mais brilhantes já desenhadas, ela liga a estatura colossal que Elton John tinha em 1975 à herança dos Beatles.

Antes do lançamento de *Captain Fantastic*, Elton tomou uma atitude que mais tarde chamaria de inexplicável, e que na época gerou muito ressentimento. Depois de cinco anos na banda, Nigel Olsson e Dee Murray foram informados de que seus serviços não eram mais necessários. "Quando ele dispensou Dee e a mim, foi ao mesmo tempo um chute no traseiro e um choque total", recorda-se Nigel Olsson. "Ele não nos disse o que estava acontecendo. Na verdade, me ligou na semana anterior animado porque íamos fazer um concerto no Dodger Stadium [em Los Angeles]. Os ingressos estavam esgotados, e ninguém tocava no Dodger Stadium, especialmente bandas de rock'n'roll. Na semana seguinte, recebi um telefonema de Steve Brown em que dizia: 'Elton não quer mais vocês envolvidos nas apresentações nem nas gravações, o que vocês vão fazer?', tudo em uma única frase. Fui nocauteado."

"Eles ficaram furiosos, e eu fiquei muito chateado", diz Clive Franks. "Apesar de os caras que os substituíram serem meus amigos, eu pensava: 'Por que abandonar uma fórmula de sucesso?'." Muitos anos depois, Elton não expressaria sequer o mínimo arrependimento pela decisão. "Não consigo entender por que fiz aquilo", ele disse ao DJ da BBC Johnnie Walker em 2005, antes de tentar se explicar: "Olhando para trás, acho que foi parte de um esforço para mudar as coisas musicalmente. Talvez já tivéssemos ido até onde podíamos chegar".

A nova formação contaria com dois antigos colegas, o baterista Roger Pope e o guitarrista Caleb Quaye, e um segundo tecladista, James Newton Howard. Jeff "Skunk" Baxter foi pego emprestado dos Doobie Brothers para tocar guitarra e *steel guitar*, enquanto Kenny Passarelli assumiu o baixo. "Foi o mais próximo que Elton teve de uma verdadeira banda de rock pra valer", diz Ray Cooper. "Era uma banda muito bem definida. Caleb é mais do que competente. A adição de James Newton Howard também foi importante. James sempre foi um músico acadêmico, clássico, quase um pianista de concerto."

"Sempre quis estar em uma boa banda de rock'n'roll pesado", Elton confessou em junho de 1975. "A banda antiga não era pesada – era mais velocidade. Sempre que tocávamos ao vivo, tocávamos duas vezes mais rápido que no disco, o que pra mim era um pouco irritante. Acho que é melhor produzir um bom som do que correr."

Caleb Quaye ficou muito feliz por estar de volta, embora sua participação tivesse uma condição. "Elton garantiu que queria uma abordagem mais solta e forte para sua música. Disse-lhe o que ele já sabia – que eu desprezava algumas músicas pop de sucesso que ele havia produzido recentemente. Meu retorno à banda teria uma condição: eu não tocaria 'Crocodile Rock'." Durante os ensaios para a turnê de *Captain Fantastic* em Amsterdã, Keith Moon e Ringo Starr fizeram uma visita. Quaye admite que nessa época havia "subido um degrau" no que diz respeito ao consumo de drogas. "Em certo ponto, fiz uma viagem de quatro dias de cocaína, durante a qual perguntei alguma coisa sobre *Sgt. Pepper's Lonely Hearts Club Band* a Ringo", lembra-se Quaye. "Ringo estava tão doidão que não se lembrava do álbum."

A primeira apresentação da banda seria realizada no Wembley Stadium. Elton havia perdido peso depois de um período em um clube de tênis de Scottsdale, Arizona, onde teve aulas com Billie Jean King. A banda ensaiara bastante antes do show, e tocou brilhantemente, mas, como Elton mais tarde admitiria, eles cometeram um grande erro. Elton tomara a decisão corajosa – e, como descobriria, tola – de tocar o disco inteiro, um conjunto de músicas em sua maioria sérias e lentas que ninguém conhecia. "Escolhi as outras atrações a dedo", lembra-se Elton. "Eram Stackridge, Joe Walsh, Rufus & Chaka Kahn, os Eagles, os Beach Boys e nós. A entrada custava 2,50 libras!"

"Os Beach Boys entraram no ponto mais alto da noite", explica Paul Gambaccini. "O tempo estava quente e ensolarado, ideal para os Beach Boys, e todos entraram no clima e dançaram, e depois que eles terminaram todo mundo estava cansado. Elton entrou quando o nível de adrenalina estava caindo." "Entramos por volta das 8h da noite e tocamos um álbum inteiro que as pessoas nunca haviam ouvido", contou Elton. "Foi algo que deveríamos ter feito em um clube ou em um lugar pequeno, e não para 75 mil pessoas no Wembley Stadium. Na terceira faixa era possível sentir que as pessoas estavam começando a se irritar." "Elton foi vaiado, e as pessoas simplesmente saíram", foi o comentário franco de Clive Franks sobre o dia em que os Beach Boys roubaram a cena.

Apesar disso, o álbum seria o primeiro na história da indústria fonográfica a entrar direto para o primeiro lugar da *Billboard*. Elton foi capa da edição do dia 7 de julho de 1975 da *Time*, apelidado de "Capitão Fantástico do Rock". Ele também havia se tornado tão grande que já era não apenas um astro vivo do rock, mas um ícone na forma de cartum. Também seria criada uma máquina de *pinball* do *Captain Fantastic*; a arte era um trabalho original de Alan Aldridge. "Novidade de Bally", dizia o anúncio, "*pinball* comercial doméstico de qualidade em tamanho real, com o gigante do rock ELTON JOHN."

"Certa vez, em 1976, visitei Elton em Toronto e em seu quarto de hotel havia um protótipo da máquina de *pinball* do *Captain Fantastic*", recorda-se Paul Gambaccini. "Ele disse: 'Vamos jogar'. Depois de quatro bolas, eu estava na frente e comecei a pensar: 'O que faço agora? Me atrevo a vencer? Me atrevo a derrotar o cara em sua própria máquina?'. Teria sido um 'regicídio'. Elton era tão competitivo; ele simplesmente ligou. Não fui mal na última bola, mas ele foi frenético. O cara simplesmente não suporta perder."

Ainda em julho, Elton acabou no palco com os Rolling Stones no Hughes Stadium, em Colorado, e foi apresentado por Mick Jagger como "Reg de Watford". Ele se juntou aos Stones para o número que abriu o show, "Honky Tonk Women", música que fazia parte do repertório de suas próprias apresentações nos primeiros anos como um tributo. Mas então o ex-Reg Dwight estava no palco com a banda em pé de igualdade, apesar de, como se saberia, haver certa tensão. "Deveríamos tê-lo chutado do palco, mas não chutamos", Jagger aparentemente se queixou mais tarde. "É porque também somos ingleses."

Enquanto isso, o dinheiro continuava entrando. No outono de 1975, a imprensa noticiou que Elton estava prestes a comprar uma propriedade de 15 hectares por 400 mil libras, com jardins, piscina e, de acordo com o *Daily Telegraph*, "um complexo com estrebaria, estábulos, oficina, uma casa para os funcionários e um *flat* para um cavalariço". A propriedade era Woodside, localizada entre New Windsor e Englefield Green, nos limites entre Berkshire e Surrey. Localizada em Windsor Great Park, ela tinha por vizinhança ocasional a rainha da Inglaterra e Runneymede, onde o rei João I assinou a Magna Carta em 1215. Ao longo dos anos, a propriedade seria desenvolvida, remodelada e modificada com um cuidado e uma atenção cheios de amor. Ela se tornou a casa de campo de Elton John, e continua sendo até os dias de hoje.

Ao longo de 1975, enquanto Elton, o viciado em trabalho, mantinha uma agenda insanamente ocupada de turnês e gravações, começou a ficar claro que ele estava começando a sofrer de exaustão. A animação característica das entrevistas dadas apenas dois anos antes, quando a fama era uma novidade, havia sido substituída por um tom mais sombrio e pensativo. No final das contas, mesmo depois de tantos anos, Elton continuava perturbado pelo relacionamento com o pai e pelo divórcio doloroso dos pais. "Na época, eu estava terrivelmente amargo, mas agora estou vendo meu pai algumas vezes. E lamento muito por não termos nos aproximado mais", ele diria a um jornalista. "Ele tem quatro filhos a quem ama, mas não acho que ele seja um merda. Só queria que ele me amasse do mesmo jeito."

Se houve alguma semana na carreira de Elton que pode ser considerada o cume absoluto do seu estrelato, essa semana veio no outono de 1975. Paradoxalmente, também foi a semana em que a pressão do estrelado se tornou tão grande que levou Elton a sofrer um colapso. Ele havia acabado de lançar outro álbum de estúdio, o 11º em seis anos, e agora era hora de voltar ao redemoinho promocional. *Rock Of The Westies* [Rock dos Oestes], um trocadilho típico de Elton de "West of The Rockies" [Montanhas Rochosas do Oeste], foi gravado em Caribou Ranch no verão de 1975. Era o primeiro álbum desde *Honky Château* a trazer uma mudança significativa em sua direção musical. A banda de Elton podia ter perdido a bateria confiável de Olsson, as linhas de baixo criativas de Murray e a marca registrada dos vocais de apoio de Davey/Dee/Nigel, mas ganhou um som mais forte e mais ritmo. "Sou literalmente o pior músico da banda", Elton afirmaria. "Tenho de me esforçar muito para acompanhá-los, o que me ajudará a tocar mais pesado e melhor."

O problema era que, assim como *Caribou* parecia ter composições mais fracas se comparado a *Goodbye Yellow Brick Road*, a maior parte de *Rock Of The Westies* parecia ter qualidade distintamente inferior ao triunfo que fora *Captain Fantastic*. O resultado foi uma coleção agradável de músicas ocasionalmente executadas com brilhantismo, não muito distantes do tipo de som despojado produzido em Los Angeles pelos Eagles. O boogie da faixa de abertura "Medley: Yell Help/Wednesday Night/Ugly" é um dos destaques, enquanto a hiperatividade de "Grow Some Funk of Your Own" é outro. "Island Girl" foi o primeiro compacto extraído do álbum, e, se a letra não é uma das melhores de Bernie, ela tem uma melodia muito boa, e foi mais um primeiro lugar nos Estados Unidos.

"Dan Dare (Pilot Of The Future)" e "I Feel Like A Bullet (In The Gun Of Robert Ford)" também têm seus momentos, mas, diante da ausência de tantos pontos de referência do passado de Elton, o álbum soa mais reacionário do que inovador. *Rock Of The Westies* é o som de um artista inglês com uma banda anglo-americana gravando no Reino Unido um som predominantemente americano. Para todos os propósitos, ele poderia ter sido gravado por um artista americano.

Por volta da mesma época, uma mudança importante aconteceu na vida de Bernie. Sua esposa, Maxine, havia ido morar com o baixista Kenny Passarelli. "Bernie estava lá no estúdio com Kenny", lembra-se Caleb Quaye. "Mas se havia alguma tensão, não me lembro. O que me lembro é que Bernie estava bebendo muito na época e estava mais fechado que de costume."

Uma equipe de filmagem da London Weekend Television liderada pelo apresentador Russell Harty filmou Elton, sua família, amigos e colegas de trabalho no que, aparentemente, foi uma semana de sucesso sem paralelos. Sheila e Derf, junto com a tia Peg e outros parentes e vizinhos, sentavam-se ao lado dos pais de John Reid, Gus Dudgeon, Bryan Forbes e Nanette Newman no esplendor luxurioso do avião *Rock of The Westies Express*. Eles jantaram *steak* Diane e beberam champanhe assistindo a um filme no avião. Quando chegaram, encontraram Elton preparando-se para os dois shows, com ingressos já esgotados, a ser realizados no Dodger Stadium nos dias 25 e 26 de outubro. O prefeito de Los Angeles proclamou a "Semana Elton John", e o cantor compareceu à inauguração da sua própria estrela no Hollywood Boulevard.

As apresentações no Dodger Stadium foram um triunfo imenso para Elton. Lar do time de beisebol Los Angeles Dodgers, o estádio não era usado por uma estrela do rock desde os Beatles, uma década antes, em um show que quase terminou em tumulto. O concerto de Elton John seria imortalizado em fotografias fantásticas de Terry O'Neill. Suas roupas de palco haviam sido desenhadas por Bob Mackie como uma homenagem aos Dodgers de LA. Ele se apresentaria com um boné de beisebol azul e uniforme coberto por *glitter*, com ELTON e seu número (1, é claro) escritos nas costas. Ele abriu com "Your Song", e mais tarde tocou mais um clássico lento, "Goodbye Yellow Brick Road", conquistando a plateia ao mudar a letra para *"It'll take a couple of tequila sunrises/ To set you on your feet again"* [4]. Billie Jean King juntou-se a Elton no palco para dançar ao som de "The Bitch Is Back".

Contudo, apesar do sucesso maciço, Elton estava começando a se cansar da vida de astro. Ele passou os meses do outono de 1975 em uma residência temporária em Los Angeles. De acordo com Philip Norman, a razão para isso foi em parte um plano desenvolvido por John Reid depois de problemas com o Internal Revenue Service americano pela dívida tributária de Elton, calculada sobre a exorbitante renda de US$ 7 milhões por ano que ele vinha tendo nos Estados Unidos. Elton comprou uma mansão em Berverly Hills que em períodos

---

4. "Serão necessários alguns copos de tequila sunrise/ Para colocá-lo de pé outra vez." (N. da T.)

diferentes já havia sido propriedade de Greta Garbo e de David O. Selznick, o lendário produtor de *E o vento levou...*

Parece que no verão de 1975, quando gravava *Rock Of The Westies*, Elton havia sido capturado pelo chamado da cocaína. Cercado por tantos usuários de drogas da indústria musical, e a partir da segunda metade de 1975 instalado em Los Angeles com novas companhias, a motivação original de Elton provavelmente não foi mais que querer se enturmar. Sua tendência ao vício, contudo, significava que, depois de ter optado por usar a droga, era impossível voltar atrás.

Sharon Lawrence, que no final de 1974 trabalhara no escritório da Rocket de LA, disse a Philip Norman que, ao reencontrá-lo em 1975, a mudança sofrida por Elton havia sido tanto rápida quanto dramática. "Eu me lembrava de uma pessoa um pouco temperamental, que podia ser um pouco neurótica e difícil, mas que era na maior parte do tempo feliz e organizado. Agora ele estava pálido, incrivelmente tenso, ansioso e entrava em pânico com facilidade. No espaço de meses desde que o vira, ele parecia ter se tornado uma pilha de nervos."

A atmosfera da casa era sombria e sinistra. A aparência de Elton estava pálida e doentia. Quando Russel Harty o entrevistou para a LWT no dia seguinte à primeira apresentação no Dodger Stadium, Elton falava coisas desconexas, com olhos mal abertos por trás das lentes. Durante a "Semana Elton John" em Los Angeles, poucos dias antes dos dois shows esgotados, Elton tomou o que afirmou terem sido sessenta comprimidos de Valium e pulou na piscina interna gritando, como se lembraria: "Estarei morto em duas horas!". "Minha avó, que estava em sua primeira viagem aos Estados Unidos, disse: 'Bem, acho que é melhor irmos pra casa agora!'", ele confessaria mais tarde. Essa foi a primeira tentativa séria de suicídio de Elton, depois da qual ele passou dois dias em coma.

"Foi uma época terrível, realmente terrível", disse sua mãe, Sheila, ao revisitar suas memórias com Elton no documentário de 1996 para a televisão *Tantrums And Tiaras*. "É terrível ver alguém que amamos infeliz. Eu não conseguia me aproximar dele. Era um estilo de vida diferente, e ele começou a se relacionar com pessoas diferentes. Havia as drogas, o que ele negava com veemência, mas eu não sou idiota. Eu sabia que ele estava usando drogas, mas o que se pode fazer? Não o vi durante uma semana até nos encontrarmos nos bastidores antes de ele entrar, e me lembro que suas mãos haviam simplesmente se partido de tocar o piano com tanta força e que ele estava colocando uma coisa na pele." Nesse ponto, a mãe de Elton começou a chorar ao lembrar-se da imagem.

"Ele estava com uma aparência terrível. Pensei que ele fosse morrer. Russell Harty nos filmou e [mais tarde] todos disseram: 'Vimos você chorar', e eu pensei: 'Vocês não sabem, não fazem ideia'. Eles pensaram que eu havia chorado de alegria, mas eu estava tão preocupada. E aquele era apenas o começo de tudo."

CAPÍTULO 9

A PRIMEIRA CORTINA FINAL

"Acho que as pessoas deveriam ser muito livres em relação ao sexo – deveríamos estabelecer as cabras como limite."
Palavras de sabedoria de Elton John para a *Rolling Stone* em 1976.

"Há muito mais na minha vida do que apenas tocar na estrada."
Discurso de despedida de Elton na Wembley Arena, 1977.

É sábado, e estamos em uma manhã fria e chuvosa de inverno. O Watford está jogando no norte da Inglaterra. Geralmente, o presidente do clube visitante ocupa seu assento sem causar tanta sensação, mas dessa vez é um pouco diferente. Elton é avistado, e o canto da torcida começa a ganhar força. Enquanto se acomoda, ele se pergunta o que a equipe do Watford vai pensar. Os 1.500 torcedores do outro time cantam em uníssono a plenos pulmões e em um crescendo com a melodia de "My Old Man Said Follow The Van":

"Don't bend down, when Elton's around
Or you'll get a penis up your arse." [1]

---

1. "Não se abaixe se Elton estiver por perto/ Ou tomará um pênis no rabo." (N. da T.)

Pouco depois, outra música emerge do outro canto da arquibancada com a melodia de "Glória, Glória, Aleluia":

"Elton John's a homossexual!"[2]

O cantor ri baixinho enquanto espera pelo início do jogo. Mas a torcida não para de cantar. Elton agora é oficialmente "uma bichinha".

* * *

Elton John tinha senso de humor e uma natureza muito indulgente. Ele simplesmente ignorava aquilo. Sobre as músicas com que costumavam recebê-lo, disse: "Eu achava aquilo muito divertido e criativo, embora fosse bastante constrangedor, sou obrigado a dizer. Lembro-me de a esposa do vice-diretor ter se sentado ao lado da minha mãe e lhe perguntado o que eles estavam cantando. Minha mãe respondeu algo como: 'Ah, nada'. Se os outros diretores ficavam constrangidos, e provavelmente muitas vezes ficaram, foram muito legais em relação a isso".

"Você tem de ficar ali sentado sorrindo e sendo tolerante. Estão fazendo isso para testá-lo, e se você fica nervoso, isso é errado, não deve ser feito. Você tem de ficar ali e aguentar. O público inglês tem me apoiado muito. Nunca tive nenhum problema em partidas de futebol além de um insulto aqui ou ali. Mas todos foram muito carinhosos e me apoiaram muito."

A associação formal de Elton ao Watford FC teve início no final de 1973. Ao saber que o clube precisava de investimentos e que os aceitaria de qualquer fonte, até mesmo de um astro pop, Elton tivera algumas conversas com a diretoria da Vicarage Road e comprara ações do Watford. Em troca, recebeu o título honorário de Vice-Presidente do Watford FC. Elton levou o título a sério. Sempre que estava no país e sua agenda permitia, ele mostrava apoio aos seus amados Hornets[3] (assim chamados pelas listras pretas e douradas) com fervor. Ele divulgava o clube em entrevistas sempre que possível, tendo notoriamente balançado seu cartão de membro diante das câmeras no meio do clipe promocional de "Step Into Christmas" em 1973, e estava preparado para apoiar seu time com um bom montante. Em abril de 1974, ele tornou-se um dos diretores do clube. No campo, contudo, o time não estava se saindo bem, relegado à Quarta Divisão no final da temporada de 1974/75. Então, na primavera de 1976, Elton foi eleito presidente, uma eleição que veio em um período de intenso envolvimento com o clube. Ele já convidara John Reid para fazer parte da banca de diretores, e um plano de investimentos contínuos no clube fora discutido. A eleição ocorreu na hora certa, visto que sua carreira, que passara seis anos em ascendência, havia

---

2. "Elton John é homossexual." (N. da T.)

3. Espécie de vespa presente principalmente na Europa cujo corpo tem as cores dourada e preta. (N. da T.)

alcançado o pico, e agora ele precisava de outro desafio. No futuro, o futebol se tornaria tão importante para ele quanto sua música.

Não era comum um clube de futebol ter uma celebridade como Elton na presidência. O fato de ele ser *gay* era outro fator que não podia passar despercebido, e tornou-o alvo de provocações intermináveis da torcida dos times adversários. Os estádios que sediavam as partidas de futebol nas décadas de 1970 e 1980 eram lugares verbalmente – e com frequência fisicamente – arriscados. "Vocês vão para casa em uma ambulância do St. John" e "Vamos chutar sua maldita cabeça" faziam parte dos gritos regulares das torcidas da casa para as torcidas dos times visitantes em todos os lugares do país. Imaginemos como o potencial de intimidação aumentava quando o presidente era *gay*. No mundo homossocial e muitas vezes homofóbico do futebol na década de 1970, ninguém havia ouvido falar de um clube de futebol cujo proprietário fosse *gay*.

Aqueles eram os dias em que os fãs de David Bowie, *gays* ou não, eram chamados de "bichinhas" nas ruas, em que *sitcoms* como *Are You Being Served?* lidavam com a homossexualidade como uma caricatura grotesca, em que os *gays* que estavam na mídia eram personagens divertidos ou dignos de pena. A ideia de que um esportista profissional podia ser homossexual era quase inconcebível. Mesmo uma década mais tarde, quando o atacante Justin Fashanu admitiu ser *gay*, ele seria excluído por muitos da comunidade do futebol e acabaria cometendo suicídio com apenas 37 anos.

Elton John, a celebridade pop mais famosa da Inglaterra, havia tirado pelo menos metade do coelho da cartola em uma entrevista para a *Rolling Stone* de 7 de outubro de 1976, intitulada "Elton's Frank Talk – The Lonely Love Life of A Superstar". Depois de algumas perguntas preliminares sem controvérsia, o entrevistador da *Rolling Stone*, Cliff Jahr, perguntou: "Podemos entrar em assuntos pessoais? Devo desligar o gravador?", e Elton respondeu "Vá em frente". Talvez pressentindo que Elton estivesse tentado a fazer revelações, Jahr perguntou: "O que acontece com Elton quando ele chega a casa à noite? Ele recebe amor e carinho?". Elton respondeu: "Minha vida nos últimos seis anos tem sido um filme da Disney, e agora tenho alguém na minha vida. Fico deprimido com facilidade. Com péssimo estado de espírito. Acho que ninguém realmente me conhece. Acho que nem mesmo eu me conheço". Em seguida, ele fez a seguinte confissão: "Nunca falei sobre isso. Mas não vou desligar o gravador. Ainda não descobri ninguém com quem gostaria de me acomodar – de nenhum sexo". "Você é bissexual?", perguntou Jahr em busca de uma confirmação. Não foi muito difícil consegui-la. "Não há nada de errado em ir para a cama com alguém do mesmo sexo", Elton respondeu. "Acho que todo mundo é bissexual até certo ponto. Não acho que sou só eu. Não é algo ruim de ser. Acho que você é bissexual. Acho que todos somos."

Chegara a hora de Elton contar ao mundo quem realmente era. O problema foi que "o mundo" – ou, mais precisamente, a porção específica do Centro-Oeste dos Estados Unidos que comprava seus discos e o adorava – não entendeu nem se mostrou solidário. Em uma carta impressa na *Rolling Stone* no dia 4 de novembro de 1976, Lisa Crane, de Provo, Utah, escreveu:

> *Como uma fã imensamente devotada de Elton John, sinto muito ter sido desnecessariamente informada de que meu "herói" é bissexual. O efeito foi devastador. Ele não precisava ter revelado seu nanismo moral. Sinto muito ter de encarar o fato de ele ser um grande perversivo do sagrado (a ignorância era uma bênção). Por sorte, sua moralidade decrépita não afetou suas habilidades musicais, embora talvez seja necessário algum esforço para "separar o homem da música" a fim de voltar a apreciá-lo. Minha repulsa só pode ser comparada à minha decepção, e ambas são acompanhadas pela pena; tenho pena dele por suas ilusões e perversões sexuais.*

Entretanto, Elton achou que a confissão teve efeito muito pequeno em sua carreira. No final de 1976, ele contou ao agora extinto jornal de música britânico *Sounds* que sua revelação fora "...o anticlímax do ano. Mais pessoas acenam para mim que antes, isso é tudo. Ninguém parece ter ficado chateado comigo, especialmente no clube de futebol. Embora tenha havido uma porção de gritos das arquibancadas: 'Sua bichinha', coisas do tipo".

Pode ser, é claro, grande coincidência o fato de a decisão de "sair do armário" de Elton John ter coincidido com um declínio comercial. Talvez fosse inevitável, se considerarmos que ele teve seis anos de ascendência contínua, que algum tipo de compensação ocasionalmente viesse a ocorrer. Porém, na época, aqueles que conviviam com ele consideraram sua honestidade um erro. Em meados da década de 1970, John Reid e Elton terminaram seu relacionamento pessoal, mas continuaram bastante ligados, e Reid simplesmente achava que a confissão teria mais efeitos positivos do que negativos. "Na época, era um território desconhecido; ninguém fazia perguntas, e não havia necessidade de falar sobre isso. Todos do meio sabiam que estávamos juntos. E então o camarada da *Rolling Stone* fez a pergunta e Elton respondeu, o que teve consequências. Não havia problemas para mim, mas eu não era uma figura pública."

"Eu trabalhei com ele em 1976, 1977 e 1978, e embora ele tenha continuado popular nas duas costas, no Centro-Oeste suas vendas caíram dramaticamente", são as memórias de Gary Osborne. "Na verdade, aquilo foi uma das coisas que me deixaram mais orgulhoso em relação a Elton, pois ele não precisava fazer aquela confissão. Ele não foi excluído. As pessoas que tinham conhecimento da sua orientação sexual não viram motivo para excluí-lo."

Na época, uma admissão de bissexualidade era meio caminho andado, um código que os homossexuais usavam para admitir que eram *gays*. Nas entrevistas do período, contudo, Elton deu a impressão de que sua orientação sexual era genuinamente bissexual. "Eu gostaria de um dia ter uma família, mas já vi muitos casamentos fracassarem", ele disse à *Playboy* em 1976. "Como é que você pode ter um filho e passar seis meses por ano longe? Tive uma infância terrível, e gostaria que meus filhos tivessem uma infância mais agradável."

"Para ser honesto, não acredito que sou 100% *gay*, pois sinto atração por mulheres mais velhas, e portanto não posso ignorar esse meu lado", ele refletiria em 1978. "Basicamente, acho que sou um solitário e sempre serei. Veja bem, não sou o tipo de pessoa que vai se casar, se acomodar. Mas, por outro lado, não posso prever nada. Em dez anos eu posso estar casado com Shirley MacLaine e podemos ter seis anõezinhos."

O único exemplo recente de um roqueiro que havia "saído do armário" era David Bowie, mas observadores acreditavam que sua confissão havia sido uma estratégia para atrair mais manchetes e aumentar seu apelo para os fãs do rock com mentes mais liberais e perspicazes. Afinal de contas, havia muitas evidências, entre as quais um filho, de que Bowie era heterossexual. Elton, por outro lado, tinha uma base de fãs muito mais conservadores que os do Thin White Duke. Elton não atraía muito os adeptos do *cult*, mas muito mais o adolescente mediano e jovens de vinte e poucos anos que preferiam a música como uma forma de entretenimento, sem a estranheza que Bowie parecia naturalmente representar.

Na realidade, de acordo com Gary Osborne, Bowie sempre foi um assunto delicado para Elton. "Elton sentia certa rivalidade em relação a Bowie", ele admite. "A maioria desses astros de rock sente mais rivalidade em relação a alguém do que aos outros. É porque eles estão em territórios semelhantes. Acho que Elton meio que se ressentia do fato de Bowie, que é essencialmente heterossexual, ter em parte conquistado sucesso por fingir ser *gay*, cortejando seguidores *gays*, propagando uma mística *gay*, enquanto Elton, que é essencialmente *gay*, teve de esconder sua verdadeira orientação do público por tanto tempo. Do ponto de vista de Elton, ali estava um cara que havia se dado bem fingindo ser uma bicha, e lá estava ele, uma bicha de verdade, tendo de fingir ser hétero. Acho que isso o irritava um pouco. Elton é um grande fã de música, um grande conhecedor, de forma que não podia ignorar o talento de Bowie, e isso era um pouco preocupante. Pois ele podia olhar em volta e dizer que 'é fácil gostar de Marc Bolan porque Marc só tem três músicas. É fácil ser fã de Bryan Ferry, porque ele não é um cantor tão bom quanto eu'. Mas ali estava um rival sobre o qual ele podia pensar 'talvez esse cara seja tão bom quanto eu; talvez, nos seus melhores dias, ele seja até melhor'."

Em 1976, houve uma pequena guerra entre os dois ícones do pop que definiram o seu período. Bowie fizera um comentário mordaz para um entrevistador da *Playboy*, referindo-se a Elton como "o Liberace, a rainha simbólica do rock". "Considero-me responsável por uma escola inteira de fraudes", Bowie continuou. "Todos eles sabem quem são. Não é mesmo, Elton?" "Ele estava obviamente um pouco drogado quando fez aquilo", Elton disse depois à *Rolling Stone*. "Ignorei seus insultos. Acho que ele é um garoto tolo." Mais tarde, a *Playboy* questionou Bowie outra vez sobre a "rixa". "Como está seu relacionamento com Elton atualmente?" "Ele me mandou um telegrama muito gentil outro dia", respondeu Bowie. "Você não o descreveu como 'o Liberace, a rainha simbólica do rock?'", perguntou a *Playboy*. "Sim, bem, isso foi antes do telegrama. Prefiro ouvi-lo no rádio a falar sobre ele."

A "rivalidade" Bowie/Elton na época foi aproveitada por um jornalista como tema recorrente entre os fãs ingleses de Elton. Na primavera e no verão de 1976, Elton voltou para a estrada, dessa vez em uma turnê mundial chamada *Louder Than Concorde... But Not Quite As Pretty*, referência ao recém-lançado avião de mesmo nome. Cobrindo a turnê para a *Street Life*, Nigel Fountain entrevistou vários fãs de Elton. "Ele é melhor que Bowie", disse uma fã chamada Frances. "Bowie tem muitas tietes. Você sabe, todas elas vêm com: 'David, nós o amamos' e tudo mais. As plateias de Elton John são quase completamente compostas por pessoas com mais de dezoito anos, certo? Bowie talvez seja mais diferente, mas Elton tem músicas melhores." Outra fã, Chris, opinou: "Bowie é um pouco estranho. Elton John canta músicas para seres humanos. Bowie dá a impressão de vir de outro lugar". "Bowie e *Yellow Brick Road* são dois pontos de referência contínuos entre o público", concluiu Fountain. "Bowie é perturbador. *Yellow Brick Road* é o parâmetro para medir o sucesso de John."

Entretanto, o jornalista da *Street Life* no final das contas não ficou nem um pouco impressionado com a música de Elton. Como muitos outros jornalistas da época, ele considerava Elton não mais que um fenômeno de vendas. "É como assistir à produção de Ford Cortinas: ela é competente, eficiente e barulhenta. Ou como uma caverna, iluminada por luzes coloridas, com gnomos digitais martelando com martelos e cinzéis. O astro caminha, trota entre os músicos como um capataz certificando-se de que a equipe está fazendo um bom trabalho. Um camarada simpático, sempre disposto a tomar um drinque com os rapazes depois do show." Ele prossegue: "As roupas do astro são como a tinta berrante de uma casa semigeminada; ela atrai sua atenção, mas ainda assim é apenas uma casa semigeminada". Ele concluía que Elton não passava de um vendedor de sentimentalismo, "não uma experiência de primeira mão, mas emoções de segunda mão. Assim, música após música acaba em um refrão estilo Yellow Brick com 'Ahs e Ohs'. Uma mente divagando em uma história triste sobre Monroe em quimeras patéticas. É como admirar um gatinho em um cartão de Natal. É seguro".

Apesar disso, a turnê de 1976 deixou muitos fregueses satisfeitos. O estilo de Elton John foi um pouco "sem glamour" se comparado a turnês anteriores, mas ainda tinha a loucura que era a sua marca registrada.

"Elton marchava pelo palco usando uma jaqueta listrada descolada, tênis de Lurex e uma banana dourada gigante (toque sutil) batendo nos joelhos", noticiou o *Sounds* sobre o concerto de maio de Elton no Grand Theatre, em Leeds. "A plateia foi adornada com chapéus-coco com um grafite apropriado em volta, cachecóis para serem agitados no ar como em uma partida de futebol, cópias fiéis elaboradamente construídas dos antigos óculos ZOOM do homem, cartolas tiradas de cartazes do *Captain Fantastic* e tudo a que tinham direito... Eles sabiam todas as letras, cantando silenciosamente durante todo o show, e mostraram-se reverentes. Devo chamar atenção para o fato de a atitude de Elton ao correr em volta por plataformas sobre a plateia, apertando a mão de todas as pessoas na primeira fileira como um louco, foi muito sincera, sem um traço de arrogância, [ou atitude] sou-mais-legal-que-vocês. Ele ainda é um deles. Apreciativo." O auge da turnê seria um concerto realizado no dia 12 de maio em Earls Court, uma apresentação que arrecadou, naquele que foi o ano da Olimpíada de Montreal, 40 mil libras para a Sports Aid Foundation.

Elton também tocou em casas lotadas em sua terra natal. Novamente vestindo uma série de trajes de palco em uma combinação estranha, incluindo uma jaqueta de toureiro com grandes barras dos lados na forma de teclas brancas e pretas de piano, jardineiras, cartolas do Tio Sam e camisetas listradas, para um efeito cômico ele pendurava uma cenoura, um morango ou uma banana de brinquedo entre as pernas. No dia 4 de julho, Elton marcou o bicentenário americano subindo ao palco no Schaeffer Stadium, em Foxborough, vestido de Estátua da Liberdade. A turnê terminou em setembro com uma série de sete noites no Madison Square Garden. Estrelas especiais foram convidadas, incluindo, em uma noite, a superpesada *drag queen* Divine. O Madison Square Garden teria um papel enorme na carreira ao vivo de Elton. É sua casa de espetáculos favorita, grande o bastante para criar uma atmosfera fantástica, mas, com sua capacidade para 20 mil pessoas, ainda relativamente íntima se comparada aos estádios e à enormidade que na época era comum na agenda de turnês de um superastro pop.

A versão de 1976 de Elton havia sofrido reduções devido aos excessos de 1973 e 1974. "Acho que se fosse um cara triste que tivesse subido ao palco usando jeans e camiseta, eu teria recebido mais críticas positivas nos anos 1970 do que recebi usando essas roupas. Mas realmente não me importo, porque me diverti muito", Elton diria ao DJ da BBC Steve Wright em 2004. Bernie também se mostraria pouco entusiasmado em relação às roupas mais "criativas" de

Elton, e o coro de desaprovação receberia o apoio de John Reid: "Tentei colocar algum equilíbrio, mas quanto mais lhe dizíamos para não fazer aquilo, mais ele ia atrás das criações mais ultrajantes de Bob Mackie e Bill Nudie". "Não fiz nada que não faria outra vez", disse Elton provocativamente no final de 1976. "Fiz tudo com toda a inocência e com senso de humor", acrescentando: "Nunca me interessei muito pelo que usava; simplesmente pedia a alguém que desenhasse alguma coisa absurda e ria quando a via".

Chris Charlesworth, que morava em Nova York e era o editor inglês da *Melody Maker*, acompanhou Elton em algumas apresentações no Reino Unido na turnê mundial *Louder Than Concorde*. "Juntei-me a eles em Chicago e fui para Cleveland. Lembro-me de ter telefonado e pedido para viajar no avião com EJ, e a relações-públicas a princípio foi muito esnobe. 'Você será colocado na lista com os outros cem pedidos semelhantes', ela disse. Então eu respondi: 'Aqui é Chris Charlesworth, da *Melody Maker*. Basta perguntar a alguém próximo de Elton'. Meia hora depois, ela voltou ao telefone pedindo desculpas. E fui colocado no avião. Então, não importa quão grande ele estivesse, EJ não havia me esquecido. Ele era leal."

"Depois de um dos concertos", continua Charlesworth, "voamos para algum lugar após a apresentação, e estávamos todos com muita fome. Lembro-me de Elton estar muito excitado porque havia mandado alguns caras da equipe pegarem frango frito do Kentucky Fried Chicken. Eles voltaram com caixas de papelão enormes, e comemos no avião. Elton absolutamente amava o Kentucky Fried Chicken do Coronel Sanders."

Charlesworth conseguiu um furo na turnê quando, em sua entrevista com o astro, Elton soltou uma informação muito importante. "Ele me disse que estava se aposentando!", disse Charlesworth. "Elton disse: 'Fiz isso durante seis anos e estou farto. Não tão farto de tocar quanto de não ter uma residência fixa e ficar de um lado para outro. Não quero sofrer a pressão de ter de passar mais dois anos em turnê'."

Em outra entrevista realizada por volta do mesmo período, Elton admitiu que talvez chegasse uma época em que abandonaria o rock completamente. "Eu não estarei tocando 'Crocodile Rock' daqui a sessenta anos", ele prometeu. "Não quero me tornar um roqueiro patético e ter uma queda lenta, como muitas pessoas fazem. Não quero ser um Chuck Berry. Quando tiver quarenta anos, não quero estar fazendo concertos pelo país. Prefiro me aposentar decentemente, sair de cena quando as pessoas menos esperarem e viver em uma casa semigeminada na Inglaterra, tornando-me parte de outra coisa."

Elton John estava exausto. Entre 1970 e 1976, ele havia feito cerca de quinhentos concertos e gravado onze álbuns de estúdio e dois álbuns ao vivo, sem mencionar o trabalho como produtor e as participações em shows e discos de outros artistas. As viagens, os aeroportos, os hotéis, as esperas, a imprensa, as passagens de som, as refeições, e então os concertos, o pós-show e o tempo necessário para que o nível de adrenalina diminuísse e o nível de serotonina aumentasse o suficiente para induzir o sono, tudo a ser repetido no dia seguinte – até a pessoa mais resistente em algum ponto teria de sucumbir à exaustão resultante da mudança de fuso horário, os contratempos, o cansaço e as refeições irregulares. A consequência era um físico frágil e um emocional atordoado pelas rodadas de horas sem nada para fazer seguidas por períodos de estresse intenso durante as apresentações.

Em uma entrevista para a *Playboy*, Elton confessou ter uma dieta pobre ("Devo admitir que como lixo"), beber demais ("Quando estou fazendo um álbum no Caribou, bebo muito vinho. E passei para bebidas com 50% de teor alcoólico e a ficar realmente fora de mim – por razão nenhuma") e ter crises de depressão ("Às vezes fico deprimido sem razão; simplesmente fico na cama muito triste. Isso geralmente dura um dia e vem de repente"). O consumo de drogas, algo muito mais debilitante, nunca foi mencionado nas entrevistas, nem por entrevistador nem por entrevistado.

A época também não foi boa para Bernie Taupin. A *Playboy* perguntou a Elton: "Ele não se tornou um recluso, não é?", ao que Elton respondeu: "Se você chama de recluso sair cambaleando de algum lugar às 6:30 da manhã com uma garrafa de vinho...". Havia rumores de que Taupin havia começado a namorar a cantora inglesa Lynsey de Paul, mas seu relacionamento mais íntimo em 1976 era com a garrafa. Ele estipulou que beberia cerveja Coors durante as turnês, e qualquer lugar que se atrevesse a lhe dar quaisquer das bebidas de sabor quase idêntico que fazem sucesso no mercado americano seria aconselhado a providenciar a verdadeira Coors. Ele iniciava o dia com uma cerveja seguida por uma vodca e começou a ganhar peso.

Em junho de 1976, a compilação das letras de Bernie, *The One Who Writes The Words For Elton John*, editada por Alan Aldridge e Mike Dempsey, foi publicada no Reino Unido por Jonathan Cape ao preço de 2,45 libras. Taupin havia sempre insistido que letras pop nunca deveriam ser lidas como poesia, e de fato o processo de separá-las das músicas e imprimi-las como palavras silenciosas no papel era um convite a esse exato tipo de comparação. Embora as imagens (colagens, desenhos e fotografias reunidas por Aldridge com contribuições de pessoas como David Larkham, que desenhava as capas de Elton John, do renomado artista Peter Blake e de roqueiros como Alice Cooper, Charlie Watts e John Lennon) não deixassem de ser um atrativo, isso não impediu que um crítico descrevesse o livro como "uma viagem do ego de Taupin, item de colecionador, um conjunto de pensamentos, fantasias e ilustrações para um dia chuvoso. Nada mais".

Apesar do cansaço das turnês e da exaustão, Elton e Bernie conseguiriam uma vitória durante o verão escaldante do Reino Unido de 1976: seu primeiro compacto a alcançar a primeira posição no Reino Unido. "Don't Go Breaking My Heart", de Elton e Kiki Dee, passou seis longas semanas no primeiro lugar.

"Estávamos passando o Natal em Barbados, e ele veio até mim e disse: 'Quero muito escrever algo animado, algo tipo disco-soul'", lembra-se Bernie. "Então, fui até o andar de cima e comecei a datilografar na máquina de escrever. Em cinco minutos consegui fazer algo, desci as escadas e entreguei a ele. Em mais cinco minutos ele terminou a música, que era ótima. Foi uma dessas coisas que surgiam imediatamente. Assim que ele a tocou, eu disse: 'Bem, este vai ser o próximo compacto. Isso é um hit!'."

Na verdade, Elton escreveu vários dos versos da música, tornando-a uma das poucas a terem alguma participação do próprio astro na letra. Na época, os duetos estavam fora de moda, de forma que a ideia de fazer um dueto era bastante incomum. "Falamos sobre a possibilidade de fazer um dueto, pois havíamos crescido com a Motown e adorávamos coisas de Marvin Gaye e Tammy Terrill", lembra-se Kiki. "Pelo que ouvi Gus Dudgeon dizer, a princípio Elton não ia me dar tantos versos para cantar. Acho que eu ia fazer um tipo de participação. Foi Gus que pediu a Elton que dividisse os versos igualmente. Elton fez sua gravação nos Estados Unidos, e eu fiz a minha em Londres. Lembro que Elton mandou uma demo com as minhas partes cantadas em uma voz aguda como guia para que eu pudesse identificar minhas partes com Gus, o que foi muito engraçado."

O clipe promocional reforçou a inocência infantil da canção, com Kiki vestindo uma jardineira cor-de-rosa e Elton usando um terno xadrez folgado. "Mike Mansfield, produtor do programa pop de tevê *Supersonic*, fez o clipe promocional para ela", diz Kiki. "Tudo foi feito em uma única tomada. Você assiste aos vídeos hoje em dia e eles são tão produzidos, dirigidos e temáticos, mas aquele clipe era apenas uma *performance*, em que fingíamos estar no estúdio e nos divertindo. Meu cabelo estava brilhando um bocado, e eu estava com aquela franja."

Para Dee, a música marcaria o auge comercial da sua carreira. Contudo, ironicamente, também foi o momento que a rotularia: "Eu tinha 29 anos quando aquela música se tornou um sucesso, e cantava profissionalmente desde os dezessete. Eu estava esperando por muito tempo que algo grande acontecesse, e então aquela música me definiu na mente do público britânico. Pode ser difícil se livrar de algo assim. Algumas vezes na minha vida tentei me livrar dessa música, mas finalmente me dei conta de que em primeiro lugar não conseguirei, e em segundo, por que deveria? Tenho orgulho dessa música e por tê-la cantado tão bem. Ela fez tantas pessoas felizes".

O compacto também alcançaria a primeira posição nos Estados Unidos e foi indicado para o Grammy por melhor *performance* vocal pop em dupla ou grupo. Entretanto, seu sucesso gigantesco também marcaria o período de Elton no topo da árvore do rock. De "Rocket Man", de 1972, a "Sorry Seems To Be The Hardest Word", de 1976, ele tivera catorze compactos no Top 10 americano e sete no inglês. Todos os álbuns de estúdio, de *Honky Château* a *Rock Of The Westies*, haviam alcançado o primeiro lugar na *Billboard*. O fato de seu álbum seguinte, *Blue Moves*, ter alcançado apenas a terceira posição foi uma surpresa e a primeira indicação de uma redução do apoio público. Não obstante, uma estimativa em 1976 colocou as vendas totais de Elton na faixa de 42 milhões de álbuns e 18 milhões de compactos, com dez de seus álbuns superando a casa de 1 milhão de vendas nos Estados Unidos. Agora havia um boneco de Elton no Museu de Cera de Madame Tussaud. A primeira figura do rock desde os Beatles a ganhar esse reconhecimento, Elton John em 1976 era o ícone pop mais reconhecido do planeta.

Em 1976, a Rocket Records, o maior interesse empresarial de Elton além do Watford FC, ia de vento em popa. Steve Brown deixara a companhia em 1974, o que na época fora um grande golpe, mas que no final das contas não foi fatal. David Croker substituiu-o como chefe, e Clive Banks foi recrutado da DJM para trabalhar no departamento de promoções. Após o sucesso de "Amoureuse", de Kiki Dee, outros artistas emplacariam uma série de sucessos, mas notavelmente um primeiro lugar nos Estados Unidos com "Laughter In The Rain", de Neil Sedaka.

Maldwyn Pope, o prodígio de Swansea, continuava na Rocket. "Passei por um período difícil na Rocket", Mal admite hoje. "Steve Brown havia saído. Steve tinha uma presença muito forte, e posso imaginar como ele influenciou Elton, pois fazia você acreditar que ele estava certo. Passei muito tempo das férias de verão na casa de Steve, em Kent. Certo dia, telefonei para a Rocket depois de ter chegado da escola para ver como as coisas estavam indo e me disseram que Steve não estava mais lá. Aparentemente, ele estava dirigindo para o escritório quando percebeu que não queria ir para lá, então simplesmente deu meia-volta e foi para casa. Elton telefonou várias vezes para ele, mas Steve não ligou de volta. Acho que isso magoou muito Elton."

Com sua carreira no limbo, Maldwyn procurou Elton em busca de ajuda. "Escrevi para Elton dizendo que me sentia um fracasso de quinze anos de idade, então ele telefonou para a minha casa e disse que assumiria o controle. Gravei com ele no Ano-Novo, mas só fomos para o estúdio no verão. Uma semana antes, ele me deu ingressos para a FA Cup Final. Entrei no Abbey Road e fui recebido por Eric Morecambe. Ele estava fazendo um disco beneficente e foi muito simpático."

"Também me hospedei em Woodside, onde havia muito mais coisas acontecendo do que em Virginia Water. Elton tinha o vestido usado por Judy Garland em *O mágico de Oz* em uma caixa para exibição nas escadas. Passamos a noite conversando sobre música. Eu havia acabado de ir a um concerto de Andrae Crouch, um cantor gospel negro. Elton simplesmente foi até sua coleção de discos e trouxe todos os discos que Crouch gravara. Naquela noite ouvimos vários artistas diferentes."

"Acho que muitas pessoas questionariam o quão apropriado é Elton ter um adolescente hospedado em sua casa, ainda mais se considerarmos Michael Jackson atualmente. Sempre fui heterossexual e estamos falando sobre uma época em que ser homossexual não era bem aceito. Ele sempre foi muito gentil comigo e nunca me senti nem um pouco incomodado em sua companhia. O que digo às pessoas desde então é que ele era *gay*, e não pedófilo. Anos mais tarde descobri que o pessoal da Rocket fez uma reunião sobre mim e decidiu que deviam respeitar minha idade e nem sequer falar palavrões na minha frente. Acho que Elton quis agir como um irmão mais velho. Ele até me levou a um treino do Watford FC."

O império empresarial de John Reid também crescia rapidamente. Depois que se separou de Elton, Reid deixou Hercules e comprou uma casa elegante em Montpelier Square, Knightsbridge. Não sendo tão extravagante quanto seu cliente e ex-amante, Reid começou a investir em uma série de empreendimentos fora da indústria musical. Ele abriu um restaurante chamado Friends e comprou ações do Playhouse Theatre, de Edimburgo. Reid também ampliou seus interesses empresariais dentro da indústria musical, e por um curto período foi empresário do Queen. Ele transferiu a John Reid Enterprises do Soho para um luxuoso prédio de escritórios no número 40 da South Audley Street, perto da Grosvenor Square, em Mayfair.

Durante essa época, Reid contratou várias pessoas da equipe da DJM, inclusive Geoffrey Ellis, que havia passado sete anos com Dick James. Ellis lembra-se de um exemplo da generosidade de Elton: "Poucos dias antes do Natal, ele chegou ao escritório de John Reid com uma enorme caixa de papelão carregada por um subordinado. Ele já havia dito que não ia fazer nenhum esforço no Natal, então ficamos todos surpresos quando ele começou a tirar da caixa um pacote para cada membro da equipe. Todos os presentes eram da Cartier, na Bond Street, onde Elton havia feito um estrago. A maioria das pessoas, eu inclusive, ganhou um relógio da Cartier, enquanto alguns dos funcionários mais novos ganharam uma linda carteira".

Assim começou a tradição da extrema generosidade de Elton John para com aqueles que trabalhavam para ele. É verdade que ele podia explodir de repente e agir de forma irracional, mas algo que todos os seus funcionários dizem é que, no nível pessoal, ele sempre demonstrou se importar com eles. Ele comprometia-se em memorizar o nome das esposas dos funcionários, os aniversários dos seus filhos, seus próprios aniversários etc., e raramente esquecia.

Ellis recorda-se que John Reid, por outro lado, podia ser muito instável. Certa manhã, Reid retornou de uma viagem de negócios a Los Angeles e descobriu que, devido a falhas de comunicação, seu motorista, Gary Hampshire, não estava no aeroporto para recebê-lo. Ao chegar ao escritório, Reid explodiu e demitiu toda a equipe. "Ele mandou todos para a rua, algo que atraiu a atenção de um tabloide", lembra-se Ellis. "Com o passar dos dias, toda a equipe acabou retornando ao escritório. Nada mais foi dito sobre o incidente." De acordo com Ellis, Reid estava "vivendo o máximo que a vida tinha a oferecer". "Levou algum tempo para que eu percebesse que o fato de ele chegar atrasado ao trabalho e não prestar muita atenção em reuniões importantes era resultado do abuso do álcool e de pílulas. Isso nos remetia a Brian Epstein, mas, ao contrário dele, John em tempo conseguiu superar seus demônios."

O próximo álbum de estúdio de Elton John seria lançado no outono de 1976. Foi o primeiro lançado pela Rocket Records depois do contrato de gravação de Elton com a DJM ter expirado. *Blue Moves* foi um salto quântico em qualidade se comparado à leve mediocridade de *Rock Of The Westies*. Embora faltassem músicas que o qualificassem como um álbum duplo de crédito, com certeza havia o bastante para sugerir que a parceria Bernie/Elton ainda podia produzir momentos ocasionais de brilhantismo. Seu som é muito diferente do de *Rock Of The Westies*, muito mais intrincadamente produzido, e, embora mais lento, não obstante tem alguns momentos de loucura sublime, entre os quais os excelentes arranjos instrumentais. A mais conhecida entre as faixas, "Out Of The Blue", foi usada para encerrar o popular programa automobilístico da BBC 2, *Top Gear*. Com o título inspirado pelo show de perguntas *University Challenge*, na época apresentado por Bamber Gascoigne, "Your Starter For...", um segundo instrumental de 1min22s composto por Caleb Quaye, era outra faixa muito boa.

Na metade de 1976, Bernie Taupin chegara ao fundo do poço pessoal. Suas letras melancólicas sobre relacionamentos frustrados, amor platônico e mágoa também se aplicavam ao estado de fragilidade de Elton. "Enquanto estávamos fazendo *Blue Moves*", contaria Elton, "um amigo meu me deu o disco de ouro de 'I'm Not In Love', do 10cc, porque eu o colocava para tocar em todos os lugares, no carro, em casa, e chorava como um bebê porque estava gostando de uma ou outra pessoa que era totalmente errada."

Algumas das letras de Bernie pareciam muito pessoais. Em uma censura quase direta ao comportamento de sua ex-esposa, Maxine, que agora dividia a cama com Kenny Passarelli – o qual tocou na faixa –, ele escreveu em "Between Seventeen And Twenty": "*I wonder who's sleeping in your bed tonight/ Whose head rests upon the bed/ Could it be a close friend I knew so well/ Who seems to be so close to you instead?*" [4]

As emoções das letras que Bernie escreveu para *Blue Moves* eram tão cruas que Elton não se sentiu à vontade cantando algumas delas: "Eu nunca havia rejeitado nenhuma de suas letras, mas as coisas que ele escreveu para *Blue Moves*, eu dizia: 'Taupin, pelo amor de Cristo, não posso cantar isso'. Elas estavam cheias de ódio, três ou quatro delas". Uma música, "Snow Queen", lançada como lado B de "Don't Go Breaking My Heart", levou Elton a se desculpar com a sua famosa endereçada, Cher. "Ela era tão mordaz que tive de falar com ela e me desculpar com antecedência", Elton confessaria. "Ela entendeu."

O momento musical mais forte do álbum era "Tonight". Com quase oito minutos, ela continha uma das melodias de piano mais melancólicas e belas de Elton e outro arranjo orquestral soberbo de James Newton Howard. Na verdade, pareciam duas músicas em uma. Uma seção instrumental de quase três minutos descortinava o mundo desolado de Bernie de um relacionamento que tinha fim em câmera lenta: "*I'd like to find a compromise/ And place it in your hands/ My eyes are blind, my ears can't hear/ Oh and I cannot find the time*" [5].

"One Horse Town", composta em colaboração com James Newton Howard, mantém o padrão das longas aberturas orquestrais, cortesia do reconvocado Paul Buckmaster. Outros destaques incluem dois tributos – um a Edith Piaf ("Cage The Songbird") e outro a Elvis Presley ("Idol"). Bernie e Elton haviam conhecido Elvis, automedicado a ponto do atordoamento, nos bastidores nos Estados Unidos em 1976. "Ele não pertence mais a este mundo", Elton teria dito ao deixar o ídolo para todos os propósitos sendo sustentado por seu séquito de babás.

"Sorry Seems To be The Hardest Word" se tornaria uma música clássica de Elton, regravada até mesmo por Frank Sinatra. Porém, na época, ela chegou apenas à 11ª posição no Reino Unido e à 6ª nos Estados Unidos. "A maior parte da letra de 'Sorry' é minha", Elton diria ao *Sounds*. "Eu estava sentado lá em Los Angeles e me veio: '*What have I got to do to make you love me?*'." [6] Anos de familiaridade nos fizeram esquecer do poder da música original. Os arranjos são perfeitos para ela: um acordeão dá um toque de romance parisiense, o vibrafone de Ray Cooper deixa uma melancolia incongruente, o piano de Elton é a personificação da simplicidade, e os arranjos orquestrais de James Newton Howard são de uma beleza discreta. Mas talvez as raízes emocionais do

---

4. "Me pergunto quem está dormindo na sua cama esta noite/ De quem é a cabeça que descansa sobre a cama/ Seria de um amigo íntimo que eu conhecia tão bem/ Que agora parece ser mais íntimo de você?" (N. da T.)

5. "Eu queria fazer uma concessão/ E colocá-la em suas mãos/ Meus olhos estão cegos, meus ouvidos não ouvem/ Oh, e não consigo encontrar tempo." (N. da T.)

6. "O que tenho de fazer para você me amar?" (N. da T.)

álbum se encontrem em outra faixa, menos conhecida: "Someone's Final Song", que contava graficamente a história de um homem que escreve antes de tirar a própria vida: "*He died when the house was empty, when the maid had gone/ He put pen to paper for one final song*"[7].

A capa de *Blue Moves*, lançado em outubro de 1976, era a releitura de uma das obras de arte agora penduradas na casa de Elton em Woodside: *The Guardian Readers*, de Patrick Procktor. Elton queria refletir o conteúdo sério do sombrio novo álbum usando uma capa igualmente séria cujo ponto central não fosse ele. Alguns críticos consideraram o desenho da capa significativo por exibir apenas homens, visto que o álbum foi lançado pouco depois da entrevista para a *Rolling Stone* em que Elton admitiu ser bissexual. (Com certa dose de humor, um fã de Elton recentemente postou em um fórum de discussão que um anagrama do título do álbum é "Love's Bum"[8].)

Mas teria a capa sido escolhida sem nenhum motivo oculto? David Costa, de novo encarregado da arte do álbum, duvida muito: "Se esse for o caso, não tomei conhecimento, mas quando se trata de Elton poucas coisas acontecem por acaso. Elton estava de posse da pintura, e – como em muitos casos parecidos – olhando em retrospecto ela se encaixava tão bem com a sensação geral de profundidade e significado e nem um pouco de mistério. Não sei se na época já se usava a expressão 'Guardian Reader' em referência a '*gay*'. Lembro-me de ter conhecido Patrick Procktor durante o processo. Ele era o artista mais alto e magro, mais estilo Noel Coward, que eu já conhecera, todo cotovelos e piteiras. A pintura também foi surpreendente, executada de memória com esmalte. O lançamento do álbum foi realizado na renomada galeria de arte da Savile Row. Tínhamos algumas litografias autografadas em edição limitada preparadas especialmente, além de bebidas azuis – e, de alguma forma, comida azul".

Blue Moves seria a última vez em que Elton trabalharia com Caleb Quaye. Guitarrista britânico, ele foi descrito com carinho pelo colega de banda Nigel Olsson como "um completo lunático". A vida de Quaye havia mudado de maneira irreverssível durante a turnê de 1978. Sentado sozinho em um quarto de hotel, drogado com cocaína e maconha, ele estava muito deprimido. "Então ouvi uma voz que me disse que daquele dia em diante minha vida nunca mais seria a mesma. A ouvi com tanta clareza que realmente achei que houvesse alguém no quarto, mas eu estava só." Dois anos depois, após uma segunda "visita", ele decidiu entrar para o clero. Atualmente, Quaye é diretor nacional do louvor da Igreja do Evangelho Quadrangular e prega pelos Estados Unidos

---

7. "Ele morreu quando a casa estava vazia, depois que a governanta havia saído/ Colocou caneta no papel para escrever sua última canção." (N. da T.)

8. "Bumbum do amor". (N. da T.)

e pela Europa. Ele também leciona música e "liderança do louvor" no LIFE Pacific College, em San Dimas, Califórnia.

Ao final da gravação do álbum *Blue Moves*, duas pessoas cruciais deixaram o mundo musical de Elton. Gus Dudgeon, produtor de todos os seus álbuns com exceção de *Empty Sky*, levantou acampamento. "Não me desentendi com Gus", Elton diria ao *Sounds*. "Ele saiu depois de uma reunião de diretoria, houve uma disputa por ações – uma questão política. Ele apenas se levantou e disse: 'É isso, estou fora', e saiu. Mas, honestamente, acredito que depois de catorze álbuns precisávamos de um tempo um do outro. Além disso, a esta altura sei exatamente o que sou."

"Pode parecer engraçado, mas meu desentendimento com Elton não foi com Elton, mas com a Rocket Records, o que é algo completamente diferente", Dudgeon confirmaria em 1998. O problema para Gus, então um dos diretores da Rocket, era a falta de visão do selo. Reunir Elton, John Reid e Bernie em uma sala a qualquer hora que fosse para discutir a política da companhia era quase impossível. O resultado, de acordo com Dudgeon, era que a companhia estava perdendo a direção. Dudgeon havia tentado sem sucesso promover a assinatura do selo com o roqueiro Dave Edmunds e com o comediante e escritor Barry Humphries. Um de seus maiores astros, Neil Sedaka, estava insatisfeito com o selo. "E eu estava muito insatisfeito com a forma como as contas estavam sendo administradas", Dudgeon disse a Philip Norman. "Eu disse: 'As coisas têm de ser muito melhores, ou então estou saindo'. Dei-me conta de que ninguém estava dizendo: 'Não vá, Gus' – e então eu estava fora."

A partida de Dudgeon certamente enfraqueceu o trabalho de Elton no estúdio. Em grande parte o som de Elton John era o som de Gus Dudgeon. "Ele tinha paixão e se importava demais com os detalhes", diz Stuart Epps, que continuaria trabalhando com Dudgeon por muitos anos em seu complexo de gravação, o Mill, em Cookham, Berkshire. Contudo, o estilo de produção perfeccionista de Dudgeon tinha um preço. "Gus podia ser um cara muito difícil com quem trabalhar", admite Epps. "'Gus Difícil' deveria ter sido seu nome. Ele simplesmente fazia tudo e estava no comando de tudo. Depois de *Blue Moves*, acho que Elton havia se cansado, de verdade. Elton não se envolve muito no processo de gravação, ele é apenas o meio para um fim. Ele simplesmente compõe as músicas, toca-as, recebe por isso, vende-as, pergunta: 'Cadê o dinheiro?' e depois vai comprar alguma coisa. Ele só quer acabar logo com todo o processo de gravação. Além disso, Elton nunca se deu bem com a esposa de Gus, Sheila. Ela era meio que um pesadelo. Eu amava muito Sheila, mas ela podia se desentender com qualquer um, em especial com Elton."

Embora Gus fosse produzir discos de Joan Armatrading, Lindisfarne, Elkie Brooks e Chris Rea, os anos imediatamente posteriores à saída do círculo íntimo de Elton não foram um grande sucesso para ele. "Todos nós podemos ser estereotipados", Dudgeon diria. "Quando deixei de trabalhar com Elton, só me ofereciam trabalho com pianistas."

A segunda decisão, mais importante ainda, tomada por Elton foi encerrar seu relacionamento de trabalho com Bernie Taupin. Não houve nenhuma briga espetacular, mas também não havia intenção de que a separação fosse temporária. O fato era simplesmente que, depois de nove anos trabalhando juntos, os dois achavam que chegara a hora de se afastarem. Elton encorajou Bernie a compor com outros roqueiros, e ele trabalharia no disco de Alice Cooper *From The Inside*, lançado no final de 1978, e colaboraria na composição do grande sucesso nos Estados Unidos "How You Gonna See Me Now".

Do ponto de vista de Elton, a parceria estava correndo o risco de se tornar insípida. Ele também precisava de um novo desafio musical. "Cometi o erro de compor álbuns demais no mesmo tom", ele diria a um jornalista. "O tom errado para a minha 'vozinha de bichinha', como Rod Stewart a chama. Você passa meia hora com uma música e depois a canta no tom em que a compôs. É muito fácil cair na rotina. No início, [Bernie e eu] dividíamos um *flat*, sabíamos o que cada um estava ouvindo, tínhamos uma ligação. Mas isso havia acabado. Desde *Honky Château*, exceto por *Captain Fantastic*, temos composto sem nos encontrar. Ele me manda as letras pelo correio. Estávamos aos poucos entrando no nosso próprio Disque-Namoro."

Além disso, Bernie havia perdido toda a vitalidade da sua adolescência. Com apenas 26 anos, ele estava entrando em um período que mudaria a sua vida. Morando em Doheney Drive, Los Angeles, logo depois do fim do seu primeiro casamento ele ainda bebia muito. Começou a namorar Loree Rodkin, que admite que Bernie foi seu primeiro verdadeiro amor: "Me dê um cara que escreve para mim e ele conquistará meu coração!". Rodkin era uma jovem que estava tentando se enturmar e com o tempo se tornaria amiga dos astros. Ela decoraria a casa de Rod Stewart e a de Alice Cooper, seria empresária de Brad Pitt e de Robert Downey Jr. e desenharia joias exclusivas para pessoas como Catherine Zeta-Jones, Madonna e para o próprio Elton John.

Depois de um exame de rotina, Taupin recebeu a forte recomendação de parar de beber. Ele partiu para Acapulco, onde passou algum tempo em uma casa em Horseshoe Bay, enquanto clareava sua mente aos poucos e seu corpo se desintoxicava.

Esse também foi um período difícil em outras áreas da vida de Elton John. No início dos anos 1970, ele passara alguns anos fazendo um sucesso relativo e depois se tornara um superastro. No início de 1977, contudo, ele parecia desgastado, à beira do que parecia uma meia-idade prematura. À época, ele não tinha entradas, mas estava visivelmente calvo. Ele atribuía a culpa pela calvície prematura não aos padrões comuns da calvície masculina, mas a intervenções químicas: "Foi a tinta de má qualidade. Foi quando eu pintava o cabelo de rosa e verde. Costumava pintá-lo na Smile, em Londres, e isso nunca fora um problema. Depois, passei a pintá-lo em outro lugar de Nova York, e então, quando tomei banho, olhei para os meus pés e foi como a cena do assassinato de *Psicose*: água cor-de-rosa com grandes tufos de cabelo por todos os lados". Infelizmente, Elton continuou sendo o oposto de Bryan Ferry. Ferry conseguia ficar bem em uma camiseta de 10 libras; Elton conseguia fazer um terno de 1.000 libras parecer ter pernas e braços de comprimentos diferentes.

Em vez de aceitar a calvície, ele se revoltou contra ela. Sua primeira tática foi deixar o cabelo crescer na parte de trás e cobrir a careca com ele. Isso teve o efeito contrário ao que ele pretendia, fazendo-o parecer mais velho ainda. Já em 1977, Elton decidiu fazer um transplante capilar. Em um procedimento doloroso, o cirurgião extrai os folículos pilosos da parte de trás da cabeça, onde o cabelo cresce normalmente, e depois perfura a área da calvície, onde aplica os enxertos de cabelo vivo na esperança de dar a impressão de um crescimento capilar normal. O primeiro transplante capilar de Elton ganhou cobertura de página inteira no jornal *UK Daily*, enquanto o retorno de Bob Dylan aos palcos ganhou apenas algumas linhas em uma página interna.

Elton estava com trinta anos e parecia ter exatamente isso, o que o tornou um alvo particularmente vulnerável no ano em que o punk rock ganhou as manchetes nos Estados Unidos e na Grã-Bretanha. A ideia de que o punk destruiu as bases do rock como ele havia se estabelecido e as substituiu por um grupo novo de artistas, valores e músicas, embora ainda seja defendida por alguns comentaristas culturais, na verdade é fantasiosa. Nos Estados Unidos, que sempre foram mais musicalmente conservadores que a Grã-Bretanha – pelo menos desde a década de 1960 –, o impacto comercial do punk foi minúsculo. Na Grã-Bretanha, o punk foi um evento mais significativo, particularmente em nível local. Não obstante, uma olhada nas paradas do Reino Unido de 1977, quando o reinado de terror do punk estava no auge em Londres e em outras grandes cidades, revela o Abba, o Boney M, Rod Stewart, Paul McCartney e Leo Sayer todos ocupando seu primeiro lugar. Somente em 1978 e 1979, quando se transformou em gênero mais palatável em melodia e para a mídia do New Wave, foi que o movimento produziu artistas comercialmente bem-sucedidos, como Boomtown Rats, Police, Blondie e Elvis Costello and the Attractions.

Elton, que nunca foi musicalmente esnobe e sempre teve mente aberta, era grande admirador de vários artistas do punk. Em 1995, ele disse: "Toda a era foi brilhante à sua maneira. A primeira vez que ouvi falar do punk foi no programa matutino de domingo de Janet Street-Porter, quando ela fez uma entrevista com os Sex Pistols, com o Siouxsie and the Banshees e com o Clash. Fiquei sentado na minha cama em Windsor assistindo àquilo e simplesmente detestei um deles. Mas havia uma atração. Deus, pensei 'seus pederastas abusados'".

O fato de as vendas de discos de Elton John terem caído 75% por volta dessa época está mais relacionado à sua própria falta de motivação e à consistência do que a um boicote massivo aos seus discos por um público consumidor de música inteligente. Não há uma razão intrínseca no fato de Elton John não ter sobrevivido à era punk da mesma forma que aconteceu a Rod Stewart, Mick Jagger e a qualquer outro artista estabelecido dos anos anteriores ao punk. O público que comprava seus discos provavelmente tinha a sua idade ou era mais velho, dificilmente eram pessoas que naturalmente voltariam sua atenção e gastariam com tipos como o Damned e o Jam. Os fãs de Elton continuariam consumindo a música pop tradicional não importava o que estivesse acontecendo. Dos contemporâneos de Elton, somente David Bowie conseguiu manter crédito com a crítica na nova onda, o que foi possível graças à transferência da sua musa para a decadente Berlim e da sua música para o território bastante esquerdista de *Low* e *Heroes*, ambos lançados em 1977.

"O final da década de 1970 não foi um bom período para Elton", recorda-se Bob Harris. "Com toda a coisa punk acontecendo, havia uma nova geração de autores [na música] muito mais agressivos e dispostos a fazer críticas. Estou traçando um paralelo comigo mesmo, já que, depois que o punk chegou, independentemente da minha opinião sobre o gênero, ele formou uma opinião muito forte sobre mim, e todos os jornalistas que eram influenciados por ele se tornaram agressivos, e isso é algo que fica. Se você não seguisse a onda em 1976, só Deus sabe o que as pessoas diriam de você em 2006. Estava na moda criticar os Elton Johns, os Rolling Stones, os Led Zeppelins e os Bob Harrises do mundo."

"Elton me levou para ver os Eagles em Wembley em 1976 e tivemos uma noite absolutamente maravilhosa juntos. Isso foi quando o punk explodiu, e nós dois estávamos conscientes do fato de que, embora sempre tivéssemos nos sentido à vontade pelo simples fato de gostar de música, isso estava sendo criticado. Com os Eagles, a composição, a produção e todas as qualidades que eles tinham na época estavam sendo alvo de uma crítica sarcástica. Lembro-me de Elton ter olhado para mim e dito: 'Mas isso é maravilhoso. Eles compõem músicas excelentes, tocam belamente, e o que mais devemos querer de uma banda?'."

Ao mesmo tempo, Harris se deu conta de que Elton havia sofrido uma mudança dramática como pessoa. "Ao longo da noite, lembro-me de que a vibração de Elton não era a mesma, e a partir dali seria completamente diferente. Havia uma coisa estranha, porque Elton sempre fora uma pessoa tão aberta e adorável, e de repente aquilo não era mais verdade. Ele não estava de bom humor, e quando eu tentava entrar em contato as pessoas em volta dele diziam: 'Oh, Elton está ocupado'."

Na maioria dos casos, entretanto, o sarcasmo dos roqueiros punk era mais que justificado. Em 1977, a validade da maioria dos artistas que haviam alcançado sucesso na década anterior havia se tornado questionável. A misoginia fácil e nada questionadora, exilada dos impostos, adepta das supermodelos de vários roqueiros combinada aos cabelos longos, às calças boca de sino e à vibração dos clubes do *show business* era, em suma, algo vergonhoso. Mas o que realmente incomodava mais ainda os punks e seus apologistas era a complacência musical da sociedade de meados dos anos 1970. Parecia que a aristocracia do rock não tinha nada a dizer sobre as condições sociais em que milhões viviam. Nos anos 1960, grupos como o Who e o Kinks haviam articulado o que era viver em sua década. Na metade dos anos 1970, Rod Stewart aparentemente não tinha nada a dizer sobre nada além de Rod Stewart.

Depois de anunciar sua aposentadoria das apresentações ao vivo para Chris Charlesworth, Elton começou a se ocupar de assuntos fora da música. Ele assumiu a liderança na seleção e no cortejo do relutante jovem técnico de futebol Graham Taylor para assumir o Watford FC. Taylor, apenas três anos mais velho que Elton, havia jogado como zagueiro no Grimsby Town e no Lincoln City antes de ser forçado a aposentar-se com apenas 28 anos devido a uma séria contusão no quadril. Começou sua carreira como empresário no Lincoln City, em 1976, e levou o Lincoln ao título da Quarta Divisão. Homem direto mas simpático, de Lincolnshire, ele travaria um elo com seu novo presidente que mais tarde Elton compararia ao de dois irmãos.

Ao entrar para o Watford, Taylor encontrou um time com grande deficiência de direção e de ética profissional. Quando assumiu para a temporada de 1977-78, deixou claro que esperava que os jogadores vivessem dentro de um raio de 16 quilômetros do clube e participassem da comunidade local. "Elton costumava aparecer no clube vestindo roupas realmente ultrajantes", lembra-se o ex-jogador do Watford Arthur Horsfield. "Quando o conheci, ele estava usando um macacão branco. Em uma reunião pré-temporada, Graham Taylor me dizia como esperava que nos comportássemos e coisas assim, e então concluiu dizendo algo como: 'Não saia da linha, pois eu já tive muito trabalho para ensinar Elton John a ser presidente de um clube'. Ele estava certo, porque não se pode entrar na diretoria de outros clubes vestido como Elton costumava fazer."

Pela primeira vez em anos, Elton estava começando a viver uma vida que ao menos lembrava a realidade. "No início, fiquei feliz por estar protegido, pois estava com medo de alguma coisa. Não sei o que era. Mas então cheguei a um ponto em que faziam tudo por mim. A única coisa que eu fazia era entrar no chuveiro e me lavar", ele disse ao *Sounds*. "A realeza provavelmente não era tratada tão bem quanto eu fui nos últimos cinco anos. Mas de repente comecei a perceber que a vida que eu levara durante esse período fora totalmente irrelevante para o que estava acontecendo no mundo exterior. Eu estava preso como um tigre enjaulado... Na verdade, sei que é entediante, mas me envolver no clube de futebol me trouxe de volta para a terra. Me misturar com pessoas que costumavam ir ao *pub* em que eu tocava quando tinha dezessete ou dezoito anos... Isso pode parecer ridículo, mas outro dia fui a Carlisle sozinho. E fui a Roma com o time inglês de futebol, fiquei sozinho em um hotel, fiz meus próprios telefonemas e fui para casa sozinho. Bobagem, não é? E mesmo assim pra mim foi algo do tipo: 'Uau, que progresso!'."

Essa entrevista com Phil Sutcliffe, do *Sounds*, foi uma das mais reveladoras da carreira dos anos 1970 de Elton. Atualmente, Sutcliffe é um dos jornalistas mais respeitados na música britânica, bem conhecido pela sua abordagem imparcial de todos os assuntos. Em 1976, ele foi beneficiário de um ato de generosidade bastante incomum de Elton John que dá uma ideia clara da falta de arrogância do astro. "Uma das coisas estranhas naquela entrevista", conta Sutcliffe, "é que me senti à vontade para dizer algo a ele que normalmente não diria, mas alguma coisa em sua atitude me fez ser capaz de dizer logo no início da entrevista que minha posição em relação ao seu trabalho, se é que ele se importava, era que eu gostava mais ou menos de uma em cada dez das faixas dele." Com outros roqueiros, uma confissão desse tipo por parte de um entrevistador poderia gerar atrito ou até mesmo um chilique, mas não foi o que aconteceu com Elton. Pouco depois, Elton apareceu na Capital Radio, onde o DJ Gerald Harper, o astro de voz suave de *Adam Adamant*, oferecia aos convidados a chance de mandar uma garrafa de champanhe para alguém da sua escolha. Elton escolheu Phil Sutcliffe. "A mensagem foi algo como: 'Obrigado por fazer um bom trabalho na entrevista'. Assim, ele havia deixado completamente de lado o fato de eu não ser um grande fã, e apreciou o tratamento justo, o que foi muito legal."

Elton usou o período de descanso entre 1976 e 1977 para promover a carreira do Blue, banda de Glasgow que tocava um pop inspirado nos Beatles e conseguiu entrar para o Top 20 do Reino Unido na primavera de 1977 com "Gonna Capture Your Heart", lançada pela Rocket Records. O próprio Elton fez experiências musicais gravando faixas no Sigma Sound Studios, Filadélfia, e no Kay Smith Studio, em Seattle, com o produtor lendário e arquiteto do soul da Filadélfia Thorn Bell. Bell estivera envolvido na criação do som de símbolos do soul, como o Delfonics, o Stylistics e o Spinners. O conselho mais importante que ele deu a Elton quando gravou com o cantor foi cantar em um tom menos agudo e com um timbre mais profundo, mais cheio de sentimento. As faixas gravadas durante essas sessões só seriam lançadas em 1979 e levaria mais um bom tempo para que a faixa de destaque, "Are You Ready For Love", relançada depois de ser exposta na Sky TV, alcançasse o primeiro lugar das paradas de sucessos do Reino Unido.

Uma das músicas gravadas nas sessões foi "Shine On Through", a primeira colaboração de Elton com Gary Osborne, o homem que assumiria o papel de Bernie Taupin como único colaborador de Elton durante a gravação de um álbum e que por anos continuaria sendo seu colaborador. "Conhecíamo-nos havia um ou dois anos, e depois nos tornamos grandes amigos", conta Osborne. "Elton tornou-se particularmente muito próximo da minha esposa. Costumávamos ir até a casa dele, como pessoas normais, e ele depois visitava a nossa. Acho que ele passou o jubileu de prata da rainha na minha casa, examinando minha coleção de discos."

A primeira colaboração Elton/Osborne nasceu naturalmente e sem planejamento. "Ele estava na minha casa assistindo à tevê ", conta Osborne. "Então, sentou ao piano e disse: 'Escute isso', e tocou uma linda melodia para mim. 'Você pode escrever uma letra para ela?' Eu disse: 'E Bernie?' 'Bem, ele está lá trabalhando com Alice Cooper, e já tentou fazer essa música...' Bem, não sei se ele estava me dizendo a verdade ou não, acho que estava tentando me fazer sentir melhor. Não acho que Bernie tivesse tentado e fracassado. De qualquer forma, ele disse: 'Não, ele tentou fazer alguma coisa, e não conseguiu pensar em nada'. Então eu disse: 'Oh, se você realmente insiste', e é claro que no minuto em que ele saiu peguei minha caneta e trabalhei a noite inteira. Assim, escrevi a letra e levei para ele, e ele disse: 'Oh, é linda'. Depois, fizemos a demo, e enquanto estávamos gravando a demo ele se sentou ao piano, escreveu outra melodia e falou: 'Você vai me dar outra para esta?'. Gravamos a demo para aquela também, e depois ele fez mais duas, e de repente tínhamos o bastante para um álbum."

A primeira *performance* de uma música de Osborne-John deu-se no Dia de Natal de 1977, no *Morecambe And Wise Christmas Special*. Esse programa de uma hora entrou para a história da televisão. Ele foi assistido por quase 28 milhões de pessoas, o que na época era praticamente metade da população do Reino Unido, a maior audiência já registrada para um programa de tevê britânico. Havia rumores de que até a rainha adiou seu jantar com peru em uma hora para poder assistir a ele.

"No início do programa, Eric e Ernie disseram: 'Elton John está vindo para o show, mas, vocês sabem, ele é muito caro'", lembra-se Gary Osborne. "Depois Elton apareceu com um pedaço de papel tentando encontrar o *Morecambe And Wise Show*. Ele entrou em uma sala onde Kenneth Kendall lia as notícias e lhe mostraram a porta, e era um rio – era tudo meio que uma piada. Eu havia dito a todos os membros da minha família e a todos os conhecidos que assistissem ao programa para ouvir a música composta por mim e por Elton. Foi quase insuportável estar na mesma sala que eles enquanto transmitiam o programa, e eu estava suando porque pensei que tivessem cortado a maldita música."

"Os créditos subiram e vimos duas faxineiras, que eram Morecambe e Wise fantasiados, arrumando o estúdio. Elton entrou e disse: 'Senhoras, senhoras!', e elas responderam: 'Sim?'. Ele disse: 'Sou Elton John', e elas responderam: 'Oh, sinto muito'. 'Vim fazer o *Morecambe And Wise Show*.' E elas disseram: 'Você perdeu, foi muito bom'. 'Ah, não', disse Elton. 'Eu ia apresentar uma música nova.' Elas disseram: 'Ah, não'. Elton então disse: 'Bem, estou aqui agora, vocês querem ouvi-la?'. E 'as duas' olharam para ele e deram de ombros. E ele sentou-se e tocou a música, apenas ele ao piano. Enquanto o último acorde silenciava, ele disse: 'Era isso que eu ia fazer no *Morecambe And Wise Show*', e Eric respondeu 'Foi um bom trabalho que você não fez!'"

Elton John não ficou completamente longe da estrada em 1977. Em maio, ele fez seis concertos beneficentes no Rainbow, em Londres, apenas ele ao piano e Ray Cooper na percussão. Contudo, a apresentação mais improvável, talvez de toda a sua carreira, seria realizada no dia 17 de junho daquele ano na Shoreditch College Chapel, em Egham, sul de Londres. Era o baile de despedida da universidade, e a atração musical planejada havia sido cancelada na última hora.

"Alguns de nós estávamos sentados por ali e alguém mencionou que Elton John morava ali perto", o ex-estudante Paul Davies contou à *Q* em 1995. "Não achávamos mesmo que ele fosse tocar, mas não custava tentar." Uma delegação de estudantes foi até Woodside e explicou seu problema pelo interfone nos portões da propriedade. "Elton aparentemente estava deitado na cama assistindo a um jogo de tênis. Era a semana de Wimbledon", lembrou-se Davies. "Ficamos em choque porque ele perguntou de imediato à governanta a que horas deveria estar lá. Ele também pediu que não entrássemos em contato com a imprensa e disse que precisaria de um piano de cauda." Elton apareceu pontualmente às 9:30h, rabiscou uma lista de seis músicas em um talão de cheques do Barclays Bank e ensaiou na capela. Ele foi levado a uma antesssala minúscula, a sacristia, e anunciado como o astro que animaria a noite. "Mesmo naquele momento ainda estávamos pensando que fosse uma piada. Eu realmente fiquei esperando alguém entrar vestido como Elton John", disse outro estudante, Tom Watson. "Mas então lá veio ele pela porta da extremidade. Estávamos a não mais que três metros dele."

Elton fez a apresentação na capela para uma plateia incrédula. "Ele não pediu 1 pêni, embora eu ache que na época ele podia ganhar até 70 mil libras no Madison Square Garden", disse Davies. "Achamos que tínhamos de reconhecer de alguma forma o que ele havia feito, então na manhã seguinte levamos um globo de vidro com as cores da universidade e um escudo com o emblema. Podíamos vê-lo do outro lado do jardim brincando com o cortador de grama. A governanta agradeceu em nome dele." "Eu não tinha nada marcado para aquela noite, então pensei: 'Por que não?'", Elton diria mais tarde. "Admirei a coragem deles."

No final de 1977, Elton também foi forçado a cumprir uma obrigação importante. Ele havia concordado em fazer uma apresentação beneficente no dia 3 de novembro. Os beneficiados seriam o Royal Variety Club e o Goaldiggers, uma instituição que oferecia instalações para a prática do futebol a crianças desprivilegiadas. Anteriormente no mesmo ano, Elton havia produzido um compacto beneficente em edição limitada, "The Goaldiggers Song". O lado B, "Jimmy, Brian, Elton, Eric", consistia em uma conversa entre o *expert* Jimmy Hill, o comentarista Brian Moore, Eric Morecambe e Elton. Em 3 de novembro, o novo grupo de Davey Johnstone, China, seria escalado na última hora como a banda ao vivo de Elton, com Gary Osborne entre os vocalistas de apoio.

"Ele está de péssimo humor, é melhor nem se aproximar; eu não falaria com ele se fosse você", o pessoal de Elton dizia a qualquer um que esperasse uma conversa pré-apresentação com o homem em pessoa naquela noite. Ele subiu ao palco e tocou a melodia de "Better Off Dead" ao piano. A noite teve início com um tom sombrio e melancólico, condizente com o estado de espírito de Elton. Ele anexou a seguinte introdução a "Candle In The Wind": "Esta é dedicada a alguém na plateia que realmente gosta de Vera Lynn – o senhor Graham Taylor. Antes ele não era um deles, mas gosta desta por ser lenta e suave, como vocês verão. Exatamente como era quando ele jogava para o Lincoln".

Mas esse seria um dos poucos momentos de humor de Elton naquela noi-te, como se recorda Ray Cooper: "Ele estava usando uma boina preta e uma jaqueta de motociclista, e parecia muito branco", recorda-se Cooper. "Depois, tocou uns acordes estranhos no piano." "Quero revelar uma coisa", Elton disse. "É muito difícil colocar isso em palavras. Não tenho feito turnês por um bom tempo, e foi uma decisão difícil voltar à estrada. Gostei muito desta noite, muito obrigado a todos vocês, mas decidi que este será o meu último show. Tudo bem? Há muito mais na minha vida do que apenas tocar na estrada. E este é o último que vou fazer." "Eu estava afinando o tímpano e pensando: 'De onde está vindo a hipoteca?'", diz Ray Cooper. "E pude ver John Reid dizendo: 'Detenha-o! Agarre-o!'. Foi completamente inesperado."

"Ele demitiu a nova banda quando faziam sua primeira apresentação", recorda-se Clive Franks. "Eles ficaram chocados, e eu também. A banda teve de tocar o restante do *set*." Nem mesmo as participações de Kiki Dee em "Don't Go Breaking My Heart" e de Stevie Wonder em "Bite Your Lip (Get Up And Dance)" ou uma recepção exaltada dos fãs foram capazes de animar Elton. Seria a primeira de muitas cortinas finais.

CAPÍTULO 10

A SINGLE MAN: DE WATFORD A MOSCOU

"Houve dias bons e dias ruins, e muito pouco entre uma coisa e outra."
Clive Franks sobre Elton no final dos anos 1970

"Não há nenhuma faixa dele no novo álbum. Ele provavelmente vai se sentir extremamente magoado, mas isso lhe servirá como um merecido chute no rabo."
Elton sobre a ausência de Bernie Taupin no álbum *A Single Man*

Billy Connolly está deitado no chão do estúdio de Gus Dudgeon, o Mill, em Cookham, Berkshire. Ele não está se mexendo, não está reagindo, não faz nada quando o sacodem. Se está brincando (e por que um dos comediantes de *stand-up* mais convincentemente malucos da sua época não faria isso?), está fazendo ótimo trabalho.

Elton convidou-o a ir até o estúdio para a pré-estreia das músicas do seu novo álbum, e Billy não precisa ser convidado para uma festa duas vezes. Minutos antes, ele estava ótimo: rindo, conversando e bebendo. Ele já consumiu quantidades copiosas de álcool e cocaína, substância à qual, de acordo com sua esposa, Pamela Stephenson, ele foi apresentado alguns anos antes por um dos *roadies* de Elton. Não há dúvida de que Billy gosta muito de beber, e, àquela altura, está bebendo tanto que a qualquer momento vai acabar fazendo uma ligação intravenosa com a adega de vinho mais próxima. De acordo com Stephenson, certa noite Billy ficou tão bêbado que não conseguiu sair de uma cabine telefônica de Londres.

Havia muitos anos que Billy e Elton eram amigos. Billy havia aberto um show de Elton em uma turnê pelo Reino Unido. Não fora uma experiência feliz. "Ouvi-los anunciar meu nome foi como ouvir alguém dizer 'Preparar, Apontar, FOGO!'", Billy admitiria mais tarde. Em um show em Washington, ele disse ao apresentador de tevê Michael Parkinson que alguém atirou um cano nele que o atingiu entre os olhos: "Não era o meu público. Eles me fizeram sentir tão bem-vindo quanto um peido em um traje espacial".

Porém, nessa noite Billy ainda está apagado. Agora, o pânico toma conta de todos. Uma ambulância é chamada e há uma apreensão bem fundada de que o Big Yin logo estará tirando a paciência de São Pedro com uma piada sobre piu-piu. Antes de a ambulância chegar, Billy de repente recobra a consciência e levanta-se como se nada houvesse acontecido. Ninguém se surpreende quando ele pede mais um drinque. "Sempre que o encontro agora", diz Gary Osborne, que estava entre as pessoas preocupadas que buscavam sinais de vida em seu rosto naquela noite, "Billy sempre pergunta: 'Lembra-se daquela vez que morri?'." No final dos anos 1970, ser um astro, com as tentações e pressões que vinham no pacote, era uma profissão que oferecia riscos à vida.

* * *

A essa altura, Elton John também estava em um ponto crítico da vida. Ele havia ficado sem sua rede de apoio e amigos profissionais e estava entrando em um período contínuo de autodestruição, missão na qual vários de seus amigos o acompanhavam. Para alguém que até 1975 nunca havia consumido drogas e alertara outras pessoas sobre elas, havia sido uma queda rápida no mundo do vício.

"Elton estava bebendo uma garrafa ou duas de uísque todos os dias e fumando um baseado depois do outro, então houve muitas gargalhadas naquelas sessões. Estávamos todos muito drogados", diz Clive Franks. "O problema óbvio parecia ser que Elton estava bebendo demais", diz Gary Osborne. "Ele estava bebendo muito porque estava cheirando muita cocaína, e você precisa beber álcool para se acalmar e manter o equilíbrio. Você nem sequer percebe o quanto está bebendo. Não fica bêbado. Se fica acordado a noite inteira e no dia seguinte também, em vez de parar de beber depois de quatro ou cinco horas, como a maioria das pessoas, você acaba passando de fato dez ou vinte horas bebendo." Foi nesse estado que Elton gravou seu 13º álbum de estúdio. Surpreendentemente, isso parece não ter atrapalhado o fluxo de ideias musicais. Contudo, talvez nem todas fossem tão boas quanto ele imaginava.

Depois que dispensou Gus Dudgeon como produtor, Elton decidira amortecer o golpe gravando o álbum no novo estúdio de Dudgeon, garantindo assim que Dudgeon fosse financeiramente recompensado apesar da perda de sua renda como produtor. Situado em Cookham, Berkshire, o Mill era um complexo completamente novo, com tapetes de luxo e um console de última tecnologia. Não era a primeira vez que Elton usava o estúdio. No mesmo ano, ele o usara para gravar uma canção de Taupin, "Ego". Lançada como um grande compacto de retorno, ela foi acompanhada por um clipe promocional sofisticado, na época o mais caro já feito. Com cabelos curtos, o rosto mais magro e lentes de contato, a aparência de Elton estava consideravelmente diferente, e ao mesmo tempo também mais dramática e séria. De acordo com a escritora Elizabeth Rosenthal, "Ego" foi "uma das poucas colaborações em que a melodia veio primeiro". Elton chamou-a de "uma das melhores letras que Taupin já escreveu. Ela foi baseada em alguns superastros que conheço, mas foi feita com ironia". Pressionado a dar o nome dos superastros em questão, Elton disse: "Bem... são os David Bowies... os Neil Diamonds... as Barbra Streisands do mundo". Curiosamente, acreditava-se que Bernie já fora alvo de uma crítica semelhante: *Johnny come lately, the new kid in town/ Everybody loves you, so don't let them down*[1], os Eagles haviam cantado em 1976.

"Ego" começa com uma ansiosa sequência de piano de filme mudo e o apito de um trem a vapor, lembrando as cenas de Lillian Gish sendo amarrada aos trilhos do trem à mercê do expresso que se aproximava. Ela segue com marcas curiosas de tempo e paradas dramáticas na ação. Embora talvez tenha sido uma de suas músicas mais inovadoras, para a decepção amarga de Elton certamente foi uma das menos comerciais, alcançou apenas a 34ª posição tanto nas paradas de sucessos americanas quanto nas britânicas.

O novo álbum, gravado no verão de 1978, foi chamado de *A Single Man*, título apropriado se considerarmos que Elton havia perdido seu antigo sistema de apoio. "Ele não tinha Gus, não tinha Davey, não tinha Dee, não tinha Nigel, não tinha Bernie; tudo que ele tinha éramos eu e Clive", lembra-se Gary Osborne. "Então, tive um papel bem maior. Lembre-se que Bernie raramente ia ao estúdio. Sou um rato de estúdio – amo o estúdio. Eu era o par de ouvidos extra. Era eu quem dizia: 'Oh, muito bom', ou 'Por que você não toca uma oitava acima?' ou 'Por que você não repete esse verso?'. E é claro que também podia fazer vocais de apoio, tocar um pouco de guitarra e dizer: 'Isso está fora do tom', enquanto Bernie não tinha os mesmos atributos musicais. Ele é um homem de palavras, enquanto eu sou um músico, embora com 'm' minúsculo. Então eu estava lá a cada minuto de cada sessão. Bem no início da gravação de *A Single*

---

1. "Johnny apareceu recentemente, o novo garoto da cidade/ Todos o amam, então não o decepcione." (N. da T.)

Man, eu disse a Elton: 'Se eu puder sugerir qualquer coisa sem ofendê-lo, você pode ignorar qualquer sugestão minha sem me ofender', e ele respondeu: 'Parece um bom sistema'. Então, ao longo de todo o nosso relacionamento profissional, sempre me senti livre para dizer exatamente o que quisesse. Eu dava sugestões sobre a melodia, sobre os acordes, os arranjos ou a produção, e é claro que Bernie não fazia isso. Quando Bernie ouvia a música, ela já estava pronta. Quando eu levava uma letra para uma música de Elton, conversávamos sobre ela – era realmente uma colaboração."

Clive Franks assumiu o cargo de produtor, ainda que fosse relutante. "Como continuar o trabalho de Gus Dudgeon?", ele pergunta. "Era isso que eu tinha em mente. Foi muito difícil pra mim, porque Gus estava lá, e às vezes ele vinha até seu estúdio de gravação. E eu realmente teria preferido não tocar baixo, porque queria me concentrar mais na produção. Tudo que eu conseguia ouvir no álbum quando ouvia as faixas eram as minhas linhas de baixo. Mas no final das contas acho que foi um álbum bastante decente."

Elton John decidiu fazer vários dos vocais deitado no chão do estúdio, declarando achar que assim fosse menos cansativo. Tamanha era a quantidade de melodias que fluíam para Gary Osborne acrescentar letras que foram gravadas muito mais canções do que era necessário para o álbum, e o resultado foi que muitas faixas foram usadas ao longo dos quatro anos seguintes como lados B. No entanto, talvez Dudgeon tenha feito falta na organização das faixas em uma lista ordenada. Dudgeon provara-se um mestre na edição de ideias. Em *Blue Moves*, ele perdera na votação ao argumentar que o álbum não continha faixas fortes o bastante para ser lançado como um duplo. Evidentemente falta a *A Single Man* o ritmo e o drama dos melhores trabalhos de Elton.

B.J. Cole, que anos atrás havia tocado *steel guitar* em "Tiny Dancer", foi convidado para participar das sessões. Ele percebeu de imediato a mudança na personalidade de Elton. "Tive a sensação muito forte de que ele estava passando para o outro lado da fama e estava bastante decadente", ele admite. "Provavelmente estava se drogando demais na época. Na verdade, sei que estava. Foi muito bom voltar a trabalhar com Elton, mas havia uma distância que não existira antes. Porém, é compreensível, pois ele vinha levando um estilo de vida que separava a nós todos. Convivi com algumas pessoas bem conhecidas que sofriam de dependência, como Steve Marriot, e eles podiam ser profissionais o bastante para deixá-la de lado quando estavam trabalhando, mas ela não deixava de afetar seu julgamento e sua atitude para com as pessoas e o que estava sendo feito.

"Sempre achei, contudo, que Elton era o tipo de pessoa com quem podíamos conversar como um parceiro, fosse qual tenha sido a impressão que tive dele na segunda vez em que trabalhamos juntos. Nunca nos sentíamos intimidados. Alguns artistas com quem trabalhei mostravam certa reserva, e tínhamos de ter o melhor comportamento. Alguns artistas possuem uma barreira insuperável, por mais que provavelmente detestem pensar que tenham. Infelizmente, Sting é um deles, o que é um verdadeiro problema para ele, enquanto Elton nunca foi assim. Ele podia estar todo ferrado, mas sempre foi um parceiro."

O primeiro compacto de *A Single Man*, "Part-Time Love", é uma das músicas que Elton desprezou desde então. Lançada como compacto no final de 1978, ela estrearia na relativamente modesta 15ª posição, mas passou treze semanas nas paradas de sucessos do Reino Unido. O clipe promocional, uma homenagem ao mundo pop mais inocente dos anos 1960, contou com a participação de Cathy McGowan, do *Ready Steady Go*. Na verdade, a música é um compacto muito bom, agradável, leve, e muito melhor que muitas das baladas mais sentimentais que Elton tocaria ao vivo nas décadas seguintes. "O que é engraçado sobre aquela [música] é que, embora eu gostasse muito dela na época, deixei de gostar ao longo dos anos", diz Osborne. "Ela parece pop demais. Não sou louco pelos vocais de apoio, que organizei, mas gosto da guitarra de Davey Johnstone. Davey por acaso estava na cidade, hospedado na minha casa, e eu disse a Elton: 'Davey está na cidade, por que não o chamamos para tocar nessa faixa?'. O relacionamento deles estava meio estremecido, mas eu gostava de como Davey tocava, principalmente das suas digressões do *riff* principal."

Uma das principais ideias de Osborne era colocar mais de Elton nas canções. "A música 'Big Dipper', que era um pouco divertida, era uma música sobre *gays*", ele diz. "O que acontece na música é que Elton conhece um rapaz, vai para uma montanha-russa e recebe sexo oral. Ela tinha de ser indireta porque, em primeiro lugar, estávamos em 1978, e em segundo queríamos que o time de futebol Watford cantasse nela, e não podíamos colocá-los para cantar uma letra que fosse... bicha demais. Eu estava tentando colocar o senso de humor sarcástico de Elton em suas músicas. Elton havia dito que já era hora de escrever uma música *gay*, então foi isso. Graham Taylor e todo o time e quem mais que estivesse no estúdio cantaram na faixa. '*Everybody's got to do their thing/ Everybody's got their song to sing*' [2] significa 'viva e deixe viver'. Na minha mente, eles [o Watford FC] estavam dando apoio ao estilo 'travesso' dele. Nenhum deles ignorava que ele era *gay*, e ninguém se importava. Ele estava pagando seus salários e estava aparecendo e apoiando-os sempre que podia."

As letras de Osborne continham outras referências conscientes à vida e à personalidade de Elton. Na música "Georgia", os versos "*Give me 35 good acres, Lord, and let progress take the rest*" [3] não foram escritos à toa. "A razão pela qual escolhi o número 35 é porque esse é o número de acres que Woodside tem", diz Osborne.

---

2. "Todo mundo tem de fazer o que faz/ Todo mundo tem sua música para cantar." (N. da T.)

3. "Dê-me 35 acres, Senhor, e deixe o progresso levar o resto." (N. da T.)

"Bernie e eu temos estilos de trabalho bastante diferentes", ele continua. "Sou um letrista, enquanto Bernie é essencialmente um poeta. E sou um letrista que pode escrever um poema, e tenho certeza que se você der uma melodia a Bernie ele pode escrever uma letra. Mas o estilo de trabalho de Bernie é escrever um poema e dar a Elton, e ele o transforma em uma música sendo completamente brutal e impiedoso com o poema. Ele tira uma palavra aqui, uma linha ali, um verso inteiro lá. Se você der uma olhada na letra que Bernie lhe dá e na letra que Elton produz, verá que metade será riscada. A questão é que, com o que é riscado, saem algumas rimas, alguns fluxos de pensamento e algumas coisas que conectam uma ideia a outra. Elton não se importa com isso, essas coisas são eliminadas porque assim as palavras passam a se encaixar melhor na melodia dele. O que se tem então é uma letra mais misteriosa do que era ao ser escrita, pois parte dela agora está faltando. Mas isso parece funcionar, e é uma forma fantástica de trabalhar."

"Elton às vezes subtrai as partes que juntam as ideias, então às vezes as ideias parecem vir para você do nada, o que faz parte do charme. Já comigo, Elton me dava uma melodia e eu decidia o que tentaria escrever. Quando ele me dava a melodia, cantava qualquer coisa. E então eu dizia: 'Tá bom, vou manter esse título, vou manter esse verso, e juntá-los e tentar colocar um pouco de você na sua música'."

De forma geral, *A Single Man* foi um álbum sólido subestimado. Clive Franks fez ótimo trabalho como produtor e baixista, enquanto as letras pop de Osborne se encaixam perfeitamente com a atmosfera da música. Não obstante, seu som era muito diferente dos trabalhos de Dudgeon e Taupin. Depois que o ouvinte aceita isso e não tenta compará-lo aos trabalhos anteriores de Elton, o álbum funciona muito bem. Aquele não era Elton no seu melhor, mas o álbum com certeza prende a atenção com músicas como "It Ain't Gonna Be Easy", como a balada "Shooting Star", uma versão mais despojada de "Shine On Through" e "Madness", descrição da campanha de bombardeio do IRA londrino da época.

"Eu gosto particularmente de 'Madness'", diz Osborne. "Achava-a séria; descrevia algo que na época era muito importante para nós. Havia bombas explodindo durante toda a década de 1970. Lembro-me de que uma explodiu em uma loja de Hampstead. Ouvi a explosão e pensei: 'Meu Deus, está chegando mais perto agora'. Recebi uma carta de um policial de Dundee segundo o qual a música fora muito importante, pois ele havia lidado com as consequências de uma explosão. A música teve grande importância para ele, e a carta teve grande importância para mim."

Uma das músicas mais melódicas era "Return To Paradise". "O que é interessante sobre essa faixa é que Elton me deu a melodia e quando comecei a escrever a letra de repente me dei conta de que o refrão tinha sido tirado de uma antiga música caribenha chamada 'Jamaica Farewell' que diz '*I'm glad to say, I'm on my way...*'[4]. Estou tentando escrever a coisa e pensando: 'Ah, meu Deus, a faixa é muito boa e ele a descartará quando perceber que é uma cópia', então tomei a liberdade de reescrever a melodia para o refrão. Uma semana depois, estávamos no estúdio e ele queria gravar o vocal, e eu digo: 'Podemos ir sozinhos até uma sala por um minuto? Quero tocar uma coisa pra você'. Então fomos até um escritório e eu expliquei que o refrão era idêntico a 'Jamaica Farewell'. Elton disse: 'Cristo, é verdade'. E eu disse, um pouco nervoso, já que, afinal de contas, aquele era Elton: 'Mas escrevi uma melodia nova'. Então, toquei a faixa no cassete enquanto cantava meu novo refrão para ele, e, quando acabei, ele simplesmente desligou o gravador e disse: 'É isso aí', e entrou no estúdio e cantou. Assim, além da letra, também escrevi a melodia do refrão para aquela música, o que é bastante justo, já que muitas letras que são creditadas a mim têm palavras dele, então ficamos quites."

O grande sucesso do álbum, contudo, foi uma faixa semi-instrumental chamada "Song For Guy". Lançada no final de 1978, ela alcançou o quarto lugar no Reino Unido. Supostamente, uma das razões que a impediu de alcançar a primeira posição foi que a Phonogram, a nova responsável pela distribuição da Rocket no Reino Unido, decidiu promover outro compacto de sucesso do período pós-Natal, "YMCA", do Village People.

"Song For Guy" era sobre uma tragédia da vida real. Durante a gravação de *A Single Man*, Guy Burchett, um despachante de dezessete anos da Rocket Records, morreu em um acidente de carro. "Ele costumava andar em uma lambreta", diz Osborne. "Era meio que um *mod*, eu acho. Ele caiu da lambreta na chuva. Naquela manhã, quando cheguei ao estúdio, Elton estava muito triste. Ele nos contou o que havia acontecido, e é claro que a atmosfera naquele dia foi muito sombria. A música não foi exatamente composta com Guy Burchett em mente, mas era algo com que ele estava brincando no estúdio naquele dia: ela não tinha letra nem título. Quando recebeu a notícia, Elton disse que ia dedicar a música ao rapaz." "Quase chorei quando ele a tocou", admite Clive Franks.

A versão do disco seria apenas uma gravação preliminar para servir como amostra da música antes de gravá-la, mas Elton acabou usando-a, daí a máquina de ritmos que originalmente devia seguir apenas de orientação. Franks e Stuart Epps, assistente de Gus Dudgeon no Mill Studios, olharam um para o outro no exato momento em que Elton chegava ao clímax emocional da música e perceberam que a fita estava prestes a chegar ao fim. Na verdade, ela chegou ao fim exatamente no último momento, mas uma redução de volume bem posicionada resolveu muito bem o problema. A faixa é uma das favoritas de Osborne: "Ele

---

4. "Fico feliz por dizer que estou no meu caminho..." (N. da T.)

criou essa maravilhosa linha circular, cantando ao final: '*Life isn't everything, isn't everything life?*'[5], o que é muito poético e doce".

Elton teve dificuldades para selecionar as músicas que entrariam no álbum. "Ele havia gravado cerca de dezoito músicas, e foi muito difícil decidir quais usar", diz Franks. "Elton convidou Paul Gambaccini, Kenny Everett e várias outras pessoas para uma audição. Todos receberam caneta e papel, e ele lhes pediu que classificassem suas favoritas. Foi uma situação bizarra."

Para os que estavam envolvidos na gravação do álbum, as sessões seriam igualmente memoráveis para o que se tornou conhecido como "*Morrie tape*". Como piada, Elton pontuava as gravações imitando dois músicos judeus fictícios – Morrie (que tinha voz grave) e Isaac (que tinha voz aguda). "Quando está fazendo os vocais, Elton de vez em quando solta risadinhas", diz Stuart Epps. "Nessa ocasião, ele representou dois personagens e sacaneou todo mundo: Gus, Sheila, o estúdio, tudo."

A sombria capa do álbum mostra Elton usando um sobretudo preto que vai até o joelho, cartola e bengala. Ao fundo está o Castelo de Windsor. "Não acho que aquela imagem tenha ajudado a vender muitas cópias", diz Osborne. "Ela parece um funeral, o que pode ser ligado a 'Song For Guy', mas a nada mais no álbum." "Como sempre, o humor de Elton foi um fator crucial", diz David Costa, que mais uma vez foi o responsável pela arte da capa. "'Song For Guy' deixara-o muito pensativo. Quem tirou a foto foi Terry O'Neill, e ela é exatamente o que Elton queria; ele chegou para a sessão de fotos vestido daquele jeito. Não me lembro se o local no final da Long Walk com o Castelo de Windsor ao fundo foi ideia de Terry ou de Elton. Lembro, porém, que estava muito frio. A capa ganhou um prêmio da *Music Week* e a pose pegou."

Talvez pela primeira vez em anos, desde que morava com Bernie em Frome Court, Elton encontrara em Gary Osborne não apenas um colaborador musical mas um amigo íntimo com quem podia se divertir. "Eu me hospedava muito na casa dele; e ele se hospedava muito na minha", diz Osborne. "Ele morava em Windsor e na época não tinha um lugar para ficar em Londres. Se minha mulher e eu íamos a Woodside à noite, na maioria das vezes no final não estávamos em condições para voltar dirigindo para casa. É claro que Elton tinha um motorista, mas ele várias vezes desmaiava no meu sofá quando vinha nos visitar em Londres. Não tínhamos um quarto de hóspedes porque Kiki Dee o estava ocupando. Quando ela se separou de Davey em 1978, mudou-se para a nossa casa com a intenção de ficar um mês e ficou um ano."

Quando o álbum foi lançado, em outubro de 1978, o alvo das farpas foi Osborne. A grande notícia, é claro, era que o álbum não continha uma palavra

---

5. "A vida não é tudo, tudo não é vida?" (N. da T.)

sequer do maestro, Bernie Taupin. "Taupin agora é um exilado dos impostos que mora em Los Angeles, o que Elton John detesta", proclamou Thomson Prentice, do *Daily Mail*. "Eles afirmam ainda ser grandes amigos, mas o relacionamento profissional acabou." Em uma crítica para a *Rolling Stone* intitulada *"Elton John: No Future? Apathy in the UK"* [6], Stephen Holden chamou o álbum de "um desastre", acrescentando: "Se a última colaboração de John e Taupin, *Blue Moves*, foi um exercício desastroso de retórica pop presunçosa, *A Single Man* é também um exercício desastroso de insipidez arrogante. As músicas aqui mal podem ser chamadas de músicas de verdade, e são sim cantigas infantis estilo Neil Sedaka, com rimas infantis sem personalidade para as letras". Holden continuava: "Até mesmo a melhor canção, 'Shine On Through', é arruinada por uma letra banal e um arranjo entediante que não vai a lugar nenhum". "Song For Guy" foi menosprezada como um instrumental com sintetizador que se podia ouvir no consultório do dentista.

"Estou acostumado a ser desprezado. É fácil ser considerado um peso leve quando se é comparado a Bernie, que é considerado muito inteligente e um peso-pesado", reflete Osborne. "Eu sabia que todos os meus esforços seriam inúteis, pois os fãs de Elton John teriam resistência a mim. Era completamente compreensível. Não importava o que eu fizesse, eles achariam que eu estava usurpando o lugar de Bernie, que fazia parte da lenda. E as pessoas que não gostavam de Elton John me veriam como uma bengala para bater nele. Eu sabia que apanharia dos dois lados, e simplesmente pensei 'bem, sorte minha, que aventura!'. Se eu ia ser criticado pelos dois lados, então teria de compensar isso com o fato de estar ganhando muito dinheiro e vendendo muitos discos."

"Can TV's Mr. Jingle Rock Elton Back To The Top Of The Hit Parade?" [7] era a manchete do *Daily Mail* no dia 5 de setembro de 1978. Osborne, fotografado em frente a uma filial da Abbey National Building Society – apenas uma das dúzias de companhias para as quais ele havia escrito jingles –, dava um passo à frente: "Quero ser levado a sério. Quero ser um dos melhores letristas do mundo". "Na verdade, a primeira suposição era de que eu era *gay* e seu novo namorado", admite Osborne. "O fato de eu viver com uma mulher e estar prestes a ter um filho e o fato de Elton nunca ter se interessado por mim – o que evidentemente me magoa muito – foram completamente ignorados. Quando procuraram saber o que eu fizera no passado, puderam dizer que eu havia sido um cantor de jingles de sucesso. Então lá estava eu, o homem que canta 'I've got the Abbey Habit' nos comerciais da Abbey National." O que o mundo não sabia era que Osborne havia acabado de escrever a letra para *War Of The Worlds*, de Jeff

---

6. "Elton John: Sem Futuro? Apatia no Reino Unido." (N. da T.)

7. "Poderá o Senhor Jingle da TV Mandar Elton De Volta Para o Topo da Parada de Sucessos?" (N. da T.)

Wayne, que continha o grande sucesso "Forever Autumn", de Justin Haywood. "Naquele ano, cinco álbuns foram nomeados para o Capital Radio Awards: Kate Bush, Ian Dury, Elvis Costello, *A Single Man* e *War Of The Worlds*. Dos cinco, eu escrevera [a letra para] dois. *A Single Man* foi o vencedor."

Pouco depois do lançamento em novembro de 1978 de *A Single Man*, Elton John ficou doente em sua casa de Woodside. Um artigo da edição musical semanal do *Record Mirror* explicava: "Elton John desmaiou ontem de manhã pouco depois de ter deixado sua casa em Old Windsor para uma viagem a Paris. Mas o cantor já havia recobrado a consciência quando foi internado na unidade cardiológica da Harley Street Clinic, em Londres". O diagnóstico foi 'exaustão'. No final de semana anterior, Elton havia jogado uma partida de futebol formada por times de cinco integrantes organizada pelo projeto beneficente Goaldiggers. O astro em particular daquele dia seria Hugh Cornwell, dos Stranglers, que jogou no gol usando uma capa de chuva, meia-calça e sapatilhas de balé. Os Stranglers venceram, derrotando um grupo de times, entre os quais os Rubettes, integrado pela lenda do West Ham United, Trevor Brooking, e os All-Stars, de Elton, incluindo Rod Stewart, Bill Oddie, Billy Connolly e o ator Denis Waterman.

Apesar de estar física e emocionalmente cada vez mais debilitado, Elton decidiu sair um pouco da aposentadoria e fazer alguns shows em 1979. Dessa vez, contudo, ele queria fazer uma turnê mais íntima, apenas com ele ao piano e Ray Cooper na percussão. Ele estava cansado de tocar em estádios enormes e impessoais. "Gosto de compartilhar as coisas, gosto muito, e não é fácil quando se é uma megacelebridade", admitira para Phil Sutcliffe no final de 1976. "Quando olhamos para 70 mil pessoas, como podemos compartilhar as coisas? Outra coisa me deprimiu na última turnê: de repente, me dei conta de que era como uma Reunião de Nuremberg."

Para o retorno de 1979, Elton pediu pequenas casas de show e lugares mais incomuns. "Quando pensamos em fazer uma turnê, John Reid, Ray Cooper e eu nos sentamos e dissemos: 'Vamos a lugares aonde não fomos ainda' – lugares, por exemplo, que não eram muito populares, como Israel, Suíça ou França. Nunca havíamos tocado na Espanha nem na Irlanda. Então John disse: 'Que tal a Rússia?'."

Elton John se tornaria um dos primeiros artistas pop do Ocidente a irem à União Soviética. Boney M e Cliff Richard haviam tocado lá recentemente, mas Elton era uma atração em potencial muito mais explosiva. Vladimir Kokonin, oficial do Ministério Soviético da Cultura, assistira aos novos shows sem banda de Elton em Oxford e ficara impressionado. "Mesmo assim, até o último momento, acho que pensávamos que seria um 'Não', ou um '*Nyet*', como eles dizem", admitiu Elton antes de fazer o trocadilho inevitável "Bennie And The Nyets".

A turnê de retorno, promovida por Harvey Goldsmith, foi chamada de "Elton John – A Single Man In Concert with Ray Cooper". Depois de tantos anos, era uma oportunidade para que os fãs ficassem perto da ação. O cartaz, projeto de David Costa que recriava a foto de Elton vestido de preto na capa do álbum *A Single Man*, também usava várias outras imagens de Elton, como lembra Costa: "Estilo Magritte [com] centenas dele no céu". Para Cooper, o fato de Elton estar outra vez comprometido com uma turnê, independentemente da forma adotada, no final das contas seria positivo para o restante da banda.

"Fiquei muito feliz e honrado por fazer parte da estrutura e das circunstâncias que ajudaram a devolver a Elton a confiança para voltar a tocar nos palcos", é como Cooper coloca. "Achei que todos seriam beneficiados pelo show de dois integrantes, pois ele significava que Elton se reinventaria e revisitaria o repertório antigo, de forma que haveria um reinvestimento em Elton John." "Fizemos 130 concertos em um ano", acrescenta Cooper. "Quebrei uma costela quando tropecei e caí em cima do piano dele, pouco antes da apresentação no sul da França. Depois, também tive pneumonia. Usei um terno de três peças e gravata em todas as apresentações, devia estar louco. Apesar de alguns contratempos, depois de mais de cem concertos eu estava tão em forma quanto sempre estivera."

A longa turnê levaria Elton ao limite. "Que mudança radical, ir de uma banda de dez integrantes para só você", diz impressionado Gary Osborne. "Elton era o bolo, Ray era o glacê, e basicamente cada nota que Elton tocava e cada nota que ele cantava tinham de ser perfeitas. Nada foi coberto por amplificação ou por outros músicos ou por vocalistas de apoio. Acho que no final das contas ele melhorou como pianista e cantor ao fazer todos esses concertos solo."

O formato consistia em Elton subir ao palco e tocar o que era basicamente um *set* solo inteiro na primeira metade da noite, enquanto a segunda metade apresentaria o drama que é Ray Cooper. "A primeira metade era ele, piano e voz por uma hora", diz Cooper. "Isso provavelmente seria o bastante. Mas então, em sua generosidade, e querendo que a plateia tivesse mais, havia uma segunda metade que começava com a introdução de 'Funeral For A Friend'. Depois, o palco era tomado por fumaça e as pessoas se preparavam para algo novo. Ocorre que a novidade era algo mais teatral e ilusionista, pouco relacionado ao rock'n'roll." "Ray gosta de fazer a melhor entrada possível, como algo saído da câmara dos horrores de Madame Tussaud", diria Elton. Ao longo da turnê, Cooper seria chamado pela imprensa de "o coveiro", "um caixa de banco", "o vice-diretor", "um punk de 46 anos", "Steptoe vestido para ir à discoteca" e "um funcionário público louco".

Em maio de 1979, Elton partiu em sua histórica viagem à Rússia, levando consigo um pequeno cortejo formado por Cooper, Derf e Sheila, o promotor de eventos Harvey Goldsmith, John Reid, o advogado de John, Geoffrey Ellis e o técnico de som Clive Franks com sua noiva, Carla, que também era a maquiadora de Elton. O grupo também era integrado pelos famosos autores de *sitcom* Dick Clement e Ian La Frenais, que filmaram a viagem com um documentário em vista, e por dois jornalistas – Robert Hilburn, do *Los Angeles Times* – o homem que uma década antes escrevera a crítica entusiástica sobre o concerto de Elton no Troubadour – e David Wigg, do *Daily Express*. O grupo tomou um voo da Aeroflot de Londres para Moscou, de onde foi levado de trem para Leningrado.

"O hotel de Leningrado era grande e sombrio", lembra-se Geoffrey Ellis. "O restaurante do hotel, onde fazíamos todas as refeições, servia carne, peixe ou uma ave sem maiores descrições, tudo com o mesmo gosto. As refeições eram acompanhadas por um vinho doce parecido com champanhe." "Disseram-nos que tivéssemos muito cuidado com o que quer que disséssemos lá, pois embora todos agissem como se só falassem russo, eles sabiam inglês", conta Clive Franks. "Então nos disseram para não falarmos nada depreciativo sobre o país ou qualquer outra coisa." Eles tiveram algum tempo para conhecer o lugar, embora uma ressaca tenha impedido Elton de visitar o Palácio de Inverno. Ele conseguiu, por outro lado, fazer a viagem ao Museu Hermitage, onde Ellis, impressionado, disse: "As autoridades abriram o Tesouro, cheio de artefatos de ouro e joias incríveis, especialmente para nós. Ele não seria mais aberto para o público em geral". Haveria recepções e as costumeiras festas pós-show. "Tive muita sorte de conhecer na Embaixada Britânica o grande poeta Yevgeny Yevtushenko", recorda-se Ray Cooper.

As plateias de Elton na Rússia eram selecionadas em "famílias aprovadas e em escolas". Ele tocou quatro noites consecutivas no Bolshoi Concert Hall, em Leningrado (atualmente São Petersburgo), onde os oficiais lhe pediram que não chutasse o banco do piano, o que costumava fazer durante "Bennie And The Jets", visto que isso seria danificar uma propriedade soviética. Eles também demonstraram apreensão diante da inclusão no repertório de "Back In The USSR", dos Beatles.

Cada show começava com as primeiras fileiras ocupadas por oficiais do alto escalão. A plateia sentava-se respeitosamente, aplaudindo cortesmente ao final de cada número. Se qualquer pessoa ousasse se levantar, os guardas empurravam-na de volta para o assento. Contudo, à medida que o show avançava e os oficiais viam com satisfação que nada parecido com um tumulto teria início, eles partiam e os verdadeiros fãs podiam se aproximar do palco. "Cada apresentação é um tipo de teste das suas habilidades musicais e performáticas, mas acho que tanto Elton quanto eu nos vimos em um palco muito diferente de qualquer coisa que já tínhamos experimentado, o que foi fantástico. As plateias russas queriam ouvir nossa música", diz Ray Cooper. "Ao contrário do que acontecia nos Estados Unidos, os concertos na Rússia não começavam com a plateia gritando.

Como eu disse, eles queriam nos ver, nos ouvir e viver a música. Eu já havia tido essa reação no teatro como ator, mas nunca em um concerto de rock'n'roll. Foi uma experiência revigorante em que Elton e eu tivemos de trabalhar muito duro e recebemos a reação mais positiva das plateias russas. Era como construir uma ponte maravilhosa entre nós e a plateia."

Depois disso, a dupla tocou quatro noites no Rossiya Concert Hall, na Praça Vermelha, em Moscou. A turnê havia sido agendada de forma a acabar antes do rígido inverno russo, mas, quando chegaram a Moscou, eles foram surpreendidos por temperaturas quentes. O último concerto, realizado no dia 28 de março, foi transmitido pela BBC Radio 1, e foi algo à frente de seu tempo: foi a inauguração do formato *Acústico* de apresentação de música popular ao vivo uma década antes de a MTV o "inventar".

A viagem à União Soviética se provou algo pioneiro como um todo. Um ano antes das Olimpíadas de Moscou, ela levou para o regime de Brezhnev uma boa publicidade muito necessária. Para Elton também foi uma experiência emocionante. "Não consigo esquecer Leningrado", ele admitiria. As pessoas que ele conheceu eram calorosas, educadas e inquisitivas. Ao dar autógrafos, ele assinava seu nome e logo arrancavam o livro dele, pensando que isso era tudo. "Estávamos lá quando a ideia da Perestroika estava sendo formada, e era muito excitante", diz Ray Cooper. "Tínhamos a sensação de que as coisas estavam mudando."

Clive Franks lembra-se da viagem para casa: "Voltamos pela Aeroflot, e quando o avião havia acabado de decolar, de repente ouvi gritos de Elton e Bob, que estavam sentados atrás de mim. Virei-me e os vi com os pés para cima. Seu assento não estava preso no chão, e com o impacto da decolagem caiu inteiro para trás. Por sorte não havia ninguém atrás dele, ou provavelmente isso teria matado a pessoa. Eles morreram de rir. Só quando o avião alcançou o nível de cruzeiro o assento pôde ser levantado".

Ao chegarem sãos e salvos à Inglaterra, o Watford FC fazia grande progresso sob a liderança de Graham Taylor e seu auxiliar de comando – o ex-técnico do Arsenal Bertie Mee. Depois de vencer sucessivas campanhas, eles agora estavam na Segunda Divisão. Fora dos campos, Elton continuava extremamente generoso.

"Todo ano ele fazia uma fabulosa festa ao ar livre para o clube em Woodside", recorda-se Gary Osborne. "Havia corrida passando o ovo na colher para as crianças e um jogo de times de cinco jogadores entre os filhos dos jogadores, dos diretores e do presidente no campo de futebol do próprio Elton. Mais tarde, ele fazia corridas de Sinclair C-5. Foi uma época maravilhosa. Luther Blissett e o jovem John Barnes estavam lá. Graham Taylor era fantástico e grande amigo de Elton. Mais tarde em sua carreira, quando tornou-se técnico da Seleção da Inglaterra, ele teria algo em comum com Elton: morte pelos tabloides."

Osborne lembra-se de Woodside como um lugar de um bom gosto opulento. "Era lindo, e sempre uma obra em progresso. O interior estava cheio de belas peças de arte, muita coisa *art déco* e abajures Tiffany. Ele construiu uma piscina e depois construiu a casa em volta a fim de que ela contivesse a piscina. Certa vez fui lá e era uma piscina ao ar livre, e na vez seguinte que fui era coberta. Ele tinha estufas cheias de vegetais e grandes abóboras, que poderiam ter ganhado prêmios. Fred, o padrasto de Elton, era construtor, e costumava trabalhar muito em Woodside. Também havia uma discoteca e um cinema. Elton pegava um filme, o novo filme de Bond ou algo assim, e convidava todos os amigos para assistir. Também, óbvio, havia uma sala cheia de fileiras e mais fileiras de discos, todos corretamente catalogados."

Em 1979, Elton John provavelmente era dono de uma das maiores bibliotecas musicais do país. Uma porção considerável dessa coleção havia sido comprada do produtor da BBC Bernie Andrews, homem que, junto com Jeff Griffin, havia levado músicas novas e novos talentos, como, John Peel, ao que na época era o Programa Leve. "Bernie Andrews e Elton eram grandes amigos", lembra-se Bob Harris. "Bernie tinha uma casa em Muswell Hill cujas fundações estavam começando a deslizar; a casa estava literalmente afundando sob o peso dessa coleção gigantesca de vinis. Elton soube disso e comprou quase toda a coleção de Bernie."

Entretanto, os anos 1970 não terminariam muito bem para Elton. Tanto 1978 quanto 1979 haviam sido os anos da música disco. Como outros artistas ingleses da sua geração, Elton gostava do que ouvia. No final de 1978, outro roqueiro que tinha seu próprio campo caseiro de futebol, Rod Stewart, havia alcançado o primeiro lugar das paradas com a excelente "Do You Think I'm Sexy", música tão admirável que merece nota máxima tanto pela ousadia quanto, é claro, pela excelente melodia e pelo baixo do disco. O Roxy Music também estava no páreo: um *remix* da faixa "Angel Eyes", do álbum *Manifesto*, havia entrado para o Top 5 no verão de 1979. Outros sons de 1979, que iam de "Pop Music" do M's ao Eurobeat de "Gimme Gimme Gimme" do Abba, foram registrados no som disco. Artistas consagrados, como o ELO, começaram a colocar linhas de baixo no estilo disco em suas músicas, enquanto roqueiros com um estilo mais artístico, como David Bowie e o Talking Heads, também filtravam o ritmo disco para aplicá-lo a sua música mais densa, embora de forma mais sutil. Contudo, quem mostrou como a coisa realmente tinha de ser feita foi o Blondie. Em 1979, eles adotaram a atitude new wave e um alegre ritmo disco para criar o som do ano, "Heart Of Glass".

Cercado pela música disco, era simplesmente natural que alguém tão observador das tendências de época quanto Elton John fizesse a sua tentativa. Infelizmente, o resultado foi um desastre. Gravado no Musicland, em Munique, e no Rusk Sound Studios, em Hollywood, e lançado em outubro de 1979, tudo no álbum *Victim Of Love* foi equivocado. Da capa terrível, passando pelas fotos promocionais que exibiam o implante de cabelo malsucedido de Elton, às músicas de duração exageradamente longa, que mal saíam da primeira marcha, o álbum foi um projeto bem-intencionado que morreu na praia.

Elton chamou Pete Bellote, produtor britânico que vivia em Munique, para produzir o álbum. Bellote havia trabalhado com Giorgio Moroder em alguns compactos de Donna Summer, incluindo o clássico de 1977 "I Feel Love", uma fusão entre o som do Kraftwerk e o soul americano. Contudo, Elton disse que dessa vez não queria se envolver no processo de composição. Isso acabou sendo o tendão de Aquiles do álbum, pois, por mais que Bellotte tenha tentado, ele não conseguiu reunir o tipo de material adequado para o estilo e a voz de Elton. As sete faixas – seis compostas em colaboração com Bellotte mais uma regravação de "Johnny B. Goode" – fizeram Elton parecer um convidado no álbum de outra pessoa. As críticas foram as piores da sua carreira até então. Stephen Holden, da *Rolling Stone*, concluiu que o álbum "não teve um único suspiro de vida". Colin Irwin, da *Melody Maker*, escreveu: "Esse álbum não pode de forma alguma ser apenas considerado um tédio. Há momentos em que ele é completamente insuportável". Até mesmo as notas de capa para o relançamento em CD de 2003 se referem a ele como "experimental" (tradução: ninguém comprou) e admitem que até Elton está sujeito a "cometer mau julgamento" (tradução: que diabos ele pensou estar tocando?).

Victim Of Love estreou no 41º lugar em casa e no 35º nos Estados Unidos. Apenas cinco anos antes, o primeiro *Greatest Hits* de Elton havia passado quase três meses na primeira posição na Inglaterra. Os primeiros sinais de retração comercial haviam surgido no final de 1976, com o modesto sucesso de *Blue Moves*, e prosseguiu com o *Greatest Hits Volume II*, que alcançou apenas a 21ª posição nos Estados Unidos e a 11ª no Reino Unido, apesar de sua estrela estar brilhando como nunca no que diz respeito aos concertos ao vivo. Em novembro de 1979, a *Melody Maker* informou que os ingressos para a oitava noite do astro no Palladium de Nova York não haviam esgotado, enquanto Steve Pond, também da *Melody Maker*, escreveu em uma resenha do show de Elton no Universal Amphitheatre, Los Angeles: "Elton John parece curiosamente ultrapassado no palco, um artefato antigo de outra era". Na verdade, *A Single Man* havia tido um sucesso considerável, chegou ao 8º lugar na Grã-Bretanha e ao 15º nos Estados Unidos, mas *Victim Of Love* parecia mostrar que os dias das vendas que lhe renderam discos de platina e da histeria da mídia haviam realmente chegado ao fim.

A grande pergunta era: eles retornariam?

CAPÍTULO 11

O PÔR DO SOL DE NOVA YORK

"And I miss John Lennon's laugh." ("E sinto saudade da risada de John Lennon.")
"Blues Never Fade Away"; letra: Bernie Taupin; música: Elton John

"Coisas sempre podem ser substituídas; apenas pessoas não podemos substituir."
Elton John para seu afilhado, Luke Osborne, dia de Natal, 1980

Ele está fazendo um bis para a maior apresentação de toda a sua carreira até a presente data. Quase meio milhão de pessoas reuniram-se para ver Elton se apresentar no dia 13 de setembro de 1980 em um concerto gratuito no Central Park, Nova York. O estilista Calvin Klein está financiando o show para divulgar a iniciativa "o enverdecer do Central Park". A multidão se aquece com o glorioso brilho do sol de final de verão. John McEnroe é avistado na plateia. Nos bastidores, Dudley Moore afaga Susan Anton, ex-Miss Califórnia. Entre eles, uma diferença de 21,5 centímetros de altura, sem mencionar quinze anos de idade. Bernie também está nos bastidores, com Judie Tzuke. Toda a atenção, contudo, está concentrada no palco principal e no próprio homem.

Elton aproxima-se do banco do piano com um sorriso no rosto para tocar "Your Song". O único problema é que ele não consegue acomodar as pernas embaixo do teclado. A razão? Ele está vestido de Pato Donald. Sua fantasia azul e branca acompanha um babador, grandes pés de pato amarelos e, para falar com franqueza, um traseiro enorme. Elton se balança comicamente pelo palco antes de se sentar tão perto do teclado quanto sua fantasia gigantesca lhe permite, e então toca a pungente abertura de piano. Ele começa a cantar a música, mas não consegue parar de rir. Então, depois que seu ataque de riso finalmente passa, Elton decide pontuar a letra com quac-quacs. Assim, o comovente verso de Taupin ganha, talvez sem intenção, uma ironia cômica: "*Or a man who makes potions (Quack!) in a travelling show*"[1].

A música seguinte felizmente – dada a possibilidade de ferimentos graves – é a contribuição final de Elton para o concerto, "Bite Your Lip (Get Up And Dance)". Para esse número, ele decide sabiamente deixar o piano e marchar pelo palco em sua própria versão, bastante literal, do passo do pato. Pouco surpreende o fato de ele quase ter tropeçado antes de chegar à área em frente à plataforma da bateria de Nigel Olsson. Na frente do recém-reconvocado baterista, que sorri usando os fones de ouvido e as luvas de motociclista que são sua marca registrada, Elton se vira e balança o traseiro para a plateia com a mão na cintura. Mais uma vez, com certa audácia, ele fica num pé só antes de andar com os pés gigantes até o teclado localizado do outro lado do palco, em frente ao seu, usado por James Newton Haward, e tocar alguns compassos de boogie.

Como Elton pode ter dito, é um quac total.

$$* * *$$

O dia inteiro seria de uma escala surreal. Elton havia tocado um longo e entusiástico *set*. Embora os comentaristas dissessem que as vendas de seus discos e sua carreira estivessem em declínio, diante da demonstração do apoio público e do sucesso do seu novo compacto, "Little Jeannie", esse não parecia ser o caso – ao menos não nos Estados Unidos. Na metade do *set*, ele falou antes de tocar um *cover*: "Vamos fazer uma música composta por um amigo meu que não vejo há um bom tempo", Elton anunciou. "Ele mora logo ali do outro lado da rua." Sobre o plano de fundo do céu de fim de tarde de Nova York, ele deu início à melodia de piano simples e triste que abre "Imagine", de John Lennon. Em algumas semanas, o próprio Lennon estaria de volta às paradas dos compactos com "(Just Like) Starting Over" e às paradas de álbuns com *Double Fantasy*, colaboração com sua esposa, Yoko Ono. Semanas depois disso, ele estaria morto.

A artista da Rocket Judie Tzuke, dona de um recente sucesso com a balada lançada em compacto "Stay With Me Till Dawn", abriu o show para Elton

---

1. "Ou um homem que prepara poções (Quac!) em um espetáculo ambulante." (N. da T.)

naquele dia. "Eu e Elton nos sentamos no ônibus e bebemos uísque antes de eu subir ao palco", lembra-se Judie. "Entrei completamente bêbada, fora de mim, e mal me lembro da apresentação. Acho que Elton continuou bebendo, portanto não faço ideia do estado em que ele estava quando entrou. Foi assustador. Eu costumava beber para me acalmar, mas isso nunca funcionou. Lembro-me de todas as músicas com o dobro da velocidade normal, e acho que nosso *set*, que em geral levava 45 minutos, durou uns 25. Então eu tenho certeza de que ele foi terrível, mas tenho muito orgulho por ter estado lá e poder contar isso aos meus filhos."

"Acho que algumas pessoas pensaram que a fantasia de pato foi um erro, mas eu a achei muito engraçada", continua Judie. "Ela me fez rir", Elton explicaria quase três décadas depois sobre um dos poucos trajes de palco que ele nunca venderia. "Não fiz um ensaio sobre como vesti-la, então fui até os bastidores no Central Park para tentar entrar nela, e colocava meu braço no buraco da perna e minha perna no buraco do braço. Eu não conseguia vesti-la de tanto rir... Não consigo entrar no palco sem vestir algo. Acho que é um lance inglês, porque crescemos com a pantomima e de uma forma teatral."

A fantasia do pato era hilária. Em 1980, ela era um indicativo do lado cômico de Elton no palco. Vinte e cinco anos depois, Courtney Love seria bizarra ao usá-la. Courtney era sua fã. Michael Stipe, do R.E.M., certa vez contou a Elton das vezes em que ele dirigia por Los Angeles com Courtney ouvindo *Goodbye Yellow Brick Road*. Ao aceitar participar de um concerto beneficente de Elton John, a vocalista do Hole perguntou se podia pegar a fantasia do Pato Donald emprestada para cantar "Don't Let The Sun Go Down On Me".

Contudo, o aspecto das fantasias estava começando a se tornar um pouco desnecessário, um pouco tolo demais, e talvez até um pouco irritante. No início da década de 1970, os óculos espetaculares, as plumas, os ternos cobertos de *glitter* e toda a imagem *glam* de Elton combinavam com a época. No início dos anos 1980, com o *glam* morto havia muito, fantasiar-se parecia ridículo. Porém, a reação de Elton com o passar da década foi adotar fantasias cada vez maiores, mais ousadas e ainda mais tolas. Ele precisava dos recursos visuais para atrair a plateia quando talvez soubesse que suas músicas não eram o bastante para isso. Era como se ele houvesse perdido a confiança em si mesmo como artista performático. À medida que Elton se aproximava da meia-idade e começava a ganhar mais peso, os trajes de palco que ele pensava camuflarem sua cintura cada vez maior infelizmente tinham o efeito contrário.

"As fantasias escondiam muita coisa, entende?", Elton admitiria em 1994. "Como estava muito gordo, eu pensava: 'Bem, se usar uma grande fantasia, as pessoas não vão perceber como estou gordo'. É claro que elas acabavam acentuando o meu tamanho, e as pessoas olhavam para mim bastante ultrajadas." Suas várias fantasias de palco incluíam Tina Turner (com peruca e de minissaia), Ronald McDonald, um *punk* com corte de cabelo moicano, um roqueiro com um grande *quiff* e Mozart de peruca, ruge e sinal artificial. Certa vez, Elton foi fotografado usando um modelo da Torre Eiffel na cabeça.

A única coisa que não se pode dizer desses visuais, contudo, é que eles eram engraçados. Ao contrário, eles pareciam um exagero desnecessário. "Algumas das coisas que usei eram horrendas... Fui longe demais por tempo demais", Elton admitiria depois do fato. Levá-lo a sério deve ter sido difícil até mesmo para os astros do rock que eram seus amigos. "Quando conheci Sting, eu estava vestido de Minnie Mouse, e ele nunca me deixou esquecer isso", admite Elton.

A dura realidade é que nas duas décadas seguintes a maioria de suas músicas nem sequer chegou perto dos momentos memoráveis dos álbuns clássicos dos anos 1970. Seria leviano, no entanto, desprezar de antemão todos os seus discos do período. Porém, o fato é que, se no passado seus álbuns, ainda que nem sempre fossem brilhantes, podiam ser perfeitamente ouvidos em sua completude, os discos dos anos 1980 e 1990 podem conter talvez três ou quatro músicas fortes, enquanto o restante serve apenas para preencher faixas. Alguns eram um desperdício total, sem um único momento memorável. Elton começara a tentar seguir as tendências da época, e quando um artista faz isso, de maneira geral perde o que costumava distingui-lo.

Todavia, ele não estava só. Em meados dos anos 1980, mesmo os experimentos musicais até então consagrados de David Bowie produziram álbuns que ele mais tarde chegaria quase a ponto de repudiar. Rod Stewart, Bruce Springsteen e até mesmo Lou Reed produziram músicas cheias de estilo mas sem conteúdo: o som forte da bateria, os acordes baratos dos sintetizadores e os solos abomináveis de guitarra dominaram a cena. A música ruim era acompanhada pelos terríveis cortes de cabelo, personificados pelo maior sucesso da metade da década: o *mullet* – curto na frente, longo atrás – no estilo de Jon Bon Jovi e Michael Bolton. Até Elton tentaria sua própria versão com o cabelo que lhe restava.

Elton ainda teria diversos sucessos nas paradas, venderia quantidades copiosas de álbuns e compactos e continuaria sendo um superastro. Não obstante, no que diz respeito à aceitação dos críticos, as feridas sofridas na era punk pela nova leva de jornalistas levariam um bom tempo para cicatrizar. O resultado foi não apenas o desprezo total da sua música, mas todo o seu legado seria manchado. Como Liz Taylor no cinema, Elton corria o risco de tornar-se famoso por ser famoso. Não havia dúvida de que ele era um superastro, mas era como se ninguém lembrasse por que ele havia se tornado famoso. Ninguém falava sobre seus álbuns antigos; ninguém se importava muito com os novos. Com sua vida particular bizarramente fascinante e incrivelmente agitada, ele era mais famoso por aparecer em programas de entrevistas e nas colunas de fofoca do que como um artista que merecia ser levado a sério.

À época, havia artistas com muito mais crédito que possuíam tanto a mística quanto a música: Michael Stipe, Michael Jackson, Madonna, Morrissey etc. Enquanto os jornalistas prestavam atenção a cada palavra murmurada por Michael Stipe e identificavam grandes inovações artísticas em cada vídeo de Madonna, o mundo musical de Elton John parecia completamente irrelevante. Seus discos então flutuavam no vergonhoso nível intermediário, comprados não por fãs de rock, mas por pessoas que gostavam de músicas fáceis de ouvir. Ele era somente outro Cliff Richard ou Chris De Burgh, aceito como um artista pouco ameaçador, como um fornecedor de sentimentos banais e um pop insípido. Tratava-se de uma situação que Elton aparentemente foi incapaz de superar por longo tempo.

"Estamos no quinto ano da crise de Elton John, e, francamente, alguns de nós que o acompanham estão ficando preocupados", escreveu Ken Tucker, da *Rolling Stone*, em sua resenha do novo álbum de Elton, *21 At 33*, lançado em maio de 1980. O título fazia referência ao número de álbuns que Elton havia lançado em sua carreira na idade que tinha na época, talvez para lembrar o público do talento prodigioso que fora. Como ele havia, segundo qualquer cálculo razoável, lançado apenas dezenove álbuns até então (incluindo álbuns ao vivo e compilações), os números não pareciam dizer nada além de apenas uma tentativa de vender o artista.

Diferente do que acontecera a *A Single Man*, o novo álbum foi composto por um comitê. Gary Osborne foi mantido na equipe, e Bernie Taupin recebeu permissão para retornar, enquanto Tom Robinson e Judie Tzuke foram um acréscimo. Não é de surpreender que falte ao resultado a unidade temática de estilo e conteúdo que faz os melhores álbuns de Elton funcionar. "Elton havia alugado a casa de Danny La Rue, uma bela *villa* em Grasse, na Riviera Francesa. A maioria das faixas básicas foram gravadas em um lugar chamado Superbear Studios, nas montanhas francesas, perto de Nice. Era um belo lugar para gravar." Clive Franks, que, dessa vez com a participação de Elton, foi de novo recrutado para a produção, não ficou impressionado com o estúdio. "Havia muitos problemas técnicos. Na última noite decidimos terminar o álbum em Los Angeles, visto que quando eu estava tentando completar algumas mixagens para entregar a Elton o console pegou fogo!"

Usando a linguagem do futebol, *21 At 33* era como um jogo de dois tempos. O primeiro lado tinha o material mais forte que Elton produzira em anos. "Little Jeannie", embora tivesse algo do DNA musical de "Daniel", tem uma melodia e uma letra memoráveis e foi o destaque de todo o álbum. Colaboração com Gary Osborne, ela alcançaria a terceira posição, passando um período impressionante de 21 semanas na *Billboard* – seu maior sucesso desde "Don't Go Breaking My Heart", lançada quatro anos antes. O título e o verso "*I want you to be my acrobat*"[2] foram escritos por Elton e dados a Osborne, que podia decidir mantê-los ou rejeitá-los ao escrever sua própria letra para a melodia de Elton. É claro que Osborne as manteve.

"'Little Jeannie' foi a única em que ele me pediu que reescrevesse alguma coisa", revela Osborne. "Tudo que eu escrevia ele simplesmente pegava, levava para o estúdio e cantava. Nessa ocasião, ele disse que não havia gostado do verso '*You take it where it strikes and give it to the likes of me*'[3], o que era uma pena, porque eu gostava. Para começar, eu gostava da rima interna, e ele capturava o que eu queria dizer sobre a personalidade da garota da música, uma garota linda mas que não se dava conta do próprio valor, uma mulher que dormia com muitos homens por causa da sua baixa autoestima. Levei uma semana para escrever a música e um mês para reescrever o verso. De qualquer forma, estávamos no Bear Studios e ele disse: 'Agora vamos fazer 'Jeannie'. Eu disse: 'Já tenho o verso novo', e ele respondeu: 'Ah, tudo bem, já me acostumei com o antigo'."

Com as faixas básicas concluídas, a equipe voou para Los Angeles a fim de terminar as gravações. Foi nessa época que um velho amigo voltou à equipe. "A sensação era a de que o novo baterista, Alvin Taylor, não era o ideal para uma faixa", diz Gary Osborne. "Então, tiramos a bateria original e colocamos Nigel Olsson nela. Nigel colocou sua batida nela e deu-lhe um lindo sentimento." Na verdade, antes de Clive Franks decidir procurar Nigel Olsson, que na época estava morando em Los Angeles, Elton pensou em descartar a faixa inteira. "Nigel tocou a bateria e desde a primeira tomada ficou incrível", conta Franks. "Achei que Elton fosse cortar minha cabeça quando descobrisse que eu havia chamado Nigel para tocar na faixa, mas ele aceitou bem. Além disso, chamamos Dee Murray, que também estava morando em Los Angeles, para o estúdio."

"Fico extremamente feliz por ele não ter descartado 'Jeannie', pois ela ainda é meu maior sucesso nos Estados Unidos, quatro semanas na terceira posição, e por anos foi também o maior sucesso de Elton nesse país", diz Gary Osborne. "Eu me sentei na cadeira de produtor de Elton enquanto ele estava fora e ajudei Clive a produzir os *overdubs*, que consistiam basicamente em vocais de apoio, na sessão de metais e no fabuloso solo de sax de Jim Horn."

Depois de "Little Jeannie", o outro destaque de *21 At 33* era "Sartorial Eloquence", uma das duas colaborações com Tom Robinson. Como líder da Tom Robinson Band, Robinson havia feito nome com uma série de poderosas obras pop inteligentes. "2-4-6-8 Motorway" foi um dos melhores compactos

---

2. "Quero que você seja minha acrobata." (N. da T.)

3. "Você pega o ponto de impacto e dá a tipos como eu." (N. da T.)

de 1977, e "Glad To Be Gay" um dos mais ousados de 1978. Para "Sartorial Eloquence", Elton compôs uma das suas melhores melodias. Lançada como o segundo compacto do álbum, ela acabou tendo, apesar de seus altos custos de produção e do poderoso coro nos vocais de apoio, um sucesso pequeno. "Two Rooms At The End Of The World", uma das quatro músicas escritas por Bernie Taupin, apresentava um belíssimo *riff* de guitarra de Richie Zito e uma excelente bateria de Alvin Taylor. A letra era uma descrição direta do estado da parceria de Elton com Bernie, composta na terceira pessoa como se descrevesse dois personagens fictícios. O tema principal da canção era sobre a distância que os separava ser física, e não emocional. Taupin aproveitou a oportunidade de lembrar a todos que "*together the two of them were mining gold*" [4].

O segundo lado do álbum, contudo, não conseguiu produzir o mesmo brilhantismo. Bernie também estava errando o alvo. Sua "White Lady, White Powder" era uma autoanálise medíocre muito óbvia para dar certo. A última música, "Give Me The Love", composta em colaboração com Judie Tzuke, era agradável, mas dificilmente poderia ser considerada um clássico de Elton. "Ele me mandou a melodia e o título e me pediu para escrever a letra", lembra-se Tzuke. "Escrevi uma letra enorme e a mandei com um bilhete dizendo: 'Use o que quiser'. Na verdade, achei que ele deixou a melhor parte de fora e usou a parte de que eu não gostava, mas ainda assim tenho muito orgulho de ter composto uma música com ele." "Eu preferia *A Single Man* como álbum", admite Clive Franks. "Em certo momento, *21 At 33* seria um álbum duplo, mas eu não achava que as músicas eram fortes o bastante. Talvez Elton não estivesse tão concentrado quanto poderia estar. Muitas vezes ele nem aparecia. Deixava para mim grande parte das decisões a ser tomadas."

O lado positivo de *21 At 33*, contudo, foi que, como Gary Osborne coloca, Elton "sentiu-se libertado. Ele descobriu que podia trabalhar com outras pessoas além de Bernie". Apesar das especulações dos tabloides, as intenções nunca foram que a separação de Bernie fosse permanente. "Não fiquei nem um pouco surpreso quando Elton voltou a trabalhar com Bernie", diz Osborne. "Para o mundo exterior, parecia que eu era um substituto para Bernie, mas nunca fui isso. Eu era uma *adição* a Bernie. Sempre me dei muito bem com Bernie. Sempre o respeitei muito, e ele sempre foi um cavalheiro comigo. Não era, porém, o caso do *pessoal* dele. Lembro-me de uma festa em que seu empresário, Michael Lippman, me disse: 'Sabe de uma coisa? Você é um bom camarada, mas gostaríamos que você não existisse'. Fiquei um pouco chocado com isso. Ele disse 'Nós gostaríamos' como se estivesse usando o 'nós' da realeza. Talvez por um lado ele estivesse brincando, mas para mim aquilo foi muito frio."

---

4. "Juntos os dois eram uma mina de ouro." (N. da T.)

A turnê de outono de 1980 viu a reunião de Elton com Dee Murray e Nigel Olsson. Contudo, Ray Cooper, já ausente nas sessões de gravação do álbum, não integrou a banda de turnê. "Na verdade, ele acabara de fazer um filme, o filme *Popeye* de Robert Altman, e foi por isso que ele não participou da turnê do álbum *21 At 33*, caso algum fã queira saber", Elton disse à BBC. "Mas tenho certeza de que voltaremos a trabalhar juntos. Adoro aquele homem. Ele me ensinou tanto; não na música, mas tem me educado um bocado. Ele é um homem educado. Amo-o muito. Ele me ajudou a passar por várias crises."

No nível pessoal, Elton passava de um relacionamento rápido para outro. "Drogas, sexo e casos amorosos destinados ao fracasso eram a minha forma de destruição", ele diria mais tarde, olhando de volta para um período infeliz de sua vida pessoal.

Um dos amantes de Elton seria Charles, um personagem extravagante apelidado de Chloe, seguido pelo jovem e com aparência muito doce Vance, a inspiração para o grande sucesso "Blue Eyes", e depois ainda por Gary Clarke, que vendeu a história de seu relacionamento com Elton em forma de biografia.

Clive Franks lembra-se de Chloe: "Eu me dava bem com ele, assim como minha esposa, Carla. Ele era um elegante inglês aristocrático e se vestia muito bem. Mas ele era um pouco malcriado. Acabou se casando com uma garota com quem eu havia tido uma coisa rápida chamada Bianca e que era comissária de bordo de um dos aviões Starship que tínhamos nos anos 1970. Na verdade, nunca achei que ele fosse gay".

Os vários vícios de Elton não ajudavam em sua busca por um relacionamento duradouro. Elton admitiu que quando usava cocaína era impossível ficar com ele: irracional, com um mau humor ultrajante e ao mesmo tempo sentindo-se livre para realizar todas as suas fantasias sexuais.

Na vida pessoal, parecia que Elton estava sempre se fazendo de bobo. Os amigos tentavam alertá-lo, mas o impacto de seus conselhos não durava muito – a longo prazo, a personalidade viciada de Elton sempre vencia. Graham Taylor foi uma das pessoas que tentaram se comunicar com Elton. "Eu estava sofrendo muito, e bebendo muito uísque", Elton contaria. "O pessoal estava tocando em Luton Town no Boxing Day [5] e eu apareci vestindo um casaco que havia custado 300 libras mas que parecia um vestido. Na manhã seguinte, Graham apareceu na minha casa. Ele colocou uma garrafa de uísque na mesa e disse: 'Aqui está, você vai beber isso? Qual é o seu maldito problema?'. Ele me trouxe de volta à realidade."

Outra pessoa que tentou fazer Elton enxergar a realidade foi o franco George Harrison. "Ele me passou verdadeiros sermões sobre o meu problema com

---

5. Em alguns países, como Inglaterra e Estados Unidos, primeiro dia útil depois do Natal, geralmente dia 26, em que é realizada uma grande liquidação de mercadorias. (N. da T.)

drogas", Elton diria à *Rolling Stone* em 2002. "Houve uma noite em Los Angeles em que ele disse: 'Ouça, pelo amor de Deus, vá com calma com o pó, porque ele não vai lhe fazer bem nenhum'. Aquela foi a noite em que tentei mudar o guarda-roupa de Bob Dylan. Eu disse: 'Você não pode continuar andando por aí com roupas assim; suba aqui, vou lhe dar algumas roupas'. E a expressão de horror no rosto de Bob Dylan foi inacreditável. Você consegue acreditar? Eu disse algo do tipo: 'Ah, eu tenho umas coisas de Versace lá em cima que vão lhe cair muito bem, Bob', e George assistiu a isso. Então ele me passou uma pequena reprimenda."

Para muitos astros do rock, o início da década de 1980 foi o período mais hedonista de todos. Elton era um alegre frequentador de festas e eventos de celebridades. O Studio 54 de Nova York era em particular um dos seus favoritos. A legendária discoteca foi inaugurada em abril de 1977 em Manhattan e tornara-se infame por ter barrado a entrada de Nile Rodgers e Bernard Edwards, do Chic, que comporiam uma música com o refrão *"Aaah, fuck off!"* em uma resposta direta ao tratamento que haviam recebido do porteiro. A música "Le Freak", com o refrão modificado para *"Aaah, freak out!"* tornou-se o compacto mais vendido de todos os tempos da Atlantic Records. O logotipo do Studio 54 era um homem em forma de lua crescente sorrindo para uma colher de cocaína.

"Até que pessoas começaram a morrer aos montes por diferentes tipos de excesso, ninguém se importava com o que o outro fazia", diz Paul Gambaccini. "Não lhes ocorria julgar uns aos outros. Uma mulher que era crítica de uma publicação de renome fez sexo com um cachorro na mesa de bilhar em uma festa dada pelo relações-públicas Tony Bransby. Agora, tudo bem, as pessoas acharam aquilo estranho, mas ninguém condenou a mulher, porque todos estavam experimentando e quebrando barreiras, e quase nada era considerado demais. E então mais pessoas começaram a morrer de overdose, e é claro que quando o HIV chegou foi o fim de toda a ideia de liberdade sexual ilimitada."

"À medida que Elton ficava mais viciado em cocaína, mais me culpavam", diz Gary Osborne. "Do ponto de vista de seus amigos e de sua família, eu estava passando mais tempo com Elton do que qualquer pessoa, então me tornei o principal suspeito. A ironia é que eu nunca consegui acompanhar Elton. Um grama de cocaína por noite em geral dava para duas pessoas. Para quatro ou cinco pessoas, dois gramas eram o suficiente. Mas tínhamos de dobrar esse número quando pensávamos em Elton." Sheila ficou tão devastada com o comportamento do filho que passou um período morando na Espanha com Derf a fim de não se expor mais ao estilo de vida de Elton.

Enquanto Bernie Taupin era quieto e reservado, Gary Osborne era muito mais extrovertido. "Gary e eu éramos e somos amigos", diz Bob Harris, que havia acabado de concluir o longo período durante o qual fora apresentador de *Old Grey Whistle Test*. "Gary e Jenny tinham uma casa em Regent's Park. Era fácil para qualquer um passar lá a caminho de casa, e era o que todos fazíamos. Gary tinha um porão que havia transformado em uma praia artificial, com muita areia no chão. Havia um pequeno bar e nos sentávamos em espreguiçadeiras. O teto e as paredes eram azuis e havia um mural na parede que dava a impressão de estarmos olhando para o mar. Pelo que me lembro Elton e particularmente Kiki estavam sempre lá. Mas tudo começou a girar em torno das drogas. Muitas pessoas queriam quebrar barreiras e experimentar outras coisas, mas isso começou a dominar nossa vida."

Um dos pontos mais baixos para Elton foi o dia de Natal de 1980. Ele havia planejado passar as festas com seu namorado, Charles – ou Chloe, como Elton o chamava. Chloe devia voar dos Estados Unidos para a Inglaterra a fim de reunir-se com Elton, que chegaria na véspera de Natal depois de uma turnê pela Austrália. Na manhã de Natal, Gary Osborne, sua esposa, Jenny, e o filho dos dois, Luke, abriam os presentes e se preparavam para um Natal em família com a mãe de Gary quando o telefone tocou. "Era Elton chorando", recorda-se Gary Osborne. "Chloe não havia chegado. 'Não faço ideia de onde ele está, o que está fazendo, por que não está aqui', ele soluçava. 'Bem, quem está aí?', perguntei-lhe. 'Só eu', ele respondeu. 'Dei uma semana de folga a todo mundo'. Eu disse: 'Estamos indo pra aí'. Então cancelamos nossos planos e fomos para Woodside tentar impedir que ele desmoronasse. Passamos a semana lá."

"Quando Jenny, Luke e eu chegamos, entramos na cozinha e lá estava um peru enorme com um pedaço faltando e um grande bolo, também com um pedaço faltando. E lá estava Elton, andando pela cozinha aos prantos."

Depois que Elton se acalmou um pouco, a normalidade foi relativamente restabelecida – pelo menos por um momento. "Elton colecionava abajures Tiffany", lembra-se Osborne. "Havia um em particular que ele nos disse que havia custado 10 mil libras. Uma hora depois, meu filho estava correndo pela sala, tropeçou no fio e quebrou o abajur em pedacinhos. Minha esposa e eu ficamos em choque. Elton nem sequer piscava. Ele pegou Luke no colo, o abraçou e disse: 'Não se preocupe, querido. Coisas sempre podem ser substituídas; apenas pessoas não podemos substituir'. Isso diz mais sobre Elton do que todas as suas músicas juntas."

Haveria outros momentos de desespero e depressão. Osborne lembra-se de um período não muito depois em que Elton claramente não estava bem. "Estávamos em um *flat* fantástico com vista para o Sena, em Paris, e Elton passou um mês se recusando a sair. Deveríamos fazer sessões de gravação para algumas das músicas que acabaram em *The Fox* e *Jump Up!* Estávamos pagando 1.000 libras por dia pelo estúdio, e a banda, o produtor, o engenheiro [de som], os assistentes de turnê e toda a equipe administrativa estavam hospedados em hotéis. Todos, exceto eu, estavam recebendo salários e diárias, e Elton simplesmente não saía para tocar. Ele não ia ao estúdio; ele nem sequer se vestia. Então, ficamos no *flat* com Elton eu, seu relações-públicas, Bob Halley, e Vance, além de uma garota adorável chamada Faith que cozinhava para nós."

"Passamos um mês apenas jogando pôquer e nos drogando. E John Reid ficava batendo na porta gritando: 'Deixem-me entrar!'. E sem pensar eu fui até a porta. 'Não abra', Elton disse. 'Gary, me deixe entrar', JR gritou, mas Elton gritou de volta: 'Não ouse deixá-lo entrar!'."

Musicalmente, Elton ainda era capaz de compor um excelente compacto pop, mas parecia que os anos de invulnerabilidade, quando a equipe de Elton John produzia um álbum de sucesso depois do outro, não voltariam mais. A popularidade da MTV, inaugurada em 1981, significava que todos os artistas de peso tinham de ter um visual atraente para combinar com a música. Dos astros consagrados dos anos 1970, poucos fizeram uma transição bem-sucedida, e os que conseguiram foram artistas como David Bowie e Michael Jackson, que sempre haviam exercido atração tanto visual quanto musical. A nova era visual deixou Elton – gordinho, baixinho, calvo e desprovido da aura artística de Bowie e dos passos de dança de Michael Jackson – em desvantagem. Mesmo assim, isso não impediu que ele fizesse vídeos para o seu próximo álbum, *The Fox*, no qual cada faixa era acompanhada por um clipe promocional de qualidade relativa.

Clive Franks mais uma vez fez o trabalho de produção em *The Fox*. Franks achava que havia concluído o álbum, mas ao retornar da sua lua de mel para mixá-lo, recebeu por um telefonema do assistente de John Reid a notícia de que Chris Thomas havia sido nomeado produtor. Thomas trabalharia com Elton em seis das nove faixas incluídas no álbum. A notícia de que havia sido demitido "na verdade me deixou fisicamente doente", diz Franks. "Nem Elton nem John Reid falaram comigo sobre isso. Geralmente achamos que, depois de trabalhar com alguém por tanto tempo, essa pessoa poderia nos dar a notícia de uma forma gentil em vez de mandar um maldito assistente de escritório telefonar. Eu não tinha absolutamente nada contra Chris Thomas, o conhecia havia muito tempo, e antes de eu começar a trabalhar em *The Fox* Elton já havia mencionado a possibilidade de chamar alguém para trabalhar *comigo*. Depois que fui demitido, fechamos a companhia Frank N. Stein que Elton e eu havíamos aberto para nosso trabalho de produção, embora eu continue trabalhando no som ao vivo de Elton até os dias de hoje. Elton diz que não aceitaria que fosse de outra forma."

"*The Fox* foi um trabalho um pouco medíocre", admite Gary Osborne. "Foi feito de forma meio caótica, e usamos restos de *21 At 33*." Como *21 At 33*, *The Fox* era um álbum parcialmente bom, composto por momentos bastante irrelevantes entremeados com quatro ou cinco obras clássicas do pop de Elton. De forma geral, ele recebeu críticas positivas. Stephen Holden, o homem da *Rolling Stone* que apenas dois anos e meio antes redigia o que mais parece um obituário de Elton com a sua condenação de *A Single Man*, dessa vez escreveu: "Essas onze canções são a coleção mais consistentemente audível de John em anos".

Com seus alegres versos cantados em coro, o fato de a agradável "Just Like Belgium" não ter conseguido entrar nas paradas de sucessos é um dos mistérios da carreira de Elton. Ela provavelmente era a melhor canção pop de Bernie em pelo menos seis anos. Na bluesy "Heart In The Right Place", Osborne fala sobre a imprensa britânica e o tratamento injusto que Elton vinha recebendo: *"I'll ask you some questions, I'll tell you some lies/ You'll open your heart like a friend/ I'll make up some answers you won't recognise/ The you I create with my pen"* [6].

"Na ambiciosa 'Carla/Etude-Fanfare-Chloe', Elton tentou o tipo de casamento dinâmico entre uma faixa instrumental e uma canção que ele havia extraído com sucesso de clássicos anteriores, como "Funeral For A Friend/ Love Lies Bleeding", de *Goodbye Yellow Brick Road* e "Tonight", de *Blue Moves*. O romântico movimento da sessão instrumental, que contou com a participação da Orquestra Sinfônica de Londres, foi chamado de "Carla", nome da esposa de Clive Franks. Elton compôs a parte com sintetizador que conduz à confessional "Chloe" em colaboração com James Newton Howard. "Chloe" era um apelo ao namorado de Elton na época, Charles: *"Chloe, what you gonna do about me?"* [7]. A penúltima faixa, "Elton's Song", com letra de Tom Robinson, descrevia uma paixão adolescente homoerótica, mas ganhou uma melodia insípida. A falta de melodias poderosas no álbum é a sua fraqueza, como seria o caso de quase todos os álbuns de Elton do período.

"Nobody Wins", uma das canções mais musicalmente inovadoras de Elton, na verdade não tinha uma melodia original do compositor. No verão de 1980 na França, Elton ouvira a música "J'Veux d'la Tendresse", de Janic Prévost, e se apaixonara por ela. Gary Osborne, que na adolescência havia ganhado a vida traduzindo músicas em língua estrangeira para o inglês, era o parceiro ideal para traduzir a letra de Jean-Paul Dreau. Osborne não desapontou. Ele capturou o espírito do original, mas deu-lhe um toque muito pessoal, e com isso produziu uma das melhores letras gravadas por Elton John: *"And it's the innocent who pay/ When broken dreams get in the way/ The game begins/ The game nobody wins"* [8]. Osborne transformou a música em uma descrição emocionalmente intensa do dano psicológico produzido pela desintegração do casamento dos pais do jovem Elton.

---

6. "Farei algumas perguntas, contarei algumas mentiras/ Você abrirá seu coração como um amigo/ Inventarei algumas respostas que você não reconhecerá/ O você que criarei com minha caneta." (N. da T.)

7. "Chloe, o que você vai fazer em relação a mim?" (N. da T.)

8. "E é o inocente que paga/ Quando sonhos destruídos ficam no caminho/ O jogo começa/ O jogo que ninguém vence." (N. da T.)

"De todas as músicas em que trabalhamos juntos, a de que mais gosto é 'Nobody Wins'", afirma Osborne. "Achei que sabia um pouco sobre a mãe e o pai de Elton e sobre o relacionamento dos dois. Fiquei pensando como devia ter sido para Elton ouvir seus pais brigando, acreditar que seu pai não o amava."

Elton estava tão perturbado em 1981 que simplesmente não tinha o entusiasmo nem a força de vontade necessários para lutar por um compacto que não conseguiu entrar no Top 40 na primeira semana após ter sido lançado. Era como se ele tivesse aceitado que seus compactos não eram mais sucessos instantâneos, como se promovê-los estivesse além da sua capacidade. Essa atitude não lembrava em nada o homem que passara os primeiros dez anos da carreira promovendo sua música incansavelmente em cada gravadora e em cada cidade a que conseguia acesso.

"Foi mais ou menos nessa época que Elton teve meio que um colapso nervoso", lembra-se Osborne. "O compacto saiu e começou devagar, mas não foi um desastre, pois na época muitos sucessos levavam algumas semanas para entrar no Top 40. Naquela época, uma das coisas que garantiam a colocação de um disco nas paradas era uma aparição no *Top Of The Pops*. Elton disse: 'Não vou fazer isso a não ser que ela entre no Top 40'. Ela alcançou a 43ª posição. Porém, se ele tivesse aparecido no *Top Of The Pops* naquela semana, o compacto teria pelo menos superado a 30ª posição na semana seguinte, e as estações de rádio que o estavam tocando continuariam. Mas ele recusou-se a fazer isso."

"Acabei indo até a casa dele para jogarmos pôquer na noite em que ele deveria ter aparecido no *Top Of The Pops*. A certa altura da noite, ele tinha um jogo muito bom e eu tinha um jogo simplesmente fantástico. Ele disse: 'Aposto aquele carro com você'. E eu respondi: 'Bem, e o que posso apostar contra um carro?'. 'Você não me disse que tem uma geladeira nova? Aposto o carro contra a sua geladeira.' Fazíamos isso com frequência. Uma noite, ganhei cinco Bentleys dele, mas apostei cinco Bentleys contra o motorista dele para poder ficar com o motorista *e* os Bentleys, e perdi todos de volta, era assim que jogávamos. Ele ganhava minha geladeira ou minha televisão, e depois as perdia de volta pra mim."

"Assim, ganhei o carro, mas não pensei mais nisso, pois achei que ele fosse ganhá-lo de volta. De qualquer forma, eu estava de saída por volta das 4h da manhã e ele enfiou um cheque na minha mão equivalente a uns 2.500 dólares. Perguntei: 'Pra que é isso?', e ele respondeu: 'Pelo carro'. Eu disse: 'Ah, deixa disso, vou perdê-lo de volta pra você'. E ele disse: 'Não, não, vamos ser justos, aqui está o cheque pelo carro'. E eu disse: 'Sabe de uma coisa? Vou aceitar, porque em vez de ter ficado jogando baralho comigo hoje à noite, você deveria estar promovendo o compacto, e aí eu teria ganhado muito mais dinheiro que 2.500 dólares. O carro está até hoje na minha garagem."

Embora Elton tivesse decidido tirar férias das turnês em 1981, ele fez uma exceção para uma apresentação que sem dúvida foi uma das mais exasperantes da sua carreira: "Era para o 21º aniversário do príncipe Andrew no Castelo de Windsor", lembra-se Clive Franks. "Eu nunca o vi com mais medo em toda a sua carreira, pois ele tocaria para toda a família real e seus convidados."

O concerto se realizou em junho daquele ano, semanas antes do casamento do príncipe Charles com *lady* Diana Spencer. "Tive de ir à Moss Bros alugar uma maldita fantasia de pinguim", diz Clive Franks, que, mais uma vez, foi o responsável pelo som ao vivo de Elton. "Na metade do show, senti a presença de alguém ao meu lado, e era a princesa Margaret com sua tiara e suas joias. Ela disse: 'Você não se incomoda se eu ficar aqui, não é? Estou louca para fumar!'." Depois da apresentação de Elton houve uma festa. "Nunca me esquecerei daquilo", Franks diz com encanto. "Lá estava a rainha na discoteca usando um vestido cor de pêssego com uma tiara brilhante e coberta de diamantes. Ela estava com uma pequena bolsa de mão no braço, que balançava enquanto ela dançava com um conde de noventa anos." Segundo relatos, Elton dançou com a princesa Anne ao som de "Hound Dog", e com a rainha ao som de "Rock Around The Clock".

Na época, Elton havia assinado com a Geffen Records, selo fundado em 1980 pelo empreendedor e filantropo David Geffen, nos Estados Unidos. Junto com John Lennon, Elton foi um dos primeiros artistas que assinaram com o selo. John Reid havia tentado renovar o contrato de Elton com a MCA, mas acabou saindo irritado no meio da reunião quando a diretoria rejeitou sua exigência de US$ 25 milhões por cinco discos para a América do Norte. De acordo com Philip Norman, Reid ficou furioso quando as negociações não chegaram a um acordo, chamou a diretoria de "idiota" e tentou arrancar um dos discos de ouro de Elton da parede gritando: "Fui eu quem fiz esta maldita companhia, podem enfiar suas merdas de discos".

Um dos primeiros sucessos da Geffen, em circunstâncias trágicas, foi o álbum *Double Fantasy*, de John e Yoko. Nova York, a cidade onde Lennon se sentia tão bem, a cidade que tratava os astros do rock com respeito e costumava deixá-los em paz, ainda assim era uma cidade muito americana, parte de uma cultura que permitia a qualquer um, não importava seu estado mental, andar pelas ruas com armas de fogo. O assassinato de John Lennon no dia 8 de dezembro deixou o mundo em choque. No mundo do entretenimento, nada jamais seria o mesmo para os astros do rock de peso. O que aconteceu a Lennon também podia acontecer a Bowie, Elton, McCartney ou qualquer astro de rock famoso com seguidores fanáticos.

Bernie e Elton haviam travado um relacionamento íntimo com Lennon na metade da década de 1970. Depois de ter assinado com a Geffen, Elton até mesmo chegara a expressar a ambição de gravar com seu novo colega de selo.

Isso nunca aconteceria, e a morte de Lennon foi um grande golpe para Elton e Bernie. Na mente do público, Taupin provavelmente é mais famoso por sua homenagem a Marilyn Monroe, "Candle In The Wind", mas seu tributo a Lennon, "Empty Garden (Hey, Hey Johnny)" é muito superior. Taupin o escreveu no dia em que a trágica notícia foi divulgada: "*What happened here?*" é o verso que abre a canção. "*As the New York sunset disappeared/ I found an empty garden among the flagstones there.*" Ele descrevia Lennon como o jardineiro cuidadoso e protetor que "*grew a good crop*", mas agora nada mais crescia, pois sua música e seu talento foram destruídos. "*It's funny how one insect can damage so much grain*", escreveu Taupin em uma clara referência ao assassino. "*A gardener like that one no one can replace*". No comovente refrão, a morte de Lennon é comparada à perda de uma amizade de infância. Seus amigos o chamavam, mas de repente não havia ninguém lá para abrir a porta: "*Oh, and I've been calling, oh hey, hey Johnny/ Can' t you come out to play?*" [9]. Com a bela melodia de Elton, a música com certeza está entre os melhores trabalhos da dupla. É sem dúvida um dos melhores tributos musicais já produzidos.

"Empty Garden" seria o primeiro compacto americano do álbum de 1982, *Jump Up!*. No Reino Unido, a honra foi de "Blue Eyes", outra colaboração com Gary Osborne e uma música cujo nascimento foi complicado. A princípio, a melodia dada a Gary não parecia promissora. "Blue Eyes" foi uma das cinco músicas que Elton escrevera em apenas uma manhã de trabalho em casa, em Woodside. Depois, ele voou para Montserrat a fim de gravar as faixas básicas, deixando Gary no Reino Unido para terminar as letras, que Gary depois enviaria por telex para Elton. Pensando que "Blue Eyes" fosse a mais fraca entre as músicas, Gary começou trabalhando nas músicas mais promissoras, mas recebeu uma fita cassete com a faixa básica completa da música pelo correio e instruções cheias de urgência para que ele compusesse a letra. "Foi a letra que escrevi mais rápido. Terminei na mesma tarde; são apenas duas estrofes", ele se recorda. Música excepcionalmente lenta, sua melodia simples e agradável pedia uma letra romântica, e, mais uma vez tentando ver o mundo pelos olhos de Elton, Osborne escreveu uma música para o novo namorado dele.

"Elton estava namorando um rapaz adorável chamado Vance, que mais tarde morreria tragicamente de aids", ele explica. "Ele era grande fã de Bowie, o que sempre era motivo de briga entre eles! Vance tinha olhos azuis. Elton tentou gravar [a música] cinco vezes. Na primeira, ele soou como Dean Martin, e eu não gostei dela porque achei que tinha ficado cafona. Depois, ele gravou uma

---

9. Na sequência: "O que aconteceu aqui?"; "Quando o pôr do sol de Nova York desaparecia/ Encontrei um jardim vazio na calçada"; "cultivou uma boa colheita"; "É engraçado como um inseto pode prejudicar tantos grãos"; "Um jardineiro como aquele ninguém pode substituir"; "Oh, eu fico chamando, oh hey, hey Johnny/ Você não pode sair para brincar?" (N. da T.)

versão que soava como Sinatra. Em seguida, gravou uma versão em que parecia Elvis. Então, gravou uma versão que soava como Elton John, e por fim fez uma versão que parecia uma combinação de todos esses cantores, e foi com essa versão que ficamos." O compacto seria o maior compacto do álbum, e alcançou o 8º lugar no Reino Unido e o 12º nos Estados Unidos, o primeiro compacto a entrar no Top 20 nos dois lados do Atlântico desde "Sorry Seems To Be The Hardest Word", lançado seis anos antes.

Jump Up! foi o primeiro álbum de Elton a ser gravado no Air Studios, em Montserrat. "A razão pela qual acabamos fazendo aquele álbum em Montserrat", diz Gary Osborne, "foi que Elton estava tendo aquela crise nervosa, e quando ele não queria sair do *flat* eu disse 'Bem, vou sair de férias'. E ele disse: 'Posso ir com você?'. Levei-o para Antígua e me apaixonei pelo lugar e pelo Caribe de forma geral. O estúdio de George Martin ficava na ilha vizinha, então fomos até lá, demos uma olhada e decidimos gravar nele."

Entre as músicas do álbum *Jump Up!* estava "Ball And Chain", com Pete Townshend tocando violão de doze cordas, e a temática "Princess". "Elton estava apaixonado pela princesa Di", diz Osborne. "Isso foi por volta da época do casamento real, então escrevi uma música de amor leve como se fosse Charles cantando para Di." Outra música gravada para o álbum foi "Legal Boys", a primeira colaboração de Elton com um dos letristas mais famosos do mundo, Tim Rice. "Ela foi originalmente composta para uma coisa que eu faria com Andrew [Lloyd-Webber] para *Tell Me On A Sunday!*", conta *sir* Tim, "mas depois Andrew decidiu fazê-lo com o letrista Don Black e com o cantor Marti Webb. Fiquei com essa letra e sabia que Elton gostava de ter uma letra pronta, então a mandei para ele. Para a minha surpresa, ele a usou." A música era uma história triste sobre um divórcio, com a linguagem legal inserida em um conto educativo sobre o que acontece quando a perda do amor se transforma em lucros financeiros para o profissional do direito: "*It says something for the legal boys/ But nothing much for us/ That all we had together/ Is so quickly ended thus*" [10].

O álbum recebeu algumas críticas favoráveis. A *Creem* disse: "Se você costumava ouvir suas músicas e parou, *Jump Up!* lhe dá uma razão para voltar a ouvi-las. Talvez o fato de ele não estar mais em todos os lugares é o que faz de *Jump Up!* uma grande surpresa. Talvez aquele velho Quatro Olhos tenha produzido com ele o melhor álbum pop da sua carreira". Elton até mesmo divulgou o álbum com uma grande turnê mundial, a primeira em dois anos, que terminou com uma temporada de dezesseis noites antecedendo o Natal no Hammersmith Odeon de Londres. Pela primeira vez desde 1977, Davey Johnstone estava de volta tocando

---

10. "Pode significar algo para os rapazes da lei/ Mas nada demais para nós/ O fato de o que tínhamos juntos/ Ter acabado tão rápido." (N. da T.)

na banda ao vivo. Todavia, o que Elton fez no palco foi um verdadeiro papelão. Sua fantasia, descrita pelo cantor como "o uniforme dos generais da Ruritania", consistia em calça, uma túnica com ombreiras e um quepe militar ridículo.

Na noite de abertura no Hammersmith, Elton foi informado minutos antes de entrar no palco de que uma gripe deixara Nigel Olsson de cama. Seu humor sombrio piorou ainda mais durante "Bennie And The Jets", quando Elton chutou o banco do piano com tanta força que ele atingiu a jovem fã de 24 anos Seana Connolly, causando escoriações em sua bochecha e no braço direito. Elton se desculpou de todas as formas possíveis, encontrando Connolly nos bastidores e presenteando-a com uma garrafa de champanhe e uma jaqueta de couro. Ele também se ofereceu para lhe comprar um vestido novo.

John Hall, da Rocket Records, contou a Philip Norman como a iniciativa do relações-públicas não saiu como planejado: "Alguém do escritório saiu com a garota e ela comprou o vestido mais caro do mundo. Naquele dia, haveria uma grande festa para celebrar o encerramento da turnê no Xenon e eu também a convidei a comparecer. Mandamos uma limusine para ela, e é claro que ela foi com o vestido que Elton havia comprado. Ele tinha uma abertura na parte de cima do braço que chamava a atenção para a escoriação causada pelo banco do piano. Depois de tudo que havíamos feito para que a coisa toda fosse esquecida, lá estava ela desfilando pelo Xenon mostrando a escoriação a todo mundo".

O último show, realizado na véspera de Natal, seria transmitido ao vivo como parte do concerto de celebração anual do *Old Grey Whistle Test*. A diferença entre o Elton de 1982 – suado, acima do peso, usando um traje de palco ridículo e claramente se deixando levar pela maré – e o Elton que havia se apresentado no mesmo concerto oito anos antes, quando estava no auge da carreira, era óbvia demais. Saindo de um relacionamento fracassado para outro, fora do palco Elton parecia estar em uma queda livre emocional. Elton precisava de estabilidade, e a encontraria onde ele e as pessoas que o conheciam menos esperavam: em um relacionamento com uma mulher.

CAPÍTULO 12

I WANNA KISS THE BRIDE

"Don't you know I'm still standing better than I ever did / Looking like a true survivor, feeling like a little kid." ("Você não vê que estou de pé, melhor do que nunca/ Parecendo um verdadeiro sobrevivente, me sentindo como um garoto.")
"I'm Still Standing"; letra: Bernie Taupin; música: Elton John

Você pode até estar de pé, mas todos nós estamos no chão.
Telegrama de "congratulações" do empresário de Rod Stewart, Billy Gaff, por ocasião do casamento de Elton com Renate Blauel, 14 de fevereiro de 1984

Elton não está sóbrio, mas ainda está de pé. Foi um longo dia. Ele está acordado desde as 4h da manhã trabalhando em um clipe para seu novo compacto, "I'm Still Standing", com um título e uma letra que descreviam a situação da sua carreira e um refrão dançante em coro que anunciava efetivamente O Retorno de Elton John. Atipicamente, o clipe produzido pelo australiano Russel Mulcahy levou Elton a fazer algo novo: dançar uma rotina coreografada com um grande grupo de beldades, tanto masculinas quanto femininas.

O clipe foi filmado em sua maior parte em frente ao Hotel Carlton, em Cannes. Elton pavoneia-se com dois ternos complementares – um azul-acinzentado e outro branco, mais ao estilo de James Bond, com gravata-borboleta

– que acompanhavam chapéu de palha e bengala. Uma cena mostra Elton batendo no bumbum de uma das dançarinas, enquanto em outra ele aparece cercado por um redemoinho de dançarinas-cortesãs. As poses ao estilo Chaplin de Elton reforçam a sensação de alegria levemente forçada. Em outra sequência, um ator mirim imita o roqueiro, sentando no Jaguar de doze cilindradas do próprio Elton, que mais tarde seria vendido em um leilão por US$ 90 mil. Mas tudo saiu bem, e o resultado foi o primeiro vídeo "apropriado" de Elton.

Ao final de um dia muito longo, Elton decide que precisa de um estimulante. Juntando-se a alguns membros do Duran Duran, ele bebe oito martínis com vodca em cerca de meia hora. Depois disso, não lembra mais de muita coisa.

★ ★ ★

O cinegrafista Marcello Anciano, que trabalhava com frequência com Russel Mulcahy, lembra-se do dia devastador. "Quando chegamos lá, Simon [Le Bon] saiu para uma conversa com Elton e o deixou muito puto. Isso aconteceu quando Elton era completamente louco. Quando vi Russel, ele perguntou: 'Que diabos você fez com Elton?'. Aparentemente, Elton voltara do bar e começara a fazer um desses *stripteases* elaborados em frente à câmera, rolando nu no chão, depois levantando-se e vestindo a roupa mais estranha para voltar e fazer outro *striptease* extraordinário. Ele exigia o tempo todo que a câmera continuasse ligada – e foi tudo culpa de Simon."

"Realmente não consigo me lembrar do restante do vídeo", Elton admitiu ao refletir sobre sua sessão com Simon Le Bon, durante a qual ele se lembra de ter virado seis martínis, e não os oito que encontramos em outros relatos sobre a caótica ocasião. "Acordei na manhã seguinte muito dolorido e com escoriações. Eu havia destruído uma das salas e apagado completamente. Obrigado, Duran Duran." A certo ponto, uma briga teve início entre Elton e John Reid, cujo resultado foi Elton ter se sentado em cima de seu empresário e ex-namorado, socando-o e quebrando-lhe o nariz. Será que passar a produzir vídeos interessantes era mesmo uma boa ideia?

Elton nunca fora uma das melhores companhias quando bebia. Seu temperamento instável invariavelmente tornava-o um colega de trabalho imprevisível. Em 1976, quando ensaiava para uma turnê, algo aparentemente o deixou tão furioso que ele levantou o piano e tentou virá-lo. O homem não era nenhuma flor. O fato de John Reid ter permanecido com Elton mesmo depois de ter tido o nariz quebrado diz muito sobre seu comprometimento com a causa.

No que diz respeito aos vídeos pop, Elton chegou atrasado à festa e saiu cedo. Outros artistas famosos haviam começado a gravar clipes promocionais caros muito antes dele, e seu entusiasmo por eles nunca foi tão grande, então ele logo passou a detestá-los mesmo quando aparecia, fazendo-os a contragosto. Os vídeos de Elton costumavam ser mais profissionais que inspirados, e "I'm Still Standing" foi provavelmente o melhor entre as dúzias que ele gravaria.

No início dos anos 1980, Mulcahy era a escolha certa com quem trabalhar, pois já tinha em seu currículo vários clipes de sucesso. Na verdade, o primeiro vídeo transmitido pela MTV foi o primeiro lugar nas paradas do Reino Unido produzido por Mulcahy dos Buggles, "Video Killed The Radio Star". Em 1983, ele trabalhara em três vídeos do Duran Duran para o álbum *Rio* da banda, assim como no grandioso "Vienna", do Ultravox. Ele também daria a Elton uma aparência moderna no clipe. Ela fez parte da remodelagem de Elton John e de sua música.

"I'm Still Standing" tinha potencial para ser a música que definiria a carreira de Elton. Ela parecia declarar guerra aos críticos que condenavam seu trabalho, mas talvez fosse mais um aviso entre as flechas lançadas contra a Geffen Records. "Na época, eu estava lutando com minha gravadora americana, e estava sendo meio que desafiador", ele recordaria. Além disso, é claro que Elton não saíra realmente de cena. Nos últimos cinco anos, ele havia tido vários compactos de sucesso nos Estados Unidos, e embora suas vendas nem sequer se aproximassem do auge dos anos 1970, dificilmente eram o desastre que muitos pensam ter sido desde então.

O álbum de 1983, *Too Low For Zero*, é uma coleção forte e consistente de canções e foi lançado em uma época em que o público e a mídia pareciam mais excitados para um lançamento de Elton do que vinham se mostrando em muitos anos. Contudo, o maior progresso parece ter sido do próprio Elton. Pela primeira vez em anos, ele parecia comprometido tanto como vocalista quanto como intérprete, e o álbum continha pelo menos cinco melodias excelentes compostas por ele que podem ser comparadas aos seus melhores trabalhos.

O álbum fora obviamente beneficiado pelo grupo estável. Em todos os aspectos, a não ser pelo produtor, era uma reconstrução da amada formação da equipe de Elton dos anos 1970. Davey Johnstone estava de volta à guitarra principal depois de um período de estremecimento em seu relacionamento com Elton, que após a última turnê também mantivera a antiga sessão rítmica de Dee Murray e Nigel Olsson. James Newton Howard, Kiki Dee e Ray Cooper também participaram, bem como a harpista Skaika Kanga, ausente desde o início dos anos 1970. O álbum foi uma reafirmação do som clássico de Elton com alguns poucos floreios de produção contemporâneos inseridos por Chris Thomas. Contudo, a notícia mais importante era que Bernie Taupin estava de volta como único letrista.

Gary Osborne lembra-se muito bem da reinstalação do antigo parceiro de Elton: "O que aconteceu foi que *The Fox* havia desapontado em vendas, e embora *Jump Up!* tenha se saído muito bem, a Geffen Records queria a equipe antiga de volta. Na época, Elton tinha algo contra Davey, e eu fiquei em uma situação difícil, pois estava sempre dizendo a Elton que ele deveria chamá-lo de volta. O que eu não percebia era que, no minuto em que Davey voltasse, de repente lá estaria a antiga banda, e então a Geffen disse: 'Bem, vamos completar chamando Bernie, e teremos a velha equipe de volta'".

"Você precisa lembrar que nós estávamos saindo de um sucesso mundial com 'Blue Eyes', então eu não esperava ser dispensado. Recebi a notícia ao ler os jornais. Elton deu uma entrevista para Robert Hilburn, do *LA Times*, e alguém em Los Angeles mandou-a para mim. Fiquei muito chateado. Mais tarde, Elton me disse: 'Eu estava com vontade de trabalhar como antes, Bernie escrevendo as letras e eu compondo as melodias. Estou sendo pressionado pela Geffen e por John para retornar à velha equipe', Elton falou. Eu disse: 'Entendo. Tudo foi um grande bônus pra mim, mas é você quem decide. É claro que fiquei magoado, mas sou adulto e tenho me saído muito bem!'. Não havia dúvida de que na época era muito mais conveniente para John Reid não ter de lidar comigo. Eu era o homem que havia levado Elton de volta para o estúdio depois de ele ter se aposentado, então durante um tempo fui um herói e o queridinho dele, pois é claro que então Elton teve de começar a fazer turnês outra vez, de forma que o dinheiro começou a entrar de novo. Mas em 1983 eu já não era mais útil."

Para Bernie Taupin, a decisão era lógica. "Eu disse a Elton: 'Temos de colaborar totalmente, ou nunca vai funcionar'", ele contou a Philip Norman. "Para mim, nossas músicas sempre haviam funcionado completamente, havia uma sensação de sequência entre elas. Eu não queria continuar compondo uma faixa ou outra ou faixas obscuras para os álbuns de outras pessoas. Nós precisávamos tentar recuperar a intimidade e a compreensão totais que tínhamos quando começamos." "Foi um período de separação saudável", Elton disse. "Se não tivéssemos tido esse tempo, talvez não tivéssemos sobrevivido."

Osborne, contudo, seria mantido por perto por Elton, ainda ligado ao astro, ainda contratado por sua editora, mas com poucas perspectivas de voltar a trabalhar com ele em uma base regular. Elton tentou amortecer o golpe da separação para Osborne, mas, de acordo com o letrista, isso só serviu para piorar as coisas: "Elton disse: 'Dê-me algumas letras e vou ver se posso fazê-las assim [em vez de escrever a melodia primeiro]. Eu simplesmente não quero escrever as melodias primeiro. Quero fazer da outra forma'. Não componho muito bem usando esse método. Não é o meu estilo. Eu sabia que Elton estava apenas tentando ser gentil, mas ele acabou sendo muito cruel, pois me fez passar seis meses escrevendo letras que eu sabia que não seriam usadas. Lembre-se de que eu ainda era contratado da editora dele e ainda recebia adiantamentos. Escrevi uma porção de letras e entreguei a Bob Halley, seu relações-públicas. Alguns anos depois, perguntei a Bob se Elton havia sequer dado uma olhada nelas. Ele respondeu: 'Não'. No entanto, se essa foi a pior coisa que Elton fez comigo – e provavelmente foi –, acabou não sendo tão ruim, não é? Estou em uma casa que foi comprada por 'Blue Eyes' e olhando para o mar. Sou um maldito sortudo".

O ano de 1983 testemunharia um tipo de retorno de Elton John. Nesse mesmo ano outros astros dos anos 1970 também recuperaram seu lugar na imaginação pública. Rod Stewart alcançou a primeira posição com "Baby Jane", sua primeira no Reino Unido em cinco anos. O álbum de David Bowie *Let's Dance* e *Thriller*, de Michael Jackson, tornaram-se os álbuns mais vendidos de todos os tempos. No final do ano, até o Slade estava lutando pelo primeiro lugar do Natal no Reino Unido com o compacto "My Oh My". Elton juntou-se a eles com um álbum que lembrou seus fãs o bastante das glórias anteriores e que continha um número suficiente de músicas sofisticadas para atender às expectativas.

Além de "I'm Still Standing", o outro compacto extraído de *Too Low For Zero* foi "I Guess That's Why They Call It The Blues", um compacto transatlântico com um solo de gaita de Stevie Wonder que entraria no Top 5. Aparentemente, Elton gravou sua parte em uma única tomada. Ele sempre elogiou a música, apontando para sua versatilidade. Ao vivo, ela pode ser tocada em ritmos e estilos diferentes, e é um número que ele nunca se cansa de cantar. "Kiss The Bride", contudo, tinha mais probabilidade de atrair aqueles que sentiam saudade da era *Goodbye Yellow Brick Road*. "Crystal", por outro lado, leva o nome do apelido do namorado de Elton na época, Gary Clarke. Elton e Gary estavam juntos antes de ele se casar com Renate. A maioria das pessoas considerava-o muito jovem para Elton. De acordo com sua biografia, eles se conheceram em dezembro de 1980. Na época, ele era "um garoto comum que havia abandonado a escola" e trabalhava como atendente no Departamento de Justiça do Estado em Melbourne.

O álbum continha uma mensagem confusa que refletia a vida pessoal de Elton na metade dos anos 1980. Na faixa-título, com seus arranjos intrigantemente espartanos e o uso eficiente de equipamentos eletrônicos, ele parece ir em direção a um estilo mais experimental (infelizmente, uma iniciativa de exploração musical que logo abandonaria). Contudo, a música mais forte era a mais simples, "Cold As Christmas (In the Middle Of The Year)", com o lindo piano de Elton e o conto de Bernie sobre o fim de um relacionamento e *"a love burned out by silence/ In a marriage minus heart"* [1]. As letras de Bernie agora discutiam temas adultos: amor, relacionamentos, divórcio, morte. Os espetaculares voos de fantasia do seu trabalho inicial eram coisa do passado. Aos 33 anos e casado outra vez, com Toni Lynn Russo, Bernie parecia estar conscientemente disposto a lidar com as coisas do coração.

---

1. "um amor esgotado pelo silêncio/ Em um casamento sem coração". (N. da T.)

Estimulado pelo sucesso, Elton adotou o velho ditado "em time que está ganhando não se mexe" e começou a trabalhar no álbum seguinte usando quase o mesmo pessoal. A gravação, que teve início no final de 1983, foi feita, assim como a de *Too Low For Zero*, no Air Studios, em Montserrat. Durante as gravações, ficou óbvio que Elton havia travado grande amizade com a engenheira de som do álbum: Renate Blauel.

Renate, com quase trinta anos e originária dos arredores de Munique, havia trabalhado como operadora de fita com Elton quando ele estava terminando alguns *overdubs* vocais para *Too Low For Zero* no Air Studios de Londres. Para seu projeto seguinte, Elton insistiu que Renate integrasse a equipe desde o início. Seu uniforme para o trabalho no estúdio era camiseta e jeans, e ela era popular e boa no que fazia. Fluente em inglês, Renate era uma jovem simpática mas reservada. Morena e dona de um sorriso que lhe deixava uma covinha na bochecha, era uma pessoa muito agradável, e não demorou muito para que Elton se apaixonasse.

Ninguém, contudo, entendeu muito bem o que aconteceu em seguida. Durante uma turnê pela Austrália, certa madrugada Clive Franks foi acordado pelo toque do telefone. Era Elton: "Sid!", disse a voz excitada do outro lado. "Sid! Estamos fazendo uma festa aqui embaixo, no bar do hotel! Sid, vou me casar!" "Eu respondi: 'Ah, tá, sei, o.k., muito engraçado'", lembra-se Clive Franks. "E Elton disse: 'Não, é sério, vou me casar!', e eu disse: 'Com quem você vai se casar?'. Ele respondeu: 'com Renate'. E eu: 'Tá bom, certo, vou descer até o bar e vocês vão rir, e eu terei feito papel de bobo. Não acredito em uma palavra'. Fiquei na cama, adormeci e esqueci aquilo completamente. Na manhã seguinte, haviam passado o jornal do dia por baixo da minha porta e pude ler a manchete na primeira página, que dizia: 'Elton John Vai Se Casar'. Pensei 'Jesus Cristo! Era verdade ontem!'. Eu não conseguia acreditar, porque Elton... é *gay*."

Elton e Renate casaram-se no Valentine's Day de 1984 na Igreja St. Mark, em Darling Point, Sydney. O ex-namorado dele, John Reid, foi o padrinho. A recepção de 100 mil libras foi realizada no Sebel Town House Hotel, onde a equipe da turnê estava hospedada. A reação dos fãs e colegas de Elton foi uma mistura de incredulidade e carinho. Usando um fraque cinza e chapéu, Elton sorria para a câmera, e um pequeno brilho denunciava a fraude consciente em seus olhos, que também diziam "estou tão surpreso quanto vocês". No meio da multidão que acompanhava tudo, alguém gritou: "Bom pra você, meu bom rapaz, sua bicha velha! Você finalmente conseguiu!". "Isso só mostra como vocês estavam errados", veio a resposta de Elton. "Todo o crédito vai para Chris Thomas, meu produtor na época", Elton reconheceria dois anos depois. "Ele foi muito encorajador e prestativo. Fico feliz por ter me casado na Austrália, pois assim a imprensa britânica não conseguiu nos alcançar. E, de qualquer forma, tenho um caso de amor com a Austrália."

Elton parecia ter duas razões fortes para se casar. A primeira é que ele amava Renate de verdade, e ela também o amava. A segunda é que ele queria filhos, e com certeza viu em Renate uma parceira e futura mãe amorosa e carinhosa. É claro que ele não foi o primeiro roqueiro famoso a "voltar para o armário". Tom Robinson, seu ex-colaborador, faria a mesma coisa. Em 1983, David Bowie chegara a dizer à *Rolling Stone* que a revelação da sua bissexualidade anos atrás havia sido o maior erro que cometera. Comentaristas culturais já afirmaram que a atitude de muitos *gays* que "voltaram" a ser heterossexuais apenas refletia a época em que viviam: com a aids tornando-se um problema cada vez maior e o novo puritanismo varrendo os *baby-boomers* da era Reagan e Thatcher, não surpreende que, ávidos por conservar sua popularidade, alguns dos personagens mais famosos começaram a aparecer na mídia para corrigir seu passado rebelde.

"Renate era um amor", diz Charlie Morgan, baterista de Elton. "Mas acho que o que estava acontecendo era que Elton estava perdendo sua popularidade, particularmente no sul tradicional. Acho que ele convenceu a si mesmo de que não era *gay*, e sim bissexual, portanto podia ter um casamento hétero. Também acho que eles tinham uma amizade genuína."

Para Elton, Renate Blauel era a companhia que preencheria um enorme buraco emocional em sua vida. "Casei-me porque não queria enfrentar o verdadeiro problema da minha vida, o fato de eu ser dependente de drogas", ele admitiria anos mais tarde. "Eu achava que o casamento acabaria com toda a infelicidade que o vício em drogas me trazia. Casei-me com uma mulher maravilhosa, que me amava muito. Eu a amava, mas, claro, não fisicamente. Eu pensava que isso mudaria. Pensava: 'Isso vai mudar. A partir de agora vou ser muito feliz'. Mas o problema era que, quando me casei, ainda cheirava cocaína e bebia uma garrafa de *scotch* por dia. Nada mudou."

Viciado em drogas e alcoólatra psicologicamente afetado, Elton John não tinha muita capacidade de sentir alguma coisa. Ele queria amor e aprovação, mas era incapaz de retribuí-los a quem lhe dava. "Para mim era fácil ser reconhecido na frente de 20 mil pessoas. Eu adorava aquilo", confessaria anos mais tarde. "Mas então eu ia pra casa e ficava sozinho outra vez, e então aquilo não era o suficiente."

A heterossexualidade parecia contagiosa. John Reid também ficaria noivo na metade dos anos 1980. A noiva era Sarah Forbes, filha de Bryan Forbes e Nanette Newman. Ele tinha 35; ela tinha 18. "Não teria sido justo [casar com ela]", Reid admitiria para um jornalista em 2001. "Eu sabia que era *gay*, ela sabia que eu era *gay*; ela achava que eu mudaria, mas eu sabia que não conseguiria. Até hoje ela é minha melhor amiga."

Se *Too Low For Zero* reacendeu o interesse por Elton John, a sequência, *Breaking Hearts*, não manteve a mesma qualidade. Embora na época tenha sido um campeão de vendas, o álbum foi uma grande decepção. Com seus números de rock com batidas repetitivas, baladas insípidas e produção moderna, hoje em dia ele soa terrivelmente datado, o que não pode ser dito em relação aos discos de Elton dos anos 1970. Os clichês e as fórmulas dominaram não apenas as melodias, mas as letras também. O homem que havia nos dado o sentimento romântico e ao mesmo tempo inteligente de "Your Song" agora parecia desgastado e sem ideias. "*I was always in the thick of things/ I always had the heart of every woman on a string*" [2], ele murmurava na melosa faixa-título.

As mensagens de Bernie tinham muito pouco dos ingredientes inteligentes e inesperados que faziam parte do seu trabalho, muito pouco que outras centenas de letristas não estivessem escrevendo na mesma época. Sua visão do sexo oposto em "Slow Down Georgie (She's Poison)" – "*She's just another divorcée/ An undercover lover of a hundred/ Other little fish in the sea*" [3] – era apenas mais um exemplo da fórmula pop do tipo "Ela me enganou". Curiosamente, no que talvez fosse uma mudança involuntária, considerando que naquela fase dos anos 1980 Elton estava se recriando como homem casado, havia uma quantidade exagerada de cenários do tipo "menino conhece menina" em *Breaking Hearts*.

Talvez a música mais intrigante seja "Passengers", grande sucesso no Reino Unido. A letra parece expressar sentimentos admiráveis sobre a necessidade de igualdade racial e de um fim para o Apartheid. Entretanto, esse sentimento entrava em contradição com o fato de que, em um desafio ao boicote cultural da África do Sul sancionado pelas Nações Unidas, Elton havia feito quatro apresentações com Rod Stewart no Super Bowl da Sun City em julho de 1983.

O maior evento do calendário social de Elton de 1984 veio em 19 de maio, quando seu amado Watford FC chegou à final da Copa da Inglaterra. Sob a liderança de Graham Taylor, o time fizera um progresso fantástico, subindo de divisão a divisão. Na temporada de 1982-83, eles estavam no topo, na antiga Primeira Divisão, em segundo lugar logo atrás do campeão da temporada, o Liverpool. Essa posição significava a qualificação para a Taça Uefa. Uma temporada depois, eles estavam em Wembley para enfrentar o recuperado time do Everton liderado por Howard Kendall. O Watford manteve a tradição de azar e perdeu pelos dois gols de Graeme Sharp e Andy Gray, um em cada tempo. Depois do apito final, uma lágrima caiu dos olhos de Elton, e ele se referiu à ocasião como "o dia mais importante da minha vida". Em 1986, ele revelou que havia investido 2,5 milhões de libras do seu próprio dinheiro no clube.

Elton retornou ao Wembley Stadium um ano depois não como espectador, mas como atração do concerto beneficente Live Aid de 13 de julho de 1985.

---

2. "Sempre toquei o âmago das coisas/ Sempre conquistei o coração de todas as mulheres." (N. da T.)

3. "Ela é só mais uma divorciada/ Uma amante disfarçada entre tantas/ Mais um peixinho no oceano," (N. da T.)

O mundo nunca vira uma reunião de talentos como aquela. Elton se apresentaria ao lado de outras lendas, como Who, David Bowie, U2 e Paul McCartney. O Queen roubou as manchetes da mídia com seu show populista, mas o auge da emoção do Live Aid foi um filme que mostrava crianças morrendo na África apresentado por Bowie e que teve como trilha de fundo o sucesso recente do Cars, "Drive". As imagens, exibidas em telas gigantescas para uma multidão emocionada no Wembley e para milhões de pessoas que acompanhavam em casa no mundo inteiro, eram uma lembrança gráfica do ponto ao qual o mundo havia chegado.

O Live Aid de 1985 devia acordar a sociedade para a realidade. Apesar do sentimento, da emoção e do significado do concerto, poucos cumpriram a promessa daquele dia como Elton. É claro que, como um superastro multi-milionário, ele estava em condição de doar somas gigantescas de dinheiro para várias causas de caridade. Contudo, dono de uma consciência filantrópica demonstrada tanto durante o Live Aid quanto depois, aquele era um roqueiro que não precisava ser lembrado de suas responsabilidades.

"Naquele dia havia uma atmosfera maravilhosa de boa vontade", diz Mike Appleton, que durante tanto tempo havia sido o produtor do *Old Grey Whistle Test* e que naquela noite era o produtor do Live Aid. "Foi uma coisa maravilhosa de fazer. Ninguém tinha celular, ninguém tinha fax; tudo foi feito por telex e por telefone. Todos fizeram grandes apresentações naquele dia, exceto Bob Dylan, que estava um trapo. O Queen produziu um impacto enorme. Os médicos haviam dito a Freddie Mercury que não subisse ao palco, pois ele estava doente, com problemas na garganta, mas ele subiu mesmo contra as ordens médicas e se apresentou."

Elton entrou no palco quando o sol estava se pondo e abriu seu *set* de vinte minutos com "Bennie And The Jets". Enquanto cantava *"The spotlight's hitting something/ That's been known to change the weather"* [4], ele apontava para o céu. O dia estava quente e ensolarado, e milhares de pessoas comprimidas na frente do palco haviam sido refrescadas várias vezes ao longo do dia. Enquanto ele cantava esses versos, uma chuva torrencial começou a cair. Kiki Dee fez seu dueto com ele em "Don't Go Breaking My Heart". Seus outros convidados foram George Michael e Andrew Ridgeley, do Wham! Em um momento de humor não intencional, Elton apresentou Michael, mas esqueceu de apresentar Ridgeley, que entrou no palco com Michael.

"Eu não estava nem um pouco nervoso até o momento em que Billy Connolly, que entrou para apresentar Elton, disse: 'Acabei de saber que 75% das tevês do mundo estão sintonizadas em nós neste momento'", lembra-se o

---

4. "O holofote está alcançando alguma coisa/ Sabemos que isso muda o tempo." (N. da T.)

baterista Charlie Morgan. "Meu coração foi parar na boca, e eu fiquei sem saliva nenhuma. Entrei no palco pensando: 'Mas que merda!'. E aí os meus monitores de palco não estavam funcionando, de forma que eu não conseguia ouvir Elton nem ele conseguia me ouvir. Tudo que pude fazer nas duas primeiras músicas foi observá-lo e seguir as batidas do pé dele para manter o ritmo."

O Live Aid foi sem dúvidas um dia brilhante mesmo apesar dos vários problemas técnicos. Todo mundo se lembra da apresentação perto do final do evento quando Paul McCartney tocou "Let It Be", e dois terços da música foram simplesmente inaudíveis. Clive Franks, desesperado, era o homem por trás do console tentando resolver a situação. "Pediram-me para mixar Paul McCartney, porque Paul tocaria o piano de Elton", Clive disse. "Seu pessoal estava muito nervoso com isso e havia me ligado várias vezes antes daquele dia, mas eu lhes assegurei de que tudo sairia bem. Porém, o que eu não sabia era que um técnico nos bastidores havia desconectado dois dos três microfones do piano e o microfone do vocal – um desastre total!"

Na época do Live Aid, Elton fez outra de suas limpezas musicais regulares. Para o seu novo álbum, a ser chamado de *Ice On Fire*, ele havia contratado uma série de músicos de estúdio de renome. As gravações tiveram início na primavera de 1985. Olsson e Murray estavam fora outra vez. "Elton abandonou sua antiga sessão rítmica, e acho que havia muito jogo político acontecendo", é como coloca Charlie Morgan. "Ouvi falar que Nigel de repente decidiu que queria um tratamento igual ao de Elton, então foi demitido. Acho que ele se deslumbrou um pouco com a sua posição como músico." "Recebemos um telefonema de alguém", Olsson contou em 1999. "Gostaria que o próprio Elton tivesse telefonado. Teria sido muito mais fácil. Pelo que li na imprensa, o motivo de nos ter dispensado é que ele queria seguir uma nova direção musical. E acho que ainda não conseguiu. Os discos continuam parecendo como se fôssemos eu e Dee tocando ao fundo."

Tragicamente, já sofrendo de câncer de pele, Dee Murray morreria de infarto em janeiro de 1992, com apenas 45 anos. "Éramos muito próximos e morávamos em Nashville", disse Nigel Olsson. "Algumas semanas antes de Dee morrer, eu o visitei. Uma das últimas coisas que ele me disse foi: 'Nige, queria que nos tivessem dito por que diabos fomos demitidos. Nunca nos contaram a verdadeira história'. Isso me deixa muito triste, e não há um dia em que eu não pense em Dee."

David Paton, nos anos 1980 um renomado baixista de estúdio, mas também a voz do Pilot dos anos 1970, que emplacou sucessos como "Magic" e "January", juntou-se à banda para algumas das sessões do novo álbum. A gravação mais uma vez ocorreu no Sol Studios, de Gus Dudgeon, no Mill, em Cookham, com Dudgeon de volta à cadeira de produtor após um intervalo de nove anos.

No primeiro dia de gravação, Paton e o baterista Dave Mattacks gravaram "Nikita", música que também tinha a participação de Nik Kershaw na guitarra.

"Gus Dudgeon era muito simpático e sabia nos deixar à vontade", diz Paton. "Ele não era músico, mas tinha um ouvido fantástico. Posso vê-lo olhando para mim enquanto toco, sorrindo e transmitindo encorajamento. Elton era viciado no trabalho. As sessões em geral começavam às 10h da manhã. Elton já estava lá quando eu chegava, e ainda estava ao piano quando eu saía. Ele trabalhava com mais entusiasmo do que um homem com metade de sua idade."

"Toquei em 'This Town' e no dueto com George Michael, 'Wrap Her Up'", conta Charlie Morgan. "Elton se apresentou como sempre fazia, apertando sua mão e ao mesmo tempo olhando para outro lugar. Ele sempre foi muito tímido. Era engraçado como ele era tão exibicionista e ao mesmo tempo comedido ao conhecer as pessoas. Depois de um rápido contato ocular, ele olha para o chão e arrasta os pés!" "Fui convidado para a audição de *Ice On Fire*, e havia muita gente presente, inclusive o Queen, porque Roger Taylor e John Deacon também haviam tocado no álbum", lembra-se David Paton. "Quando 'Nikita' tocou, Elton pulou e disse: 'Acho o baixo dessa música absolutamente soberbo. Um grande aplauso para David Paton'."

"Nikita", lançada no final de 1985, foi um sucesso enorme para Elton, o maior no Reino Unido desde seu auge nos anos 1970. O vídeo mais uma vez exibia o cenário "menino conhece menina", dessa vez o amor impossível de Elton com uma bela guarda russa, a endereçada da música. Elton interpreta o ocidental livre que chega à ainda acorrentada Europa Oriental com um sentimentalismo um tanto exagerado. Havia, contudo, um trocadilho sexual no vídeo, já que em russo "Nikita" é notoriamente um nome masculino.

No final de 1985, Elton também colocou vocal e piano em outro sucesso, "That's What Friends Are For", um compacto beneficente para o problema que dominou a segunda metade da década de 1980: a aids e o HIV. Com Dionne Warwick, Elton, Gladys Knight e Stevie Wonder e uma melodia medonha, o disco por pouco não entrou no Top 20 americano, mas alcançou a primeira posição na *Billboard*. Tal como acontecera um ano antes com o grande sucesso beneficente "We Are The World", o conteúdo medíocre do disco obviamente não atraiu o público britânico, apesar das intenções beneficentes.

Enquanto "Nikita" e o sucesso de *Ice On Fire* mantiveram o retorno comercial de Elton da metade dos anos 1980, 1986 seria um ano decepcionante. Parecia que Bernie ainda estava preso às composições suaves, e suas letras não estimularam a imaginação de Elton o bastante para que ela produzisse melodias memoráveis. Estranhamente, Bernie não estava tendo o mesmo problema com músicas compostas para outros artistas. "These Dreams", do Heart, e "We Built

This City", do Starship, ambas compostas em colaboração com Martin Page, seriam compactos de grande sucesso nos Estados Unidos.

O álbum de 1986 de Elton, *Leather Jackets*, foi meio que um desastre musical gêmeo de *Victim Of Love*. Falta vigor aos dois trabalhos. "Gus estava colocando o sangue nele, trabalhando dezoito horas por dia a semana inteira. Aquilo foi um pouco doloroso, e eu particularmente também não gostei do álbum", diz Stuart Epps. "A ideia era gravar 25 faixas e depois selecionar as dez melhores. Provavelmente não havia sequer dez faixas boas, mas de repente [as pessoas começaram a achar] todas as faixas incríveis." A verdade é que não havia uma única faixa incrível, e duas eram abomináveis. Em um álbum cheio de pontos baixos, "Don't Trust That Woman" era o nadir. Uma colaboração entre Cher e Elton, que a compuseram sob o pseudônimo de Lady Choc Ice, ela tem versos que são verdadeiras pérolas, como *"She's a real ball-buster, don't trust her"* e *"You can rear-end her/ Oh it'll send her"* [5].

Qualquer criatividade que possa ter existido no conjunto medíocre de músicas foi abafada pela produção exagerada de Dudgeon, um esforço clássico para melhorar algo ruim. *Leather Jackets* seria o último trabalho de Elton com Gus no estúdio. A última faixa, "I Fall Apart", resumia tudo: o que faltou a todos os álbuns de Elton do período foi o próprio Elton. Não mais um cantor singular ou versátil, nos novos discos ele também não chegava perto do pianista que havia sido, algo que admitiu na época. "Hoje de manhã Sting me disse", Elton revelou à *Q* em 1986, "que eu deveria gravar mais faixas só com piano."

Leather Jackets foi predominantemente gravado no Wisseloord Studios, em Hilversum, Holanda. Embora tenha recebido agradecimentos nas notas de capa, Renate não estava presente nas sessões. "Obrigado a Lady Choc Ice por ter sido uma grande inspiração", escreveu Lorde Choc Ice. Não obstante, em 1986 Elton e Renate haviam se tornado inseparáveis. Um dos vários problemas, contudo, é que o casamento não era composto apenas por dois parceiros, mas por três: Renate, Elton e a sempre presente carreira de cocaína.

"Sempre tentei fazer um bom vocal em tudo, mas há alguns discos em que eu não consegui me encontrar", Elton admitiria com franqueza em 1997. "*Leather Jackets* é um dos que me vêm à cabeça, com a capa do motociclista. [Ele é] muito masculino, mas um desastre total. Eu estava péssimo: estava casado e era um saquinho de cocaína atrás do outro." Gary Osborne, cuja música "Memory Of Love" seria a última colaboração dos dois, também se lembra desse período difícil. "Eu havia parado de usar cocaína, mas Elton ainda estava consumindo quantidades copiosas. É muito difícil quando estamos tentando parar e lá está

---

5. Na sequência: "Ela é uma verdadeira destruidora, não confie nela"; "Você pode pegá-la por trás/ Oh, isso vai dar um jeito nela". (N. da T.)

ao nosso alcance um grande saco de algo que nos últimos cinco anos você teria ficado excitado só de ver."

"Gus Dudgeon teve a coragem de dizer a Elton que algumas faixas estavam abaixo do padrão", lembra-se Charlie Morgan. "Foi bem durante o pior período de seu vício em drogas. Lembro que começávamos a trabalhar no estúdio da Holanda às 11h da manhã e trabalhávamos até as 3h da manhã, e então no dia seguinte fazíamos outro turno ridículo, de, digamos, meio-dia às 4h da manhã. Durante um período de duas semanas, em algum lugar, um dia de fato foi perdido. Estávamos em um microcosmo onde nada mais existia. Fizemos muita coisa em curto período, mas a maior parte do material não era boa. O humor de Elton estava muito instável. Certa ocasião, ele saiu do estúdio, entrou no carro, foi para o hotel e depois voltou todo sorrisos e desculpas."

Como era de esperar, *Leather Jackets* não foi longe, alcançou a 24ª posição no Reino Unido e uma vergonhosa 91ª posição nos Estados Unidos. "Heartache All Over The World", o primeiro compacto, não entrou sequer no Top 40 em nenhum lado do Atlântico, enquanto o compacto lançado em seguida, "Slow Rivers" – uma balada água com açúcar gravada com Cliff Richard –, nem sequer conseguiu entrar no Top 100 americano. Em uma entrevista para a *Q*, Elton finalmente admitiu que a entrevista que dera uma década antes para a *Rolling Stone* em que revelava ser bissexual ainda estava lhe causando problemas: "Ela me prejudicou muito, mas ainda estou lutando para reverter essa novela". Talvez o fator mais preocupante no que diz respeito ao futuro de Elton John fosse o seu desempenho vocal no álbum. Sua voz parecia forçada e rouca, seu âmbito vocal reduzido. Ele ainda não sabia que tinha um problema sério.

Além disso, 1986 também foi o ano em que seu antigo mentor, Dick James, morreu de infarto, o que aconteceu apenas semanas depois de um dos acontecimentos mais dolorosos da vida de Elton. A equipe que tomava conta dos negócios de Elton havia decidido levar James ao tribunal. Em um processo que levara nove anos para ser compilado por John Reid, o relacionamento de Elton com a DJM foi descrito em itens numerados e criticado. Fora-se o tempo em que Elton afirmava, como fez em 1971: "Dick é um editor judeu correto, completamente honesto. Para mim, ele tem sido como um pai. Se tenho algum problema, Dick o resolve para mim. Se preciso de alguma coisa, Dick resolve. Dick se preocupa muito com dinheiro, mas prefiro tê-lo ao meu lado a ter qualquer outro, porque ele é honesto". Agora, por outro lado, a afirmação era de que James havia se aproveitado financeiramente de Elton. No caso julgado no Supremo Tribunal de Londres, os representantes legais de Elton retrataram o astro como uma pessoa inocente, que havia sido enganado em milhões.

"Eu não queria ir para o tribunal", Elton contaria mais tarde à *Q*. "Foi muito triste. Significou um relacionamento cheio de ressentimento entre a família James e eu, o que nunca havia existido. Antes de irmos para o tribunal, tentei almoçar com Dick. Tentei dizer: 'Vamos resolver isso'. Ele não quis. E lá estava eu no meu assento, e não o odiei por um só momento. Não apreciei muito a experiência, mas conseguimos um acordo financeiro muito bom. Foi uma pena, pois eu tinha um bom relacionamento com Dick James, e aquilo estragou tudo."

O processo foi contra a DJM, a This Record Company e a pessoa de Dick James, o que ofendeu profundamente o guru. Tanto Elton quanto Bernie parecem ter ficado constrangidos com o processo, que deixou claro que ao longo dos anos os dois haviam tido no máximo um interesse mínimo em suas finanças. Ao apresentarem a Elton uma planilha com os lucros obtidos por ele, por Bernie e pela DJM ao longo dos anos, ele respondeu: "Não posso fazer nenhum comentário, não sou um contador certificado". O veredicto final do juiz Nicholls foi que a DJM devia pagar uma quantia substancial em direitos autorais retroativos, mas ele rejeitou as alegações de fraude contra James e sua organização. Também recusou a devolução dos direitos autorais a Elton, visto que o pedido fora feito tarde demais.

Contudo, o veredicto pintava a imagem de Dick James como um homem mal-intencionado: "Ter atado dois jovens no início da carreira a um acordo de publicação por seis anos nos termos em questão representa uma barganha inaceitavelmente injusta", disse o juiz Nicholls. "Diante dos fatos, fica claro que o principal acusado assumiu um papel dominador na vida dos acusadores e que o acordo de publicação foi injusto. Entretanto, dada a significativa aquisição de experiência por parte dos acusadores e seus conhecimentos comerciais na época da conclusão do acordo de 1970, bem como o aumento no pagamento por direitos autorais contidos nele, o acordo não foi uma transação injusta."

De acordo com Geoffrey Ellis, que participou do julgamento como testemunha, o resultado foi bom para os dois lados. O fato de a DJM ter conseguido reter os direitos autorais pelas músicas de Elton e Bernie foi o aspecto mais importante da "decisão" do juiz Nicholls. "Anos mais tarde, Stephen James vendeu a companhia com os direitos autorais de Elton John e Bernie Taupin [para a PolyGram] por um valor muito maior do que ele teria conseguido sem eles", observa Ellis.

Em meados dos anos 1980, Elton John era uma presença quase contínua no circuito das apresentações ao vivo. Em junho daquele ano, ele se aqueceu para uma turnê a ser realizada no final de 1986 e para alguns concertos com grandes astros. No primeiro, a festa de aniversário do Prince's Trust, realizada na Wembley Arena, Elton juntou-se a Paul McCartney em três números, terminando com "I Saw Her Standing There" – a música que ele havia tocado anos antes com John Lennon no Madison Square Garden. Ainda em junho, Elton apareceu no palco com o Wham! na última apresentação da banda, realizada no Wembley Stadium, vestindo uma fantasia horrível de Ronald McDonald. Elton também pôde ser ouvido, acompanhado por Charlie Morgan, no último compacto do Wham!, "The Edge Of Heaven". "George [Michael] era uma pessoa muito legal, mas preocupado e tenso", diz Charlie Morgan. "Elton costumava dizer: 'Eu queria que ele saísse do armário'. Todos sabíamos que ele era *gay*, e Elton se preocupava muito com ele. 'Ele tem muito medo de perder os fãs', Elton dizia."

Apesar do álcool, das drogas e da natureza complexa do seu relacionamento com Renate, na época Elton ainda era ótima companhia, além de muito generoso. "Lembro que uma vez, na turnê de 1986, bateram à minha porta no hotel e lá estava Elton", conta David Paton. "Ele estava com vários Walkmans para CD debaixo do braço, a última tecnologia da época. Ele disse: 'Este é pra você', e jogou um pra mim." Clive Franks também se lembra de ter sido o beneficiário de um grande ato de generosidade logo no início da sua carreira: "Estávamos fazendo uma turnê pelo Reino Unido em 1976 e eu estava assistindo tevê com Davey Johnstone em seu quarto de hotel em Bristol. Elton apareceu e depois de algum tempo me perguntou que carro eu gostaria de ter se pudesse ter qualquer um no mundo. Eu respondi que era um Mercedes 350 SL, e então ele perguntou de que cor eu queria. Eu disse que era prata, e com isso ele saiu. Algumas semanas depois, quando a turnê acabou, Elton me chamou ao quarto dele e disse que eu fosse à sua casa de táxi. Quando cheguei, ele me levou a uma de suas garagens, abriu-a e lá estava um 350 SL prateado novinho que ele disse ser um presente para mim. Fiquei completamente estupefato! Fiquei sentado nele tremendo durante cerca de meia hora antes de ousar dar ré para tirá-lo da garagem e levá-lo para casa".

O "visual" para a turnê de 1986 de Elton foi extraído da capa do álbum *Leather Jackets*. Obviamente, a equipe de gravação foi fotografada usando jaquetas de couro. "Meu Deus, nos divertimos muito com aquilo, e é claro que foi algo inacreditavelmente óbvio e ridículo, mas muito incentivado por EJ, que participou (bem como toda a banda) com um entusiasmo espontâneo", diz David Costa, mais uma vez encarregado da arte de capa do álbum. "Todos eles colocaram as roupas e fizeram a pose sem precisar de nenhuma orientação do [fotógrafo] Gered Mankowitz ou minha; eles simplesmente entraram naquela coisa de rapaz rebelde estilo Brando."

"Também houve o dia em que toda a banda, Gus Dudgeon, a equipe de som e todos os estilistas e parasitas estavam almoçando na sala de jantar do estúdio. Elton estava na outra sala tocando um piano enquanto todos comíamos e ríamos. De repente, me dei conta de que aquelas centenas de pessoas – equipe, técnicos, secretários, contadores, o pessoal da gravadora, todos nós – sentadas ali ganhavam a vida com uma única pessoa engraçada e brilhante que estava sentada em frente a um piano de cauda fazendo o que fazia naturalmente, no topo de uma grande pirâmide de lucros financeiros."

A turnê *Tour de Force* ("Tour Divorce", como se tornou conhecida pela alta incidência de rompimentos conjugais da época) tocou nos Estados Unidos no outono daquele ano, e em seguida fez uma série de apresentações na Austrália, terminando no Natal. "Billy Connolly nos viu no Universal Amphitheatre, em Los Angeles", lembra-se Charlie Morgan. "Ele entrou no camarim e disse: 'Cristo, vocês parecem os Hell's Angels de Berverley Hills'." Empresariado pela mesma equipe que Elton, Billy seria uma visita regular na turnê. "Ele nunca parava de fazer sua rotina", é como Charlie Morgan coloca. "Era um cara extremamente legal e com um entusiasmo enorme pela vida, um ser com cabelo espetado e olhos arregalados." "Se você jantava com Billy Connolly, não conseguia comer de tanto rir", confirma David Paton.

Foi durante a turnê americana que Elton começou a ter problemas sérios com a voz. Depois que várias apresentações foram canceladas, os primeiros relatos da imprensa anunciaram que o cantor estava apenas com uma forte laringite. Ele recebeu recomendações de poupar a voz o máximo possível, e, embora a tenha recuperado o suficiente para voltar a se apresentar, durante o dia tinha de ficar mudo. "Estávamos em turnê em Nova York e eu recebi um telefonema de Renate em que dizia: 'Vá até o apartamento de Elton e leve sua câmera filmadora'", diz David Paton. "E lá estava Elton, vestido como Harpo Max, com uma peruca loira, uma longa capa de chuva e uma daquelas buzinas. Ele também estava com um Etch-a-Sketch na mão e escreveu: 'Perdi a voz. Tenho de cancelar três dias no Madison Square Garden!'. Escreveu também: 'Siga-me, mantenha a câmera ligada'. Ele batia à porta das pessoas que estavam na turnê e buzinava. Muitos nem sequer o reconheciam. Mais tarde, Elton me convidou para ir até a sua suíte no último andar do hotel, e ficou lá no sofá abraçado com Renate. Olhei pela janela e disse: 'Elton, vocês têm uma vista fantástica'. Ele escreveu: 'Siga-me', e me levou até um elevador que ia direto de um de seus quartos até o terraço da cobertura. Ficamos admirando a vista de Nova York enquanto ele escrevia no Etch-a-Sketch: 'Chrysler Tower, Empire State Building, Twin Towers'. Foi simplesmente mágico."

Depois dos Estados Unidos, a banda de Elton John foi para a Austrália. O comportamento de Elton era imprevisível, e John Reid também parecia estar sob uma pressão terrível: "Lembro-me que pousamos em um aeroporto e havia muita gente da imprensa na pista esperando Elton descer do avião", conta Paton. "John saiu do avião com um jornal enrolado e começou a bater em todos, dizendo-lhes que saíssem do caminho. Em outro dia, na turnê pela Austrália, John havia estacionado seu carro e ido a uma loja, e quando saiu encontrou um caminhão estacionado em faixa dupla bloqueando-o. Ele saiu de si com o mo-

I WANNA KISS THE BRIDE ★ 245

torista do caminhão, mas fez isso com o homem errado, porque o motorista o seguiu e deu-lhe uma surra. John acabou no hospital."

A turnê do *Leather Jackets* marcou o colapso estético de Elton. Depois que contratou seu antigo figurinista, Bob Mackie, ele passou a ter a liberdade de dar asas a suas fantasias visuais mais tolas, a mais ridícula das quais provavelmente foi uma fantasia de Ali Babá que incluía um turbante. Também havia uma de Tina Turner e outra carmesim com um pavão de mais de 1 metro, o que apenas confirmava que Elton simplesmente não se importava com nada que pensassem dele. O efeito da pantomima performática da escola do rock "ele está atrás de você" só serviria para trivializar sua música. Parecia que Elton por fim havia sucumbido a um estilo completamente cafona.

"Ele tem mentalidade de comediante", diz o escritor Phil Sutcliffe. "E acabou criando um problema para si mesmo no palco: se você está carregado de lantejoulas e plumas e senta-se para tocar 'Candle In The Wind', há uma contradição estranha entre o intérprete e a persona. Acho que seu público, como o do Queen, parecia aceitar aquilo. Mas eles pareciam colocar a emoção na zona do cafona e depois tratar a emoção com seriedade, o que é uma contradição estranha."

Essa contradição ficaria mais evidente quando Elton se apresentasse com a Orquestra Sinfônica de Melbourne. James Newton Howard, que logo se tornaria um dos compositores mais procurados – com filmes como *O fugitivo*, *O sexto sentido* e *Piratas do Caribe* no currículo –, recebeu a tarefa de adaptar seus arranjos e os de Paul Buckmaster para uma orquestra de 88 integrantes. A primeira metade do show seria uma *performance* convencional de Elton, enquanto na segunda ele revisitaria músicas como "The Greatest Discovery" e "Sixty Years On" com a orquestra. Musicalmente, aquela era uma experiência nova para Elton, e ele estava excitado por trabalhar com uma orquestra de tanto prestígio. Havia planos de um álbum ao vivo, e Gus Dudgeon foi recrutado para mixar a orquestra para o *set* ao vivo e para uma transmissão da Australian Broadcasting Corporation (ABC) no último concerto da temporada.

Elton começou a temporada de oito noites no dia 1º de dezembro, mas sua voz não parava de falhar. Ele cantava com o máximo de força possível, mas às vezes era como se alguém houvesse abaixado o volume. No dia 9 de dezembro ele desmaiou no palco enquanto apresentava a orquestra. Ficou claro que havia algo muito errado, e Elton foi persuadido a procurar a ajuda de um especialista. O diagnóstico não foi bom. "Estávamos no bar no Sebel Town House quando ele voltou", Dudgeon contou a Philip Norman. "Ele disse: 'Eles acham que pode ser câncer na garganta'. Foi um momento terrível. Elton começou a chorar no bar lotado. John Reid mandou fechar o lugar. Ele saiu colocando todo mundo pra fora e dizendo: 'Desculpe, o bar está fechado', como um leão de chácara escocês em miniatura."

O médico especialista de Elton recomendou que ele cancelasse imediatamente todos os shows restantes, mas ele continuou apesar de ter tido uma indisposição na tarde da transmissão ao vivo, quando ameaçou cancelar o show. A ABC filmou a última noite, 4 de dezembro, e a Rocket Records lançou a segunda metade do show como um álbum ao vivo, *Live in Australia*. Outra vez com peruca e fantasia, Elton apresentou-se vestido como um Mozart mais velho diante de 12 mil fãs satisfeitos. Na verdade, mesmo com a voz rouca, sua versão de "Candle In The Wind" se tornaria um compacto de sucesso. Apesar da aparência ridícula, ele cantou com honestidade e transmitiu a mensagem com toda a autoridade possível, embora a apresentação ainda parecesse mais uma pantomima do que um show de rock.

Se 1986 foi um ano artisticamente difícil, 1987 se provaria o *annus horribilis* pessoal de Elton John. O astro agora se encontrava em uma espiral descendente de depressão e vício. Seriam mais três anos de abuso antes que ele finalmente pudesse ver uma saída.

PARTE 3

ENCONTRANDO
ELTON JOHN 1987–2006

CAPÍTULO 13

MINHA CARTA DE DESPEDIDA PARA A COCAÍNA

"Eu não queria morrer zangado, amargo e triste, e era nisso que eu havia me tornado, fisicamente feio, espiritualmente feio, desalinhado, um porco."

Elton John, 1992

"And every one of us has to face that day/ Do you cross the bridge or do you fade away?"
("E todos nós temos de enfrentar esse dia/ Você atravessa a ponte ou desaparece?")

"The Bridge"; letra: Bernie Taupin; música: Elton John

Ainda é de manhã. Olhando pela janela de sua luxuosa suíte no Inn On The Park, em Londres, Elton John pega o telefone para fazer uma reclamação. Ele está prestes a fazer uma das exigências mais ridículas que um roqueiro já fez na história do rock. Elton quer saber se alguém da recepção pode tomar alguma providência a respeito do vento nos arredores de Hyde Park. Ele se tornou tão paranoico e isolado, sua realidade se tornou tão irreal, que o pedido é feito com toda a seriedade.

Elton sempre foi uma pessoa difícil. Ao longo dos anos, as pessoas que frequentam suas casas têm testemunhado sua organização obsessiva e cansativa.

Cada disco precisa ser arquivado e catalogado em ordem alfabética. Elton costumava andar pela casa ajeitando uma almofada aqui, reposicionando um vaso de flores ali. O fato de o vento estar forte demais naquele dia era apenas uma daquelas pequenas irritações que para Elton tomavam proporções cósmicas. Desde o fatídico dia, ele já contou a anedota do "vento na minha janela" inúmeras vezes, algumas mudando o cenário de Londres para Los Angeles, de onde aparentemente ligou para seu escritório em Londres, a quase 9 mil quilômetros de distância, para ver se eles podiam fazer alguma coisa a respeito do vento.

"É engraçado olhar para trás, mas eu estava em abstinência da cocaína", ele disse a Tony Parsons em 1995. "Acordei de manhã e o vento estava forte – culpei o hotel. Quando me drogava, eu era divino, adorável, fabuloso. Quando estava parando, eu era um pesadelo. Costumava ficar furioso. Minha personalidade não conseguia lidar com a abstinência de cocaína. Mas eu ainda tenho esses rompantes. Quando você finalmente para de tomar drogas, retoma a personalidade que tinha antes de começar."

No final da década de 1980, o astro era consumido pela autodepreciação. "Eu era uma pessoa compulsiva/impulsiva", ele admitiria. "Não posso tomar um drinque, ou experimentar uma droga uma vez, nem ter um par de óculos ou um carro. É assim que sou." De fato, Elton era um homem de vários vícios. A cocaína ainda era uma presença constante. Possuindo o que chama de "constituição de um boi", ele ficava acordado noite após noite estimulado pela cocaína e depois fazia um ensaio para uma turnê. "No final [do período em que usou cocaína], eu cheirava sozinho, a portas fechadas", ele contou. "Ficava fechado por duas semanas cheirando uma carreira a cada quatro minutos. Na época, estava me isolando. Não era mais divertido; era exatamente o oposto. Nos últimos quatro anos que cheirei, não gostei nada. Não passava de um hábito." "Às vezes, quando voo sobre os Alpes, acho que é como a cocaína que eu cheirava", o Elton sóbrio admitiria muitos anos depois.

Em meio a toda dor, houve alguns momentos tragicômicos. "As drogas me deixavam muito bobo", Elton recordaria. "Lembro-me de ter ido à casa de Barry Gibb; ele saiu para jogar tênis e alguém passou um baseado. Foi letal. Havia uma foto dos Bee Gees e outra dos O'Jays na parede. Eu estava tão doidão que não sabia dizer a diferença. Barry voltou e eu disse a ele: 'Isso é muito inteligente mesmo. Dois grupos em um. Os Bee Gees e os O'Jays são o mesmo grupo'. Tive de telefonar no dia seguinte para me desculpar. Isso acontecia muito."

Além das drogas, havia o álcool. Elton não era agradável quando bêbado. "Várias vezes Bernie me telefonava e dizia: 'Você foi tão grosseiro ontem à noite. Tenho vergonha de conhecê-lo'. E eu não me lembrava de nada." Por volta dessa época, ele também desenvolveu bulimia. Confessou seguir uma dieta à base de lixo: um pote de sorvete de baunilha Häagen-Dazs, três sanduíches de bacon e quatro potes de mariscos Sainsbury, e depois vomitava.

Parte do problema, como Elton já apontou, foi que o consumo exagerado de drogas e álcool nunca saiu nas primeiras páginas dos jornais de escândalo. De 1975 a 1990, nem uma única vez seus vícios foram discutidos na mídia. Nem mesmo seu principal biógrafo, Philip Norman, estava a par da extensão do vício de Elton, quando escreveu na primeira edição da sua biografia, *Elton*: "Ele é o primeiro astro do rock a adotar um estilo de vida limpo e sadio e não um estilo insalubre e depravado, e a passar suas horas livres não deitado em coma em quartos escuros, mas dedicando-se a esportes ao ar livre". A realidade, contudo, era que Elton, como ele mesmo diria, "estava péssimo".

Seria nesse estado física e mentalmente preocupante que Elton sobreviveria ao ano de 1987. O ano, contudo, começou com uma boa notícia. O cantor fez uma cirurgia na garganta na Austrália. Se os tumores em suas cordas vocais fossem cancerígenos, Elton enfrentaria a perspectiva de ter a laringe removida e passar por tratamento. Felizmente, os nódulos não eram malignos, e foram cauterizados com uma técnica a laser. Os tabloides britânicos fizeram uma tempestade pelo fato de sua esposa, Renate, não estar na cabeceira de sua cama, mas a quase 13 mil quilômetros de distância no Reino Unido.

Apenas seis semanas após a cirurgia e ainda convalescente, Elton viu-se como personagem central de uma exposição do *Sun*. O editor Kelvin McKenzie era da opinião de que o *Sun* representava a "verdadeira" classe trabalhadora britânica e suas atitudes. Como astro do rock que vivia um estilo de vida boêmio, Elton era uma presa fácil. McKenzie supostamente descreveu o típico leitor do *Sun* dizendo: "Ele é o sujeito que encontramos no *pub*, um velho fascista correto, que quer mandar os pretos de volta, compra sua *council house* horrorosa, tem medo dos sindicatos, tem medo dos russos, odeia os viados e os esquisitos e traficantes". Em 1982, McKenzie fora o responsável pela manchete "Peguei Você!" do dia seguinte ao afundamento do navio de guerra argentino *General Belgrano* durante a Guerra das Malvinas. Em 1986, ele também nos deu "Freddie Starr Comeu Meu Hamster". Em Elton John, ele pensava ter encontrado um homem decadente, com uma vida particular assustadora que podia manter seu jornal à frente do *Daily Mirror* na guerra dos índices de vendagem.

O *Sun* afirmou sem fundamento que Stephen Hardy, garoto de programa, havia frequentado festas *gay* na casa do empresário de Rod Stewart, Billy Gaff, e que Elton estivera presente nessas festas. O "Escândalo de Elton com os Prostitutos" foi publicado na primeira página em 25 de fevereiro de 1987. Sob o pseudônimo de Graham X, Hardy afirmava ser o cafetão que fornecia jovens para o prazer de Elton e de Gaff. Elton foi descrito como um pervertido usuário de cocaína dado a práticas sexuais masoquistas e excêntricas. Como

Philip Norman apontou, as alegações foram apresentadas "não como um exultante banquete de pornô leve, mas como um dever moral solene, com Graham X, representado pelo *Sun*, regenerado e penitente: 'Tenho vergonha do que fiz... Estou revelando isso para mostrar como esse tipo de coisa se espalhou e para alertar outros jovens ingênuos a ficar longe de pessoas como eles'".

Ao longo dos seis meses seguintes, sucedeu-se uma série de "revelações" cada vez mais chocantes. Em uma atitude historicamente importante e contra os conselhos de Mick Jagger, que avisou de que ele poderia estar prestes a dar abertura para um verdadeiro circo da mídia, Elton decidiu abrir um processo. "Vocês podem me chamar de uma rainha velha, gorda, careca e sem talento que não consegue cantar, mas não podem mentir a meu respeito", ele disse, resumindo suas honoráveis intenções. Contudo, os ataques continuaram, e seguiriam esporadicamente durante um ano. No dia 15 de abril de 1987, o *Sun* publicou a manchete "A Vergonha da Foto Pornográfica de Elton", usando três fotos pouco convincentes para dar crédito à matéria, nenhuma das quais podia incriminá-lo e todas de um período muito anterior da vida de Elton. Entretanto, o *Sun* cometeu um erro ao dar uma data – 30 de abril de 1986 – e um local – a casa de Billy Gaff – a uma das noites de sexo *gay*. Elton conseguiu provar que na época se encontrava em Nova York.

No outono de 1987, Elton havia registrado um total de dezessete processos por difamação. As acusações do *Sun* tornavam-se cada vez mais bizarras, incluindo a afirmação de que Elton havia resolvido os latidos dos "cachorros rottweiler ferozes" que moravam em sua propriedade rural perto de Windsor com uma "terrível operação que envolveu a remoção da laringe deles". O fato de não haver cachorros dessa raça na propriedade não impediu que o jornal publicasse a notícia.

Ao longo de 1987, Elton também veria seu casamento sucumbir como resultado da exposição nos tabloides. Os tabloides britânicos vinham insinuando havia dois anos que seu casamento com Renate era uma farsa. Renate deixou a situação evidente com sua ausência na festa de aniversário de quarenta anos de Elton, realizada na Lockwood House, perto de Rickmansworth, em Hertfordshire, e no dia seguinte uma declaração emitida pelo escritório de John Reid confirmou que os dois haviam decidido "continuar vivendo separados". "Somos grandes amigos", Elton disse ao entrevistador Michael Parkinson em abril de 1987.

"O casamento não acabou *per se*. Estamos apenas passando um tempo separados." Na metade da década de 1980, Renate vinha tentando progredir em sua própria carreira na indústria musical. Além do trabalho regular no estúdio, ela também trabalhava em demos no estúdio caseiro de Elton em Woodside. "Renate era quieta, mas uma pessoa muito gentil e agradável", diz David Paton, que gravou em Woodside com Renate como sua engenheira de som. "Ela era muito feminina, com suas longas unhas pintadas de vermelho e seu perfume. Era muito atraente." Na primavera de 1987, quando a notícia de que Elton e Renate haviam decidido se separar foi publicada, ficou claro, de acordo com Philip Norman, que os tabloides também estavam tentando ligar Renate à ideia de um caso *gay*.

A estratégia de ataque contra Elton virou-se contra o próprio *Sun*. Longe de colocar a nação contra ele, o jornal parecia ter conseguido o efeito contrário. "Acho que o *Sun* percebeu que havia se enganado no que dizia respeito à atitude do público em relação a Elton", diz o jornalista e amigo Chris Charlesworth, "e ao fato de que, sendo verdade ou não, seus leitores não estavam interessados em saber que o adorável Elton havia se envolvido com garotos de programa. Assim, ao atribuir a uma das orgias uma data em que Elton estava fora do país, eles fizeram um gol contra. Isso foi muito bom para a sua própria hipocrisia sórdida."

O grande rival do *Sun* na guerra da circulação dos jornais, o *Daily Mirror* de Robert Maxwell, procurou Stephen Hardy e descobriu a verdade. No dia 6 de novembro de 1987, o jornal publicou a matéria "Minhas Mentiras Sexuais Sobre Elton", na qual Hardy admitiu que a história havia sido totalmente inventada: "Inventei tudo. Fiz isso apenas pelo dinheiro, e foi fácil enganar o *Sun*. Eu nem conheço Elton John".

Levaria mais um ano para que a questão fosse resolvida. No final de 1988, Elton fez um acordo de 1 milhão de libras mais custas, que doou à caridade. Em seguida o jornal publicou uma matéria de primeira página sob o título "Desculpe-nos, Elton". Por razões que só ele conhece, Elton lisonjeou o jornal com uma entrevista exclusiva e uma publicidade gratuita do tipo "vamos fazer as pazes e ser amigos": "A vida é muito curta para guardarmos ressentimentos, e não desejo nenhum mal ao *Sun*", Elton foi citado como tendo dito. A resposta do *Sun* foi um anúncio publicitário descarado: "Quando Os Astros Fazem Amizade, Eles Fazem Amizade Com O *Sun*".

Para Elton, lutar contra o tabloide e sair vencendo foi um momento crucial para sua vida: "Há coisas que fiz na vida das quais me orgulho, e me orgulho da forma como lutei contra o *Sun*", ele diria a Tony Parsons em 1995. "Foi um ano e meio de sofrimento, mas eu estava preparado para gastar cada centavo que tinha. Havia dias em que eu acordava, dava uma olhada na primeira página do *Sun* e chorava até meus olhos ficarem inchados. Era uma batalha constante. Na época, eu estava péssimo, de forma que você pode imaginar o trauma que foi para mim." A ação judicial contra o jornal foi o primeiro passo para recuperar um senso de propósito e direção para sua vida. Apesar dos problemas pessoais, Elton mostrara que lá no fundo não desistiria.

Kevin McKenzie não mostrou arrependimento na entrevista que deu em 2006 por ocasião do seu 60º aniversário: "Maldito Elton John. Acho que o *Sun* deveria recuperar seu milhão de libras. Afinal de contas, ele não foi prejudicado, não é mesmo? Acho que um processo por difamação só pode ter valor se houver algum tipo de dano, certo? Onde está o dano? Onde? Ele não tem problema nenhum. Então, não, não me sinto mal por ele, de forma alguma". Ao ser questionado sobre as matérias impressas pelo *Sun* ao longo dos anos que a maioria das pessoas identificaria como mentiras evidentes, ele respondeu: "Quando publiquei aquelas histórias, elas não eram mentiras. Mas eu não penso nelas da forma que você sugere. Elas foram histórias excelentes que mais tarde acabaram se provando inverdades – e isso é muito diferente. Do que eu devo me envergonhar?".

Durante a humilhação pública de 1987, Elton manteve-se musicalmente inativo. Com exceção de um dueto com Jennifer Rush em "Flames Of Paradise" e uma participação no álbum de George Harrison *Cloud Nine*, Elton não lançaria nada novo além de *Live In Australia*. Todavia, no início de 1988, ele estava pronto para lançar outro álbum, dando-lhe o título desafiador de *Reg Strikes Back*.

A diferença entre *Leather Jackets* e o novo álbum era como a diferença entre a noite e o dia. Enquanto no anterior Elton parecera morto, no novo ele havia voltado à vida com uma coleção de canções estimulantes que grudam no ouvido e uma *performance* vocal confiante. A cirurgia parecia ter lhe deixado com voz mais profunda e sonora. Nem Elton nem Bernie estavam no seu melhor, mas o álbum finalmente apresentava um senso de propósito, em especial no momento em que os dois mostram o dedo do meio para o mundo em "Goodbye Marlon Brando": "*Say goodbye to the tabloids, say goodbye to diet soda/ Say goodbye to new-age music from the Capa to the Coda/ Say goodbye to gridlock, goodbye to Dolly's chest/ Goodbye to the ozone layer if there's any of it left*". Nesse estridente e ansioso número de rock, Taupin interpretou o típico homem rabugento com muito sucesso: o planeta era um desastre ecológico prestes a explodir, a mídia era uma grande intrusão, a cultura havia se tornado burra, a música moderna era lixo e era fácil tornar-se celebridade: "*I need to put some distance between overkill and me*" [1], Taupin concluiria em palavras o que poderia ser igualmente aplicado ao Elton John de 1988.

Em "I Don't Wanna Go On With You Like That", o álbum também continha um compacto clássico de Elton. Embora tenha tido sucesso moderado em casa, onde ficou por dois meses nas paradas de sucessos e alcançou apenas a trigésima posição, nos Estados Unidos ele foi um grande sucesso; chegou ao segundo lugar da *Billboard*. O som de bateria distintivo foi cortesia de uma fonte improvável. "Enquanto eu tocava, havia um clique vazando dos alto-falantes próximos ao meu equipamento", conta Charlie Morgan. "O que fizemos foi

---

1. Na sequência: "Digam adeus aos tabloides, digam adeus ao refrigerante diet/ Digam adeus à música new-age, da Capa à Coda/ Digam adeus ao engarrafamento, adeus ao busto de Dolly/ Adeus à camada de ozônio, se é que ainda nos resta alguma"; "Preciso abrir distância entre a matança em massa e eu". (N. da T.)

substituir a caixa pelo som que eu produzia, batendo em uma lata vazia de biscoitos sortidos com a minha baqueta e fazer um *loop* com o *sampler*."

Elton ainda seguia seu antigo estilo de trabalho no estúdio. "Lembro-me de um dia em que colocou uma letra de Bernie no piano. Ele tirou uma música dela em questão de minutos", conta David Paton. "Ele me chamou e disse: 'O que você acha dessa?' e tocou uma música fantástica, 'Heavy Traffic'. 'O único problema é que preciso de outro verso', Elton disse. Então, ele telefonou para Bernie e em um minuto gritou: 'Caneta, caneta, caneta!', pois Bernie havia ditado a ele outro verso para a música por telefone, ali na hora. E foi isso. A música foi composta e gravada no mesmo dia."

Como Gus Dudgeon havia sido demitido devido ao fracasso comercial de *Leather Jackets* (o que provavelmente foi injusto, se considerarmos a qualidade das músicas com as quais ele teve de trabalhar), Chris Thomas foi chamado para produzir *Reg Strikes Back*. Ao contrário do exuberante e falante Dudgeon, Thomas trabalhava de forma muito diferente. "Gus nunca tinha dificuldade para nos dizer que havíamos feito um bom trabalho", diz Morgan. "Chris era muito introvertido. Quando estávamos gravando *Reg Strikes Back* no Air Studios, lembro-me de David Paton ter se virado para mim em certo momento e dito: 'Estamos indo bem? Você sabe? Dá pra perceber?' E eu respondi: 'Não, não sei dizer'. Gus ouvia as coisas com um ouvido musical, enquanto Chris tinha ouvido técnico. Chris explicava como podíamos gravar uma música em particular, enquanto Gus era mais emotivo. Gus produzia com o coração, e Chris produzia com o cérebro. Dito isso, acho que *Reg Strikes Back* foi um disco muito poderoso emocionalmente, e acho que ele nunca recebeu o crédito que merecia."

Elton podia ser uma presença imprevisível no estúdio de gravação. Ficava evidente que ele ainda estava sob uma pressão emocional muito forte. "Houve um dia em particular no qual estávamos gravando 'Town Of Plenty'", diz Morgan. "Tocamos a faixa básica para ela e começamos outra música, mas Elton estava tendo dificuldade. Ele começou a chorar porque não conseguia fazê-la. Ele deixou a sala do piano, saiu pela porta do estúdio e foi direto para a Oxford Street, onde chamou um táxi e foi para casa. Acho que Chris Thomas o seguiu em outro táxi. Perdemos o dia inteiro."

Reg Strikes Back foi lançado em junho de 1988. Os dias em que Elton e Bernie estavam na vanguarda da música popular eram, é claro, coisa do passado. No ano do rap, do acid house e do indie-dance, a música de Elton possuía uma qualidade de rock dirigido a adultos, mas dificilmente podia ser chamada de desafiadora. Não obstante, esse álbum teve papel importante na história de Elton John: ele representou um basta na deterioração da qualidade da sua música.

Elton encontrava-se em um processo de depuração tanto em sua vida quanto em sua música. Depois de anos de acumulação, ele embarcou em um processo massivo de descarte, e é isso que a capa de *Reg Strikes Back* anuncia para o mundo. Dúzias de fantasias foram colocadas diante da câmera, uma fotografia de Reg Dwight com cinco anos de idade inserida discretamente entre a avalanche de chapéus, óculos e trajes de palco que Elton decidiu vender em um leilão a ser realizado no final do verão.

"Tudo estava sendo preparado para um grande leilão da Sotheby's de tudo que Elton possuía", diz o diretor de arte David Costa. "Eu queria fazer um tipo de *Sgt. Pepper's* de todas as suas roupas, de todos os seus personagens, todos em manequins, e à medida que eles eram retirados do caminhão e empilhados em um estúdio que era usado pela Portobello Road para fotografar carros, o simples processo de espalhá-los aleatoriamente pareceu levar uma vida inteira. Gered [Mankowitz, fotógrafo] e eu decidimos deixar tudo de forma menos organizada do que pretendíamos no início. Mas à medida que mais e mais roupas vinham, nenhum de nós conseguiu resistir a experimentá-las, e é por isso que há uma Minnie Mouse raivosa correndo atrás do Pato Donald na parte interna. Steve Brown, que estava outra vez com John Reid, voltou ao seu papel de empresário, e decidimos entre nós, depois de termos descrito o que planejávamos para EJ, simplesmente ir em frente e torcer para que ele gostasse.

"Depois que fizemos as fotografias, montei uma imagem e voei para Los Angeles, onde encontrei EJ no Four Seasons uma hora depois de aterrissar com o coração na boca e as imagens na mão, e ele adorou tudo. 'Vamos mostrar a Bernie!', ele disse, e lá fomos nós mostrar a ele, parando primeiro para fazer compras na Maxfields – o que me pareceu significativo, já que eu pensava que o objetivo do exercício era precisamente que ele tivesse parado de fazer compras e estivesse se livrando do excesso de roupas –, com EJ dirigindo, o que era uma experiência nova e enervante."

O leilão da Sotheby's, realizado em setembro, revelou a gravidade do que pode ser considerado outro vício de Elton: fazer compras. Jon Wilde, da revista do Reino Unido *Uncut*, apontou que a queda de Elton pela compensação por meio de compras em uma escala maciça já havia se manifestado no início da sua carreira: "No início da carreira, depois de uma turnê pelos Estados Unidos, ele voltou com 67 caixas e 42 baús de novas aquisições". A Sotheby's dividiu a gigantesca coleção em quatro sessões: "Trajes de palco e memorabilia", "Joias", "Art nouveau e Art déco", e, finalmente, "Coleções diversas", a última incluindo *Marilyn*, de Andy Warhol, e uma réplica do trono da estátua de Tutancâmon. As 2 mil peças arrecadaram uma quantia surpreendente de 15 milhões de libras. O terno do Dodger Stadium, que esperavam vender por 1.600 libras, foi vendido por 6.200 libras, e também foram pagos preços altos pelas gigantescas Doc Martens usadas na cena de "Pinball Wizard" do filme *Tommy* e pelo chapéu mais recente da Torre Eiffel usado em um concerto em Paris. Também foram vendidos dois itens de grande importância histórica: um programa de turnê autografado por Elvis e um conjunto de litografias de John Lennon.

O casamento de Elton agora havia chegado ao final, e os dois se divorciaram em novembro de 1988. Aquele foi um período da vida pelo qual Elton continua evidentemente sentindo grande remorso: "O maior arrependimento que tenho por ter me casado é ter magoado alguém que era uma pessoa muito especial, uma das pessoas mais engraçadas, legais, atraentes e fabulosas que já conheci", ele admitiria em 1995. "Ela sabia no que estava se metendo ao casar-se comigo, mas me amava genuinamente. Eu sabia que estava sendo desonesto, mas não conseguia admitir isso, porque não queria que me julgassem. Fui em frente com aquilo porque estava com muito medo de voltar atrás. Teria sido mais fácil cancelar tudo e poupá-la de toda a dor, embora tenhamos tido muitos bons momentos juntos."

Relatos da época sugeriam que Renate havia recebido 5 milhões de libras com o divórcio. Desde o divórcio, ela agiu com muita dignidade, sem vender sua história para os jornais nem revelado a sujeira em programas de entrevista televisivos. Um tabloide do Reino Unido fez uma tentativa recente de localizá-la. Em 2000, o *Sunday Mirror* publicou uma matéria "exclusiva" sobre a "Triste E Solitária Vida Da Mulher Que Amou E Perdeu Elton" que revelava que Renate, então com 46 anos, estava vivendo como "uma reclusa em uma pequena cabana". "Árvores verdes protegem sua casa dos olhos curiosos enquanto ela sai para levar seu spaniel – sua companhia constante – para passear ou para fazer compras em um mercado da vila", o jornal dizia. Um dos vizinhos de Renate foi citado como tendo dito: "Nós não mencionamos o nome de Elton, pois ela ainda se sente chateada". O artigo terminava com uma única citação de Renate: "Por trás da porta entreaberta, tudo que ela disse foi: 'Vivo com muita tranquilidade aqui, e as pessoas me tratam de forma muito protetora'".

Em setembro de 1988, Elton voltou à estrada para promover *Reg Strikes Back*, fazendo cinco shows esgotados em Nova York no Madison Square Garden. Aquela era a primeira vez que ele usava um teclado em vez de um piano. As partes com cordas também foram tocadas em sintetizadores, de forma que o som de Elton John sofreu uma mudança marcante. Ele incluiu músicas do início da carreira menos conhecidas, como "Burn Down The Mission", "Have Mercy On The Criminal" e "The Ballad of Danny Bailey", no *set* ao lado dos clássicos de costume. Em novembro de 1989, ele tocou como convidado no Tokyo Dome com Eric Clapton e Mark Knopfler. Os seis primeiros meses de 1989 foram igualmente preenchidos com compromissos de turnê pela Europa e no Reino Unido.

Para 1989, Elton adquirira novo visual, o cabelo pintado de loiro platinado com um chapéu estilo Nehru. O cabelo deixou-o mais velho, e com o abdome cada vez mais protuberante, parecia ter mais de 42 anos. Durante os anos de vício, ele conseguira manter um ritmo de trabalho incrível. Com exceção de 1987, Elton lançara um álbum novo por ano durante toda a década de 1980. O de 1989 teria o título de *Sleeping With The Past*.

O novo álbum, também produzido por Chris Thomas, tinha um som mais contemporâneo, com referências ocasionais aos ritmos dançantes mais despojados que ocupavam as paradas de sucessos da época. Embora não esteja de forma alguma entre os melhores trabalhos de Elton, o álbum contém alguns destaques. "Whispers" é uma balada melódica do tipo que Elton não compunha havia um bom tempo, e o toque reggae de "Durban Deep" deu ao álbum uma abertura surpreendente. Contudo, era a segunda faixa, "Healing Hands", que provava que Elton não havia perdido o talento. Esse vigoroso número pop, com um toque gospel, com a bela sequência de piano de Elton na metade da música e a letra cheia de esperança de Bernie – "*There's a light, where the darkness ends/ Touch me now and let me see again*"[2] –, parece ter uma atmosfera profética.

Elton recuperara a confiança, e chegou mesmo a dizer que o álbum era "o melhor disco que já fizemos. Voltamos às nossas raízes e tentamos criar algo especial... Bernie e eu tivemos a ideia de conceber um álbum que homenageia todas as maravilhosas músicas do soul com as quais crescemos, e acho que ele também transmite uma verdadeira sensação de continuidade".

Obviamente exultante com a produtividade renovada da musa de Elton e Bernie, Elton dedicou o álbum ao parceiro de composição: "Este álbum é para você, Bernie...". "Ele [Bernie] estava morando na Inglaterra quando escreveu aquelas músicas", Elton se lembraria mais tarde. "Nós passamos muito tempo juntos, não escrevemos, mas passamos muito tempo juntos. E percebi o quão valioso era o nosso relacionamento e o quanto eu realmente o admirava e respeitava, e também como eu precisava que ele fizesse parte da minha vida."

No final das contas, o grande sucesso do álbum seria a balada "Sacrifice". Originalmente lançada como o segundo compacto, ela não foi bem-sucedida no Reino Unido, e alcançou apenas a 55ª posição, enquanto chegou ao respeitável 18º lugar nos Estados Unidos. Por outro lado, ao ser relançada no verão de 1990 como um duplo lado A com o primeiro compacto do álbum, "Healing Hands", ela incrivelmente se tornaria o primeiro compacto solo de Elton a alcançar a primeira posição no Reino Unido, onde ficou por cinco semanas, vendendo um total de 600 mil cópias. Elton decidiu doar os rendimentos, a incrível soma de 328 mil libras, a quatro organizações da sua escolha relacionadas à aids. Depois ele declarou que a renda adquirida de todas as vendas dos seus compactos do Reino Unido dali em diante seria doada à caridade. Na esteira do sucesso do

---

2. "Há uma luz onde a escuridão acaba/ Toque-me agora e deixe-me ver outra vez." (N. da T.)

compacto, *Sleeping With The Past* escalou as paradas e acabou sendo o quinto álbum de Elton a alcançar o primeiro lugar no Reino Unido.

Para Bernie, "Sacrifice" era uma música muito pessoal que ele acreditava estar no mesmo nível que "Your Song". Enquanto a última havia sido composta pela ingenuidade da juventude, "Sacrifice" foi o produto de um homem experiente cansado do mundo. "Quando a escuto, sempre fico surpreso por tê-la escrito", disse Bernie. A música tem alguns admiradores ilustres, entre os quais *sir* Tim Rice, que afirmou que ela é sua música favorita de Elton. Entretanto, no momento em que ela alcançou o primeiro lugar, no verão de 1990, Elton John havia para todos os efeitos abandonado completamente o mundo do rock.

Depois de anos de alcoolismo, dependência de drogas e distúrbios alimentares, na primavera de 1990 Elton chegou ao fundo do poço, entrando em uma etapa da vida em que se sentia tão envergonhado e desprezava-se tanto que não havia outra opção a não ser mudar. Ele finalmente reuniu força de vontade o bastante para se arrastar para fora da masmorra da autodepreciação em que entrara aos quarenta e poucos anos e andar livremente à luz da sobriedade.

Aos 43 anos, Elton estava três anos mais velho em relação à idade que seu ídolo John Lennon tinha quando foi assassinado e dois anos mais velho que Elvis Presley ao morrer. A morte deste causara um duradouro impacto em Elton. A imagem que ele teve de Presley quando se aproximava do final da vida continuou assombrando-o. "Lembro-me de ter visto Elvis ao vivo um ano antes de ele morrer", Elton recordaria. "Minha mãe estava comigo e o conhecemos nos bastidores. Eu sabia que não demoraria para que ele morresse. Foi tão trágico. Não obstante, mesmo naquela persona trágica – ele parecia um zumbi no palco – houve momentos de um brilho incrível. Mas tudo era sufocado por toda a merda que estava acontecendo em seu organismo, a merda que ele estava fazendo consigo mesmo."

Na verdade, havia semelhanças chocantes entre o Elton John de 1990 e o Elvis Presley de meados dos anos 1970. Da mesma forma que as apresentações de Presley haviam se transformado em uma paródia de si mesmo à medida que ele destruía sua *performance* exatamente como destruía seu corpo, os membros da banda do cantor britânico lembram-se de como a qualidade da interpretação ao vivo, até então impecável, dos clássicos de Elton também havia caído. Seu som simplesmente não podia se comparar ao elevado padrão de costume enquanto sua mente e seu corpo começavam a entrar em colapso sob o peso de quinze anos de abusos cometidos contra si mesmo. Em maio daquele ano, Elton fez três concertos para a inauguração de um complexo de cassinos no Trump Taj Mahal, em Atlantic City.

"Acho que podíamos ver o que estava acontecendo claramente", diz Charlie Morgan. "Podíamos enxergar que ele havia saído dos trilhos. Estava um caos emocionalmente, e sua interpretação estava abaixo do padrão normal. Ele ainda era capaz de fazer um bom show, mas era quase como algo automático. Havia muitas pessoas preocupadas na organização de Elton John."

"Foi outro período Elvis Presley", Elton admitiria em 1992. "Você se isola das pessoas. É fácil perder seus valores e o respeito por si mesmo. Cheguei ao ponto de não saber conversar com ninguém a não ser que estivesse com o nariz cheio de cocaína. Nada me satisfazia. Eu reclamava de tudo, até da cor do avião particular."

Mas o acontecimento que realmente sacudiu Elton foi a morte em abril de 1990 de um rapaz de dezoito anos chamado Ryan White. Aos treze, Ryan havia sido infectado com HIV pelo uso do produto sanguíneo fator 8 no tratamento de hemofilia. Ryan foi expulso da escola (tamanha era a ignorância a respeito do HIV e da aids na época), e ele e a família foram perseguidos até se verem forçados a mudarem de sua casa em Kokomo, Indiana, para a cidade vizinha. Michael Jackson comprou a nova casa para a família. Nos últimos anos de vida, Ryan tornou-se uma celebridade nacional, aparecendo na televisão aberta em uma tentativa de informar as pessoas sobre a verdadeira natureza da doença. Nos anos 1980, a aids ainda era considerada por grande parte do público como "a praga *gay*", uma punição de Deus, e não uma doença "normal" que qualquer pessoa podia contrair.

"A aids realmente mudou minha vida", Elton diria em 1995. "Conheci muitas pessoas com aids, especialmente nos anos 1980, mas na época eu era um viciado em drogas. Na verdade, acho que a epidemia da aids foi o motivo pelo meu vício em drogas ter piorado. Eu simplesmente queria bloquear tudo que não era bom."

Elton visitou o jovem condenado à morte. "Aquilo me fez perceber o estilo de vida louco e fantasioso que eu estava levando", ele diria mais tarde a Tony Parsons. "Vi Ryan e sua mãe perdoarem todos aqueles que haviam sido tão cruéis com eles quando vieram se desculpar. Ao ver o quão corajoso aquele garoto era, eu soube que a minha vida estava completamente errada." Depois da morte inevitável de Ryan, Elton ajudou a organizar seu funeral e a carregar o caixão. "Quando Ryan morreu, fui a Indianápolis com Hugh [Williams], com quem morava na época, para tocar no funeral de Ryan. Mas se você der uma olhada em uma foto minha no funeral verá o quanto eu estava morto. Meu cabelo estava branco. Eu estava com uns 100 quilos, meus olhos estavam caídos, eu era como um Elvis Presley pianista. Eu estava um lixo."

"Mas para mim o resultado de assistir a tudo aquilo foi que comecei a ver o que de verdade importava, por causa da experiência de estar com os Whites. Quando você vê tudo aquilo acontecendo, é tocado tão profundamente. E isso tem o poder de mudá-lo. Foi então que eu soube que tinha de mudar. Se não mudasse, eu morreria. Pensei: a que ponto cheguei? Vou continuar como estou e morrer de infarto ou overdose ou vou ter de reordenar minha vida."

Pouco depois do funeral, o companheiro de Elton, Hugh Williams, decidiu se internar para uma reabilitação. Adotando a atitude "reabilitação é para perdedores", a primeira reação de Elton foi de incompreensão. "A princípio, fiquei furioso: 'Como você ousa fazer uma reabilitação? Como você ousa tentar melhorar e fazer algo com a sua vida?'." Entretanto, foi durante uma visita a Hugh no Arizona que Elton proferiu as palavras que lhe permitiriam dar o primeiro passo na estrada para a recuperação: "Preciso de ajuda".

"Hugh estava em uma casa de recuperação em Prescott", Elton explicou, "e disse: 'Se você vier me ver, há umas coisas que quero lhe dizer. Cada um estará com um terapeuta, e vamos nos sentar e conversar'. Eu respondi: 'O.k.'. Cheguei lá e me disseram para escrever três coisas que me irritavam em Hugh e pediram-lhe que escrevesse do que ele não gostava em mim, no que ele pensava que eu devia mudar. Eu sabia o que ia acontecer. Escrevi as coisas − acho que foram 'Ele não guarda seus CDs de volta na caixa' e 'Ele é desorganizado'. Acho que não consegui pensar em mais nada. Sentamos com os joelhos se tocando e eu li a minha lista primeiro."

"Depois ele leu a dele, e devia ter uma página inteira. Ele estava morrendo de medo. Conhecendo meu temperamento, ele pensou que eu simplesmente diria: 'Foda-se! Como você ousa falar comigo desse jeito?'. Mas eu apenas fiquei ali sentado, tremendo, e disse a mim mesmo: 'Você tem de ficar aqui. Você tem de ficar e ouvir isso. Você tem de ouvir a verdade'. Ele disse: 'Você é viciado em drogas, você tem bulimia'. Tudo que ele disse sobre mim era verdade. Depois que ele terminou, eu disse: 'É, você está certo'. Foi uma coisa muito corajosa da parte dele. Fiquei ali sentado, comecei a chorar e disse: 'Preciso de ajuda'. Assim que eu disse aquelas três palavras, recuperei minha alma, pude sentir outra vez, e a partir daquele ponto eu soube que iria melhorar."

Apesar de seu *status* e de suas condições financeiras, Elton teve dificuldade para encontrar uma clínica que o aceitasse. Elas tendiam a se mostrar relutantes em aceitar pessoas com mais de um vício (no caso de Elton, alcoolismo, dependência de drogas e bulimia). No final, contudo, ele conseguiu se internar no Parkside Lutheran Hospital, em Chicago. A data foi 29 de julho de 1990.

Não seria um período fácil para Elton. Ele estava disposto a se curar, mas depois de anos dizendo às pessoas o que fazer, de repente não era mais ele quem dava as ordens, e sim quem as recebia. A abordagem autoritária não foi aceita com facilidade pelo astro de espírito livre: "Tentei fugir duas vezes por causa das figuras autoritárias que me diziam o que fazer", Elton admitiria mais tarde. "Eu não gostava daquilo, mas era mais uma coisa que eu tinha de aprender. Fiz as malas nos primeiros dois sábados, sentei-me na calçada e chorei. Me perguntei para onde fugiria: 'Você quer voltar e se drogar mais e se matar ou quer ir para outro centro porque não gosta da forma como alguém fala com você aqui?'. No final, eu soube que não tinha escolha. Percebi que aquela era minha última chance."

O programa de reabilitação requeria que Elton escrevesse uma carta de despedida para a cocaína. Em 1995, ele revelou parte do texto da carta a Tony Parsons. Nela, ele se comunica com a droga, personificada como sua amante, pela última vez:

> *"Eu não quero que eu e você dividamos o mesmo túmulo. Estou farto de você. Não quero morrer aqui. Você foi minha prostituta. Levei você em aviões. Mandei carros buscarem você. Mandei até trens buscarem você. Passei noites solitárias com você. Sempre voltava para você quando a deixava. E desta vez tem de ser adeus."*

CAPÍTULO 14

O REI DA FLORESTA

"I believe in love, it's all we got/ Love has no boundaries, no borders to cross."
("Acredito no amor, ele é tudo que temos/ O amor não tem limites, não tem fronteiras
para atravessar.")

"Believe"; letra: Bernie Taupin; música: Elton John

"Malditos vídeos!... Não gravo discos para fazer vídeos!... Não gosto que tirem fotos de mim!"
Elton John revela problemas de autoestima em *Tantrums And Tiaras*

Suando e morrendo de calor, Elton John exibe uma expressão que mais parece a nuvem de uma tempestade. Ele pegou uma carona com seu parceiro, David Furnish, que o está levando de volta ao seu apartamento. David fala com ele carinhosamente, tentando acalmá-lo e identificar o que causou o último episódio do canguru-solto-no-campo do mau humor de Elton. Ele está tentando a estratégia terapêutica para o controle da raiva. Qualquer um que testemunhe a cena pensaria facilmente que algo muito sério aconteceu. E, no mundo de Elton, de fato foi o que houve.

David: "O que aconteceu?". Elton (seu rosto é a imagem da petulância): "Nada... não quero falar sobre isso. Deveria ser um maldito dia de lazer!". David: "Qual é o problema?". Elton: (Silêncio, olha para baixo, suspira pesadamente).

A única diferença entre esse episódio rotineiro de descontrole de Elton de outras situações semelhantes é que dessa vez a exibição de mau humor infantil é muito pública. David está apontando para uma câmera de vídeo que focaliza seu rosto. É um *reality show* antes mesmo de esse tipo de programa ter sido inventado – exceto pelo fato de que dessa vez os telespectadores estão assistindo a algo que vale a pena ser testemunhado.

A fúria de Elton não será abrandada – pelo menos não ainda. Pouco tempo depois, ele é filmado em seu quarto de hotel, a irritação em pessoa, disparando uma lista de instruções para seu escritório em um tom impaciente e com as abreviações típicas da classe média alta. Ele quer deixar a França no dia seguinte. É o fim das férias. Um voo é reservado para as 18h a fim de levá-lo, junto com seu cortejo de sapatos e ternos mais duas tiaras (uma para ocasiões formais e outra para qualquer tipo de evento), a Farnborough, de onde ele poderá seguir para Woodside.

O que causou a interrupção precoce das férias? Elton teve seu desempenho atrapalhado em uma partida de tênis. Em um rompante que deixaria John McEnroe na sola de seu sapato, Elton jogou a raquete no chão e deixou a quadra. "Eu simplesmente perdi a paciência com uma mulher que estava do outro lado da quadra acenando para mim e dizendo 'Uhuuu!'", ele admite dias depois, ainda aproveitando/tolerando suas férias com David na França. "Há sempre alguém acenando e dizendo 'Uhuuu!' pra mim. Levo meu tênis muito a sério, e simplesmente não aguentei."

* * *

Em 1995, depois de um relacionamento de dois anos com Elton, o cineasta canadense David Furnish decidiu fazer o que acabaria sendo um dos melhores e mais reveladores documentários de rock de todos os tempos. *Tantrums And Tiaras,* que mostra em uma hora um ano na vida de Elton John, foi feito com muito carinho e honestidade. Ele é doloroso e revelador no que diz respeito a Elton como indivíduo, além de mostrar a natureza ridícula do estrelato do rock.

Vimos Elton copiando suas posições nas paradas de sucessos, jogando sua raquete de tênis no chão quando avistado por uma fã e explodindo como uma granada humana quando seu figurino para um vídeo atrasou. Vimos o lado carinhoso de Elton ao dar um beijo em sua vovó pelo que seria a última vez; radiante ao ganhar um cachorrinho (ao qual, com uma alegria excêntrica, deu o nome não de Rex, Spot ou Lucky, mas de Graham); expressando uma tristeza genuína pelo fracasso do seu relacionamento com Renate e de bom humor, provocando seu empresário John Reid ("o fabuloso Beryl") e seu relações-públicas, Bob

Halley. Vimos Elton, o profissional consagrado, recebendo um Oscar, apresentando-se no palco e aguentando a espera, os hotéis e as viagens contínuas que constituem sua vida na estrada. Vimos a intimidade de Elton em suas casas de Woodside e Atlanta, e o vimos "tolerando" suas férias na França.

Provavelmente essa parte do filme foi a mais reveladora. Elton está sentado entediado à sombra da varanda no meio do verão escaldante da Riviera Francesa. Fica evidente que esse é um homem que não sabe relaxar. David tenta atrair Elton para a praia ou para sentar-se à beira da piscina, mas Elton simplesmente recusa tudo. Nem mesmo uma caminhada romântica por uma rota isolada foi capaz de tentá-lo a sair da concha.

A imagem de Elton exposta em *Tantrums And Tiaras* foi a de um homem cujo trabalho é sua vida. Ele existe para criar e interpretar, e quer se relacionar com pessoas que pensam como ele. No documentário, Elton expressava uma incredulidade que beirava a irritação à mínima sugestão por parte de David de que ele estava trabalhando demais e precisava de algum tempo livre. O que ele faria durante o tempo livre? Elton parecia incapaz de ser outra pessoa além de Elton John. Qualquer semelhança com o tipo de normalidade que seu pai desejara para ele – a normalidade de um emprego de oito horas diárias, uma família, férias – havia sido totalmente eliminada da sua vida com todo o sucesso.

"Alguns anos atrás, eu lhe disse que ele devia dar um tempo e sair um pouco da estrada", diz Clive Franks. "Seu ritmo de trabalho é incrível. Pelo menos quando ele sai da estrada nós todos podemos descansar. É quase como se ele não quisesse estar em casa; ele não quer se sentar e relaxar. Na verdade, não consegue relaxar; fica agitado o tempo todo. Ele tem de estar fazendo isso, que estar indo ali. Acho que ele não sabe como sentar, conversar e relaxar."

Elton, o viciado em trabalho, era apenas um aspecto do homem revelado pelo documentário. Seu amor pela música também fica claro quando ele é mostrado em sua vasta biblioteca escolhendo novos títulos para o seu CD player com todo o entusiasmo da adolescência. Na época, eram os Beatles e os Beach Boys; agora, é o Massive Attack.

Contudo, a parte mais controversa do filme foi uma discussão franca entre David Furnish e o terapeuta de Elton, Beechy Colclough. David confrontou Elton com o trecho do vídeo de uma entrevista que havia gravado com Colclough quando o astro estava nos Estados Unidos. Nessa cena rápida, David exibe a fita para Elton. A exibição pública dos seus defeitos não foi nada agradável para o telespectador, quanto mais para o próprio Elton.

A discussão girou em torno dos amigos e dos colegas de Elton. "Acho que ele os compra com a sua personalidade. Acho que compra muitos deles com presentes", começa Colclough. "Acho que muitas pessoas se aproveitam disso. Mas ele está cercado por pessoas boas, íntimas. Graças a Deus por isso."

"Sempre acho que é como uma corte medieval", confirma Furnish. O problema, os dois concordam, vinha da autodepreciação de Elton. "Há momentos em que tocar o deixa feliz, mas às vezes ele não acredita nas reações do público", diz Colclough sobre a baixa autoestima de Elton. Ele prossegue com uma avaliação teatral da sua personalidade: "Acho que ele já nasceu viciado. Ele é uma pessoa completamente compulsiva. Se não tivesse sido o álcool, teriam sido as drogas. Se não tivessem sido as drogas, teria sido a comida. Se não tivesse sido comida, teriam sido relacionamentos. Se não tivessem sido relacionamentos, teriam sido as compras. E sabe de uma coisa?" – Colclough ergue a mão para dar mais drama à cena – "Acho que ele é viciado nessas cinco coisas. Realmente acho." "Ouvir vocês foi como ver duas aves de rapina devorando uma carcaça", foi a conclusão precisa de Elton.

"O filme foi uma estratégia ousada de Furnish", diz Charlie Morgan. "Assistimos aos rompantes de *Tantrums And Tiaras* na casa dele, e Elton morria de rir com seu próprio comportamento. Ele não enxerga [seu comportamento] quando as coisas estão acontecendo, mas depois é óbvio que vê tudo. Você paga às pessoas que fazem parte da sua equipe gerencial também para poder encher o saco delas. Ele não costumava fazer isso com os músicos; seu alvo sempre foi a equipe empresarial. John Reid e Elton costumavam brigar o tempo todo, mas John era o único que lhe dizia quando ele tomava uma decisão errada."

O filme de Furnish mostrou Elton – ou, mais precisamente, um lado de Elton – como ele realmente é. Foi um dos filmes mais honestos e engraçados já feitos sobre um grande astro. Elton tem seus defeitos, e admite todos. Muitos admiraram sua honestidade. Enquanto muitos dos contemporâneos de Elton revelaram tão pouco sobre a sua verdadeira personalidade, ele parecia querer revelar tudo.

"Os chiliques? Ah, são maravilhosos", diz seu velho amigo Billy Connolly. "Adoro ver pessoas tendo chiliques, principalmente porque nunca consegui ter um chilique. O que causa os de Elton? Bem, geralmente não são as pessoas, mas as circunstâncias. Algo que deveria estar ali e não está, ou que está ali enquanto não deveria estar. Ou algo que foi pintado com a cor errada, ou não foi o que ele pediu."

Havia, contudo, um problema em *Tantrums And Tiaras*. Consagrou Elton na imaginação do público como um homem mais famoso por seu estilo de vida do que por sua música. Para aqueles que já não estavam dispostos a conhecer seu trabalho, ele reforçou a imagem que tinham dele como um homem mimado, artificial e até mesmo ganancioso. Nos anos 1990, Elton havia se tornado mais conhecido como uma celebridade do que como um músico. Um dos seus defensores mais entusiásticos na mídia impressa dos últimos dez anos, o jornalista e editor da *GQ* Dylan Jones argumenta: "*Tantrums And Tiaras* foi algo ótimo, mas em certo aspecto também foi negativo. Ele era engraçado e preciso, mas mostrava um lado em particular de Elton. Acho que jornalistas preguiçosos o tomam como uma imagem real de quem ele é como pessoa, e acho que isso é muito mais complicado, e que há muito mais coisas boas do que ruins nele. Se você já é famoso há quarenta anos, espera certo nível de serviço das pessoas que trabalham com você e das pessoas que trabalham para outras pessoas".

É claro que se o documentário tivesse sido feito uma década antes, no meio da promiscuidade movida a drogas de Elton, ele teria sido mais sobre "septos e retos" do que sobre "chiliques e tiaras". Na verdade, talvez ele nunca tivesse sido feito. Foi apenas porque Elton havia se desintoxicado e agora estava com um companheiro em quem confiava que ele pôde se abrir com tanta honestidade. Terminada a terapia, Elton, a figura da mídia, parecia incapaz de mentir. Suas entrevistas pareciam sessões de terapia. Tendo sido sempre direto em suas opiniões, ele não sentia mais a necessidade de escondê-las. Assim começou uma nova fase na vida de Elton John: uma fase de honestidade brutal sobre si mesmo, mas também sobre os outros.

Essa nova fase teve início no outono de 1990. Sem o amparo das drogas pesadas, Elton estava finalmente começando a restabelecer uma conexão significativa com aqueles com quem convivia. Ele começou a se desintoxicar aos poucos. Havia começado a tomar Prozac para a depressão pouco antes de começar a reabilitação. "Eu realmente recuperei o equilíbrio; sem altos e baixos", ele disse em 1995. "Parei de tomá-lo há dois ou três anos, mas ele realmente ajudou a me equilibrar por um tempo." No início dos anos 1990, ele também conseguiu se livrar de outra droga receitada, Dialantin, um relaxante muscular que combatia as convulsões causadas pelo uso da cocaína surgidas no período em que ele consumiu mais a droga. Sheila e Derf retornaram do seu exílio autoimposto em Menorca. Elton alugou uma propriedade em Holland Park, Londres, e viveu com tranquilidade no primeiro ano da reabilitação. Ele começou a frequentar reuniões dos Alcoólicos Anônimos e comprometeu-se com uma nova vida. "Peguei um cachorro no abrigo de cães de Battersea, Thomas, e costumávamos levantar e ir a uma reunião todas as manhãs e a nos concentrar na minha recuperação", ele refletiria mais tarde. "A única coisa que realmente me assustava era que eu não sabia usar a máquina de lavar roupas. Eu tinha muita vergonha disso. Sempre fizeram tudo pra mim."

O processo de recuperação foi gradual. Quando Elton oferecia recepções, observava seus convidados esbaldarem-se com champanhe, enquanto tomava uma cerveja sem álcool. Elton frequentou as reuniões dos AA durante três anos, até perceber que não precisava mais delas: "Descobri que tudo que eu podia falar era que não bebia nem me drogava mais. Eu chegava a uma festa e via as pessoas dizendo: 'Ah, cacete, lá está ele'. E pensei, bem, não parei com toda essa loucura apenas para falar constantemente do fato de não fazer mais isso. Então, parei de frequentar as reuniões dos AA".

Elton não se livrou do impacto dos anos de dependência química. Ele admitiria que parar de beber fora relativamente fácil, embora de vez em quando ainda sentisse falta de uma cerveja ou de uma taça de vinho. Por outro lado, a tentação da cocaína era algo a que ele achava muito difícil resistir, mas resistiu. Em 1997, Elton contou à *Mojo*: "Ainda acordo, sete anos depois de ter cheirado pela última vez, no meio de um sonho em que minha mãe está no quarto ao lado, prestes a entrar, e lá estou eu com pó por todo o meu rosto. Ainda sinto o gosto também, descendo pela minha garganta. Você tem de resistir, pois isso invade a sua cabeça de uma forma inacreditável. Sinto-me maduro agora, mas, de certa forma, fico feliz por ter passado por isso".

Elton teve sorte. Apesar da sua promiscuidade, um exame de aids deu negativo. No início da década de 1990, Elton estava em um relacionamento estável com John Scott, e depois que os dois se separaram, mantiveram um relacionamento amigável. "John administrou a Elton John Aids Foundation até se tornar fotógrafo profissional em tempo integral", contou Charlie Morgan em 2006. "Ele é muito determinado e pé no chão. Ele e David [Furnish] têm personalidades muito parecidas."

Com a nova sobriedade de Elton, vieram também novas responsabilidades. Ao longo de sua carreira, ele fora muito generoso com seu tempo e com seu dinheiro. Agora que estava emocionalmente estável, ele decidiu canalizar suas energias de forma mais coordenada para causas humanitárias. Ao longo dos anos 1990, ele tornou-se uma das figuras mais altruístas do mundo do entretenimento: "Recebi uma segunda chance na vida, o que não ocorre a muitas pessoas", disse. "E pensei que talvez agora tivesse a chance de fazer algo em relação a essas coisas horríveis que acontecem com todo mundo. Mas é claro, dessa vez eu havia perdido muitos amigos para a aids e conhecia muitas outras pessoas com HIV. Fiz algumas doações, mas o que eu realmente queria era abrir a minha própria fundação para fazer as coisas do meu jeito, me certificar de que há outra coisa na vida além de ser Elton John, o que é algo muito centrado em mim mesmo e que consome muito tempo."

Em 1992, Elton inaugurou a Elton John Aids Foundation (Ejaf) em Atlanta, Georgia. Sua missão declarada era "fornecer fundos para programas que oferecem serviços a pessoas portadoras de HIV/aids e programas educacionais direcionados à prevenção do HIV/aids e/ou o combate ao preconceito e a discriminação contra indivíduos afetados pelo HIV/aids". Elton logo se tornou uma das principais figuras do mundo envolvidas na luta contra a disseminação do HIV. "Quando essa epidemia for eliminada do nosso planeta, todos poderemos olhar para trás e identificar nossos heróis", disse Bernie Taupin. "Elton é o meu." Falando em um evento de gala para a Ejaf nos Estados Unidos em 1995, o cantor disse: "Foi disso que consegui escapar neste país. Dormi com metade dele e saí dele com um exame negativo de HIV. Sou uma pessoa de muita sorte. Agora é minha obrigação pagar a dívida".

Entretanto, outro ícone que ajudou a definir os anos 1970 e 1980, Freddie Mercury, não teve tanta sorte. Em cinco anos, o mundo assistiu enquanto as mudanças na compleição física do cantor o deixavam gradualmente irreconhecível. Em 1989, ele estava magro e abatido; as últimas fotografias tiradas de Freddie em 1991 mostram um homem esquelético. Ele finalmente anunciou que tinha aids apenas um dia antes de sucumbir à doença, em 24 de novembro de 1991. Elton, um grande amigo, visitou o cantor quando ele estava perto de morrer e também compareceu ao seu funeral.

Um mês depois, o pai de Elton, Stanley Dwight, faleceu em sua casa em Hoylake, aos 66 anos. Stanley passara muitos anos com a saúde debilitada, e em janeiro de 1983 havia passado por uma cirurgia de quatro pontes de safena. Quando ele morreu, pai e filho ainda não haviam voltado a se falar. A última vez que Elton havia visto o pai fora em uma partida de futebol, quando o Liverpool jogou contra o Watford em Anfield, em 1982. Seu pai deu uma entrevista ao *Sunday People*, publicada sob o título de "O Amor De Um Pai À Beira Da Morte Por Elton: Mensagem Emocionante Para O Astro Por Meio Do *People*". Comenta-se que Elton, ao ler o título, teria cancelado uma viagem planejada para ir ver o pai. Tampouco compareceu ao funeral de Stanley. Seu pai, ou mais precisamente o papel que ele teve em sua criação, também seria um dos tópicos favoritos do recém-libertado Elton. "Culpo meu pai por muitas coisas, e já disse isso em público, o que me causou muitos problemas com a esposa dele", Elton disse em 2001. "Mas agora estou completamente em paz. Ele tentou fazer o melhor que podia. Era um bom homem. Mas moldou o que sou. Sou grato por isso, pois, de outra forma, eu não seria tão ambicioso."

Musicalmente, os anos de 1990 e 1991 foram anos tranquilos para Elton. No final de 1990, uma compilação, apropriadamente chamada *To Be Continued*, marcou seu jubileu de prata como artista de estúdio. Tributo adequado, o CD incluía faixas dos anos 1960, como "Lady Samantha", a maioria dos seus grandes sucessos dos anos 1970 e uma seleção menor dos anos 1980. Seu encarte se tornaria o favorito do diretor de arte David Costa.

"A versão lançada no Reino Unido trazia fotos de Juergen Teller", ele diz. "A foto da capa da caixa – EJ sorrindo e meio fora de foco – é a minha foto favorita de todas as dele. Nós simplesmente capturamos o momento. Depois de todas as obras de arte e fotos com maquiadores e estilistas e conceitos e hordas de assistentes, Juergen e eu levamos EJ a um armazém vazio com a luz do dia entrando; sem assistentes, sem luzes, nada; só Juergen com uma antiga Leica 35 mm, andando pelo lugar com Elton, conversando. EJ adorou. Ele havia saído da reabilitação, estava limpo, confiante, revigorado e tranquilo."

Na mesma época do lançamento do *box set*, outra compilação chegou às lojas a tempo para o Natal. *The Very Best of Elton* se tornaria o maior sucesso de vendas de Elton no Reino Unido. Em 2006, uma pesquisa realizada pela Official UK Charts Company revelou que ele foi o 54º álbum mais vendido de todos os tempos no Reino Unido, com um total de 2,13 milhões de cópias vendidas.

Em março de 1991, Elton fez seu retorno na Wembley Arena, onde cantou em dueto com George Michael em seu clássico de 1974 "Don't Let The Sun Go Down On Me". Lançado como compacto em novembro daquele ano, ele se tornou seu terceiro compacto a chegar à primeira posição das paradas no Reino Unido, além de alcançar a primeira posição também no Top 100 da *Billboard*. O lucro proveniente das vendas foi revertido para dez projetos de caridade. Esse nível de sucesso não havia sido previsto por Elton, que tinha dúvida quanto à possibilidade de se tornar sucesso um compacto ao vivo lançado durante um período morno nos Estados Unidos para George Michael.

No dia 1º de abril de 1991, ele pregou uma peça do Dia da Mentira em seu velho colega Rod Stewart, no concerto que este fez na Wembley Arena. Durante um momento mais introvertido no *set*, Rod sentava-se em um banco para cantar algumas de suas baladas mais suaves, como "You're In My Heart". Dessa vez, contudo, o momento lhe rendeu um pouco mais do que costumava render, incluindo uma perna dormente. "Elton entrou fantasiado e sentou-se no colo dele", lembra-se Gary Farrow. "Levou cerca de um minuto e meio para que Rod o reconhecesse. Ele estava esperando sua esposa."

O final de 1991 foi marcado pelo lançamento de *Two Rooms*, tributo a Elton e Bernie em CD acompanhado por um vídeo. O título do projeto, referência à música de 1980 "Two Rooms At The End of The World", parecia resumir o *modus operandi* de Elton e Bernie, seu estilo de trabalho – como disse o jornalista Robert Sandall: "Eu lavo e você seca". Bernie e Elton apareceram na imprensa para divulgar o projeto, e a americanização quase total de Bernie foi chocante. Sua aparência, sua visão de mundo e até mesmo seu jeito de falar (três quartos de abreviações americanas, um quarto da pronúncia do "r" à moda dos escoceses típica de Lincolnshire) retratavam um homem que estava vivendo um sonho: "Sou muito mais americanizado em minha ideologia e visão de mundo que Elton", ele admitiu para a *Q*. "Vivo lá há anos. Sou um cidadão americano e tive uma experiência quase religiosa viajando pelos Estados Unidos". Bernie também revelou ser o oposto de Elton em outro aspecto crucial: ele era musicalmente conservador. Aos 41 anos, simplesmente não gostava da música pop moderna. "Hoje em dia não ouço absolutamente nada atual", confessou. "Sempre que entro no carro dele [de Elton], ele está ouvindo coisas de grupos com iniciais por nomes. E todos usam percussão eletrônica."

O CD/vídeo *Two Rooms* trazia tributos musicais em forma de versões *cover* para a celebração de uma das parcerias de composição mais bem-sucedidas da música popular. A versão de Kate Bush do clássico de 1972 "Rocket Man" foi uma redefinição corajosa do original e alcançou o 12º lugar nas paradas de sucessos do Reino Unido. Phil Collins fez uma boa escolha com "Burn Down The Mission", música que se encaixava bem com sua voz e com a dinâmica da sua banda.

Fora isso, contudo, as interpretações não passaram de tributos polidos de uma lista previsível de artistas. Eric Clapton fez a sua tentativa com "Border Song", enquanto Sting escolheu a menos conhecida "Come Down In Time" e fez um bom trabalho. John Bon Jovi transformou "Levon" em um rock de estádio. Tina Turner cantou a música que já usava havia muito tempo em seu repertório ao vivo, "The Bitch Is Back", e o Who gravou "Saturday Night's Alright For Fighting" com Roger Daltrey no vocal principal (embora Pete Townshend tenha cantado um pequeno trecho de "Take Me To The Pilot" no meio da gravação). Em "Your Song", Rod Stewart substituiu o piano de Elton por um violão suave, acompanhado por órgão, violino e uma guitarra solo ao fundo para produzir apenas um som sutil. Foi um bom projeto, mas não espetacular, que mostrou o quão difícil era para qualquer um interpretar as músicas de Elton e Bernie. Ao contrário das versões de Dylan dos seus próprios originais, as versões de Elton são tão definitivas que encontrar uma nova forma de interpretá-las provou-se quase impossível para a maioria dos talentos que participaram do projeto.

O livro que acompanhou o lançamento, que trazia pensamentos de Bernie e de Elton e algumas fotografias do seu arquivo, foi também a definição do "polido". "As 'revelações' nada excitantes da dupla de compositores", disse Tom Hibbert em sua crítica de duas estrelas da *Q*, "logo se tornam cansativas, e o leitor fica esperando pelo menos um traço de discórdia – que Elton dissesse, talvez subitamente: 'Bem, na verdade sempre achei Bernie desprezível'. Quem dera..."

O Elton John que todos conhecemos e amamos hoje em dia é obviamente um Elton com cabelo. Depois de termos nos acostumado com a versão calva do cantor, ele apresentou sua nova cabeleira ao público em abril de 1992, em um concerto no Wembley Stadium em homenagem a Freddie Mercury, *A Concert For Life*, no qual Elton cantou "Bohemian Rhapsody" com o roqueiro de Los Angeles Axl Rose. Alguns comentaristas estranharam a seleção da dupla, particularmente considerando que a música dos Guns N'Roses "One In A Million" contém o verso *"Immigrants and faggots/ they make no sense to me"* [1]: uma evidência, segundo diziam, da homofobia de Rose. Ele negou a acusação, afirmando que vestiu uma

---

1. "Imigrantes e bichas/ Não entendo qual é a deles." (N. da T.)

persona para cantar a música, e o próprio Elton mais tarde derramaria um balde de água fria sobre a ideia de que o roqueiro era homofóbico. Mas e o cabelo? Bem, com certeza ele fez a diferença na aparência de Elton. À medida que os anos passavam, contudo, ele curiosamente passou a parecer apenas enfatizar sua calvície. Chamava atenção para ela porque todos sabíamos que onde havia um crescimento de cabelo inegavelmente vigoroso deveria haver uma careca brilhosa.

Em 1992, Elton John, o artista de estúdio, retornou depois de um atípico hiato de três anos. *The One*, gravado em Paris, foi também produzido por Chris Thomas. Esse era o primeiro álbum que Elton gravava sem o estímulo do álcool e das drogas. Talvez não seja de surpreender que ele tenha encarado o primeiro dia de gravação com apreensão. "Fomos para o estúdio no primeiro dia e ele durou uns vinte minutos", revelou John Reid. "Elton disse que não conseguiria. Ele só não estava pronto, mas voltou no dia seguinte, e no final das contas foi ótimo. O álbum simplesmente fluiu."

The One é mais lembrado pela faixa de abertura, "Simple Life", uma abertura muito forte com um *riff* de gaita evocativo e uma batida dance funky. Também há "The Last Song", uma emocionante faixa conclusiva em que a letra de Bernie Taupin descreve uma reconciliação entre um jovem que está morrendo de aids e seu pai (o CD foi dedicado ao ex-namorado de Elton, Vance Buck, que havia morrido da doença). A primeira palavra da música é "Yesterday", em uma homenagem óbvia cantada na mesma melodia que a famosa balada dos Beatles.

O restante do álbum, contudo, é Elton em sua versão mais simples. Ele contém mais piano que seus últimos trabalhos anteriores, e também mais sons programados de bateria, mas pouco dele é musicalmente impressionante. "Atualmente, comprar um álbum de Elton John é como investir em uma companhia de investimentos", escreveu Jim Farber na *Rolling Stone*. "A compensação não é nenhum lucro gigantesco, mas você também não se arrisca."

A estética neoclássica barata da arte de capa do álbum também não ajudou. O crédito pela criação da capa era atribuído a um amigo íntimo de Elton, o estilista de moda Gianni Versace. De acordo com David Costa, no entanto: "Almoçamos com Versace em seu suntuoso apartamento em Milão para discutir o design de *The One* e entrar em um acordo sobre como trabalharíamos juntos. Um grande homem e um grande momento, mas tudo que recebemos dele para o álbum foi uma echarpe de seda. Infelizmente, na verdade não foi nem mesmo isso, mas apenas a transparência de uma echarpe de seda. Um homem verdadeiramente inspirado e belo, contudo, na linguagem de qualquer pessoa. Elton costumava dizer que Gianni descrevia qualquer coisa que fosse bonita como 'triple heaven', a palavra 'triple' para rimar com 'trifle' e 'heaven' no lugar de 'eaven'. Quanto estilo…".

Elton também pediu a Versace que trabalhasse em sua turnê seguinte. "Eu o conheci na turnê de 1992, pois ele estava fazendo o cenário do palco e o design", lembra Charlie Morgan. "Ele olhou para mim e disse: 'Você está muito bem'. E depois olhou para Guy Babylon, que estava usando muito preto, e disse: 'Você – mais dourado! Quero que você use mais dourado!'. Ele e Elton brigaram algumas vezes. A certa altura, Versace pensou que fazia parte das suas responsabilidades como designer de palco decidir que músicas deveriam ser tocadas. Ele disse: 'Elton, você está tocando muitas músicas boom-boom. Quero que você toque aquelas baladas suaves'. E acho que na noite seguinte Elton disse: 'Aí vai mais uma maldita música boom-boom para Gianni'."

Com o primeiro compacto, "The One", tendo alcançado a nona posição nas paradas da *Billboard* e a décima no Reino Unido, Elton John fez uma turnê pela Europa no início do verão de 1992 antes de atravessar o Atlântico em direção aos Estados Unidos, onde em 30 de agosto revisitou a cena do seu grande triunfo de 1975, o Dodger Stadium. Eric Clapton tocou um *set* de duas horas antes de Elton subir ao palco parecendo mais em forma e saudável do que parecia em muitos anos, embora seja difícil se acostumar com seu atípico novo corte de cabelo, suas calças de couro e camisas de Versace. Nos anos 1980, ele costumava ter uma aparência ridícula, e a tentativa de fazê-lo parecer moderno através do visual de Versace tornou-o ainda menos atraente. Com a presença de músicos de cabelos longos e calças de couro dividindo o palco com ele, Elton não estava sozinho no novo estilo fabricado.

Com Davey Johnstone como diretor musical, a bateria de Charlie Morgan foi uma fonte de versatilidade para Elton, funky quando precisava ser, e sólida para os números de rock e para as baladas. Contudo, a substituição do timbre mais natural do piano pelo som sintético do teclado elétrico Roland de Elton continuava sabotando o som. A agenda da turnê de 1992-93 lembrava as turnês dos anos 1970 em seu ritmo frenético. Depois das apresentações realizadas na Europa e na América do Norte, a banda fez uma turnê pela Austrália e depois mais shows nos Estados Unidos e na Europa, dessa vez com a retomada da parceria de Elton com o percussionista Ray Cooper.

À medida que o final da turnê se aproximava, Elton preparava um projeto completamente novo e diferente. Um dos principais temas do seu trabalho nos anos 1990 e depois disso foi a colaboração com outros artistas. No outono de 1993, ele lançou o álbum *Duets*, que alcançaria posições elevadas nas paradas – pelo menos no Reino Unido. Ele trazia mais um dueto de Elton e Kiki Dee com "True Love", a música de Cole Porter originalmente interpretada em 1956 por Bing Crosby e Grace Kelly em *Alta sociedade*. A colaboração anterior de Kiki com Elton, "Don't Go Breaking My Heart", ganhou uma nova versão infeliz como uma faixa dance contemporânea que foi praticamente assassinada por Elton em um dueto com o artista *drag queen* americano RuPaul. O projeto parecia pouco coeso e desprovido de propósito, incluindo talentos incompatíveis como os de P.M. Dawn e Leonard Cohen em um CD, ao passo que era notável a ausência de grandes nomes, como os de Rod Stewart, Mick Jagger ou Paul McCartney. O resultado foi que Elton ofuscou as pessoas que o acompanharam nos duetos, até mesmo seu ídolo dos anos 1950, Little Richard, agora a várias décadas de distância do auge do seu sucesso. A *Q* deu ao álbum uma avaliação de duas estrelas, citando a colaboração com P.M. Dawn como "o que salvou o álbum de ser completamente insípido".

O ano seguinte teve início com uma grande honra. No dia 19 de janeiro de 1994, Axl Rose introduziu Elton no Rock And Roll Hall Of Fame. "Quando ouvi 'Bennie And The Jets' pela primeira vez, soube de imediato que tinha de ser cantor", Axl afirmou. Elton continuou em turnê durante quase o ano inteiro. O percussionista Ray Cooper também produziu o show. "Ele foi mais requintado que a turnê que havíamos feito juntos anteriormente em 1979", diz Cooper. "Nós o filmamos no Greek Theatre, em Los Angeles. Elton o fez com relutância, pois odeia câmeras e vídeos." Naquele ano, ele também fez uma turnê com Billy Joel. Eles uniram forças e produziram um trabalho fantástico. Joel era um dos poucos artistas do planeta cujo sucesso comercial nos Estados Unidos era comparável ao de Elton.

Joel revelou-se um homem simpático, pé no chão e generoso com seu tempo e com seu dinheiro, como conta Charlie Morgan: "Elton é muito sociável, mas também muito seletivo. Ele ficava um pouco conosco antes dos shows, mas tinha o seu lugar e ia para casa em um avião particular sempre que possível. Mesmo que estivesse a uma hora e meia de avião da casa dele em Atlanta, Elton preferia pegar um avião e voltar pra lá. Billy ficava no mesmo hotel que nós, no local do show. Às vezes, ele ia para o bar, sentava-se ao piano e começava a cantar músicas dos Beatles. Ele às vezes cantava até umas 2h da manhã".

"Na noite de abertura da turnê, Liberty Devitto, o baterista de Billy Joel, teve uma reação alérgica a marisco. Estávamos no Veterans Stadium, em Filadélfia, que tem capacidade para 50 mil pessoas, e tive de substituí-lo em cima da hora. No dia seguinte, Billy me deu um cartão com uma menina de costas, olhando por sobre o ombro, usando apenas chaparreiras, com o bumbum em destaque. Dentro do cartão, ele escreveu: 'Obrigado, Charlie, você salvou nossos traseiros!', e incluiu uma nota de 1.000 dólares. A EJ Band comeu fora algumas vezes naquela semana por cortesia de Billy Joel".

O ano de 1994 foi, contudo, mais importante pelo fato de Elton ter entrado em um novo campo musical: o cinema. A oportunidade de se envolver em um tipo de projeto diferente veio por meio de um telefonema de Tim Rice: "Lembro-me de ter discutido com o empresário de Elton, John Reid, muito, muito antes sobre a ideia de fazer alguma coisa no teatro com Elton", *sir* Tim conta agora. "Quando fui chamado para fazer uma letra para o filme que eventualmente seria chamado de *O rei leão*, a Disney me perguntou quem eu queria que fizesse a música. Acho que o maior favor que fiz à organização da Disney foi sugerir Elton John, pois isso permitiria que *O rei leão* tivesse uma trilha musical diferente da de qualquer outro filme animado da Disney, saindo de trilhas influenciadas pela Broadway para o rock. Elton disse: 'Do que se trata? Parece bastante intrigante'. E eu disse: 'É um filme animado que ainda não tem nem um enredo. Vou fazer quatro ou cinco músicas e vai ser divertido. Achei que você gostaria de fazer algo diferente. Ele respondeu: 'Bem, eu gostaria, mas o acordo é terrível, estou com medo de não poder fazer'. Então, dois dias depois, John Reid telefonou e disse: 'Quando começamos?'. Pensei: 'Bem, no final das contas Elton deve ter conseguido um ótimo acordo'."

Elton compôs as músicas para *O rei leão* durante a turnê de 1992-93. "Duas das músicas, 'Hakuna Matata' e 'Circle Of Life', ele escreveu comigo presente, mas 90% dos casos eu lhe mandava as letras", diz Rice. "A maior parte do meu trabalho era escrever as letras para se encaixarem com o enredo. Eu escrevia uma letra de acordo com a cena e recebia uma aprovação da Disney antes de mandá-la para Elton, que a gravava. Depois, víamos se o resultado se encaixava no contexto geral do filme, o que geralmente acontecia."

O filme, conhecido como *King Of The Jungle* [O rei da floresta] no início da produção, chegaria às telas dos cinemas como *O rei leão* em junho de 1994. Ele se tornaria um sucesso gigantesco de bilheteria, o terceiro filme animado mais visto no cinema já lançado nos Estados Unidos. O CD com a trilha sonora também foi grande sucesso, e alcançou a primeira posição nas paradas da *Billboard*. "O álbum foi um megassucesso, até mesmo considerando os padrões de Elton", diz Rice. "'Hakuna Matata' tornou-se uma das músicas favoritas das crianças, mas gosto de todas. Acho que 'Circle Of Life' é mais original na mensagem da letra, mas tanto ela quanto 'Can You Feel The Love Tonight?' têm melodias tão poderosas que não consigo escolher uma entre as duas."

Alguns evidentemente receberam o filme com muito menos entusiasmo. Ao escrever no *Sunday Times*, a sempre razoável Julie Burchill queixou-se: "A trilha de Rice-John é tão ruim quanto poderíamos imaginar! Apenas cinco – conte-as – canções horríveis da dupla, cada uma mais fraca que a outra. Não estamos falando aqui apenas do padrão Eurovision; estamos falando do pior da Eurovision".

Apesar disso, *O rei leão* traria o compacto de maior sucesso em duas décadas para Elton John. Quase da noite para o dia, ele ganhou um público completamente novo. "Quando se está aí há muito tempo, como Elton ou os Stones, é muito difícil vender álbuns, por mais brilhantes que eles sejam", diz Rice. "Há sempre um grupo para comprá-los, mas você não consegue mais 8 milhões de vendas automaticamente, apenas porque as pessoas que cresceram com você já não compram discos com tanta frequência. Eles vez ou outra compram alguma compilação dos maiores sucessos e assistem a shows com grande entusiasmo, mas simplesmente não compram as coisas novas."

"O que *O rei leão* fez foi apresentar um novo público a Elton. Ele vendeu muito porque alcançou novo mercado: as crianças, seus pais e também quem já era fã de Elton John. Vendeu cerca de 10 milhões de cópias só, ao menos no início, na América, e continua vendendo. No mundo todo, provavelmente faz tanto sucesso quanto qualquer um de seus álbuns." "Atualmente, sou cercado nos aeroportos por crianças de seis anos de idade!", Elton confessou em 1995.

O sucesso de "Can You Feel The Love Tonight?" significava que Elton tivera um sucesso no Top 40 da *Billboard* para cada ano nos últimos 25 anos – a conquista de toda a sua carreira que lhe daria mais orgulho. Na realidade, a música seria deixada de fora do filme, mas Elton insistiu que um filme da Disney sem uma canção de amor ou de algum tema romântico não seria um filme da Disney. No ano seguinte, ele ganhou um Oscar. Para Tim Rice, que havia ganhado um Oscar dois anos antes por uma composição com Alan Menken, "A Whole New World", de *Aladim*, a experiência não era nova.

"Cerimônias de premiação são sempre apavorantes", diz Rice. "No que diz respeito a premiações, o Oscar é a única que importa, pois as pessoas ouviram a música. Mas você não pode se deixar levar. No final, você recebe um prêmio por estar aí há muito tempo, e se for muito bom no que faz, acaba recebendo alguns prêmios. Mas a cerimônia do Oscar é muito engraçada, porque temos discursos horrendos, malucos por política tentando mudar o mundo e pessoas de Hollywood que acham que são muito importantes por terem feito alguns filmes. E há uma grande emoção. É fascinante." Para Elton, foi o reconhecimento de uma área completamente nova da indústria do entretenimento. Em seu discurso, ele dedicou o prêmio a sua avó, Ivy, que havia morrido uma semana antes. Tim Rice dedicou seu prêmio a Denis Compton.

O mesmo ano, 1995, trouxe o lançamento do álbum *Made In England*. "Greg Penny produziu o disco e tentou mantê-lo o mais orgânico possível", diz Charlie Morgan, que mais uma vez foi encarregado da bateria. "Ele é um cara muito legal, legal demais para tentar mandar em Elton. Elton estava em uma boa fase de composição, e recuperara seu talento como compositor sem o uso das drogas. 'Believe' era uma balada sentimental muito boa. Acho também que a letra era muito forte, pois o pai de Bernie estava morrendo e ele teve de deixar Elton com um livro de letras para voltar à cabeceira do pai. Acho que as letras motivaram Elton a compor boas músicas."

De fato, "Believe", à qual Elton se referiu como uma música de protesto contra o preconceito e a intolerância, foi uma das suas melhores músicas da década de 1990. Um pop orquestral lento, ela foi arranjada por Paul Buckmaster, com quem Elton não trabalhava havia quase vinte anos. Reflexões pessoais de Bernie – "*Cancer sleeps/ curled up in my father*" – são inseridas em um apelo universal em um mundo de ódio, guerra e intolerância para que o amor conquiste tudo: "*Love has no boundaries, no borders to cross*"[2]. Na melodia alegre, estilo Beatles, da faixa-título, as palavras de Elton eram uma resposta desafiadora ao recente sofrimento que experimentara nas mãos dos tabloides: "*You had a scent for scandal/ Well, here's my middle finger*"[3].

O Elton da capa de *Made In England* aos olhos do mundo parecia uma recriação desajeitada de meia-idade do adolescente Reginald Dwight. Com lentes arredondadas simples e a cabeça cheia de cabelo, ele parecia uma versão de quarenta e poucos anos de Piggy, de *O senhor das moscas*. O álbum se saiu muito bem; alcançou o 4º lugar no Reino Unido e o 13º nos Estados Unidos, mas nenhum dos quatro compactos – "Believe", "Made In England", "Blessed" e "Please" – entrou no Top 10 em nenhum lado do Atlântico.

Apesar disso, Elton comprometeu-se com uma turnê cansativa para promover o novo álbum. Quando o baixista Bob Birch saiu gravemente ferido de um acidente de carro, David Paton foi reconvocado à banda. Contudo, para Paton, a atmosfera havia mudado. "Foi totalmente diferente da turnê de 1985-86, que fora muito divertida e durante a qual Elton estava com um humor muito alegre. Talvez ele estivesse abusando de certas coisas que não deveria ter usado, mas ele era muito sociável, e depois da maioria das apresentações havia uma festa em seu apartamento. Quando eu voltei para participar da turnê de 1995, ninguém queria ir a lugar nenhum e não havia socialização. Era maçante. Gostei de tocar as músicas, mas o único que estava se divertindo era Davey Johnstone. Nós dois somos de Edimburgo, e vemos as coisas da mesma forma. Ele tinha sempre uma garrafa de champanhe em um balde e um pacote de cigarros enrolados."

Os dias de boêmia faziam parte de um passado distante. Entretanto, Elton aqui e ali ainda pregava alguma peça só para se distrair. Uma das suas favoritas era se registrar nos hotéis com pseudônimos ridículos. O preferido era Binky Poodle Clip, embora ele já tenha confessado ter se registrado pelo menos uma vez como *sir* Horace Pussy. "Minha mãe teve de dizer que era a senhora Pussy"[4], ele revelou. Mas, para Charlie Morgan, o Elton que então ele via era completamente diferente do homem que ele conhecera uma década antes. "Ele estava muito mais inseguro sobre quem ou o que era. Nos anos 1980, as drogas e o álcool mascaravam suas inseguranças, e ele estava sempre cheio de ousadia. Já nos anos 1990, posso dizer que conheci o verdadeiro Elton."

---

2. Na sequência: "O câncer dorme/ Enroscado no meu pai"; "O amor não tem limites, não tem fronteiras para atravessar". (N. da T.)

3. "Vocês tinham um nariz para o escândalo/ Muito bem, aqui está o meu dedo do meio." (N. da T.)

4. Em inglês, "*pussy*" é um nome vulgar para o órgão sexual feminino. (N. da T.)

John Jorgenson também estava na nova equipe de turnê. Apto a tocar praticamente todos os instrumentos da banda, John foi chamado para integrá-la na guitarra rítmica. "Na primeira noite da turnê, havia algumas músicas que eu nunca ouvira, e muito menos ensaiara!", conta Jorgensen. "Uma delas era 'Pinball Wizard', que eu evidentemente conhecia, então tudo correu bem. Um dos concertos mais memoráveis foi o de Waldbühne, em Berlim, onde Hitler falava com suas tropas. O lugar estava infestado de mosquitos quando estávamos lá, e a lenda é que, como Eva Braun não gostava do som dos coaxar dos sapos, Hitler mandou matar todos."

Para um membro da banda em turnê, Ray Cooper, a metade da década de 1990 marcaria o fim da sua relação profissional com Elton. Para muitos fãs de Elton, a inclusão de Ray na formação era quase uma garantia de bom entretenimento. Perto do final de cada apresentação, Ray fazia um solo de percussão de cinco minutos e depois pedia a participação da multidão em algo que era conhecido entre alguns fãs de Elton como o *Way-O*. "O solo tornou-se parte do final do show, e depois Elton voltava e finalizava o *set*", diz Cooper. "Nós já teríamos passado pela parte mais emocionante do show, e o que eu fazia era agradecer ao público: 'Agora somos vocês e eu, vamos fazer isso juntos'. Era como: 'Ei, o show acabou, este é o solo de bateria, e vocês podem participar. Se é que vocês querem tanto!'."

"Eu amava Ray e o respeitava", reflete Charlie Morgan nos dias de hoje. "Mas eu realmente achava que havia uma fissura entre ele e a banda. Ele queria ficar no mesmo hotel que Elton e ter um tratamento de primeira." "Uma das coisas que ouvi que estão dizendo de mim, e que me magoa, embora eu não entenda isso, é que eu não fazia parte da equipe", contaria Cooper. "É claro que fora do palco sou um pouco diferente. Tenho interesses diferentes, e talvez sempre tenha tido. Mas isso é a minha vida pessoal. No palco, sempre fiz tudo para apoiar todos os músicos." Além disso, os anos passados tocando conga *drums* estavam começando a pesar para Cooper. "Eu estava com um problema de circulação muito sério, que foi diagnosticado como síndrome de Raynaud, que afeta as mãos e os pés", ele diz. "A primeira crise aconteceu na América do Sul. Elton estava instalado no Rio e voando para todos os lugares. Ele gosta de muito frio, então tanto nos aviões quanto nos carros o ar-condicionado está sempre ligado. Contudo, eu estava obviamente debilitado, e quando saí do avião para um show minhas mãos não esquentavam. Ficaram completamente brancas. Então eu amarrei os dedos, mas durante o show um dedo ficou preto e quase desmaiei. Na verdade, debaixo da unha havia alguns pequenos pontos de gangrena."

Na metade dos anos 1990, a vida de Elton John havia adquirido um equilíbrio saudável, tanto pessoal quanto profissional. Seu relacionamento profissional com Bernie Taupin estava muito bem, e embora eles não tenham produzido um trabalho muito consistente, ainda eram capazes de compor pelo menos duas ou três músicas fortes por álbum. A colaboração de Elton com Tim Rice mostrou que seu trabalho "extracurricular" também podia render ótimos frutos. Seus shows ainda eram um grande sucesso, e embora seu trabalho mais recente raramente tivesse sucesso com os críticos, o público continuava apoiando Elton com suas carteiras.

"Tive sorte em meus relacionamentos profissionais", ele disse em 1995. "Com Bernie por 28 anos; com meu empresário John Reid por 25; com Howard Rose, meu agente, por 25; Connie Hillman [produtor de turnê] está comigo há 25 anos; Sarah McMullen [publicitária] está comigo há uma década; Bob Halley [assistente pessoal] está comigo há 18 anos; Bob Stacey, meu figurinista, e Clive Franks, meu engenheiro de som, estão comigo há 28 ou 29 anos."

Entretanto, Bob Halley tinha mais intimidade com Elton no dia a dia. "Se não fosse por Bob, eu estaria morto agora", é a avaliação cabal, mas simples, de Elton. "Elton e Bob são inseparáveis", confirma Clive Franks. "Ele é uma pessoa muito calma e aguenta a merda toda. Ele começou como camareiro de Elton junto com sua então esposa Pearl, e depois tornou-se motorista de Elton. Mais tarde, passou a assistente pessoal. Ele aguentou trinta anos ou mais de chiliques. Qualquer ser humano normal teria fugido anos atrás. Houve algumas vezes em que Bob se cansou e teve de sair, ou em que Elton o demitiu, mas horas depois eles percebiam que precisavam um do outro e voltavam atrás."

Contudo, a pessoa mais importante na vida de Elton era, evidentemente, o canadense David Furnish. Quando eles se conheceram, em outubro de 1993, durante um jantar em Woodside, Furnish estava trabalhando como executivo publicitário para a Ogilvy & Mather. De acordo com a revista *Punch*, também estavam presentes a princesa Diana, Sylvester Stallone e Richard Gere, os dois últimos acertando as contas depois de uma briga por causa de Cindy Crawford. Furnish, então com apenas 31 anos, era 15 anos mais novo que Elton.

Ele era bonito, tinha cabelos pretos, e era um tanto reservado, mas o que impressionou Elton foi o fato de, ao contrário da maioria dos outros namorados dele, Furnish ter uma renda e uma carreira próprias. Quando se conheceram, David foi tímido, mas deixou escapar que *Caribou* foi o primeiro álbum que havia comprado. Ele deu o número do seu telefone a Elton. Elton sabia que David tinha uma festa de Halloween, então esperou por um horário respeitável, 11h da manhã, tomou a iniciativa e telefonou. Os dois se encontraram em Londres para jantar. Era o início de um relacionamento muito especial.

Quando *Tantrums And Tiaras* foi filmado, em 1995, os dois haviam se estabelecido em Woodside. O escritório de David ficava em um vagão de carga que Elton comprara por impulso durante uma turnê pela Austrália e mandara transportar para o Reino Unido a um preço considerável. "Estamos juntos por um bom tempo, e David me dá muito amor, o que acho muito difícil. Ao mesmo tempo, é o que eu sempre esperei", Elton diria em meados dos anos 1990, mais uma vez revelando uma personalidade complexa que impede que ele aceite aquilo que mais quer. A própria Woodside foi desocupada de muita coisa e reorganizada. Os dias de bebidas e drogas haviam ficado para trás fazia tempo. Pela primeira vez em talvez vinte anos, Elton parecia equilibrado, tanto profissional quanto emocionalmente.

Em 1996, John Jorgenson e sua esposa passaram uma semana na propriedade de Woodside e acharam o astro relaxado e generoso. Jorgenson não conseguiu deixar de se impressionar com Woodside, que parecia estar no pico da elegância e do bom gosto. "Pensei que ela podia ter uma atmosfera fria, mas me enganei, ela é muito aconchegante", ele reflete. "Todos se sentavam à mesa da cozinha de roupão." "Antes, ela estava cheia de ursos de pelúcia", disse Elton, lembrando-se da época em que Woodside era a casa de um astro do rock decadente. "Agora, ela está cheia de amor e paz."

"David é muito simpático – ele tem um pouco daquela modéstia canadense", diz Jorgenson. Dito isso, Elton tinha de manter tudo perfeito: "Há flores e peças de cerâmica por todos os lados da casa. Tudo é organizado e posicionado com perfeição. Enquanto mostrava a casa a mim e a minha esposa, se uma almofada estivesse torta ou uma estatueta estivesse fora do lugar, Elton as ajeitava enquanto andava pela casa".

"Também há muitos cachorros: dois cachorros muito grandes, cães de caça irlandeses, se a memória não me falha, alguns cachorros de *pedigree* e também vira-latas que eram amados da mesma forma. Elton também tinha nove ou dez *border terriers*. Eles são incomuns nos Estados Unidos, e sua personalidade é tão maravilhosa que nos apaixonamos por eles. Elton disse: 'Vou mandar um pra vocês'. Dois meses depois, ele telefonou para a minha casa em Los Angeles e disse: 'O.k., estamos com o seu filhote. Temos de lhe dar um nome juntos. Acho que deveríamos chamá-lo de Kevin ou de William'. Eu disse: 'Não consigo me imaginar chamando meu cachorro de Kevin! Por que você não me manda uma foto dele para que eu possa ver com o que ele se parece?'. Literalmente no dia seguinte chegou um Fed-Ex de Elton com o filhote. Então olhei para o filhote e disse: 'Ah, ele é um Benny'. E esse cachorro é o melhor presente que alguém já me deu."

Jorgenson também ganhou uma turnê guiada da propriedade de Woodside. "Havia uma quadra de tênis e uma piscina coberta. Na época em que o visitamos, ele havia mandado fazer um jardim no estilo italiano. Também havia um jardim lindíssimo de vegetais orgânicos com frutas gigantescas e vegetais que eram colhidos. E é claro que também havia o vagão de trem que David usava como seu escritório."

Depois de uma semana em Woodside, John e sua esposa planejaram dirigir pela Europa para admirar a paisagem. Elton disse-lhes que voltassem caso o tempo ficasse ruim. Mas o que realmente surpreendeu Jorgenson foi o fato de Elton ter dito durante uma conversa quais seriam seus convidados seguintes. "Lembro-me de que ele disse que Gianni Versace e a princesa Diana iriam almoçar. Não era comum ele receber celebridades desse porte. Eles eram seus amigos." Um ano depois do almoço, contudo, ambos os amigos VIP de Elton estariam mortos.

CAPÍTULO 15

CELEBRICÍDIO

"As pessoas a chamam com razão de 'Maldita 'Candle In The Wind'!' Até eu passei dois anos sem cantá-la. Era doloroso demais."

Elton John, 2004

"Não consegui encontrar uma loja no Deserto do Saara."

Elton John

É sábado, 6 de setembro de 1997. Elton John acabou de tocar os acordes finais de "Candle In The Wind", música que já cantou pelo menos cem vezes em público. Mas hoje o momento é muito especial, e a plateia muito diferente. É o funeral de Diana, a princesa de Gales, e o local é a Abadia de Westminster. Dentro dela estão fileiras de pessoas de luto; do lado de fora, são milhares. E, finalmente, pelos aparelhos de tevê uma audiência global de mais de 2 bilhões de pessoas assiste ao funeral.

Até o momento em que Elton se sentou ao piano, o programa foi formal e convencional: a música clássica de Mendelssohn, Vaughan Williams, Bach e Elgar foi tocada antes de a congregação se levantar para o Hino Nacional. O pároco de Westminster falou. Hinos foram cantados. As irmãs da princesa, *lady* Sarah McCorquodale e *lady* Jane Fellowes, fizeram leituras, seguidas por outro hino e por uma leitura do primeiro-ministro, Tony Blair. Elton John está presente para representar a cultura e a música populares, e a sua contribuição é significativa, pois representa de forma única uma área da arte tradicionalmente considerada inapropriada para ocasiões tão tristes e formais.

Para celebrar a vida e marcar a morte de uma mulher que não era apenas um ícone mundial mas uma amiga pessoal, Elton canta a letra reescrita com uma intensidade só possível devido a toda uma carreira de experiência performática, seu nervosismo revelado apenas pelo aparentemente incontrolável movimento da sua sobrancelha direita, que parece ter vida própria e ergue-se ao início de cada frase cheia de honestidade.

Naquele dia, Elton John conduziu uma onda de sofrimento que parece ter varrido toda a nação. Enquanto ele canta, as pessoas na Abadia choram – inclusive, de acordo com relatos, os filhos de Diana, William e Harry. E à medida que a cobertura da tevê da *performance* de Elton é entrecortada por imagens das pessoas que choram do lado de fora, parece que sua canção une toda uma nação em lágrimas.

* * *

Para muitos, é claro, a exibição do sofrimento em massa pela morte de uma pessoa meramente serviu para confirmar o poder que a mídia tem de manipular emoções e sentimentos de uma porção em particular da sociedade. "Não pode haver dúvida quanto ao profundo sofrimento sentido por algumas pessoas", disse um estudo acadêmico. "Mas esse foi o sentimento de uma minoria com grande poder de expressão, e não uma reação do país inteiro. Muitos achavam que, embora a morte de Diana tenha sido um evento muito trágico, especialmente para os dois meninos, eles não podiam sofrer por alguém que não conheciam. E não conseguiam compreender como outras pessoas podiam sentir um sofrimento profundo por uma mulher que, na verdade, era uma estranha, e não uma amiga." O estudo acrescenta: "A maior parte do país não sofreu com a morte de Diana e não conseguiu se identificar com a reação que viam nos outros. Mas a intolerância em relação aos pontos de vista alternativos significou que só depois de setembro de 1997 foi que as pessoas se sentiram capazes de dizer isso".

Contudo, mesmo que o sentimento de perda por Diana não tenha sido tão universal e profundo quanto a mídia fez parecer, a *natureza* de sua morte é um tópico que continuou gerando muito debate. O motorista do carro, Henri Paul, estava bêbado, e Diana não estava usando cinto de segurança. Além disso, também foi revelado que, enquanto ela estava presa e semiconsciente nas ferragens do carro, os *paparazzi* que a vinham seguindo em uma perseguição em alta velocidade se aglomeraram a sua volta para tirar fotografias. Foi esse o aspecto enfatizado pelo irmão de Diana, Earl Spencer, no discurso que ele fez no funeral, no qual afirmou que sua irmã havia sido "a mulher mais perseguida da idade moderna".

Nesse aspecto, a letra original de "Candle In The Wind" era mais apropriada do que a versão adaptada. Na nova versão, Taupin usou uma linguagem romântica: *"You called out to our country/ And you whispered to those in pain/ Now you belong to heaven/ And the stars spell out your name"*. A versão de 1973, por outro lado, possuía rimas muito mais apropriadas tanto à vida quanto à morte de Diana: *"Never knowing who to cling to/ When the rain set in'* podia ser uma referência à busca de Diana pelo amor, enquanto *"They set you on the treadmill/ And they made you change your name"* podia se aplicar à sua transição de figura privada para figura pública. *"Loneliness was tough/ The toughest role you ever played"* era uma descrição precisa da mulher emocionalmente perturbada, enquanto *"Even when you died/ Oh, the press still hounded you"* [1] pareceria um epitáfio. Reescrever a música parece mais ter sido um ato de protocolo para torná-la menos controversa.

"Havia alguns versos muito bons naquela letra, um deles comparável a Blake", foi como o locutor e escritor Spencer Leigh resumiu o tributo. "Não achei que ficou tão ruim quanto algumas pessoas disseram. Na verdade, acho que deve ter sido muito difícil para Elton John, tendo cantado uma letra durante toda a vida e de repente tendo de cantar outra sob aquelas circunstâncias. Deve ter sido terrivelmente difícil, pior do que cantar uma música nova, pois há o risco de você cantar o verso errado."

Surpreendentemente, a nova versão de "Candle In The Wind" de Bernie surgiu por acidente. Depois de ter sido convidado pelo Palácio de Buckingham para cantar no funeral, Elton ligara para Bernie para dizer que as estações de rádio vinham tocando "Candle In The Wind" como uma homenagem a Diana. "E ele disse: 'Vamos reescrever a letra de 'Candle In The Wind', ou ao menos de parte dela'", Bernie confessou. "O que ele realmente queria dizer, eu soube mais tarde, era: 'Podemos escrever algo novo parecido com 'Candle In The Wind'?' Eu entendi tudo errado no telefonema." Taupin sentiu-se bastante pressionado a produzir algo satisfatório: "Minha reação foi como se alguém houvesse colocado a mão no meu coração e o estivesse apertando, porque tive uma sensação imediata de pressão intensa".

Depois do funeral, Elton gravou a nova versão, produzida pelo lendário produtor *sir* George Martin. Lançado como "Candle In The Wind 1997", o compacto foi um lado A duplo com "Something About The Way You Look Tonight", uma balada do seu novo álbum, *The Big Picture*. Em uma combinação

---

1. Na sequência: "Você convocou nosso país/ E sussurrou para aqueles que sofriam/ Agora você pertence ao céu/ E as estrelas dizem seu nome"; "Nunca sabendo a quem se agarrar/ Quando a chuva caía"; "Colocaram--na em uma esteira/ E a fizeram mudar seu nome"; "A solidão era dura/ O papel mais duro que você interpretou"; "Até quando você morreu/ Oh, a imprensa ainda a perseguiu". (N. da T.)

sentimental e um tanto clichê, contudo, de maneira consciente ou não, o público deixou de lado qualquer julgamento em relação à qualidade e comprou milhões de cópias. Keith Richards, dos Rolling Stones, fez um comentário afiado sobre Elton ter feito fama "escrevendo músicas para loiras mortas", o que levou Elton a retaliar: "Ele é tão patético, coitado. Parece um macaco com artrite tentando parecer jovem no palco".

Em um jornal de qualidade comprovada, um jornalista reescreveu a letra da seguinte forma: "*Now it seems to me, you lived your life/ Singing songs best in the bin/ Your talent burned out long before/ Your legend ever did*" [2]. Emma Forrest, do *Guardian*, chamou-a de "luto de *drive-thru*: 'Seus passos pelas montanhas mais verdes da Inglaterra...' calçando saltos de Versace? Diana estava sempre em Londres. Ela detestava o campo. Do que você está falando, Elton?".

O problema para Elton, é claro, era evitar acusações de estar ganhando dinheiro à custa das circunstâncias. Com o lançamento de um novo álbum previsto para setembro, ele se encontrava, como John Pareles, do *New York Times*, colocou, "na estranha posição de tentar não lucrar com a melhor exposição pela mídia que teve na última década". Havia outra fonte de irritação para Elton na formidável figura do empreendedor Richard Branson. Branson não era apenas uma das poucas pessoas no mundo que, como Elton, contava seu dinheiro miúdo em milhões, mas também era um amigo íntimo da princesa e tivera grande papel na mobilização da indústria musical para apoiar sua ideia de um tributo em CD. De acordo com a biógrafa Judy Parkinson, Branson acusou Elton de a princípio ter doado a canção ao álbum e depois mudado de ideia. Elton contra--argumentou que os dois projetos podiam perfeitamente coexistir e vender zilhões em nome de Diana, acrescentando que seria injusto esperar que o público pagasse duas vezes por "Candle In The Wind 1997", uma pelo compacto e outra pela faixa do CD. Para reforçar suas honoráveis intenções, Elton recusou-se a permitir que qualquer imagem sua fosse usada no vídeo que acompanhou o lançamento do compacto.

No final, tudo acabou bem. Em janeiro de 1998, de acordo com relatos, o CD *The Diana Princess Of Wales Tribute* havia arrecadado 40 milhões de libras. No final de 1997, Elton doou um cheque de 20 milhões de libras ao fundo memorial aberto para celebrar a vida da princesa. "Candle In The Wind 1997", por sua vez, tornou-se o compacto mais vendido de todos os tempos. Na primeira manhã do seu lançamento, ele vendeu 250 mil cópias só no Reino Unido. No Canadá, ficou 45 semanas no primeiro lugar das paradas e passou três anos no Top 20. No final de 1997, ele já havia vendido 33 milhões de cópias no mundo inteiro.

---

2. "Parece-me que você viveu sua vida/ Cantando músicas que mereciam a lata de lixo/ Seu talento queimou muito antes/ Que a sua lenda." (N. da T.)

Até mesmo o governo colaborou. Em 1984, a então primeira-ministra Margaret Thatcher inicialmente se recusara a promover as vendas do compacto para a caridade do Band Aid "Do They Know it's Christmas?" pela remoção do Imposto Sobre o Valor Agregado, mas depois mudou de ideia para o prazer do público. Em 1997, o chanceler do Trabalho Gordon Brown concordou em remover o IVA para a venda do disco em homenagem a Diana, o que resultou na perda de 2,5 milhões de libras ao Tesouro apenas na primeira onda de vendas. Em fevereiro de 1998, a letra de Bernie escrita à mão foi arrematada por quase 280 mil libras em um leilão beneficente da Christie's. Foi o preço mais alto já pago pelo manuscrito de uma letra pop.

No final de 1998, estimou-se que o compacto havia vendido 4,8 milhões de cópias no Reino Unido, ofuscando os 3,5 milhões de cópias do maior campeão de vendas anterior do Reino Unido, "Do They Know It's Christmas". Em terceiro lugar, com apenas 2,5 milhões, estava "Bohemian Rhapsody", do Queen. "Sim, ele vendeu mais até do que 'The Macarena'", Elton brincou com sua banda depois de ter ouvido a notícia de que seu compacto havia se tornado o maior campeão de vendas de todos os tempos. No final, Elton até mesmo se cansou da música, percebendo que ela havia sido prejudicada pela superexposição: "É o tipo de música que, eu não sei, as pessoas devem dizer que ficariam muito, muito felizes se não a ouvissem nunca mais". "A única chance de eu algum dia cantá-la outra vez é se as crianças [os príncipes William e Harry] me pedirem", ele acrescentou. "De outra forma, seria completamente inapropriado."

Não obstante, a verdade é que Diana e Elton foram genuinamente amigos íntimos por muitos anos. Embora sua banda favorita fosse o Duran Duran, Diana obviamente gostava muito de Elton. "Your Song" era uma das suas músicas favoritas, e Elton diria que o verso *"Yours are the sweetest eyes"* [3] sempre lhe fazia lembrar dela. "Acho que seu maior atributo físico eram aqueles olhos. Eles flertavam com você; eles eram tristes e ao mesmo tempo riam. Ela tinha aqueles olhos lindos. Acabei conhecendo-a muito bem, e é claro que também tínhamos muitas coisas em comum. Para começar, nós dois tínhamos bulimia, nossos casamentos haviam fracassado e tínhamos grande interesse pela aids. Você podia falar sobre essas e outras questões com ela de uma forma que provavelmente não é possível com qualquer outro membro da família real. É por isso que ela era uma pessoa tão especial."

Diana também conheceu a banda de Elton. Charlie Morgan lembra-se de um comentário em particular. "Eu estava usando pontos de ouvido", ele se recorda. "Eles eram de uma cor rosada parecida com a da pele, e haviam sido feitos especialmente para o meu ouvido. Eu estava com eles na mão, e Diana olhou-os

---

3. "Você tem o olhar mais adorável que já vi." (N. da T.)

e disse: 'Deus do céu, o que é isso? Não posso dizer com o que eles se parecem'. É claro que ela achava que eles pareciam fetos."

Elton, sendo como era, estava sempre brigando e fazendo as pazes com os amigos. Por curto período, o relacionamento entre ele e Diana também ficara estremecido: "Tivemos uma briga pouco antes, bem, mais ou menos um ano antes de ela morrer, por qualquer coisa, entende? Nós dois éramos muito teimosos. Foi um dos lances beneficentes dela que eu havia organizado, e ela saiu fora. Não fiquei feliz com aquilo e deixei claro para ela. E ela me escreveu uma carta muito sucinta".

Na verdade, Diana e Elton haviam feito as pazes em julho de 1997. Fora necessário que um dos amigos mais íntimos de Elton morresse para que os dois se reaproximassem. Na cerimônia realizada em memória de Gianni Versace, que havia sido morto a tiros em frente a sua casa no dia 15 de julho, o mundo viu Elton tomado pelo pesar sendo consolado por Diana. "*He shone so bright with a lust for life/ Like the Sun King that he was*"[4], Elton cantaria quase uma década depois em "Blues Never Fade Away". "Só quando Gianni Versace foi assassinado é que Diana e eu conversamos por telefone e vimos o quão estúpido aquilo era", revelou Elton. "Não estávamos nos falando, você sabe. É uma daquelas coisas que os amigos fazem às vezes. Entende? Somos muito orgulhosos para pegar o telefone."

Versace e Elton também eram grandes amigos. Eles se falavam duas, e às vezes até três, vezes por semana, e brincavam se cumprimentando como "cadela". "Ele era como uma alma gêmea, verdade, alguém mais ou menos da mesma idade que eu", Elton diria. "Completamente obsessivo, meio louco, sempre querendo mudar as coisas, aprender coisas novas. Ele me ensinou tanto sobre arte [e] arquitetura. Se estávamos em Veneza, ele me levava a cada igreja. Você nunca ficava entediado com ele." Entretanto, o relacionamento não era sexual. Versace tinha um relacionamento estável havia muito tempo com Antonio D'Amico. "Ele era como um irmão, sério", disse Elton. "Éramos muito parecidos. Ambos éramos impulsivos. Ambos amávamos a vida. Ambos amávamos fazer compras."

O ano que culminaria em um verão de tragédias havia começado com estilo frívolo. Elton iniciou 1997 com um trabalho de modelo. Em uma série de fotos bastante bizarras, e, alguns diriam, até perturbadoras, ele empertigou-se e fez biquinho com um vestido de Versace, com maquiagem pesada e um penteado estilo Shirley MacLaine. A manchete do *Sunday Times* dizia: "Olá, Gordinha. Revelação: A Nova Supermodelo de Versace".

Mas seria em março que Elton ganharia as manchetes com o traje mais admirável de toda a sua carreira. Para a sua festa de aniversário de cinquenta anos, ele decidiu voltar ao século XVIII. Com uma peruca prateada de 1 metro

---

4. "Ele brilhava tanto com seu amor pela vida/ Como o Rei Sol que ele era." (N. da T.)

de altura e uma cauda de plumas de 4,5 metros, sua fantasia incrível teria deixado até mesmo o Rei Sol para trás: "O aniversário de cinquenta anos dele foi uma festa a fantasia. Brian May fantasiou-se de Dame Edna, Davey Johnstone foi de pirata, e a mãe de Elton, Sheila, foi como a rainha. Havia uma entrada gigantesca com um tapete vermelho, e o local era muito elegante. Elton estava com uma peruca gigante e um galeão no topo que soltava fumaça pelos canhões".

"Chegou o momento em que ele deveria fazer uma grande entrada e ele não estava lá. Lembro-me de perguntar ao seu relações-públicas, Bob Halley, onde ele estava, e ele simplesmente me olhou com cara de 'Nem pergunte, a coisa está preta'. Como a peruca era muito grande, Elton não conseguiu entrar em um veículo normal e teve de ir de caminhão. Ele o decorou como uma sala do trono e mandou colocar dois tronos dentro, um para si e outro para David, mas ele não tinha nenhuma janela. O caminhão ficou preso por 45 minutos ou uma hora no trânsito com Elton e sua peruca de 22 quilos. Não havia nada que ele pudesse fazer. Então, quando chegou à festa, estava com muito calor, suando e de mau humor. Ele fez uma entrada rápida, tirou a peruca e passou o resto da festa com uma peruca menor."

De acordo com relatos, Elton gastou 120 mil libras no bufê da festa, incluindo 6 mil libras só no bolo. Depois, ele doou sua fantasia para a caridade. Elton obviamente ganhou presentes incomuns de seus amigos celebridades para combinar com a festa. Elton dera um andador Zimmer no 50º aniversário de Rod Stewart, dezoito meses antes, e Rod retaliou à altura: "Ele me mandou um daqueles antigos secadores de cabelo femininos em que se senta embaixo com a mensagem: 'A única coisa que esqueci de comprar foi o cabelo para acompanhar o presente'. É como o relacionamento de Joan Crawford e Bette Davis. Rod nunca perdeu seu humor negro inglês, e é por isso que o adoro".

Os fãs também fizeram fila para homenagear Elton. Uma semana depois de seu 50º aniversário, Elton conheceu Stephan Heimbecher, que em maio de 1988 fundou o Rocket Fan, um fã-clube de Elton John que, sob o nome de Hercules, se tornaria o maior do mundo. "Demos o nome dele e de Bernie a uma estrela", diz Heimbecher. "Era uma das últimas estrelas visíveis a olho nu da Terra que ainda não tinham nome. Agora ela se chama 'Elton Hercules John e Bernie Taupin'. Também o presenteei com um livro com capa de couro cheio de mensagens, desenhos, fotos e beijos de trezentos fãs do mundo inteiro. Ele me pareceu genuinamente comovido por seus fãs terem pensado nele."

Elton gravou outro álbum de estúdio em 1997, *The Big Picture*, em que ele voltou a trabalhar com Chris Thomas depois de cinco anos. Seu cocriador, Bennie Taupin, não ficou muito satisfeito com o álbum: "A produção é extremamente fria e técnica", foi sua avaliação. "É um álbum sombrio, introspectivo e centrado em baladas", diz Charlie Morgan, que também trabalhou nessa gravação. "Mas as progressões de acordes de algumas faixas são inovadoras. 'The River Can Bend' foi uma melodia inspirada pelo gospel, enquanto 'Love's Got A Lot To Answer For' é muito sarcástica."

"'Live Like Horses', o dueto com Pavarotti, originalmente seria uma faixa de *Made In England*. A música tinha uma excelente letra de Bernie sobre a morte de seu pai e sobre como ele fora libertado das algemas da vida. Bernie tinha algo consistente para morder, e a morte de seu pai durante *Made In England* foi um verdadeiro catalisador. O problema era que muitas faixas lentas já haviam sido selecionadas para a lista final do álbum, e o compacto principal, 'Something About The Way You Look Tonight', era o Elton de sempre."

"Lembro-me de que, sempre que Elton estava compondo músicas, em algum lugar da música havia uma mudança de acorde que parecia uma marca registrada de Elton John", diz John Jorgenson. "Ele tentava outros acordes para procurar sair um pouco daquele som. Mas no final do dia sempre voltava ao primeiro. Era muito interessante vê-lo passar por esse processo: ele não pegava o que aparecia. Antes, ele tentava tudo."

"Elton compunha várias músicas ao som de um *loop* de bateria", diz Jorgenson. "Ele pedia a Charlie que lhe desse um *loop* em certo ritmo e trabalhava com base nele. Davey e eu fizemos muitas de nossas partes de guitarra juntos, porque Chris era tão exigente que nos sentíamos melhor trabalhando desse jeito. Ele podia ser intimidante."

Thomas também achou que seria uma boa ideia desafiar Elton. "Lembro-me de que Chris Thomas teve a ousadia de comentar sobre algo como ele estar abaixo dos padrões, o que fez Elton sair furioso do estúdio", conta Morgan. "Chrissie Hynde estava no estúdio ao lado, e Elton esbarrou nela e quase a fez bater na parede, gritando: 'Ele não só é um maldito canalha mas também é surdo'. E Chrissie olhou pra mim como se quisesse dizer: 'Ah, bem, então nada mudou', e voltou para dentro do estúdio."

Como tantos dos álbuns dos anos 1980 e 1990 de Elton, *The Big Picture* recebeu críticas variadas e teve um número de vendas aceitável para o porte de Elton. Ele foi lançado no mesmo mês que o álbum de Bob Dylan *Time Out Of Mind*. Enquanto o disco de Dylan foi celebrado como um grande retorno à forma e recebeu um grande espaço nas colunas, o último trabalho de Elton não conseguiu impressionar, foi considerado *apenas mais um* álbum de Elton John. Simplesmente não havia grandes novidades. Seguindo a tradição de sua crítica de duas estrelas, Robert Yates escreveu na *Q*: "O álbum oferece a mesma coisa que outros que o precederam e outros que o sucederão: baladas com um toque de hino... Embora o álbum aqui e ali ofereça um som agradável, com letras com um toque banal ou sentimental, bem, isso também faz parte do pacote, e sem dúvida vai agradar".

Elton embarcou em uma grande turnê mundial para promover o novo disco. Apesar de o álbum propriamente dito não ter conseguido emplacar nenhuma faixa clássica de Elton, seus fãs ainda assim prestigiaram a turnê com um fervor renovado. "Os concertos realizados depois da morte de Diana adquiriram um nível completamente novo no que diz respeito à reação do público", diz Jorgenson. "Ela fez o público perceber o tesouro que Elton era e que não deveriam subestimá-lo. Lembro-me de ter dito a Davey: 'Essas plateias são simplesmente explosivas. Essa foi mais intensa que as dos anos 1970?' Davey respondeu: 'Não, essa teve mais a ver com a vida'. Durante o show, Elton fez um *cover* de 'Sand And Water', de Beth Nielsen Chapman, pois ela dizia tudo que ele queria dizer a Gianni e Di."

Se as plateias adoraram como sempre, isso não pode ser dito a respeito de alguns dos críticos. Barbara Ellen, do *Observer*, por exemplo: "Ou Deus me confundiu com uma pulga quando distribuiu a capacidade de manter a atenção ou o show de 25 músicas de Elton John no Glasgow Scottish Exhibition Centre foi longo demais. Quando chegamos à metade, comecei a desejar ter levado um novelo de tricô ou um grande quebra-cabeça. Quando o show chegava ao final, outro dos monumentais solos de Elton diminuiu mais ainda a minha capacidade de resistência, tive de fazer um esforço consciente para não subir no meu assento e acenar uma bandeira branca. É claro que Elton John é um grande talento, com um grande catálogo para cobrir, mas isso não significa que seus *sets* têm de ser mais longos que a puberdade dos Hanson juntos. Pensei que essa turnê deveria marcar o Natal, e não uma vida inteira".

No final de 1997, foi anunciado na lista de honrarias do Ano-Novo que Elton seria ordenado cavaleiro. A honra veio apenas dois anos depois de ele ter recebido um CBE (*Commander of The British Empire* – Comandante do Império Britânico). Oficialmente, sua ordem de cavaleiro foi concedida "pelos serviços prestados à música e pelas obras beneficentes", embora os detratores de Elton não tenham deixado de apontar a proximidade entre a concessão da ordem e o papel que ele tivera na homenagem a Diana, princesa de Gales, anos antes. De acordo com David Bourke, especialista em anagramas relacionados a Elton, um dos anagramas de Reginald Kenneth Dwight é incrivelmente apropriado: "*The weird England knight*" [O esquisito cavaleiro da Inglaterra]. "De vez em quando trocamos emails – 'Querido *sir* Elton... com amor, *sir* Tim'", diz *sir* Tim Rice. "Às vezes fico impressionado com o fato de algumas pessoas aceitarem prêmios do *showbiz* com satisfação ao mesmo tempo que não querem receber um do seu país. Do meu ponto de vista, ambos são igualmente válidos, ou igualmente inválidos. 'Não aceitei' parece mais arrogante que aceitar. Na verdade, não acho que deveríamos poder dispensá-los. Você deveria recebê-lo, e se decidisse não usá-los, problema seu."

O grande sucesso de *O rei leão* significava que Elton havia se tornado um dos poucos roqueiros a fazer a transição para compor para o cinema e para o teatro. Mais tarde nos anos 1990, Elton colaboraria com Tim Rice na versão para os palcos de *Aida* e em outro filme da Disney, *O caminho para El Dorado*. "Acho que os filmes da Disney trouxeram muitos desafios novos para Elton", diz o escritor e locutor Spencer Leigh. "Elton e Tim tinham de escrever uma música antes de a animação estar pronta e tinham de produzir algo que se encaixasse com o enredo. E mais tarde a forma como fizeram *O rei leão* nos palcos foi simplesmente brilhante."

Aida recebeu um Prêmio Tony por melhor trilha sonora; ficou quatro anos em cartaz na Broadway e foi encenada em quase toda parte do mundo, menos no Reino Unido. "O espetáculo se saiu bem", confirma Rice. "Não fez tanto sucesso quanto coisas como *O fantasma da ópera* ou *Evita*, mas foi um grande sucesso, e Elton compôs uma bela trilha. Ela contém uma ou duas das minhas músicas favoritas de Elton. Acho que 'Elaborate Lives' é tão boa quanto 'Can You Feel The Love Tonight?'. Também há uma música chamada 'Not Me' que acho incrível."

Sir Tim, por outro lado, não ficou tão satisfeito com o CD de 1999 *Elton John And Tim Rice's Aida*, gravado por uma variedade de talentos que ia de Sting às Spice Girls. "Não acho que esse álbum em particular tenha sido um sucesso. Não foi feito com muito critério. Teve bastante prestígio, mas não se saiu tão bem. O álbum da trilha sonora era muito melhor e ganhou um disco de ouro. O problema do primeiro álbum era que nenhum dos intérpretes sabia do que o projeto tratava. Eles o gravaram como um favor a Elton, e um ou dois erraram a letra. Na faixa de Tina Turner, alguns versos ficaram completamente sem sentido. Pensei: 'Por que você simplesmente não consegue acertar a letra?'."

Durante os três anos que se seguiram, Elton passou por um período em que sua carreira musical parecia quase sem vida. Como sempre, ele faria várias apresentações ao vivo, mas a mídia falava sobre tudo, menos sobre sua música. Por exemplo, em julho de 1998, o *Tatler* realizou uma pesquisa que concluiu que, supondo uma lista classificatória de convidados, *sir* Elton John seria o convidado mais requisitado para festas na Inglaterra. "Ele ficou no topo da lista porque alcança muitos mundos diferentes – o futebol, o pop, a moda, o cinema, as compras", eles concluíram.

As apresentações de Elton, contudo, nunca caíram em qualidade profissional. Em janeiro e fevereiro de 1998, a turnê *The Big Picture* foi para os Estados Unidos, em seguida Elton fez uma série de concertos com Billy Joel na Austrália, na Nova Zelândia e no Japão. Elton cantava uma versão de "Uptown Girl", enquanto Joel tocava "Your Song". A turnê de *The Big Picture* voltou aos Estados Unidos em abril e maio, e depois disso problemas de saúde levaram Billy Joel a cancelar algumas apresentações no verão. Em agosto e outubro, eles voltaram à Austrália. No final de 1998, *The Big Picture* tornou-se o 21º disco de platina da carreira de Elton. Ele havia vendido um total de 60,6 milhões de álbuns nos Estados Unidos, e encontrava-se logo à frente de Billy Joel, com 60 milhões, mas ainda atrás do astro country Garth Brooks, o artista que vendeu mais álbuns em todos os tempos nos Estados Unidos, com 81 milhões de cópias vendidas.

Enquanto isso, Elton continuava envolvido com o Watford FC. Ele havia comprado o clube pela segunda vez, nomeado Graham Taylor diretor de futebol em 1996 (após o decepcionante desempenho como técnico da Inglaterra) e tornado-o técnico outra vez um ano depois. O avanço progressivo do clube até a Primeira Divisão significou seu retorno ao páreo para a temporada de 1999--2000. Entretanto, apesar de um primeiro resultado importante para o moral do time ao derrotarem o Liverpool em Anfield, a temporada acabou sendo uma decepção, e o time se viu relegado ao final da liga. Depois de alcançar apenas a nona posição no campeonato da temporada seguinte, Taylor anunciou sua aposentadoria. Seu sucessor, o antigo técnico da Itália e do Chelsea, Gianluca Vialli, foi uma grande aposta que também não conseguiu levar o time de volta à Primeira Divisão.

Enquanto Elton e Graham Taylor continuam próximos, seu relacionamento com o antigo sócio nos negócios (e, é claro, ex-amante) John Reid não resistiu à prova do tempo. Na verdade, os dois romperam abertamente com toda a cobertura da mídia. O homem que derrubou John Reid foi Benjamin Pell. Apelidado de "Benjy, o gari" pelo *Private Eye*, Pell costumava fazer incursões às latas de lixo dos ricos, famosos e poderosos para descobrir documentos de natureza particular e delicada e depois vendê-los para a imprensa. Ele era um homem que sofria de transtorno obsessivo-compulsivo (TOC), que durante um curto período fora um homem de sucesso e cujo comportamento, de acordo com relatos, era resultado do fracasso inesperado em sua prova final para se formar em direito, uma rejeição que ele nunca conseguiu superar. Sua missão parecia ser causar o máximo de sofrimento para os ricos e famosos. "Arruinei a vida dele", Pell diria mais tarde sobre John Reid.

O biógrafo não autorizado de Pell, Mark Watts, refere-se a ele como um "homem bizarro, surreal": "Pell de fato vê a si mesmo como alguém que foi injustiçado pelo mundo, e vê qualquer vitória contra as pessoas que − por serem bem-sucedidas, famosas ou poderosas − personificam o mundo como justiça para si mesmo. Reid não fez nada contra Pell, mas, para Pell, ele representava um meio de ganhar dinheiro e de se imiscuir na vida das celebridades. Assim, sua atitude parecia legítima e justa, e, segundo a (i)lógica talmúdica de Pell, arruinar Reid era uma vingança por seu gênio nunca ter sido reconhecido e uma compensação pela injustiça cometida pelo mundo contra ele".

Pell tinha a posse de uma carta dos auditores de Elton, Price Waterhouse, de 7 de janeiro de 1998. A carta, publicada pelo *Mirror* no dia 26 de janeiro, causou grande constrangimento a Elton, já que declarava que "a margem disponível" em seu fluxo financeiro acabaria em abril. Aparentemente, apesar de sua fortuna e da massiva renda anual, os gastos pessoais de Elton haviam alcançado uma escala tão absurda que corriam o risco de esgotar seus recursos financeiros. Reid estava nos Estados Unidos quando o *Mirror* publicou o artigo: "£ 527.859 Em Um Dia", dizia a manchete, tornando os gastos financeiros de Elton um assunto público.

Elton reagiu imediatamente. Ele telefonou para Reid e furioso exigiu saber quem havia vendido a história ao *Mirror*. Reid deu início a uma investigação, mas deu-se conta da gravidade da irritação de Elton. Ele ligou para seu terapeuta, Beechy Colclough, de sua casa em Manhattan, e disse: "Isso pode me custar Elton". Quando o culpado foi encontrado, John Reid entrou com uma ordem judicial contra Pell e abriu um processo contra o *Mirror* e o agente publicitário Max Clifford, que vendera a história de Pell ao jornal. Uma auditoria do império de Elton foi iniciada para identificar para onde o dinheiro estava indo. A auditoria, conduzida pela KPMG, revelou um déficit de 20 milhões de libras.

Elton também reagiu com fúria quando os jornais noticiaram que havia sido forçado a pedir um empréstimo de 25 milhões de libras. Ele respondeu com a alegação de que precisara do empréstimo para financiar a reaquisição dos direitos autorais das músicas que ele havia composto com Bernie de 1969 a 1973 da PolyGram, observando que os financistas não emprestavam somas tão grandes de dinheiro a pessoas falidas. Ele parecia achar uma afronta a mera ideia de que o público podia estar pensando que ele tinha problemas financeiros.

Para John Reid, foi um período difícil tanto profissional quanto pessoalmente. Em fevereiro, sua mãe havia morrido. Seu grande amigo da época da Rocket, David Croker, morreu de infarto com apenas 48 anos. E então, no dia 11 de maio de 1998, Elton o demitiu. Ele teve de dispensar vinte membros da equipe da John Reid Enterprises. "Foi o dia mais triste da minha vida", ele admitiu. "Nunca pensei que aquilo pudesse acontecer comigo, mas aconteceu."

"Sempre me dei bem com John Reid", diz Charlie Morgan. "Eu diria que isso provavelmente contou contra mim, pois logo depois que ele foi demitido, me informaram que meus serviços não eram mais necessários, e que a razão da minha partida era que o meu desempenho havia caído, o que não era verdade. John Reid havia colocado Andrew Haydon no comando da John Reid Enterprises. Eu nunca confiei nele; ele estava sempre tentando reduzir o meu salário. Reid, tenho de reconhecer, basicamente disse: 'Sim, eu tomei uma péssima decisão ao entregar as rédeas a Andrew Haydon, admito, mas quero resolver isso de verdade'. Elton respondeu: 'Tarde demais, você está demitido'."

"Reid ficou muito, muito mal na época. Eu fiz saber publicamente que achava que Elton não havia dado todas as chances que o homem que mantivera sua carreira viva por quase três décadas, inclusive tendo-a ressuscitado no início da década de 1990 ao colocá-lo na trilha sonora de *O rei leão*, merecia. Adoro John. Acho que ele também teve de lutar contra as drogas durante certos períodos, e passou por coisas muito difíceis com Elton. É claro que ele é um homem de temperamento difícil, mas acho que o fizeram de bode expiatório."

"Acho que ele passou os anos 1990 tentando resolver seus problemas e estava se tornando uma pessoa melhor, e embora tivesse um passado cheio de altos e baixos, eu realmente acho que ele estava consertando as coisas. Então, isso acontece com ele no final dos anos 1990, e foi um golpe muito grande. Além disso, a verdade é que Elton não sabia nada sobre suas finanças. Ele queria ir de um lado para outro fazendo suas apresentações e gastando dinheiro enquanto outra pessoa resolvia tudo pra ele. O problema era que o único envolvimento que ele queria ter em seus assuntos fiscais era na hora de gastar."

Reid fez um acordo com Elton fora dos tribunais de US$ 5 milhões, mas Elton foi mais longe em sua ação contra Haydon e a Price Waterhouse pelo suposto sumiço de 20 milhões de libras. Ele também os acusou de quebra de confiança, quebra de contrato e negligência. O ponto central do conflito era decidir se as custas cobradas das companhias citadas na ação – a Happenstance Limited, a William A Bong Limited e a J Bondi Limited – deveriam ser, por outro lado, cobertas pela John Reid Enterprises. Elton afirmou que, na verdade, estavam sendo cobradas duas vezes, e que suas companhias não tinham de arcar com as despesas de turnê. Haydon contra-argumentou que essa era uma prática comum na indústria do entretenimento.

Um acordo informal havia sido feito em 1984 entre Elton e John Reid pelo qual as comissões de Reid seriam aumentadas desde que ele assumisse um controle maior sobre todos os aspectos das finanças de Elton. Elton declarou que ele se lembrava claramente (embora não existisse nenhum registro escrito ou gravado da discussão dos dois) de que Reid concordara em arcar com todas as despesas com turnês fora do continente. Quando ele descobriu que as despesas de turnês internacionais haviam sido cobradas de suas próprias companhias, Elton interpretou isso como má-fé, embora Reid negue que tenha entrado em um acordo verbal com ele segundo o qual seria o responsável pelas despesas de turnês que não fossem da sua própria companhia. Durante a audiência, houve um ponto em que Elton perdeu o controle e indagou: "Por que alguém que tem uma ficha criminal seria incapaz de fazer algo assim?". Ele se desculpou de imediato e retirou a calúnia contra o caráter de Reid.

Elton ainda passaria por mais constrangimento. Ao longo do julgamento, a exorbitância ridícula dos seus gastos tornou-se cada vez mais evidente, fazendo a felicidade da imprensa. Revelou-se que entre 1996 e 1997 ele havia gastado 40 milhões de libras, incluindo 293 mil libras só em flores e 250 mil libras em apenas uma visita a uma loja de Versace.

Elton perdeu o caso no tribunal. O resultado do julgamento de 11 de abril de 2001 foi contrário a suas alegações, e, de acordo com as notícias, ele teve de pagar cerca de 8 milhões de libras em custas judiciais. O direito de apelação também foi negado. Valeu a pena? Afinal de contas, 20 milhões de libras eram dinheiro miúdo para Elton. Do ponto de vista dele, houvera uma quebra de confiança, e ele queria uma prova pública da injustiça que havia sido cometida contra ele. Elton não conseguiu.

Reid parecia totalmente traumatizado pela experiência. Seu trabalho como empresário de Michael Flatley, astro dos espetáculos *Riverdance* e *Lord Of The Dance*, também acabaria em um caso legal festejado pela imprensa em 1998. Reid diria a respeito de Elton: "Ele simplesmente decidiu me descartar – eu já havia visto ele fazer isso com outras pessoas no passado".

"John Reid e eu ainda somos bons amigos, ele tem sido fantástico para mim", diz a cantora Judie Tzuke, que passou muitos anos gravando para a Rocket Records. "Sei que ele pode ser difícil, mas todos podem. O relacionamento de Elton e John durou mais tempo que a maioria dos relacionamentos entre empresários e artistas. Acho que é uma pena eles não serem mais amigos." Reid, por sua vez, deixou claro que havia deixado o trabalho como empresário de astros do rock definitivamente: "Eu não voltaria a ser empresário nem se Elvis e Jesus voltassem".

Elton podia ter vencido o vício em cocaína, o alcoolismo e a bulimia no início da década de 1990, mas as compras continuaram sendo um vício que ele nunca conseguiu – ou, pode-se dizer, nunca tentou – combater. "Para Elton, quando as coisas ficam difíceis, a solução é ir às compras", diz um amigo íntimo. "Sou viciado em comprar uma propriedade, modelá-la e depois comprar outra", Elton admitiu em 1998. "Minha mãe sempre quis que eu colocasse meu dinheiro em tijolos e cimento em vez de enfiá-lo no meu nariz."

Quando se é dono de uma fortuna quase infinita, o dinheiro deixa de ser destinado ao pagamento das contas e simplesmente se torna como o dinheiro do jogo Banco Imobiliário, que os jogadores gastam apenas como lhes apraz. Menos louvável, a acumulação de bens de consumo, de CDs a sapatos, de obras de arte a ternos, dá a impressão ao menos de alguém que está um pouco fora de controle. Da mesma forma que costumava se esbaldar com sorvete e mariscos, ao longo dos anos Elton desenvolveu o que podemos chamar de "Bulimia em Atacado".

Um aspecto da vida particular de Elton tem sido a acumulação de riqueza em forma de bens de consumo seguida de uma limpeza, quando grandes quantidades de seus bens são vendidos, leiloados ou doados. Com o tempo, ele volta a sentir-se disposto a construir outra coleção de 1 milhão de dólares que provavelmente também doará ou venderá no futuro.

"Elton é uma pessoa do tipo tudo ou nada", diz Charlie Morgan. "É o ato de comprar que lhe dá prazer. Já estive com ele na Versace de Milão e ele simplesmente limpou as prateleiras e deu seu cartão de crédito platinum – é algo que vale a pena ver. E ele compra tudo, de todos os tamanhos, para poder dar aos amigos. Ele é muito generoso. As vendedoras ficavam seguindo-o, limpando as prateleiras. Se estivéssemos em uma cidade em particular onde houvesse um artista famoso e o artista levasse seus quadros para mostrar a ele, Elton sentaria em seu camarim e diria 'Tá, vou ficar com aquele, aquele, aquele e aquele outro', apontando para três ou quatro coisas na parede; o artista daria a conta a Elton, os embrulharia e enviaria para ele."

Gary Farrow, que durante anos foi relações-públicas de Elton, lembra-se de como eram suas festas de compras na Tower Records. "Eles geralmente abriam por volta das 9:30h da manhã, e Elton chegava lá por volta das 9h para poder ter a loja toda para si. Eles provavelmente vendiam mais naquela meia hora do que no restante do dia. Elton pegava um carrinho e comprava duas cópias de tudo. Ele simplesmente ama música. Lembro-me de que uma vez ele comprou cem cópias de Craig Armstrong [compositor de músicas para filmes como *Moulin Rouge, Romeu e Julieta* e *Simplesmente amor*] só porque o adorava. Ele mandou todos para os amigos. É isso que ele faz – ele adora ajudar e estimular talentos. Ele recebeu muito pouco crédito por isso."

É claro que grande parte do que Elton gasta é para os outros, e pelo menos o público se beneficia com os rituais em que ele se esbalda em compras. Em novembro de 1997, ele abriu seu próprio brechó, chamado Out of the Closet [Fora do Armário], cujos lucros seriam revertidos para sua fundação beneficente contra a aids. Out of the Closet ficou aberto apenas dois dias, mas foi a terceira aparição do brechó; a primeira inauguração teve lugar em Londres, e a segunda em Atlanta. Nessa ocasião, ele vendeu 10 mil itens de roupas e sapatos por apenas 10% do seu preço original. Suas camisas Versace foram vendidas por 25 libras. "As pessoas [companhias] sempre nos dão coisas", ele explicou. "Acho muito interessante que, enquanto batalhamos, temos de comprar as coisas, e quando chegamos lá e podemos comprá-las, as pessoas passam a nos dar toneladas de coisas. É bom que as pessoas se beneficiem do meu vício em fazer compras e [que eu possa] arrecadar dinheiro."

Elton não mostrava muitos sinais de querer diminuir o ritmo. Em julho de 1999, contudo, ele teve um sinal de que no final das contas não era imortal. Enquanto jogava tênis em sua casa de Nice, ele sentiu-se tonto, e o primeiro diagnóstico foi uma infecção viral que havia afetado o ouvido. Ele tinha um voo marcado para Dublin e viajaria para Luttrellstown Castle a fim de cantar no casamento de David Beckham e Victoria Adams – ou, como o mundo a conhece, Posh Spice. Elton passou mal no avião, e os exames revelaram que ele estava com arritmia cardíaca e precisava de um marca-passo.

A operação, realizada no dia 9 de julho no Wellington Hospital, norte de Londres, era uma cirurgia de rotina e foi um sucesso total. Elton não precisou de anestesia geral, apenas tomou anestesia local e um tranquilizador do tipo Valium que o fez passar a maior parte da operação dormindo. "Fiquei inconsciente durante meia hora e acordei no final da cirurgia", ele disse. "Agradeço a Deus pelo sistema de saúde britânico, pois tive de fazer todo tipo de exame para descobrir qual era o problema. Pensei que tivesse tido uma insolação." Elton voltou ao trabalho no final de agosto, quando tocou em uma festa particular em Orlando, na Disney World. "Sei o que é ter cinquenta anos", ele brincou durante a festa. "Depois do mês passado, sei como é ter setenta."

Em novembro, Elton provocou uma reação atípica de fúria por parte da Associação dos Escoteiros depois de uma apresentação controversa no Royal Albert Hall, em Londres, quando se apresentou em um concerto para comemorar o décimo aniversário da associação Stonewalls pelos direitos dos *gays*. Ele cantou "In Private", de Dusty Springfield, e "It's A Sin", do Pet Shop Boys. "Alguém que não costuma cometer erros quando o assunto é prudência e bom gosto, Elton, 52, veste um terno vermelho apertado (provavelmente Versace) e é seguido no palco por uma tropa de dançarinos de aparência perigosa que vestem uniforme de escoteiro", informou Paul Clements. "As insinuações são óbvias e constrangedoras, mas dançamos conforme a música. É uma piada, certo? Assumindo o comando, os rapazes soltam os lenços, mostram o peito e, bem, se contorcem." Stonewall saiu em defesa de Elton: "Pedimos desculpas à Associação dos Escoteiros se a ofendemos, mas temos certeza de que essa não foi a intenção".

No ano 2000, Elton seguiu mantendo um ritmo inacreditável de apresentações ao vivo e fez alguns shows solo íntimos – só ele e o piano. O grande evento do ano, contudo, viria em outubro, com a gravação de uma festa de estrelas no Madison Square Garden. Intitulado *One Night Only*, na verdade a compilação foi selecionada com base em duas apresentações: "Lembro-me de que vários convidados tiveram dificuldade para chegar ao Madison Square Garden por causa do trânsito", diz John Jorgenson. "Passamos o dia inteiro ensaiando, portanto estávamos cansados antes do show. E não acho que algum de nós tenha dado o seu melhor na primeira noite. Na segunda, a energia estava melhor. Ronan Keating me pareceu muito nervoso. E parecia estranho incluí-lo, já que ele não era muito conhecido nos Estados Unidos. Anastasia era legal, mas Mary J Blige não foi muito simpática. Billy Joel estava lá, bem como Kiki Dee, uma das melhores vozes de todos os tempos."

No entanto, havia a sensação de que Elton precisava retomar o foco, dar uma virada na carreira. Sim, ele era superfamoso. Sim, ainda era uma grande atração ao vivo. Mas ele agora era mais famoso por sua fortuna do que por seus discos. Elton, com mais de 50 anos e com 35 de carreira, estava prestes a entrar em outra fase mais musical, mais criativa de sua carreira. Para Elton John, era hora de voltar ao básico.

CAPÍTULO 16

REABILITAÇÃO MUSICAL

"Who'll walk me down to church when I'm 60 years of age?/ When the ragged dog they gave me has been ten years in the grave?" *("Quem me acompanhará até a igreja quando eu tiver 60 anos de idade?/ Quando o cachorro de pelos emaranhados que me deram já estiver há dez anos enterrado?")*

"Sixty Years On"; letra: Bernie Taupin; música: Elton John

"A música tem sido como um vício para mim, mas é o único dos meus vícios que nunca me causou muitos problemas. Sempre fui completamente devotado à música."

Elton John, 2001

A música começa com uma melodia de piano no estilo Lennon, o tipo da produção com eco presente no álbum *Plastic Ono Band*, e, é claro, na balada clássica dos anos 1970 "Imagine". Contudo, quando ouvimos a voz, identificamos imediatamente que é a de Elton. Trata-se de uma versão diferente, mais velha e picada do homem em questão. Pela primeira vez em anos, não há nada que não seja essencial na produção, nenhum sintetizador melodramático, apenas uma voz, um piano e um som consistente de guitarra mais o que parece uma guitarra solo há muito perdida de George Harrison. Primal, eloquente e bela, "I Want Love" é o melhor compacto de Elton em um quarto de século. E a letra de Taupin, com sua sinceridade, honestidade e simplicidade, é perfeita para as mudanças clássicas de acordes: *I want love/ But it's impossible/ A man like me/ So irresponsible* [1].

A letra é de Bernie Taupin, mas a história é tanto a de sua vida quanto a da de Elton. Elton e Bernie já compõem juntos há 35 anos, com apenas um curto intervalo, quando a música é lançada no início do outono de 2001. Essa tem sido a dupla de compositores mais bem-sucedida e duradoura da história da música popular. E agora, com ambos na casa dos cinquenta, suas músicas, talvez compreensivelmente, tendem a olhar para trás, a avaliar, a fazer reconsiderações. "I Want Love" foi composta por um homem que se casou três vezes, para um que passou a existência inteira procurando pelo amor de sua vida e que sempre parecia lhe escapar. "Apesar de todo o sucesso", Elton disse, "acho que a única coisa que eu queria era ser amado. Eu queria alguém para me amar."

Logo a música passa a ser celebrada como um genuíno retorno. Contudo, quando ela aparece na tevê, não há sinal de Elton. É um paradoxo: exatamente no momento em que ele parece mais vivo e eminente em sua própria música, ele opta por não aparecer no clipe promocional. Seu lugar é assumido pelo ator Robert Downey Jr., uma escolha perfeita. O clipe, excelente, mostra Downey dublando as palavras de Elton enquanto anda por uma mansão deserta. Mais uma vez, a simplicidade do vídeo lembra o filme que John e Yoko fizeram para "Imagine", com Lennon sentado ao piano na casa dos dois em Ascot enquanto Yoko anda lentamente pelo cenário doméstico abrindo as cortinas e deixando a luz entrar.

Downey recentemente cumpriu sentença na prisão por ter quebrado a liberdade condicional após uma sucessão de acusações relacionadas a drogas e bebida, e teve sua vida analisada e sua personalidade dissecada publicamente. Ele está passando por um período de reabilitação da mesma forma que acontecera a Elton uma década antes e a Taupin no final dos anos 1970. A mensagem da música, sobre querer restabelecer algum tipo de contato emocional depois de um período sombrio de abusos e tumulto, parece bastante convincente.

O diretor é o artista Sam Taylor-Wood: "Foram necessárias dezesseis tomadas para fazer aquele vídeo, e usamos a última. Robert Downey Jr. é alguém incrível com quem trabalhar. Foi uma grande oportunidade de marketing para ele, pois foi a primeira coisa que fez quando saiu da reabilitação e retomou a vida. O que ele está fazendo é atuação de verdade, e não atuação de vídeo pop; quando ele tentou a primeira vez, foi como uma versão disco, braços e pernas movendo-se para todos os lados. Tive de colar as mãos dele nos bolsos com fita adesiva para que aprendesse a mantê-las para baixo".

---

1. "Quero amar/ Mas é impossível/ Um homem como eu/ Tão irresponsável." (N. da T.)

Com o passar do tempo, Elton passou a detestar fazer vídeos. Com todos os problemas relacionados a seu peso, a seu tamanho, a sua aparência e a seu cabelo, talvez o momento em que ele deixaria de fazer clipes promocionais fosse inevitável. Com a ênfase da cansativa era do ídolo pop colocada muito firmemente nos jovens bonitos, um homem de meia-idade com aparência de meia-idade seria uma imagem um tanto ridícula para ser exibida na MTV. O flexível Downey, de camiseta e aproximando-se dos quarenta anos, exibe uma quantidade de cabelos brancos suficiente para dar veracidade à ideia de experiência transmitida pela música, mas sua beleza fotogênica contém o tipo de sensualidade que Elton sabe não ter. Com a notável expressão do visivelmente idoso e debilitado Johnny Cash, que transformou o vídeo de sua incrível releitura de "Hurt", do Nine Inch Nails, em um testamento visual, os roqueiros de certa idade, como Elton, estão passando gradualmente a deixar de aparecer em seus clipes promocionais.

Isso não significa, contudo, que Elton tenha também seguido a tendência de seus contemporâneos e abandonado a ideia de produzir compactos de sucesso. Longe disso. Sua competitividade é tão forte que ele se recusa a aceitar a noção de que um homem com mais de cinquenta anos não pode conservar um lugar nas paradas de sucessos do pop. Na nova década, Elton foi à luta. "Passei algumas temporadas relegado, mas com o novo álbum acho que voltei à Primeira Divisão", ele diz ao *Mirror* em agosto de 2001. "Nunca serei o Manchester United, mas me conformo em ser a versão pop do Watford: competidores sérios jogando um futebol atraente e sensual."

* * *

Chegara a hora de encarar os fatos. A verdade brutal é que ele não gravava um clássico álbum de Elton John havia muitos, muitos anos, na verdade desde *Blue Moves*, lançado em 1976. Entre os álbuns lançados depois de 1976, houve alguns bons, e às vezes até ótimos, momentos, e a ideia de que ele se perdeu no final da década de 1970 e início da década de 1980 não corresponde à verdade. O certo é que, dos quinze álbuns lançados desde *Blue Moves*, quase todos foram em parte muito bons, mas nenhum foi inteiramente bom. Isso era algo que Elton e Bernie agora pretendiam corrigir.

Em 2000, eles tiveram uma "reunião de cúpula" na casa de Elton em Nice. Elton já havia conversado "muito francamente" com Bernie Taupin: "E eu lhe disse, e ele concordou totalmente comigo, que quando faço as coisas atualmente, as pessoas veem Elton John como alguém que é muito rico, que leva um estilo de vida muito extravagante, gasta muito em flores, fez um transplante capilar e agora um implante, é homossexual, tem uma fundação contra a aids, é presidente de um time de futebol, compôs *O rei leão* – e eles concluem: 'Ele também grava discos'. E eu pensei: 'Isso precisa mudar'. Sou uma persona maior que a vida. Mas o que me trouxe aqui foram os discos. Então... voltei ao básico". "Levamos tudo muito mais a sério; não fomos petulantes como já havíamos sido", confirmou Bernie. "Estávamos muito conscientes de que havíamos passado por um período em que não produzimos nosso melhor material."

"Bernie havia escrito uma tonelada de letras e levou algumas para Nice. Acho que a principal decisão foi que teríamos de ser muito duros conosco", Elton explicou a um jornalista. "Teríamos de traçar uma linha na areia e dizer: 'Quando o álbum for lançado, terei 54 anos. Quero fazer um álbum muito bom, perfeito! O melhor álbum que posso fazer no momento'. E acho que com esse álbum já alcançamos isso".

Com o novo álbum, *Songs From The West Coast*, Elton limpou seu som, deixando-o apenas com os elementos essenciais. As canções deveriam ser gravadas com simplicidade, com o mínimo do pó mágico da produção. Elas deviam ser bem construídas e memoráveis, com o som de uma banda ao vivo. A voz e o piano de Elton deveriam ficar em destaque. Uma das influências do novo álbum seria Ryan Adams e seu álbum *Heartbreaker*. Elton ficou impressionado com sua simplicidade. Ele também queria devolver à sua música o charme da simplicidade.

Elton tem comparado esse estilo novo, mais primal, ao seu trabalho do início dos anos 1970. Suas novas músicas inegavelmente continham muito do DNA musical dos seus discos clássicos da primeira metade dos anos 1970. Porém, estava claro que também havia algumas diferenças importantes. A voz de Elton havia mudado. Em 1971, ela era a voz de um homem jovem; em 2001, era uma voz profunda, sonora, muito mais viril.

Da mesma forma, os novos álbuns de Elton apresentavam uma reflexão madura. Havia músicas sobre relacionamentos, política, amor e morte. Três décadas antes, as músicas eram narrativas jovens sobre o Velho Oeste, ou sonhos fantásticos sobre estrelas de cinema. Ademais, o ritmo frenético de "Saturday Night's Alright For Fighting" e o pop declarado de "Daniel" já não estavam mais em evidência. A nova música de Elton lembrava muito pouco do rock ou do pop de seu trabalho inicial. Contudo, talvez o aspecto mais diferente do velho trabalho de Elton fosse a produção. O detalhismo da produção de Gus Dudgeon, a complexidade da combinação de cordas, elementos acústicos, instrumentos eletrônicos e guitarra rock havia criado uma trama sonora que nunca poderia ser repetida e foi substituída por uma simplicidade completamente apropriada.

Songs From The West Coast foi um retorno massivo à forma, um álbum excelente em sua completude, em certos momentos tão bom quanto Elton sempre fora, tão bom quanto seus melhores momentos dos anos 1970. "Admiro muito Elton por ter tomado aquela atitude e dito: 'Na verdade, os álbuns dos últimos vinte anos não foram tão bons. Vamos encarar e resolver isso'", diz o escritor Patrick Humphries. "Ele obviamente analisou o que fazia um bom álbum de Elton John, e o fato de Elton John ser capaz de fazer isso é realmente admirável. Gostaríamos que alguns de seus colegas de profissão e contemporâneos seguissem seu exemplo." "Todas as músicas foram compostas em Los Angeles, e tocadas e gravadas lá, exceto pelos vocais, que gravei na Inglaterra", disse Elton. "Chamei--o de *Songs From The West Coast* porque me pareceu apropriado. Eu nunca antes havia feito um álbum inteiro em Los Angeles. Todos que trabalharam no álbum moravam lá. Minha banda morava lá."

A atmosfera do álbum emerge logo nos primeiros dez segundos de audição. "The Emperor's New Clothes" tem início com uma clássica melodia de piano de Elton com certo toque de grandeza. O que se segue é uma sucessão de canções verdadeiramente memoráveis de Elton. A funky "Dark Diamond" contou com a participação de Stevie Wonder no *clavinet* e na gaita, enquanto "Look Ma, No Hands" tem uma melodia maravilhosa. Mas é a quarta faixa, "American Triangle", com a participação de Rufus Wainwright nos vocais, que catapultou o álbum do nível do muito bom para o do brilhante. A letra de Bernie fala sobre a morte do estudante americano de 21 anos Matthew Shepard, que morreu vítima de um ataque de cunho sexual. Shepard foi capturado e levado de carro para um local remoto, onde foi roubado, espancado, amarrado a uma cerca e deixado para morrer. Segundo as pessoas que o encontraram dezoito horas depois à beira da morte, seu rosto estava inteiramente vermelho de sangue, com exceção de duas listras brancas deixadas por suas lágrimas: *"I've seen a scarecrow wrapped in wire/ Left to die on a high ridge fence"* [2].

"Original Sin" é outra canção maravilhosa e logo se tornaria favorita para as apresentações ao vivo. "Ballad Of The Boy In The Red Shoes" é a história de Bernie sobre um dançarino de balé que, prestes a morrer de aids, reflete sobre a juventude: "Quis condenar o mais duramente possível a Casa Branca de Reagan por ter inicialmente ignorado a existência da doença e se recusado a financiar as pesquisas", disse Bernie. A conclusão emocionante do álbum, "This Train Don't Stop Anymore", pode ser considerada a melhor conclusão de todos os álbuns de Elton.

O álbum teve um sucesso bem merecido, e alcançou a segunda posição no Reino Unido, embora, não surpreendentemente, apenas a décima quinta nos Estados Unidos. O primeiro compacto, "I Want Love", alcançou o nono lugar no Reino Unido, mas foi um fracasso total nos Estados Unidos.

Para o lançamento dos dois álbuns seguintes, Elton contratou David LaChapelle para fazer os clipes. O resultado foi soberbo. Em "This Train Don't

---

2. "Vi um espantalho amarrado com arame/ Deixado para morrer em uma cerca elevada." (N. da T.)

Stop There Anymore", o Elton da década de 1970 foi interpretado de forma completamente convincente por Justin Timberlake. A câmera segue Timberlake enquanto ele anda por uma área nos bastidores minutos antes de uma apresentação, mostrando seu charme para a câmera, cumprimentando fãs e promotores de evento, recebendo um disco de ouro com um rapaz parecido com Bernie. Foi uma recriação vívida da despersonalização do astro, da tristeza por trás do sorriso.

Para o terceiro compacto, "Original Sin", Elton e Elizabeth Taylor interpretaram o papel dois pais de uma jovem preocupados com obsessão por Elton, interpretada por Mandy Moore. Em um tributo ao *Mágico de Oz*, a realização de seu sonho se dá quando ela é levada de volta no tempo pela Bruxa Boa do Norte pela estrada de tijolos amarelos a um concerto de 1976 de Elton John. Quando Elton estava prestes a subir ao palco, ela ocupa seu assento em uma plateia formada por sósias perfeitos de, entre outros, Bette Midler, Sonny e Cher, Barbra Streisand e Liza Minnelli. No final, a jovem é transportada de volta para o seu próprio mundo: como no filme, é claro que foi tudo apenas um sonho. Quando os pais da jovem a confrontam, ouve-se Elton dizer: "Afinal de contas, quem é esse Elton John? Nenhum pederasta, eu espero!". Impagável.

A capa do álbum também é uma das melhores de Elton. Elton está sentado em uma mesa de um bar de Los Angeles com uma pomba branca à esquerda. Ele parece ignorar o carro de polícia parado do lado de fora, visível através de venezianas. A polícia está procurando um homem de meia-idade com uma barbicha e óculos escuros interpretado pelo assistente pessoal de Elton, Bob Halley. O homem distinto de cabelos grisalhos que observa pela janela é Mike Hewiston, camareiro de Elton. O homem mais jovem que usa chapéu de caubói no bar é ninguém menos que o próprio David Furnish. O álbum foi dedicado a Matthew Shepard e a Oliver Johnstone, filho de nove anos de Davey Johnstone que morrera tragicamente na piscina da família.

Em 2002, o mundo de Elton John perdeu outra figura importante em circunstâncias trágicas. No dia 20 de julho daquele ano, Gus Dudgeon e sua esposa, Sheila, foram mortos em um acidente de carro na M4. Gus tinha 59 anos. "Pouco antes de morrer, Gus me contou que Elton lhe pedira para trabalhar como engenheiro de som de uma orquestra em um concerto com a Royal Opera House", conta Stuart Epps. Dudgeon foi o melhor produtor de Elton, não há dúvida. Na cerimônia realizada em sua memória na St. Andrew's Church, em Cobham, Surrey, Elton descreveu-o como: "o melhor produtor da sua geração. Ele era um homem adorável e inspirador, e entre 1970 e 1975 fizemos dezessete álbuns juntos. Não consigo me lembrar de uma época mais feliz". Depois, tocou "High Flying Bird" em sua homenagem.

Songs From The West Coast recebeu críticas positivas, e a carreira de Elton ganhou vida nova. Por fim, depois de cinco anos sendo famoso por ser famoso, ele voltava a ser famoso por ser um compositor brilhante. Não que isso o tenha impedido, é claro, de manter as atividades extramusicais, entre as quais a principal é seu trabalho incansável em projetos beneficentes.

Em julho de 1999, Elton dera início ao Baile White Tie and Tiara, evento beneficente realizado em sua casa de Woodside para apoiar a Elton John Aids Foundation. Com o objetivo de arrecadar fundos, o evento desde então tem sido realizado anualmente, e tornou-se um importante evento social do verão para os ricos e famosos. A cada ano ele tem um tema diferente, e Woodside é decorada elegantemente com motivos apropriados.

Em 2003, por exemplo, o tema foi a Rússia Imperial, e a anfitriã do evento foi a dama Judi Dench. "Sob uma marquise decorada com ouro de verdade para lembrar as cúpulas das igrejas tradicionais russas, foi servido um banquete com seis pratos para as celebridades convidadas, que haviam vindo de avião de todo o mundo", contou a revista *Hello*. Entre os que se deliciaram com o champanhe de ótima qualidade estavam a duquesa de York, Naomi Campbell, Jemima Khan, David e Victoria Beckham e Kylie Minogue. Um total de quinhentos convidados passaram a noite desfilando pelo mundo maravilhoso do inverno russo – equipado com ringues de patinação e patinadores do gelo – criado no terreno da mansão de Windsor do cantor. As atrações musicais foram Barry Manilow, Donna Summer e Elton, que formaram um supergrupo para uma versão de "Could It Be Magic".

Em 2005, um evento com tema africano arrecadou 3,9 milhões de libras. Chic e Patti Labelle foram os responsáveis pela música, enquanto os seiscentos convidados se deliciavam com tilápia defumada, banana-da-terra com molho de banana e abacaxi e bife de costela marinado em *pepperberry* servido com molho de cereja. Elton acrescentou ainda às atrações da festa algumas girafas. Em 2006, o tema foi a Índia mongol do século XV, e os convidados incluíram Kylie, Sharon Osbourne, Rod Stewart e Jake Shears, do Scissor Sisters, que se sentou para jantar debaixo de uma marquise decorada como um Taj Mahal em miniatura. Um leilão beneficente arrecadou 4,6 milhões. De acordo com o *Daily Telegraph*, "uma mulher misteriosa pagou a exorbitante soma de 500 mil libras pela oportunidade de ter um CD único, feito sob encomenda, gravado por *sir* Elton John e *sir* Tim Rice especialmente para ela". A principal atração musical foi a nova formação do Take That.

Era um mundo completamente diferente da vida do meio-irmão de Elton, Geoff Dwight. Geoff mora em uma pequena casa com varanda em Ruthin, País de Gales, onde faz harpas celtas em um galpão e é devotado às religiões orientais. De acordo com a revista *Blender*: "Ele só encontrou Elton – vinte anos mais velho que ele – três vezes, mas afirma ter perdido todo o respeito que lhe restava pelo irmão quando John não compareceu ao funeral de seu pai, Stanley".

***

Para o revigorado Elton, 2002 e 2003 seriam dois de seus melhores anos nas paradas de sucessos do Reino Unido. No verão de 2002, ele estava de volta ao Top 5 das paradas de compactos britânicas com uma versão de "Your Song" gravada com Alessandro Safina. Outro clássico, "Sorry Seems To Be The Hardest Word", alcançou o primeiro lugar em dezembro de 2002 depois de ter sido regravado com a banda Blue em colaboração com Elton. Ainda no Natal, outra compilação de Elton, *Greatest Hits 1970-2002*, alcançou a terceira posição no Reino Unido, e permaneceria por um ano nas paradas. Em setembro de 2003, "Are You Ready For Love?", gravada em 1977, mas lançada apenas em 1979, ganhou nova exposição quando a Sky TV a usou como música de fundo para o seu canal esportivo. Para confirmar que Elton havia entrado em uma nova fase de sucesso, o compacto, relançado por Norman Cook, mais conhecido como Fatboy Slim, em seu selo Southern Fried, alcançou a primeira posição.

Diferentemente de muitos de seus contemporâneos, Elton nunca desistiu das paradas de sucessos pop. Embora estivesse consciente de que o tempo em que dominava as paradas havia ficado para trás, ele sabia que ainda era capaz de vender bem o bastante para ser tocado nas rádios populares. Ele não queria se tornar um artista voltado para um nicho, atraindo um grupo de consumidores cada vez mais restrito. Ainda era importante para Elton conectar-se com seu público natural, que eram exatamente os consumidores do pop.

No outono de 2004, Elton lançou *Peachtree Road*, o segundo álbum resultante de suas sessões de reabilitação com Bernie. "Chamei-o de *Peachtree Road* porque ela é a única rodovia que atravessa toda Atlanta", Elton contou ao DJ da BBC Steve Wright. "Tenho um apartamento na Peachtree Road, mas o estúdio fica a 25 quilômetros de distância, e ainda é localizado na Peachtree Road. Em Atlanta, há todo tipo de versão para a Peachtree. [Atlanta] é minha sede na América, já estou lá há treze ou catorze anos. Eu nunca havia composto nem gravado um álbum em Atlanta, mas queria muito fazer isso, porque amo muito essa cidade. Portanto, essa é a minha homenagem ao meu lar na América." "O novo álbum de Elton mostra um compositor no seu melhor", foi o que disse um dos seus maiores defensores, Elvis Costello. "Algumas melodias estão entre as melhores coisas que ele já fez, particularmente 'My Elusive Drug'."

Nas entrevistas dadas para divulgar *Peachtree Road*, a importância da decisão tomada por Elton em 1990 de passar por uma reabilitação ainda se mostrava muito evidente. Era algo sobre o que ele ainda não conseguia deixar de falar. "A coisa pela qual sou mais grato é ter recuperado a vida depois de a desperdiçar por 16 anos com as drogas", ele disse. "Uma coisa que o programa dos doze passos nos ensina é a gratidão, e fui milhões de vezes abençoado. Minha vida é a melhor que já tive, e só parece melhorar. Tenho investido muito trabalho em mim mesmo. Como a música 'Weight Of The World' diz: '*I'm happy to see a sunset/ Instead of a line*' [3]. É exatamente isso que é minha vida hoje em dia."

As composições do novo álbum não eram tão distintivas quanto as de *Songs From The West Coast*. Há um pequeno esforço para incrementar as raízes a que Elton estava voltando. "O álbum inteiro é meio que um retorno àquela época, pois fomos para o estúdio e o tocamos ao vivo enquanto compúnhamos as músicas no estúdio. Ele é muito sulista, country, blues, gospel", disse Elton. "É um pouco introspectivo. 'Weight Of The World' foi escrita por Bernie sobre como sou agora, e 'My Elusive Drug' é sobre mim e como encontrei a droga pela qual vinha procurando, que é meu companheiro David. Há muita esperança no álbum. 'Too Many Tears' é uma canção de esperança, assim como 'Answer In The Sky' e 'All That I'm Allowed'. Elas transmitem mensagens de esperança."

No entanto, apesar da determinação de Elton de fazer uma turnê de um ano para promover o álbum e de lançá-lo com faixas bônus, ele não decolou, alcançou apenas a 17ª posição nos Estados Unidos e a 21ª no Reino Unido. "Provavelmente foi o meu álbum que menos vendeu", ele disse ao *Telegraph*. "Ele decepcionou em todo o mundo, então tive de erguer as mãos e aceitar que as músicas simplesmente não conectaram. Sinto orgulho de *Peachtree Road*, mas, se pensar nisso racionalmente, as pessoas já devem ter dez ou doze álbuns de Elton John em sua coleção. Será que elas precisam de mais um?"

Se *Peachtree Road* não conseguiu decolar, Elton estava tendo grande sucesso em outras áreas das artes pop. Ele continuava escrevendo para o teatro e tinha obtido grande sucesso com *Billy Elliot*, espetáculo baseado no filme de 2000 de mesmo nome. Enquanto o filme tinha pops clássicos de bandas como o T Rex, o Jam e o Clash para o espetáculo teatral, Elton compôs uma trilha musical completamente nova. Ambientado no Reino Unido dos anos 1980, na época da greve dos mineradores, o espetáculo contava a história de um jovem da classe trabalhadora do condado de Durham com grande talento para o balé.

Em 2005, Elton havia se tornado o compositor de maior sucesso do teatro, com produções de *O rei leão*, *Aida* e *Billy Elliot* em exibição ao mesmo tempo. E tudo isso por ser o que Michael Riedel, do *New York Post*, chamou de "o primeiro compositor de verdade da Broadway". "Como ele pode estar se apresentando em qualquer lugar do mundo a qualquer momento, John compõe seus musicais por fax, por email e até por celular", disse Riedel. "Durante os três meses de teste de *Billy Elliot*, o diretor Stephen Daldry às vezes segurava o celular das coxias para que John pudesse ouvir o diálogo para o qual estava compondo." Um compacto do espetáculo, "Electricity", no final de julho alcançou a quarta posição

---

3. "Fico feliz por ver o pôr do sol/ Em vez de uma linha." (N. da T.)

nas paradas do Reino Unido. Com uma franqueza tocante, Elton disse a um entrevistador: "Aqui entre nós, não sou grande amante de musicais".

Pouco antes no mesmo mês, Elton viu-se no topo das paradas de compactos do Reino Unido. Um trecho da música de 1971 "Indian Sunset" foi usado por Eminem em sua versão da música de 2Pac "Ghetto Gospel" e tornou-se um primeiro lugar póstumo para 2Pac. Alguns se surpreendem com a admiração que Elton tem por Eminem: "Sempre admirei a forma de pensar de Eminem", disse Elton. "É por isso que aceitei aparecer na cerimônia do Grammy com ele [em um dueto de uma versão de 'Stan'] quando fui convidado, mesmo apesar das besteiras que falam sobre ele ser homofóbico." Boy George, contudo, não se impressionou nem um pouco: "É como eu ter cantado com Pol Pot. As pessoas de vez em quando nos chamam de viados ou sei lá o quê, mas agora estamos em todos os lugares, e ele [Eminem] tem de assumir alguma responsabilidade. Ele é um idiota, e acho que todo *gay* que tenha pelo menos um neurônio ficou extremamente ofendido ao ver Elton se apresentar com ele".

Elton também começou uma temporada em Las Vegas com seu show *Red Piano*, que estreou em 2004. Nos anos 1960, o Who havia gritado "*I hope I die before I get old*" [4]. Mas, como sabemos, astros do rock são grandes mentirosos, e no final das contas acabam se traindo. Em 1976, Elton havia dito à *Sounds*: "Esse é o lado que odeio. Não suporto as pessoas do *show business*. Detesto Vegas. As pessoas me dizem 'Oh, você provavelmente vai se apresentar em Vegas, não é?'. E eu respondo: 'Você deve estar me gozando, eu tenho orgulho!'". Três décadas depois, Elton havia mudado de ideia. O cenário do show foi criado por David LaChapelle com o uso maciço da tecnologia visual e um grande painel de LED. O filme *The Bitch Is Back* mostrava Pamela Anderson fazendo um número de *pole-dancing*. Para "I'm Still Standing", LaChappelle criou uma montagem *pop-art* de imagens de Elton em várias fases.

Mas a coisa mais importante foi que, contra todas as probabilidades, Elton John havia recuperado seu crédito como artista. Em 2004, ele se deparou com o extraordinário fato de estar correndo o risco de se tornar uma tendência. Havia ecos da música de Elton na música de vários novos artistas. Nos Estados Unidos, um exemplo era Ben Folds, com seu pop centrado no piano. Na Grã--Bretanha, Robbie Williams parecia ter baseado toda a sua carreira pós-Take That no mesmo plano populista criado por Elton. A música de Williams "Angels", grande sucesso na Europa, era o tipo de balada-rock que Elton havia criado nos anos 1970. Mas o grupo mais influenciado por Elton era o Scissor Sisters. Seu álbum de estreia, que leva o nome da banda, seguia a fórmula do Elton da era *glam* de "Benny And The Jets" no pop de "Laura" e "Take Your

---

4. Trecho da música do Who "My Generation": "Espero morrer antes de ficar velho". (N. da T.)

Mama Out", com sua linha de piano descontraída. Elas pareciam mais Elton que o próprio Elton. Este, aliás, não concorda inteiramente com aqueles que dizem que a banda é um clone de Elton. "Identifiquei traços de David Bowie, do Pink Floyd, dos Bee Gees", ele disse sobre o primeiro álbum.

É claro que ele não conseguiria evitar se tornar um fã. "Vocês são um exemplo brilhante de pessoas que querem compor músicas muito boas que vêm do coração", disse Elton em 2006 ao entrevistar o Scissor Sisters para a revista *Interview*. "Isso é muito raro hoje em dia – misturar melodia, diversão, ritmo, tributos ao passado, mas com a sua própria marca. Quero dizer, ouvi das pessoas: 'Oh, isso parece muito com você', e eu pensei: 'Sim, talvez uma ou duas faixas', mas elas também têm a marca de vocês." O incrível sucesso de vendas do compacto de 2006 da banda "I Don't Feel Like Dancing" no Reino Unido foi, na verdade, composto em colaboração com Elton.

Outro aspecto da nova versão "descolada" de Elton é sua franqueza. Ele não é mais considerado um número de horror intermediário com um repertório interminável de baladas de qualidade duvidosa. Em vez disso, ele é defendido por sua honestidade. Um tesouro nacional, Elton John tornou-se quase intocável. Ele pode dizer quase tudo, seguro de que seu prestígio gigantesco demanda tamanho respeito que o torna irrepreensível. Num espaço de apenas algumas semanas no outono de 2004, por exemplo, Elton anunciou no *Q Awards* que Madonna devia "levar um tiro" por ter dublado em turnê, chamou um grupo de fotógrafos invasivos de Taiwan no Aeroporto Taipei de "porcos rudes e desprezíveis" e conseguiu até mesmo irritar os executivos da Radio One por ter dito um palavrão ao vivo às 9h da manhã durante o programa de Chris Moyles. Pensando que o programa estivesse sendo pré-gravado e já tendo usado a palavra "fucking", Elton foi mais longe e perguntou se "wank", "tits", "bugger" e "bollocks"[5] também estavam na lista das palavras proibidas. "Quero me desculpar com os meninos e meninas mais jovens", disse Moyles no ar, "mas ele *é* Elton John."

Na verdade, Elton não disse que Madonna devia levar um tiro, mas que pessoas que cobram preços exorbitantes por ingressos e depois dublam as músicas durante as apresentações deviam levar um tiro – embora tenha de fato dito: "Madonna o melhor show ao vivo? Vá se foder. Desde quando dublar é ao vivo?". "Eu disse o lance sobre Madonna... e você tinha de estar lá... em um daqueles almoços irreverentes", disse Elton. "[O mestre de cerimônias] Jonathan Ross foi muito irreverente com todos nós; foi muito engraçado. Acho que algumas das piadas que foram ouvidas nunca poderiam ser repetidas em nenhuma estação de rádio do mundo. Então simplesmente me levantei e disse o que achava, que não me importava por Madonna ter sido indicada para melhor show, mas é fato

---

5. Na sequência: "foda", "punheta", "tetas", "sodomita" e "colhões". (N. da T.)

conhecido que esse tipo de show usa música gravada, e eu não achava isso justo com as pessoas da categoria que tocam ao vivo noite após noite. Dito isso, ela é uma das minhas artistas favoritas nas gravações, *Music* é um dos meus álbuns favoritos dos últimos cinco anos, e ela é quem menos merece a culpa entre todos. Eu me arrependo de ter dito isso no calor do momento? É claro que sim, porque gosto dela. Eu não disse nada que todo mundo não pensasse. Era o que eu pensava, nada mais." Naquele ano, dois cartões de Natal mandados para Madonna voltaram sem ser abertos.

Parecia que Elton se divertia com esses incidentes. Mal se passava um mês sem que ele irritasse alguém da indústria musical com seus comentários. Em 2006, comenta-se que Noel Gallagher, do Oasis, tivesse dito: "A vida é uma coisa maravilhosa, por que se esconder dela? Não consigo entender pessoas como Elton John...". A reação irritada de Elton foi: "Depois do que aquele maldito Noel Gallagher disse de mim, não dou a mínima para o Oasis. Vou às lojas o tempo todo. Ele é um merda e parece Parker, do *Thunderbirds*!". Seguiu-se uma intervenção de Serge, do Kasabian: "Elton é só um gordo de moletom, enquanto tudo que sai da boca de Noel é absolutamente genial. Noel é o último homem com quem você gostaria de arrumar confusão. Ele é tão perspicaz que pode destruir qualquer pessoa. Elton John precisa tomar cuidado".

Todavia, o que mais fazia o sangue de Elton ferver eram os *paparazzi*. Quando jovem, ele ficava feliz em ser fotografado e era simpático com os fotógrafos. À medida que ficava mais velho, contudo, ele começou a detestar intromissões. No festival de cinema de Cannes de 2006, Elton e Liz Hurley eram convidados de honra da cerimônia Chopard Trophy e pediram a Elton que entregasse um prêmio a Kevin Zegers. Ao começar seu discurso, ele se irritou com os fotógrafos que continuaram com conversas particulares. "Estou falando, seus imbecis", Elton disse ao grupo de fotógrafos, acrescentando: "Malditos fotógrafos, vocês deviam todos levar um tiro". "O quê?", disse uma voz solitária no meio dos fotógrafos, que tentavam abafar os risos. "Vocês deveriam todos levar um tiro", repetiu Elton. "Obrigado. Kevin, tire isto das minhas mãos porque eles são um maldito pesadelo." "Deixar as emoções tirar a minha razão me faz sentir como se tivesse cheirado uma carreira de cocaína", Elton admitiria mais tarde quando indagado sobre seu pavio curto. "O veneno sai. É meio como *O exorcista*!"

Elton continua sendo um fã entusiástico da música popular. "Se você pudesse escolher duas pessoas para a opção 'telefone para um amigo' em *Quem Quer Ser Um Milionário* no tema música, ia querer telefonar para ele ou para Paul Gambaccini, porque ele sabe tudo", diz Gary Farrow. Ao contrário de muitos astros do rock consagrados, para quem não ouvir nada novo desde 1985 parece uma questão de honra, Elton está sempre procurando coisas novas, e, como sempre foi durante toda a vida, continua com a mente aberta para qualquer gênero musical. O fato de sua música ter os consumidores do pop como alvo não quer dizer que o seu gosto segue o mesmo caminho.

Nada poderia ser mais verdadeiro que isso no mundo musical de Elton John. Em 2005, ele falou com entusiasmo sobre o ousado álbum de Björk *Medúlla*. Também elogiou a teatralidade dos Killers – dificilmente uma atração natural para o típico consumidor de cinquenta e poucos anos. Ao mesmo tempo, ele não se mostra nem um pouco impressionado em relação a alguns artistas pop da atualidade. Ele chamou Hear'Say de "a pior banda do pop", afirmando que Danny Foster era "um sósia de Shrek".

"Não existe mais carisma", Elton lamentou. "Sei tudo sobre todo mundo. Se vir mais uma foto de Britney ou de J-Lo ou de Ben Affleck, vou cuspir. Quero mistério! É por isso que Morrissey voltou a fazer sucesso; ele é meio que um enigma." Elton também não é grande admirador dos sucessos pop manufaturados. "Acho que programas como *Pop Idol* e *The X Factor* já deram o que tinham de dar, e, assim espero, estão se aproximando do fim. Sinto muito por Michelle McManus. Acho que a escolheram por causa do tamanho dela e por ela ser diferente", era sua opinião. "Ela canta muito bem, mas não é uma estrela pop. A situação dela é cruel, e sinto muito por ela."

Conscientemente ou não, Elton tornou-se algo semelhante a um padrinho para a música inglesa. Assim, ele parece achar que seu papel inclui oferecer conselhos ou tapinhas reconfortantes nas costas de qualquer amigo do *showbiz* que ele pense precisar disso. Muito íntimo de David e de Victoria Beckham, ele também não ficou constrangido ao expressar preocupação em 2004 pelo comportamento inconstante de George Michael, afirmando que ele estava em "uma situação estranha" e que havia "uma tristeza com raízes profundas em sua vida". Os dois fariam as pazes em seguida com um jantar oferecido na casa de Michael, no norte de Londres, pelo famoso *chef* Gordon Ramsay.

Elton também expressou a opinião de que as revelações dos tabloides sobre a dependência de cocaína da modelo Kate Moss de forma geral havia sido uma coisa boa, dizendo que se ele houvesse sido exposto pela imprensa como usuário de drogas, ela lhe teria feito um grande favor e o salvado de uma década de traumas. "Elvis Presley não teria morrido aos 42 anos se morasse na Inglaterra", ele declarou. "Eles não alimentam esse tipo de reverência. Amo muito os Estados Unidos, mas prefiro ser tratado com menos reverência do que com realeza, como fazem nesse país."

O pior exemplo da abordagem direta de Elton em relação às outras celebridades é descrito na biografia oficial de Robbie Williams escrita por Chris Heath, *Feel*. Heath descreve até mesmo a tentativa de Elton de fazer Williams aceitar uma reabilitação como "sequestro", embora essa seja uma forma exagerada de descrever algo que parece ter sido bem-intencionado. Precisando de ajuda,

Williams telefonou para Elton de sua casa em Atlanta. Elton disse a Williams que passasse algum tempo em Woodside. "Elton é muito, muito generoso mesmo, e quer de fato que eu fique bem, e eu lhe agradeço realmente por isso", disse o ex-integrante do Take That.

Meses depois, quando Williams estava terminando a gravação de seu álbum *Life Thru A Lens*, ele estava com uma visita marcada à casa de Elton em Londres, onde tocaria algumas das faixas para ele. Quando chegou, ele se encontrava em um estado tão ruim que Elton o levou direto para Woodside. Na manhã seguinte, ele foi levado para o centro de desintoxicação de Churchill. Ao chegar, pediram-lhe que fizesse uma lista das substâncias de que era dependente. De acordo com Williams, "não havia carinho nem cuidados" no centro, e ele o deixou quase imediatamente. Mais tarde, Williams internou-se em um centro de desintoxicação de sua escolha, Clouds, em Wiltshire. "Elton meio que tentou fazer o que achava ser o melhor, algo obviamente proveniente de muito amor", refletiu Williams. "Mas a coisa toda me passou uma impressão de falta de profissionalismo." Assim começou um relacionamento distante entre os dois astros. Em dezembro de 2006, quando ambos estavam em turnê na Austrália e, por acaso, se hospedaram no mesmo hotel, durante uma apresentação Robbie revelou para milhares de fãs o número do quarto em que Elton se encontrava. De acordo com relatos, Elton retaliou através de um bilhete que passou por baixo da porta de Robbie lembrando-lhe do novo sucesso conquistado pela banda que ele havia deixado para trás: "Querido Robbie, Take That... compacto e álbum na primeira posição. Ótimo resultado. Amor, Elton".

Talvez o mais próximo que Elton tenha chegado de uma zona de desastre do rock'n'roll tenha sido no dia 2 de julho de 2005, no concerto do Live 8 no Hyde Park. Durante o "dueto" de Elton com o vocalista do Babyshambles e garoto rebelde dos tabloides Pete Doherty em que os dois interpretaram "Children of The Revolution", do T Rex, Doherty parecia encontrar-se em um estado semiconsciente, gaguejando a letra da música e cambaleando pelo palco. O fato de o cantor ser um ícone para muitos é um dos aspectos mais misteriosos da cultura rock moderna. "Falei com Davey Johnstone pouco antes daquele show", diz Gary Osborne. "Ele me disse que havia ficado doidão só por ter chegado perto de Doherty!"

O evento, aliás, realizado vinte anos depois do Live Aid, foi uma grande decepção, exceto por uma apresentação perfeita que reuniu o Pink Floyd. "Para ser honesto, achei que foi meio que um anticlímax", Elton disse ao *Daily Telegraph*. "A intenção por trás dele era fantástica, mas o Hyde Park é uma área que não tem nenhum carisma. Não havia senso de ocasião e, de um ponto de vista musical, não houve grandes momentos."

Enquanto isso, 21 de dezembro de 2005 entraria para a história como o dia em que, pela Lei da União Civil, uniões entre pessoas do mesmo sexo foram legalmente liberadas na Inglaterra e no País de Gales. Elton John e David Furnish foram um dos 678 casais *gays* da Inglaterra e do País de Gales que celebraram uma união civil naquele dia. Após uma cerimônia discreta na Prefeitura de Windsor, o casal feliz foi fotografado acenando e mandando beijos, vestidos sobriamente com ternos pretos. Dois fãs da Nova Zelândia presentearam o casal com um bolo de sorvete de maçã com a inscrição "Applely Ever After"[6]. A mídia tratou o evento como um casamento real, ajudada pelo fato de que, em sua ostentação, grandiosidade e seu monstruoso prestígio, Elton havia se tornado mais magnificente que a própria realeza. O *Sun* publicou a manchete: "Elton Leva David Ao Altar".

David e Elton já estavam juntos havia doze anos. Furnish tinha vários quilos e dezesseis anos a menos que seu famoso companheiro. Pode-se dizer que o tipo do relacionamento que eles tinham era comum em círculos de celebridades: o superastro mais velho, com dinheiro e poder, e o companheiro mais novo. Era o mesmo cenário exibido no terreno heterossexual por Jagger, Bowie, Rod Stewart e outros.

"Só podia acontecer com Elton", observou Lulu entre as celebridades que formavam um engarrafamento de 3 quilômetros com destino à recepção em Woodside. Presos e à mercê dos fotógrafos em seus carros, os ricos e famosos incluíam Terry Wogan, the Beckhams, the Osbournes, Ringo Starr, Boris Becker, Trinny and Susanna, Graham Norton, Liz Hurley, Cilla Black, Claudia Schiffer, Michael Vaughan, Matt Lucas, Greg Rusedski, Lulu, Michael Caine, Donatella Versace e Hugh Grant. Algumas ausências da Tin Pan Alley londrina não passaram despercebidas, entre as quais as de Rod Stewart, David Bowie e Iman e Robbie Williams – que, de acordo com relatos, preferiu não comparecer para não ter de socializar com seu antigo companheiro de banda, Gary Barlow, o qual cantaria na recepção. O "padrinho" foi Janet Street-Porter. Uma gigantesca marquise foi erigida no terreno de Woodside. Após a recepção, o casal feliz viajou de férias para Veneza.

O casamento de Elton e David representou um marco histórico, pois foi a primeira união civil de uma figura pública do mundo. De acordo com a sua própria confissão, Elton John é "a pessoa mais famosa do mundo. E eu adoro isso. Não queria que fosse de outra forma". Ele tem sido uma inspiração para toda uma geração de *gays*, muitos dos quais viviam uma vida infeliz de frustrações. Elton os encorajou a revelarem-se: "Não vale a pena viver uma mentira". Ele fala o que pensa e não se opõe a revelar detalhes íntimos. Ele faz sexo "geralmente duas vezes por semana, o que pra mim está ótimo". Também admite ainda se sentir atraído por outros homens. "Ainda sinto atração por outras pessoas, mesmo

---

6. Trocadilho entre *apple* (maçã) e *happily*, de "*happily ever after*" (felizes para sempre). (N. da T.)

estando com David. Estamos andando pela rua e eu digo: 'Uau, não me incomodaria transar com ele'. Costumo preferir pessoas mais jovens. David prefere tipos mais maduros. Mas o sexo casual não é uma opção para nenhum de nós."

A única coisa que incomoda Elton e David atualmente é o fato de não terem filhos. "A primeira vez que conversamos sobre a nossa diferença de idade foi quando discutimos a possibilidade de adotar uma criança", admitiu Elton em uma entrevista com os dois. "Eu disse: 'Ouça, David, o problema é que estou muito velho para isso'. Eu não queria ter um filho adolescente aos setenta anos e ter de lidar com todas as preocupações que vêm no pacote. Sou egoísta demais. Sou muito rígido com meus hábitos. Mas é uma pena, porque David seria um pai fantástico." "Oh, acho que eu seria mesmo", respondeu Furnish. "E, honestamente", concluiu Elton em tom de brincadeira, "me recuso a amamentar."

Elton John usa seu *status* de celebridade muito bem. Ele fala qualquer coisa com naturalidade, e, como alguém que ama as palavras e as piadas, é capaz de dizer muito em poucas palavras: *"Up yours!"* [7], foi sua saudação em 2006 para John Howard, primeiro-ministro da Austrália, por ele se opor ao casamento entre pessoas do mesmo sexo. A Igreja Católica também não escapa. "Tantas coisas horríveis estão acontecendo no mundo, mas a epidemia de aids não acabou", ele disse em 2006. "Temos as informações para educar as pessoas em nossas mãos, mas não sermos capazes de educar uma nova geração é terrível. A Igreja Católica foi responsável pela morte de muitas pessoas – é inacreditável. É um verdadeiro genocídio. Sinto muito, mas é verdade." Elton foi ainda mais longe: "Acho que a religião promove o ódio e a violência contra *gays*. Mas conheço tantas pessoas que são *gays* e amam sua religião. Do meu ponto de vista, eu baniria a religião por completo. As religiões organizadas não parecem funcionar bem. Elas transformam as pessoas em verdadeiros animais cheios de ódio, e não há compaixão nisso. O mundo está perto de entrar em uma Terceira Guerra Mundial, e onde estão os líderes de cada religião? Por que eles não realizam um conclave? Por que não se unem?"

No *front* da música, 2006 começou de forma um tanto diferente. Terminada sua lua de mel, Elton foi direto para o estúdio gravar um novo álbum. Ele e Bernie também haviam composto a trilha sonora de *Lestat*, adaptação musical do romance de Anne Rice *Entrevista com o Vampiro*. *Lestat* teve uma trilha sonora de grande qualidade, mas foi um grande fracasso de bilheteria, além de ter sido destruído pelos críticos do teatro, que consideraram a trama impenetrável e acharam que o espetáculo ficou devendo em qualidade. Ele esteve em cartaz por tão pouco tempo que o álbum com a trilha sonora foi gravado mas não lançado.

---

7. Trocadilho com *"all yours"* [todo seu, à sua disposição] que quer dizer "não enche". (N. da T.)

Em setembro de 2006, Elton lançou *The Captain And The Kid*, e se ainda havia necessidade de alguma prova de que ele continua relevante no mundo pop da atualidade, ali estava a prova. A ideia para o álbum não veio de Elton nem de Bernie, mas do seu empresário na época, Merck Mercuriadis. Elton estava sempre comentando que Bernie se tornara o Brown Dirt Cowboy, vivendo em um rancho na Califórnia e criando cavalos para rodeio, e que ele havia vivido seu sonho ao se tornar o Captain Fantastic. Por que não escrever um álbum sobre essa transformação?

Era um projeto ambicioso. O álbum *Captain Fantastic* havia contado a história da luta da dupla de compositores no final dos anos 1960. Ele é um casamento perfeito entre letras e melodias e muito focado. Não havia nada de estranho nas melodias compostas por Elton, enquanto as letras de Bernie eram uma crítica brilhante dos últimos dias da Tin Pan Alley londrina e uma reconexão vívida com os jovens que eles haviam sido. Se *Captain Fantastic* foi a recriação de dois personagens, como disse Bernie, a sequência, *The Captain And The Kid*, é uma narrativa sobre a desconstrução desses personagens. "O primeiro é um álbum alegre sobre o fracasso", ele disse, "e o segundo é um álbum sombrio sobre o sucesso." Sua tarefa era encontrar uma forma de condensar não três, mas 36 anos, em um CD. Compostas em ordem cronológica, as músicas também foram gravadas em sequência, da mesma forma que Elton fizera no álbum *Captain Fantastic*.

O fato de Bernie ter conseguido produzir um álbum tão bom quanto o original é uma prova do seu talento como letrista. "Eu queria que o álbum fosse cru e honesto", Bernie declarou. "Eu disse a Elton: 'O que quer que você faça, tem de ser só você e o piano'. Li uma crítica que dizia que ele é quase como um álbum de demos, o que me deixou muito orgulhoso."

Algumas das músicas podem ser comparadas a obras-primas consagradas, como "Tiny Dancer" e "Rocket Man". A sequência de piano que abre a primeira faixa, "Postcards From Richard Nixon", por exemplo, é um trecho clássico de Elton. "Tinderbox" é uma das melhores melodias que ele já compôs, e a letra de Bernie captura o estado do relacionamento dos dois na metade dos anos 1970, quando esperança e aspiração haviam sido substituídas por angústia e ansiedade. "Minha vida era estar na estrada e fazer parte da banda. Estávamos na onda juntos", disse Bernie. "Era terrivelmente estressante. Para onde ir a partir desse ponto? Não dá para ficar mais famoso."

Outra faixa memorável é "And The House Fell Down", a história de duas vidas destruídas pelos excessos. "A cocaína se resume a cheirar, a tremores e a nervosismo", disse Bernie. "Você vira uma marionete cheirada, maníaco, acordado por três dias seguidos." Sua letra é sombria e expressa o estado de espírito do vício com termos lúgubres, que imploram um tratamento musical "pesado" e agourento. Elton, contudo, tinha outros planos. "Elton colocou uma melodia de show de variedades nela, o que achei que foi um golpe de gênio", disse Bernie com admiração.

The Captain And The Kid lida com a perda com uma intensidade quase perturbadora. "Blues Never Fades Away" fala sobre a perda de um ente querido. Ela menciona três amigos de Elton e de Bernie que haviam morrido: o dono de um restaurante que morrera de aids, uma mulher jovem que morrera de hemorragia cerebral na calçada de um shopping center e Gianni Versace, morto a tiros uma década antes. A natureza arbitrária da morte foi capturada com perfeição pelos versos: *"And how did we get so lucky/ Targets on the rifle range/ Who makes the call and who gets to choose/ Who gets to win and who gets to lose"* [8].

Infelizmente, e também injustamente, o álbum não foi um grande sucesso. "Elton colocou tanto amor naquele álbum", Rod Stewart revelou para a *Rolling Stone*. "Ele me disse: 'Esse é o escolhido'. Fiquei triste por ele... Mas não com pena, evidentemente." O problema do álbum foi o fato de ele não ter tido um compacto de sucesso, e, ao contrário do que pode ser dito do período clássico de Elton, as músicas não tinham a profundidade necessária na produção para fazê-las ganhar vida sonoramente.

Entretanto, como uma obra de autobiografia do rock, ele é um excelente trabalho: "De certa forma, é melhor do que escrever o livro, pois eu nunca quis escrever uma biografia ou autobiografia. Temos de ser muito honestos nessas coisas, e com isso podemos acabar magoando muitas pessoas. Quando compomos uma música, não precisamos fazer isso", era a opinião de Elton em 2006. "Estamos apenas escrevendo sobre nós mesmos e sobre o que vivemos e como perdemos o rumo e como alcançamos o sucesso. Está tudo lá no álbum."

* * *

O Elton John de hoje está musical e pessoalmente em ótima forma. "A consistência da *performance* dele no palco é fantástica", avalia John Jorgenson. "Ele toca e canta bem apesar de qualquer coisa. De vez em quando, ele fica de mau humor, e o diálogo com a plateia não é tão natural, mas o nível da *performance* nunca é prejudicado."

Depois de décadas tocando música em um volume estupidamente elevado, veio a consequência inevitável: de acordo com Clive Franks, Elton perdeu parte da audição. "Os pontos de ouvido que ele usa no palco são os mais altos na música", diz Franks. "Trabalhei com o Who, e o som dele é ainda mais alto no

---

8. "E como fomos tão sortudos/ Alvos ao alcance do rifle/ Quem decide e quem escolhe/ Quem vence e quem perde." (N. da T.)

palco. Os pontos dele são de 118 decibéis." Bernie Taupin também confessou já em 1992 que estava "30% surdo de um ouvido [por] ficar nas coxias dos shows de Elton do início da década de 1970".

Elton com certeza não tem mais tantos problemas com a aparência. Aos 62, ele está muito bem para a idade. No palco, seja por influência de seu companheiro, David, seja por ouvir os conselhos sábios da equipe dos bastidores, ele se veste com extravagância, mas também com elegância. Os ingleses aprenderam a gostar muito dele e de suas opiniões honestas. Aliás, ele não é só apreciado, mas amado. Como o sucesso de Elton nunca dependeu de noções de perfeição estética jovem, a transição para a meia-idade foi mais fácil para ele do que para outros astros do rock que fizeram os esforços mais ultrajantes para manter a ilusão da saúde da juventude. Na verdade, aos cinquenta anos, muitos diriam que Elton parecia mais jovem do que os espécimes de estética perfeita com quem ele concorria nos anos 1970, ironia que certamente lhe deu certo prazer.

Até muito recentemente, contudo, Elton foi considerado por muitos, com exceção apenas dos fãs mais leais, como alguém que havia gravado bons álbuns séculos atrás, mas desde então se tornara um astro pop decadente que ficou sem ideias, vendedor de sentimentalismo barato e de melodias previsíveis e de péssima qualidade. Ele também é um compositor de talento, além de ainda ser tecnicamente ótimo cantor. O período de 1970 a 1975, quando tudo que ele tocava virava ouro musical, nunca voltará. Mas não há como negar que qualquer novo álbum de Elton John não pode ser considerado menos do que ótimo, e ainda pode se tornar a trilha sonora da vida de muitas pessoas.

"Não sou o favorito de todos", Elton disse. "Mas às vezes as críticas podem doer. Tenham algum respeito – sou um bom pianista, canto bem, componho músicas boas. Se você não gosta, muito bem. Mas dá um tempo. Sei que às vezes sou subestimado como 'Elton, o roqueiro mediano', mas é difícil ser alguma coisa além disso no piano. Ele não é um instrumento que podemos atirar em um amplificador ou para a plateia."

"Toquei em um disco de Lennon. Toquei em um disco de Ringo. Toquei em um disco de Dylan. E toquei em um disco de George Harrison. Sinto-me muito, muito feliz de ter tido esse privilégio", ele refletiu em 2002 ao avaliar sua incrível carreira.

O problema de Elton, como de todos os artistas de certo peso, é simplesmente que seu público não está tão disposto a ouvir suas novas músicas, mas o que querem com mais frequência é reviver sua juventude nos trabalhos mais antigos. Os públicos do rock encaram mudanças com desconfiança. Não obstante, ainda há futuro para Elton John na gravação de álbuns. "Com exceção de uma breve incursão à disco, a maioria de seus discos têm o mesmo som", diz o escritor e amigo Dylan Jones. "E isso não é uma crítica. É que ele manteve certa constância. Ele é um cantor/compositor, e os arranjos instrumentais de seus discos são usados para promover as composições."

Uma coisa que podemos esperar que Elton faça nos próximos anos é reduzir o ritmo de suas turnês, que deixariam artistas com metade de sua idade exaustos. Os fãs agora já estão acostumados com o discurso de despedida dos palcos quase anual do lendário Elton John. Elton conseguiu atravessar seus concertos de 2006 com uma única ameaça de se aposentar. Ela foi feita em Dublin. "Havíamos ensaiado 'Goodbye Yellow Brick Road' e ele estava em um péssimo humor", conta Clive Franks. "Quando estava no palco, ele disse: 'Bem, eu tenho de fazer 'Yellow Brick Road' agora, mas detesto essa maldita música e detesto o álbum em que ela está e nunca mais vou tocá-la'. Depois, ele se aposentou no palco e disse que nunca mais faria uma turnê pela Europa. Era a noite de abertura da turnê. Todos estavam se divertindo. Quando algo assim acontece, deixa as pessoas desanimadas. Na verdade, tenho uma dúzia, ou talvez duas dúzias, de discursos de despedida em casa no meu armário que toquei para ele alguns anos atrás. Rimos muito juntos – eles são hilários."

Elton também não gosta muito de festivais de rock. "Ah, bem-vindos ao paraíso", ele disse com sarcasmo durante um evento castigado pela chuva. "Muito obrigado por virem e aguentar a chuva, mas nunca mais vou tocar em um desses festivais de rock." Ele até mesmo já jurou que nunca mais voltaria a gravar. Já em 2001, ele disse à plateia do Verizon Wireless Arena em Manchester, New Hampshire: "Estou cheio disso. Adoro vocês, mas odeio toda a indústria fonográfica. Este é o último álbum que farei. Já fiz quarenta álbuns e chegou a hora de parar".

Durante um concerto em 2006, Elton chegou a atacar seu selo musical supostamente por não ter divulgado *The Captain And The Kid* como o álbum merecia: "Ele é muito bom – mas não está vendendo bem", Elton disse à plateia durante uma apresentação no Nassau Veterans Memorial Coliseum, em Nova York, no dia 1º de novembro. No mesmo dia, foi publicada a notícia de que Merck Mercuriadis, empresário de Elton responsável pelo "lado criativo" da sua carreira, havia se demitido "por um acordo mútuo".

O grande evento, já esperado, do início de 2007 foi o 60º aniversário de Elton – exceto pelo fato de que, para a mídia, ele dificilmente foi um grande evento. Com poucas exceções e tal como acontecera dois meses antes do aniversário do ex-astro do *glam* David Bowie, o marco foi pouco comentado, a não ser pela festa de aniversário no que Elton chamou de "a maior cidade do mundo".

Às 20h de 25 de março de 2007, o aniversariante subiu ao palco do Madison Square Garden, em Nova York. Era a 60ª vez que Elton se apresentava na casa de espetáculos (um recorde para um artista solo) e, para o cantor, uma noite perfeita. A primeira metade do concerto foi dedicada aos fãs incondicionais.

Depois de abrir – inevitavelmente, mas nem por isso produzindo menos emoção – com "Sixty Years On", uma música gravada em 1970, Elton tocou uma série de clássicos do início da carreira, incluindo "Madman Across The Water", "Where To Now St. Peter?", "High Flying Bird" e "Burn Down The Mission". O violoncelista Martin Tillmann emprestou uma belíssima melancolia às interpretações. A primeira metade do show foi memorável pela interpretação soberba de uma música que Bernie e Elton haviam composto no início dos anos 1980 para John Lennon. Um Elton visivelmente emocionado disse à plateia que só havia tocado a música – "Empty Garden" – em Nova York.

A atmosfera ficou mais leve quando Whoopi Goldberg, seguida por Robin Williams, subiram ao palco para homenagear e apresentar Bernie Taupin. Taupin falou com toda a sinceridade de seu amor por Elton, lutando com coragem para terminar seu discurso, quando Robin Williams decidiu pontuá-lo a cada dez segundos com um grito de "É isso aí!", o efeito pretendido de acrescentar um toque de comédia gradualmente reduzido. O ratinho da cidade e o ratinho do palco estavam juntos no palco, ambos tendo percorrido um longo caminho a partir de suas origens humildes. Na verdade, considerando o cenário e o glamour do *showbiz*, e com o sotaque de Bernie agora bastante (e o de Elton pelo menos 50%) americanizado, os dois pareciam para todos os propósitos uma dupla vencedora de compositores americanos.

Houve bolo e uma grande homenagem de Elton a Bernie (note-se que somente canções com letras escritas por Taupin foram interpretadas na noite para garantir que o foco estivesse tanto no Kid quanto no Captain) antes de uma explosão de confetes ter deixado Elton quase invisível por alguns segundos. "Oh meu Deus, e pensar que eu cheirava isso!", Elton comentou antes de acrescentar: "É como um comercial do Head'n'Shoulders", referindo-se ao xampu anticaspa.

Depois disso, Elton deu início à explosiva segunda metade do show. Acompanhado pelo hiperativo Coral da Juventude do Brooklyn, ele tocou um sucesso após outro, com Ozzy e Sharon Osbourne, Bill Clinton, Brian Wilson, Pierce Brosnan e Jon Bon Jovi, apenas alguns das celebridades na plateia, dançando ao som de "Philadelphia Freedom", "I'm Still Standing" e "Crocodile Rock", todas tocadas em um ritmo freneticamente acelerado. Sentado ao piano com os dedos curtos e grossos tocando no estilo percussivo que é sua marca registrada, ele mostrou com perfeição como ainda é capaz de agradar a uma plateia. O homem de meia-idade era na essência o mesmo artista que o adolescente gordinho e tímido que tocava havia mais de quarenta anos em clubes e *pubs* de Londres.

Em vez de deixar Elton deprimido, o aniversário de sessenta anos veio quase como um alívio. "Ser alguém que luta contra a baixa autoestima e doa todo o seu tempo é difícil", diria David Furnish dois meses depois do evento. "Mas acho que fazer sessenta anos foi como alcançar um marco para ele. Houve uma mudança total de atitude em uma direção positiva, o que me deixa muito feliz." Furnish também revelou que havia presenteado *sir* Elton com "um anel com seu signo astrológico, um lindo espelho portátil e uma pasta de documentos feita à mão", acrescentando: "É tão difícil comprar presentes para ele, já que ele não tem uma lista de desejos muito grande – e a lista de desejos que ele tem não cabe no meu orçamento".

Elton voltou às paradas de sucesso na primavera daquele ano. Tanto o compacto quanto o CD de sucessos *Rocket Man* alcançaram o segundo lugar no Reino Unido e o nono nos Estados Unidos, o que serviu para reafirmar que, não importa quantas vezes Elton compile e relance seu passado, há sempre novos fãs para a sua música (ou fãs mais velhos com amnésia).

O relativo fracasso em termos comerciais de *The Captain And The Kid*, contudo, parece ter tido certo impacto em Elton como compositor. Rumores de um disco de hip hop/R'n'B tornavam-se cada vez mais persistentes, com a mídia sugerindo colaboradores famosos, como Timbaland. Depois, no final de 2008, surgiram rumores de que o produtor de Amy Winehouse, Mark Ronson, havia assumido o posto da produção do novo trabalho de Elton. Mas somente em 2009 foram publicadas notícias sólidas de uma nova gravação de Elton, e mesmo na época o projeto continuou imerso em mistério. "Bernie e Elton estão planejando voltar ao trabalho em fevereiro de 2010 em um estúdio de Los Angeles com um projeto que será seu primeiro álbum de estúdio desde *The Captain And The Kid*, de 2006" – dizia um boletim do site oficial de Bernie Taupin. "A colaboração de antigos e novos amigos promete representar uma mudança de direção que já vinha sendo amadurecida havia anos na cabeça de seus perpetradores. Fique de olho neste espaço para atualizações."

Aos poucos, mais informações sobre o álbum surgiam na primavera de 2009. Aparentemente, o plano original de Elton de gravar com um produtor contemporâneo havia sido engavetado em favor de um retorno às raízes. Uma participação em 2009 de Elton no programa de entrevistas americano de Elvis Costello, *Spectacle*, colocou Elton mais uma vez em contato com um de seus heróis musicais, Leon Russell. Elton elogiou Russel durante o programa, e em um telefonema inesperado de Russell sugeriu que os dois trabalhassem juntos com T-Bone Burnett como possível produtor para o projeto. Mas sejam quais forem as colaborações que Elton e Bernie têm estocado, o que sabemos é que 2010 virá com o lançamento de um novo CD de Elton, o trigésimo álbum de estúdio de sua carreira.

A atenção de Elton, contudo, parece estar mais voltada ainda para apresentações ao vivo do que para sessões de gravação. A interminável turnê *Red Piano*, que concluiu sua temporada nos Estados Unidos em Vegas em abril de 2009 após cinco anos e 241 shows, foi para a Europa, e também há apresentações solo, apresentações com Billy Joel e, talvez o mais surpreendente, uma reunião com o extraordinário artista performático Ray Cooper para uma série de shows.

Elton continuou sendo badalado por ricos e famosos, e cantou "Your Song" (com a ajuda de um *teleprompter*, como se soube mais tarde, já que, como muitos astros do rock, ele costuma esquecer as "próprias" letras!) no casamento do jogador de futebol Michael Ballack em Starnberg, perto de Munique, e "Happy Birthday" na celebração do aniversário de noventa anos de Nelson Mandela no Hyde Park, em Londres, em junho de 2008.

Para aqueles que são seus fãs desde o início, contudo, a onipresença de Elton estava começando a se tornar um problema. "Ele está em todos os lugares!", diz Stephan Heimbecher. "Está se apresentando em Vegas, está fazendo uma turnê com Billy Joel, fazendo *Red Piano*, e depois está se apresentando com a banda. Ele faz tantas apresentações ao mesmo tempo que às vezes até mesmo os maiores fãs perdem oportunidades de vê-lo ao vivo. Não consigo pensar em outro artista, novo ou velho, que seja tão visível e esteja sempre tentando fazer algo especial, sempre tentando ser o primeiro a fazer isso e aquilo, tocar nessa área."

Dito isso, Elton ao vivo nunca é menos que uma diversão tremenda. Nos shows solo e nas colaborações com Billy e Ray, Elton chega a passar quase três horas no palco. Os shows da turnê *Red Piano* foram cronometrados em cerca de noventa minutos, e foram, tal como aconteceu em Vegas, montados com perfeição. Apesar do fato de alguns fãs terem achado a tela que exibia vídeos uma distração, a turnê *Red Piano* recebeu elogios em toda a Europa. Ela voltava ao passado de forma revigorante, era uma lembrança da época em que os astros do rock faziam um esforço real para apresentar um bom show. "Eu havia me esquecido completamente de algumas das imagens, e enquanto estava lá sentado ficava pensando: 'Meu Deus, eu usei mesmo isso? Eu fiz mesmo aquilo?', Elton contou ao *Liverpool Echo* em outubro de 2009. "Sempre vesti algo especial para subir ao palco. Eu simplesmente não conseguia entrar no palco com o que usava na rua. Isso faz parte daquele tipo de pantomima britânica, seja o que for, um lance de herança que temos na Inglaterra. Artistas como Mick Jagger e David Bowie e Rod Stewart e Freddie Mercury, todos viemos disso e abraçamos isso."

Embora os preços dos ingressos para os seus shows estejam entre os mais caros, e embora alguns fãs tenham ficado decepcionados quando as primeiras fileiras das plateias para os shows da turnê *Red Piano* foram reservadas para "VIPs", eles sabiam que grande parte do lucro seria revertido para os vários projetos beneficentes de Elton. A "Giving List" [lista de doadores] do *Sunday Times* publicada em maio de 2009 colocou Elton na sétima posição, com um total em doações próximo à casa dos 42 milhões de libras só no ano de 2008. Seu comprometimento com causas de partidos políticos também foram evidenciadas por doações em dinheiro de Elton e de David Furnish em apoio aos Liberal-Democratas do Reino Unido. Mais controversa foi sua apresentação em um evento para arrecadar fundos para a candidata à presidente dos Estados Unidos pelo Partido Democrata Hillary Clinton em abril de 2008 no Radio City Music Hall, em Manhattan. O evento arrecadou US$ 2,5 milhões. Elton disse: "A razão pela qual estou aqui esta noite é para tocar música, mas, mais importante, como alguém que vem de fora e passa um bom tempo nos Estados Unidos [e] tem grande interesse nos processos políticos porque eles afetam o mundo inteiro. Sempre apoiei Hillary". Houve especulações de que o evento para arrecadação de fundos era ilegal, já que as leis eleitorais dos Estados Unidos proíbem a doação ou a arrecadação de dinheiro para candidatos por estrangeiros. Contudo, um porta-voz da Federal Election Commission [Comissão Federal Eleitoral] confirmou que não houvera crime: "A campanha de Hillary seguiu a lei. Desde 1987, a FEC tem declarado continuamente que indivíduos de nacionalidade estrangeira podem voluntariamente empregar seu tempo em campanhas, desde que não seja com fins financeiros. Elton John está simplesmente doando seu tempo gratuitamente para participar do concerto. Essa participação segue as regras da FEC."

Também houve mudanças em outras esferas da sua vida particular. Em outubro de 2008, por exemplo, ele atacou a diretoria do Watford FC após um mau começo em seu retorno ao campeonato, depois do que abdicou do seu título de presidente vitalício honorário um mês após ter demitido o técnico Aidy Boothroyd, que retornou ao clube na primavera seguinte quando novos donos assumiram o comando.

Mais controversa, contudo, foi a notícia de que o camareiro de longa data de Elton, Bob Halley, que depois se tornou seu gerente de negócios, chofer e assistente pessoal, deixou de ser funcionário no início de 2008. De acordo com relatos, Elton havia entrado com um processo contra Halley no Tribunal Superior "por razões ainda desconhecidas". Embora tenha havido muitas especulações sobre o que levou o relacionamento dos dois a um fim tão abrupto, nem Elton nem Halley fizeram quaisquer declarações sobre a separação.

Se os âmbitos pessoal e gerencial da vida de Elton passavam por um período de instabilidade, a música, por outro lado, alcançara grande estabilidade. Durante muitos anos, ele manteve essencialmente a mesma banda de turnê. No dia 2 de setembro de 2009, entretanto, a tragédia atingiu o grupo. O tecladista e operador de sintetizador Guy Babylon morreu com apenas 52 anos ao sofrer um infarto enquanto nadava em sua piscina. Stephan Heimbecher, *webmaster* do *website Hercules* de Elton John postou o seguinte tributo chocante: "Todos que conheciam Guy sabem que ele não apenas era um tecladista, arranjador e compositor muito talentoso mas também uma das pessoas mais legais do planeta". O lugar de Babylon seria assumido por Kim Bullard.

Um mês depois, Elton foi ainda mais abalado pela notícia de que Robert Key, diretor da Elton John Aids Foundation e integrante de sua equipe desde 1977, havia morrido depois de anos sofrendo de mielofibrose idiopática. Durante o período que ele passara no cargo, a Ejaf tornara-se o maior fundo relacionado ao HIV/aids do Reino Unido. "Em sua vida pessoal, Robert era sempre o primeiro a ajudar os amigos que precisavam dele, inclusive a mim", Elton disse em um tributo ao amigo em seu *website*."

O próprio Elton foi hospitalizado no final de outubro. Um porta-voz disse que ele havia "pegado gripe e contraído uma infecção da bactéria *coli*". Embora ele tenha recebido alta do King Edward VII Hospital, em Londres, no início de novembro, várias apresentações no Reino Unido e nos Estados Unidos tiveram de ser canceladas, inclusive o último show da turnê *Red Piano*, cuja temporada seria concluída na Echo Arena de Liverpool. "Será a última apresentação que faremos por um tempo da turnê *Red Piano*. Realmente gostamos de tocar em Liverpool em dezembro, a reação do público e a história musical da cidade nos convenceu de que a Echo Arena tinha de ser o local da nossa última apresentação no Reino Unido", Elton disse. No momento em que estas palavras são escritas, não há confirmação de que esses shows seriam remarcados.

No outono de 2009, foi anunciado que, depois de visitar um orfanato para crianças soropositivas em Makeyevka, Ucrânia, Elton expressara o desejo de adotar uma criança de catorze meses chamada de "Baby Lev". Uma fotografia de Elton com a criança apareceu na mídia. "Ele roubou meu coração. E roubou também o coração de David, e seria maravilhoso se pudéssemos ter um lar." As autoridades ucranianas, contudo, rejeitaram o pedido de Elton por sua idade e pelo estado civil. No Reino Unido, Adrian Lovett, do Save the Children, embora tenha aplaudido a preocupação de Elton, disse ao *Guardian* que "havia o risco de seus comentários transmitirem uma mensagem perigosa sobre a adoção internacional. A maioria dos órfãos nas instituições, inclusive na Ucrânia, tem um ou dois pais ainda vivos ou outros familiares que poderiam cuidar delas com o apoio certo".

Elton tem trabalhando sem cessar em projetos beneficentes. Em 2006, o lendário produtor musical Bob Ezrin chamou Elton de "filantropo do século", acrescentando: "Todas as coisas que Elton fez pela comunidade, do comprometimento com a consciência em relação à doença à transformação da aids em um tópico aceitável para discussões na nossa indústria e arrecadando tanto dinheiro para a luta contra a aids e o HIV é incrível. Só podemos esperar algum dia poder ser como ele".

"Uma das melhores coisas no rock'n'roll é que alguém como eu pode ser um astro", Elton disse certa vez ao olhar para trás, para a época em que quem ganhava mais elogios eram os astros mais bonitos e de atitude mais ousada, enquanto ele sentava-se atrás do piano e martelava suas músicas. No final, apesar da vida impressionante que tem levado até hoje, é provável que Elton John seja o superastro pop mais comum que já passou por este mundo.

EPÍLOGO

De: Gary Osborne
Para: David Buckley
Assunto: Livros

Querido Dave

Achei que você gostaria de saber sobre a noite fantástica que Lorna e eu passamos com Elton logo depois do lançamento do seu livro. Os amigos de Kiki, Hazel e Phil deram uma festa surpresa para o seu aniversário de sessenta anos no luxuoso Le Manoir aux Quat'Saisons, de Raymond Blanc. Um elegante jantar de oito pratos para cerca de vinte dos amigos e familiares mais próximos de Keek, foi uma noite verdadeiramente espetacular.

A chegada de Elton foi algo inesperado, como se ele tivesse caído do céu (literalmente, visto que ele chegou de helicóptero), e foi ótimo passar algum tempo com ele depois de tantos anos. Kiki sentou-se entre mim e EJ, que fez uma homenagem a ela hilariante e afetuosa criada na hora. Eu tinha quase esquecido de como ele pode ser engraçado. Eu precisaria ter passado uma semana preparando aquele discurso. Nós passamos a noite rindo, fofocando e provocando um ao outro, e os anos simplesmente desapareceram. Foi como voltar no tempo.

Em certo ponto, perguntei a Elton se ele havia lido seu livro, acrescentando casualmente que estava com uma cópia. "Quão patético eu seria se ficasse sentado o dia inteiro lendo livros sobre mim?", ele respondeu. "Bom", eu disse. "Então não leu o que escrevi sobre você no prólogo." "Você está de brincadeira, você realmente escreveu o prólogo?", ele perguntou. "E de que outro jeito eu me garantiria?", respondi.

No final da noite, quando já estávamos nos despedindo, Elton perguntou se eu podia lhe dar minha cópia do seu livro: "Uma coisa para ler no helicóptero." Eu dei a ele a cópia autografada que você me mandou.

Dois meses depois, esbarrei com Elton no Ivor Novello Awards. Ele sabe que faço parte do Comitê do Ivor, então tentou obter informações sobre quem ganharia o quê. Quando nos despedimos, ele me deu um beijo carinhoso, então, ao que parece, acho que ele não detestou tanto seu livro.

Cuide-se
Tudo de bom

Gary O

APÊNDICE

PAUL BUCKMASTER CONVERSA COM DAVID BUCKLEY

Faz quarenta anos que o álbum clássico *Elton John* foi lançado. O arranjador/compositor/maestro e instrumentista Paul Buckmaster concede uma entrevista exclusiva a David Buckley para falar sobre o processo de produção do álbum.

David Buckley: Os arranjos orquestrais que você colocou no álbum são impressionantes e revolucionários, e mesmo hoje continuam parecendo contemporâneos. Você diria que o que fez nesse álbum está entre seus melhores trabalhos?

Paul Buckmaster: Fiquei muito feliz com "Sixty Years On" (a letra de Bernie é muito intensa), com "Take Me To The Pilot" e, na verdade, com praticamente todo o álbum. Mais uma vez, preciso ressaltar que o fato de Elton ter dado carta branca a mim e a Gus foi essencial para que o disco fosse tão bom.

DB: Como foi a criação dos arranjos? Foi um trabalho duro?

PB: Foi um trabalho "duro" apenas no sentido de ter requerido muitas horas de cuidados intensos, criativos e concentrados, mas foi profundamente satisfatório e muito divertido. Se o trabalho foi duro, eu adoro. Gus e eu iniciamos o processo com vários dias consecutivos de "rotinização", isto é, examinando cada música e definindo a estrutura dos arranjos. Cada um de nós tinha uma cópia das letras e fazíamos anotações ao longo do processo.

Quando eu voltava para o apartamento onde alugava um quarto na época, eu me sentava à mesa de trabalho com um gravador, uma fita com demos, fones de ouvido e papel para partitura. O quarto era muito pequeno, com espaço suficiente apenas para uma pequena cama de casal, uma bacia para lavar o rosto, um armário e, é claro, uma mesa de trabalho, mas era perfeito para trabalhar com tranquilidade à noite preparando os roteiros para as sessões do dia seguinte. Eu tinha um copista de plantão, e à medida que concluía cada partitura, chamava um mensageiro para ir pegá-la enquanto eu passava para a música seguinte, e assim por diante, até que os títulos necessários para as sessões do dia seguinte estivessem todos prontos e encaminhados para ser copiados.

Quando eu chegava ao Trident Studios, às 9:30, as partituras e partes de cada um já estavam lá, trinta minutos antes da primeira batida (início da sessão).

Agora, como eu não tinha o luxo de ter um piano para trabalhar no ajuste dos tons etc., eu escrevia "de cabeça", ouvindo a demo de cada música nos fones de ouvido. Tudo que você ouve dos meus arranjos naqueles discos vieram diretamente da cabeça para o papel com o uso de lápis e borracha. Durante os anos que precederam o MIDI e o arranjo por computador, ninguém sabia ao certo o que ouviria até que o arranjador/maestro fizesse a contagem ou regesse o grupo [de músicos] nos primeiros compassos da obra.

Bem, você podia tocar uma redução para piano do arranjo, ou cantar ou assobiar partes ou linhas individuais, mas só conseguia uma impressão geral muito vaga do que o arranjo completo teria. Só quando todo o grupo tocava era que podíamos finalmente ouvir o som que havíamos criado.

Contudo, é claro, desde a época em que comecei a apresentar modelos da pré-produção de arranjos finalizados em 1985, feitos usando computador e com samplers controlados por MIDI etc., produtores e artistas passaram a esperar ouvi-los, portanto não há mais surpresas. Nenhuma surpresa desagradável, mas nenhuma boa também, ha ha!

DB: Quem teve a ideia de acrescentar uma seção rítmica e uma orquestra e de gravá-las ao vivo?

PB: A questão nunca foi abordada dessa forma; cada música era arranjada de acordo com suas necessidades. Também devemos lembrar que estávamos gravando em fita, e estávamos limitados a oito canais. Os gravadores de oito canais Ampex, 3M, MCI ou Studer sel-sync de 1 polegada rodavam a 7,5 pps ou 15 pps (polegadas por segundo). Na época, a maioria das gravações profissionais eram feitas a 15 pps. Acho que a Dolby Noise Reduction ainda estava em uma fase experimental, e, pelo que me lembro – talvez esteja errado –, só ficou disponível alguns meses depois da gravação do álbum *Elton John*.

Portanto (eu acho!), estávamos sujeitos ao zumbido inerente às fitas pré-Dolby.

A limitação da gravação com oito canais – que na época não era considerada uma limitação, mas grande progresso – era que tínhamos de gravar o máximo possível de uma vez só. É claro que a limitação não era tão grande quanto a do mono, ou do estéreo de dois canais, ou de quatro canais, mas significava que, quando se planejava uma orquestração completa – isto é, madeiras, metais, percussão extra, seção rítmica, harpa e cordas (como aparecem de cima a baixo em qualquer partitura) –, tínhamos de alocar tudo com todo o cuidado.

Elton deu tanto a mim quanto a Gus liberdade total para arranjarmos as músicas como quiséssemos. Gus e eu nos sentamos por três ou quatro dias consecutivos no escritório dele planejando cuidadosamente a orquestração exata para cada música. Assim, por exemplo, em "Your Song" sugeri que a bateria só entrasse no terceiro verso, deixando a introdução, os primeiros dois versos e o primeiro refrão com piano, harpa, violão com cordas de náilon, contrabaixo acústico (aquele "em pé") – um crescimento gradual, com violoncelos entrando no segundo verso e as cordas mais agudas e flautas entrando no primeiro refrão. Isso tornou a entrada da bateria e do baixo elétrico – que seguia a mesma parte escrita em uníssono com o contrabaixo acústico – mais excitante.

Também fui responsável pelo arranjo das seções rítmicas dos primeiros três álbuns, inclusive *Friends*.

Gus e eu sabíamos de que tipo de coisas gostávamos, e foi uma feliz coincidência que gostássemos basicamente das mesmas coisas, e melhor ainda que gostássemos muito de trabalhar juntos. Você pode imaginar que aquela era uma oportunidade maravilhosa de aprender e se divertir!

Voltando a sua pergunta, fui procurado por Elton e por Steve Brown precisamente porque eu vinha compondo em um certo tipo de estilo para uma combinação de seção rítmica e orquestra em várias das gravações que fiz na época.

Aquele "certo tipo de estilo" não havia sido algo que eu procurara conscientemente; ele se desenvolvera em parte da minha própria ingenuidade e ignorância em relação aos truques e atalhos a que a maioria dos arranjadores do pop estava (e continuam) tão acostumada a usar. Eu não fazia ideia da existência de nenhum desses truques, e sou completamente autodidata no que diz respeito a composição, orquestração e arranjo; eu havia estudado violoncelo apenas até a harmonia básica de terceiro grau, e tive de passar por um curso rápido de autoaprendizagem a fim de me tornar competente nesse campo. Assim, eu compunha como somente eu sabia – isto é, de uma perspectiva inteiramente clássica combinada ao que eu sabia sobre a abordagem do jazz.

Dito isso, na época havia vários arranjadores que apontavam para certas direções. Entre eles, é claro, estava o incomparável George Martin, que também estava sempre experimentando...

Bem, voltando a sua pergunta. Ninguém teve a ideia de gravar uma seção rítmica e uma orquestra "ao vivo" como se essa fosse uma nova forma de gravar; esse era o jeito de fazer as coisas no início da era da gravação. Era uma prática comum gravar tudo de uma vez em mono e depois em estéreo. Somente com o advento dos gravadores multicanais – e agora com os sistemas com disco rígido com um número quase ilimitado de canais – é que as partes diferentes de qualquer música ou obra musical passaram a poder ser gravadas e acrescentadas separadamente.

Para aquele primeiro álbum de Elton, *Elton John*, nós – isto é, Gus e eu – planejamos cada dia do regime de sessões de oito dias consecutivos com muita rigidez, de forma muito consciente em relação às limitações orçamentárias. Então, por exemplo, em "Take Me To The Pilot" compartimentamos o baixo (Alan Weighll), a bateria (Barry Morgan) e a guitarra elétrica de Caleb Quaye, isto é, os isolamos da sala de gravação principal do Trident, com o piano de Elton (a tampa com uma haste curta e com um cobertor acolchoado grosso cobrindo a abertura) e a seção de doze integrantes de violoncelo regida por mim na sala principal. Os vocais de fundo (Madeleine Bell, Tony Burrows, Roger Cook, Lesley Duncan, Kay Gamer, Tony Hazzard e Barbara Moore) e as congas (Denis Lopez) foram feitos mais tarde, em *overdubs*. O solo instrumental foi composto para seis dos doze violoncelos, enquanto os outros tocavam um acompanhamento, tudo parte da primeira faixa ao vivo; depois fizemos um *overdub* da guitarra elétrica de Caleb com a linha dos violoncelos.

Outra coisa: eu havia sugerido a Gus que "flangeássemos" os violoncelos – *flanging* é o método *mecânico* direto desenvolvido nos anos 1960 para a criação daquele efeito de *phasing* sibilante psicoacústico estranho que parece varrer a frequência que roda em volta da sua cabeça e dentro dela – e é isso que fazíamos. Ou, em vez disso, durante a própria mixagem eu colocava a unha do polegar diretamente no flange (daí o nome) de alumínio da fita de 10 polegadas no segundo gravador de ¼ de polegada (que gravara a faixa dos violoncelos direto em estéreo) para gerar o som real desse efeito. Você pode ouvir isso claramente no disco. Em seguida, o controle da velocidade de um segundo gravador era feito com mais simplicidade e, talvez, maior controle com um oscilador variável de velocidade.

O álbum *Elton John* foi gravado e mixado em doze dias consecutivos.

DB: Fale-me sobre como foi arranjar "Your Song".

PB: Como ocorria à maioria das músicas de EJ na época, o arranjo foi baseado no piano de Elton e em torno dele. Sugeri a Gus que só adiássemos a entrada da seção rítmica até o terceiro verso. Elton toca a introdução, e parte das cordas – os violoncelos – entra no primeiro verso.

DB: A técnica é muito eficaz e enfatiza a vulnerabilidade da letra na primeira metade da música por expô-la sem adornos. Qual é a sua música favorita no álbum *Elton John* e por quê?

PB: "Sixty Years On". Basta ouvi-la – a letra, mas também a faixa como um todo. Também sou louco por "Pilot". Mas, como disse antes, fico muito satisfeito com o resultado do álbum, inclusive, é claro, com "Your Song"!

DB: "Sixty Years On" é uma obra musical incrível, não é mesmo? Sei que você já contou a história sobre a introdução em outro lugar, mas conte-me outra vez!

PB: Acho que ela é uma das músicas mais poderosas de Bernie e Elton. A introdução estranha não foi planejada. Na verdade, eu pretendia começar com a harpa.

O que aconteceu foi: tivemos um problema técnico na sala de controle. O gravador multicanal estava com defeito, e com isso tivemos um hiato de uns 25 minutos, e enquanto isso fiquei esperando embaixo no estúdio com a seção de cordas.

O teto do estúdio principal do Trident ficava a dois andares, com a sala de controle no segundo andar, de onde a janela à prova de som dava para baixo, oferecendo uma vista dos músicos. O grande compartimento, onde colocávamos a bateria e instrumentos amplificados sempre que precisávamos isolá-los da sala principal, ficava localizado diretamente embaixo da sala de controle.

Então lá estava eu, esperando que os técnicos consertassem o gravador, e em vez de dizer aos músicos que relaxassem e fizessem um intervalo (ninguém sabia quanto tempo levaria para que o reparo fosse feito), pensei em experimentar algumas ideias que eu havia tido, inspiradas em uma obra de Krzysztof Penderecki chamada "Polymorphia" ("muitas formas"), para uma seção de cordas de 48 peças. Tirando vantagem da tranquilidade resultante da inércia, ditei várias notas para as diferentes partes da seção de cordas, dividindo as notas em entradas diferentes: primeiro violinos, segundo violas, violoncelos e contrabaixo, com instruções específicas sobre como tocá-los.

Todos os músicos da seção anotaram o que ditei na parte de trás das partituras preenchidas, e quando terminaram comecei a regê-los sem marcar o compasso, mas indicando com gestos da mão e do braço suas entradas e a dinâmica e quando exagerar no vibrato, que você pode ouvir na gravação.

Enquanto isso, sem que eu tivesse sido informado, o multicanal havia sido consertado, e, àquela altura, ao ouvir o que eu estava fazendo com a seção, Gus havia instruído o operador de fita a começar a gravar.

Meu pequeno experimento durou apenas alguns minutos, e quando acabamos a voz de Gus veio pelo sistema de comunicação por alto-falante dizendo que o problema havia sido resolvido e que estávamos prontos para gravar "Sixty Years On". Então começamos a fazer isso, começando com a bela harpa de Skaila Kanga, uma transcrição da parte original de piano de Elton que eu havia anotado com pequenas modificações enquanto compunha os arranjos.

Skaila, se me lembro bem, estava na sala principal isolada por gobos. Gobo é uma tela acústica removível. Podemos colocar várias delas em torno de um músico, e com isso aumentamos a sua isolação dos outros microfones e damos ao arranjador, ao produtor e aos engenheiros de balanço e mixagem um controle maior dos níveis relativos da parte "separada".

Colin Green, que toca o belíssimo violão clássico na maior parte do tempo a partir da sua própria imaginação, já que eu havia escrito apenas os primeiros compassos de cada seção – escrevendo os símbolos dos acordes para o restante da parte dele, o que dá ao músico certo grau de liberdade e flexibilidade –, estava no compartimento isolado embaixo da sala de controle.

A única parte (além do vocal de Elton) que foi acrescentada por *overdub* foi o órgão Hammond B3 tocado por Brian Dee.

Assim que comecei a ensaiar e gravar as músicas para o restante da sessão e do projeto, esqueci do experimento, sem saber sequer que ele havia sido gravado, e embora estivesse presente durante todas as mixagens, às vezes auxiliando Gus e Robin Cable nos *faders*, não ouvi a edição *cross-fade* de Gus até começarmos a montar a ordem final das faixas, e não fiquei feliz com o resultado, já que eu não o havia ouvido – ou visualizado – daquela forma quando estava compondo os arranjos.

Eu teria ficado bem mais feliz se tivesse tido a oportunidade de criar uma introdução estilo Penderecki mais cuidadosamente composta e trabalhada (e mais efetivamente, do meu ponto de vista).

Mas, como foi assim que aconteceu, tenho de conviver com esse fato como consumado, e já que ninguém sabe como ela teria ficado de outra forma, ela é apreciada pelos fãs e pelos ouvintes de Elton em geral, e fico feliz por eles gostarem!

DB: Você se relacionava socialmente com Elton?

PB: De forma geral, fora das sessões de gravação, não. Durante as gravações – isto é, durante o período que passávamos no estúdio – a equipe pedia comida chinesa ou as pizzas capazes de viciar qualquer um de uma famosa e única cadeia inglesa, que foi a primeira do tipo no Reino Unido. Ocasionalmente, todos nós íamos almoçar ou jantar no restaurante chinês ou indiano mais próximo do Soho e fazíamos uma boquinha rápida. Basicamente, isso era tudo. É claro que tínhamos sempre o excelente chá preparado pelo nosso rapaz do chá ou pelos operadores de fita, os quais se tornaram engenheiros e produtores muito bem-sucedidos!

Fui convidado para a festa de quarenta anos de EJ, e depois, quando estávamos trabalhando em *Made In England*, para o de cinquenta, e compareci a ambos.

DB: Tendo trabalhado tanto com David Bowie quanto com Elton John por volta da mesma época, quais você acha que são as principais qualidades de cada um como compositor e intérprete?

PB: Considero esse tipo de comparação no mínimo inconveniente, mas posso dizer o seguinte: como David Bowie escreve suas próprias letras e tem uma ideia muito bem definida do conceito que deseja desenvolver em todos os seus projetos de gravação, os processos criativos dos dois são muito diferentes! Para enfatizar essa diferença, basta notar que Elton compõe suas músicas depois de receber um conjunto de letras. Sua maravilhosa criatividade está em dar uma bela atmosfera musical às belas poesias/letras escritas por Bernie Taupin.

DB: Qual foi o papel que o álbum *Elton John* teve nos álbuns seguintes de Elton e de outros artistas do período?

PB: Acho que você terá de perguntar isso a Elton, aos "outros artistas" e talvez a "especialistas" (ha, ha)! Mas acho que podemos ouvir ecos do estilo distinto de Elton em várias outras gravações realizadas ao longo dos anos. Não consigo pensar em nenhuma em particular, mas de vez em quando, no rádio e em outros lugares, ouço faixas que parecem "eltonianas", seja nos vocais, seja no piano, ou em ambos, ou ouço cordas que lembram muito o meu estilo de composição, e aí preciso parar e pensar: "Fui eu quem escreveu isso?".

DB: Como era trabalhar com Gus Dudgeon?

PB: Maravilhoso; sempre criativamente inspirador e muito divertido.

DB: Por que você não foi envolvido no projeto *Live In Australia*?

PB: Não faço ideia. Recebi um telefonema do escritório de EJ mais ou menos um ano antes do concerto de Melbourne perguntando se eu estava interessado, e respondi que sim, que grande ideia! (O papa mora no Vaticano?) No mesmo dia, comecei a ter ideias para expandir os arranjos para uma orquestra inteira. Lembre-se: quando fazíamos os discos, tínhamos muitas limitações, e não tínhamos o luxo de uma orquestra sinfônica completa de setenta a noventa peças, e quando regi o primeiro concerto orquestral ao vivo de Elton John no Royal Festival Hall, também estávamos limitados às formações que havíamos usado no disco. Isto é, a uma seção de cordas de 21 peças, harpa, algumas madeiras e à percussão LA (latino-americana).

No segundo concerto do RFH, tivemos o incrível luxo da Royal Philharmonic Orchestra, para a qual pude escrever algumas revisões e expansões.

Mas quando recebi o telefonema para o concerto australiano, anos haviam se passado, e eu havia desenvolvido meus conhecimentos, minhas habilidades e minha criatividade, e naquele dia me senti tão inspirado que peguei um dos pequenos livros para esboços de partituras que carregava comigo e comecei a anotar algumas ideias divertidas para revisar os arranjos, já que eu estava viajando para casa, em Barnes, no ônibus nº 9...

DB: Atualmente, qual é o seu envolvimento nos projetos musicais de Elton?

PB: Nenhum, embora tenha havido conversas sobre um projeto de gravação de EJ com o produtor John Shanks. Até agora, ninguém me procurou.

DB: Sei que você é muito ativo como músico e arranjador. Em que projetos você tem trabalhado recentemente?

PB: No novo álbum de Mika; Brandi Carlile; Toni Braxton; Amana Melome; Jacqui Dankworth; Eros Ramazzotti; Chris Mann; Jamie Cullum; Paul Tingen; Meja Beckman; Paolo Nutini; Pat Monahan e atualmente Ben Folds. Também estou compondo minhas próprias obras, que serão gravadas em breve, e arranjando músicas compostas em colaboração com meus amigos Arlene Matza-Jackson e Noa Dori.

BIBLIOGRAFIA

Segue-se uma lista dos livros mais importantes consultados durante as pesquisas para este livro. Merecem menção especial a biografia detalhada de Elton escrita por Philip Norman e a entrevista curta, mas informativa, feita por Paul Gambaccini com Elton e Bernie em 1974.

LIVROS

Bernardin, Claude e Tom Stanton. 1996. *Rocket Man: Elton John From A–Z*, Praeger.

Bright, Spencer. 1998. *Essential Elton*, Chameleon.

Bowie, David e Mick Rock. 2005. *Moonage Daydream: The Life and Times of Ziggy Stardust*, Cassell Illustrated.

Cass, Caroline. 1998. *Elton John's Flower Fantasies: an Intimate Tour of his Houses and Gardens*, Phoenix.

Charlesworth, Chris. 1986. *Elton John*, Bobcat Books.

Chippindale, Peter e Chris Horrie. 1992. *Stick It Up Your Punter!: The Rise And Fall Of The Sun*, Mandarin.

Clarke, Gary. 1995. *Elton, My Elton*, Smith Gryphon Limited.

Ellis, Geoffrey. 2004. *I Should Have Known Better: A Life In Pop Management – The Beatles, Brian Epstein and Elton John*, Thorogood.

Ewbank, Tim e Stafford Hildred. 2003. *Rod Stewart: The New Biography*, Portrait.

Forbes, Bryan. 1993. *A Divided Life*, Mandarin.

Gambaccini, Paul. Ed. 1974. *Elton John And Bernie Taupin*, Star Books.

Giles, David. 2000. *Illusions of Immortality: A Psychology of Fame And Celebrity*, MacMillan.

Harris, Bob. 2001. *The Whispering Years*, BBC.

Heath, Chris. 2004. *Feel: Robbie Williams*, Ebury Press.

Heatley, Michael. 1998. *Elton John: The Life Of A Legendary Performer*, Colour Library Direct.

Herman, Gary. 2002. *Rock'n'Roll Babylon*, Plexus.

Howe, Peter. 2005. *Paparazzi*, Artisan Books.

Humphries, Patrick. 1998. *A Little Bit Funny: The Elton John Story*, Aurum.

John, Sir Elton. 2005. Prólogo de *4 Inches*, Co. & Bear Productions.

John, Elton e Bernie Taupin. 1991. *Two Rooms: Elton John And Bernie Taupin In Their Own Words*, Boxtree.

Jones, Dylan. 2005 *iPod, Therefore I Am: A Personal Journey Through Music*, Weidenfeld & Nicolson.

Jones, Lesley-Ann. 1997. *Freddie Mercury: The Definitive Biography*, Hodder & Stoughton.

Leigh, Spencer. 2000. *Brother Can You Spare A Rhyme? 100 Years Of Hit Songwriting*, Spencer Leigh Limited.

Lim, Gerrie. 2005. *Idol To Idol*, Cyan Books.

Malins, Steve. 2005. *Duran Duran: Notorious – The Unauthorised Biography*, Andre Deutsch.

Morgan, Piers. 2005. *The Insider: The Private Diaries Of A Scandalous Decade*, Ebury Press.

Napier-Bell, Simon. 2002. *Black Vinyl, White Powder*. Ebury Press.

Norman, Philip. 2000. *Sir Elton: The Definitive Biography Of Elton John*, Pan.

O'Neill, Terry e A. A. Gill. 2003. *Celebrity: The Photographs of Terry O'Neill*, Little, Brown.

Parkinson, Judy. 2003. *Elton: Made in England*, Michael O'Mara Books.

Paytress, Mark. 2002. *Bolan: The Rise And Fall Of A Twentieth Century Superstar*, Omnibus Press.

Peebles, Andy. 1981. *The Lennon Tapes*, Publicações BBC.

Peebles, Andy. 1981. *The Elton John Tapes – Elton John In Conversation With Andy Peebles*, "21 At 33".

Quaye, Caleb com Dale A. Berryhill. 2006. *A Voice Louder Than Rock & Roll*, Vision Publishing.

Rojek, Chris. 2001. *Celebrity*, Reaktion Books.

Rosenthal, Elizabeth J. 2001. *His Song: The Musical Journey Of Elton John*, Billboard Books.

Stephenson, Pamela. 2001. *Billy*, Harper Collins.

Taupin, Bernie. 1976. *The One Who Writes The Words For Elton John – Complete Lyrics From 1968 to Goodbye, Yellow Brick Road*, Aldridge, Alan & Mike Dempsey eds. Jonathan Cape.

— 1988. *A Cradle Of Haloes: Sketches Of A Childhood*, Aurum.

Venables, Terry e Neil Hanson. 1995. *Venables: The Autobiography*, Penguin.

Watts, Mark. 2005. *The Fleet Street Sewer Rat*, Artnik.

Windsor, Barbara e Robin McGibbon. 2001. *All Of Me: My Extraordinary Life*, Headline.

ARTIGOS

Aizlewood, John. 2001. "Sir Elton John: Cash For Questions", *Q*, 172, janeiro.

Anon. 1971. "Rasen's Top Of The Pops Wedding", Market Rasen Nostalgia website, http://www.featurestoday.co.uk

Anon. 1971. "The Rock Family Affair – Elton John", *Life*, 24 de setembro.

Anon. 1994. *Barbara Walters Special* [entrevista com Elton John] transcrita por Bev Vincent, http://www.vex.net/~paulmac/elton/articles/19940321_bw.html

Anon. 1997. "Ciao, Chubby. Revealed: Versace's New Supermodel", *The Sunday Times Magazine*, 5 de janeiro.

Anon. "Fired By The Rocket Man", *Punch*.

Anon. 2000. "Kiss... And Break up", [entrevista com John Reid], *Scotland's Daily Record-Mail.co.uk*.

Bangs, Lester. 1972. "Bernie Taupin", *Phonograph Record*, março.

Bernardin, Claude. 2005. "A Single Man", ensaio na internet. http://www.vex. net/-paulmac/elton/articles/ASingleMan.html

Berryhill, Dale. 2000. "Interview With Nigel Olsson", *Elton Expo 2000*, 2 de setembro, http://www.angelfire.com/ca/nigelfanclub/berryhill.html

Black, Johnny. 1995. "Eyewitness [relato da apresentação de Elton na Shoreditch College, 1977], *Q* 101, fevereiro.

Bronson, Harold. 1973. "What Do Bowie, Elton, And Mantovani Have In Common?", *Music World*, 1.º de junho.

Buckley, David. 2006. "A Life Less Ordinary – The Continued Comeback of The Queen Mum Of Pop" [resenha do Captain And The Kid], *Mojo*, outubro.

Burchill, Julie. 1994. "I'm The King Of The Bungle", *The Sunday Times*, 9 de outubro.

Cardiff University. 2002. "Research Reveals Myth Of A Nation United In Grief After Diana's Death", www.scienceblog.com/community/older/2002/G/20021855.html

Carr, Roy. 1978. "A Single Man", *NME*, 28 de outubro.

Charlesworth, Chris. 1973. "Elton's Finest Hour!", *Melody Maker*, 15 de setembro.

Christgau, Robert. 1976. "Elton John", de *The Rolling Stone History Of Rock & Roll*.

Chittenen, Maurice. 2005. "Secrets Of A Fleet Street Rubbish Man", *The Sunday Times*, 13 de março.

Clarke, Rick. 2002. "Gus Dudgeon, 1942-2002", *Mix*, 1.º de outubro.

Clements, Paul. 1999. "Stonewall Equality Show", [resenha ao vivo] http://www.Music365.co.uk 2 de dezembro.

Coleman, John. 1970. "Elton John: The Radio One Hype", *Friends*, 2 de outubro.

Coon, Caroline. 1975. "Elton John: I Want To Chug, Not Race", *Melody Maker*, 21 de junho.

Cooper, Mark. 1991. "Trembling" [resenha de *Two Rooms*], *Q* 62, novembro.

Couzens, Gerard. 2000. "Sad, Lonely Life Of The Woman Who Loved And Lost Elton", *Sunday Mirror*, 4 de junho.

Cowton, Mike. 1973. "Don't Shoot Me I'm Only The Lyricist", *NME*, 10 de março.

Cromelin, Richard. 1973. "The Elton John Career", *Phonograph Record*, novembro.

Cromer, Ben. 1997. "Producer Dudgeon's Flair Felt Beyond His Elton Classics", *Billboard*, 26 de abril.

Dangerfield, Andy. 2006. "Kelvin MacKenzie: Old Mac Opens Up", *Press Gazette*, 11 de outubro.

Deevoy, Adrian. 1995. "Nobody's Perfect" [entrevista com Elton John], *Q*, 103. abril.

Dodd, Vikram. 1999. "Elton John Has Pacemaker Fitted", *The Guardian*, 10 de julho.

Doyle, Tom. 2006. "Fantastic Voyage", *Mojo* 155, outubro.

Duncan, Andrew. 2000. Elton John Interview, *Radio Times*, 20-26 de maio.

Edmonds, Ben. 1975. "Elton John: Rock Of The Westies (MCA)", Phonograph Record, novembro de 1975.

Ellen, Barbara, 1997. "It's A Little Bit Funny – How People Love Elton", [resenha ao vivo], *The Observer*, 14 de dezembro.

Falco, Sue. 2001. "Elton John Guitarist Davey Johnstone Suffers Loss Of Son", Yahoo.com, 10 de maio.

Farber, Jim. 1992. "Elton John: The One: Music Reviews", *Rolling Stone*, 638.

Farndale, Nigel. 1997. "Honest John", *The Sunday Telegraph Magazine*, 14 de setembro.

Felton, David. 1971 "Elton John", *Rolling Stone*, 10 de junho.

Flynn, Paul. 2005. "Interview with Elton John and David Furnish", *The Sunday Times*, 27 de novembro.

Fong-Torres, Ben. 1974. "The Four-Eyed Bitch Is Back: Elton". *Rolling Stone*, 21 de novembro.

Forrest, Emma. 1997. "The Singer Not The Song", *The Guardian*, 10 de setembro.

Fountain, Nigel. 1976. "Elton John: A Matter Of Numbers", *Street Life*, 19 de maio – 11 de junho.

Frith, Simon. 1975. "Elton John: *Greatest Hits;* Randy Newman: *Good Old Boys;* Pete Atkin: *Secret Drinker, Let It Rock*, janeiro.

— 2001. "Pop Music", em Simon Frith, Will Straw e John Street (eds.), *The Cambridge Companion To Pop And Rock*, Cambridge University Press.

Furnish, David. 1996. "My Life With Elton", *Radio Times*, 6-12 de julho.

Gambaccini, Paul. 2005. "Captain Fantastic And The Brown Dirt Cowboy", notas de capa.

Garrett, Susanne. 1976. "Bernie Taupin In Words And Pix", *Melody Maker*, 17 de abril.

Gilbert, Jerry. 1973. "Starship Trouper", *Sounds*, 15 de setembro.

Gittins, Ian. 2004. "He's Still Standing", *The Guardian*, 13 de novembro.

Goldman, Albert. 1993. "Rock Goes Hol-ly-wooood!", de Albert Goldman, *Sound Bites* (Abacus, 1993) [originalmente publicado em *Travel And Leisure*, 1974]

Goldman, Vivien. 1976. "Elton John: Ol' Four Eyes Is back", *Sounds*, 8 de maio.

Greenfield, Robert. 1970. "Elton John Steams 'Em Up'", *Rolling Stone*, 12 de novembro.

Grove, Valerie. 2001. "Elton Chose To Just Cut Me Off. I Had Seen Him Do It In The Past" [entrevista com John Reid], *The Times*, 21 de abril.

Headley, Caroline. 2005. "Exclusive: Go To Elt", *The Mirror*, 23 de dezembro.

Hibbert, Tom. 1992. "Two Rooms [resenha do livro]", *Q* 65, fevereiro.

Hilburn, Robert. 1992. "Elton John On His Days Of Drugs And Despair", *Chicago Sun-Times*, 30 de agosto.

— 1997. "Relighting 'Candle' For Di", *LA Times*, 14 de setembro.

— 1997. "Amid All Of His Sorrows, He's Still Standing", *LA Times*, 26 de setembro.

Holden, Stephen. 1979. "Elton John: No Future? Apathy In The U.K." [resenha de *A Single Man*], *Rolling Stone*, 25 de janeiro.

— 1981. *The Fox* album review, *Rolling Stone*, 6 de agosto.

Hope, Adrian. 1975. "Honky Château", *Studio Sound*, maio.

Irwin, Colin. 1979. "Elton: No-Go Disco", *Melody Maker*.

Jackson, Alan. 2004. "Tantrums And Tributes" [entrevista com Elton John e Billy Connolly], *Radio Times*, 27 de novembro – 3 de dezembro.

Jahr, Cliff. 1976. "Elton John: It's Lonely At The Top", *Rolling Stone*, 7 de outubro.

Jenkins, David. 2001. "His Songs", *Sunday Telegraph Magazine*, 9 de setembro.

John, Elton. 2006. Elton John interviews Scissor Sisters, *Interview*.

Jones, Cliff. 1997. "Sound Your Funky Horn: Elton John", *Mojo* 47, outubro.

Jones, Sam. 2004. "Elton's Radio 1 Outburst", *The Guardian*, 9 de novembro.

Joseph, Tim. 1994. "Reg Dwight's Piano Goes Pop", Notas de capa, outubro.

Kane, Peter. 1994. "Mangled" [resenha de *Duets*], *Q*, janeiro.

Kelso, Paul. 2000. "Elton John Tells of His Epic Spending Sprees", *The Guardian*, 16 de novembro.

King, Larry, 2004. Interview With Elton John, CNN. Transcrição: http://www.hyenaproductioi»s.com/whois+may2004.htm

Leve, Ariel. 2004. "Honest John" *The Sunday Times*, 31 de outubro.

Maconie, Stuart. 1993. "Little Miss Can't Be Wrong" [entrevista com Kate Bush Interview], *Q*, 87, dezembro.

Matlock, George. 1999. "Healing Hands" [entrevista com Nigel Olsson], *Hercules*, novembro.

Mendelssohn, John. 1970. "Eton John: *Elton John*", *Rolling Stone*, 12 de novembro.

McCormick, Neil. 2005. "Elton The Indiscreet", *Daily Telegraph*, 4 de agosto.

McGibbon, Rob. 2006. "Press Conference With... Kelvin Mackenzie". www.robmcgibbon.com, 11 de outubro.

McGrath, Rick e Mike Quigley. 1971. "This Is Your Song: The Elton John Interview", *The Georgia Straight*, 11 de abril.

Murray, Charles Shaar. 1972. "Step Right Up And Feel The Man's Muscles: *Honky Château*", *Creem*, junho.

— 1974. "Elton John", *NME*, 26 de janeiro.

Nauman, Zoe, 2005. "I Was Nearly Mrs Elton John", *Sunday Mirror*, 18 de dezembro.

Newton, Victoria. 2006. "Elton John: My Lost Friends", *Sun*, 15 de setembro.

O'Sullivan, Kevin. 2005. "Elton: I'm Glad Kate Was Caught", *The Mirror*.

Parales, Jon. 1997. "Critic's Notebook", *New York Times*, 15 de setembro.

Parsons, Tony. 1995. "Elton John", *Daily Telegraph*, 8 de abril.

Pond, Steve. 1979. "Elton John's Subdued Return", *Rolling Stone*, 15 de novembro.

Prentice, Thomas. 1978. "Can TV's Mr Jingle Rock Elton John Back To The Top Of The Hit Parade?", *Daily Mail*, 5 de setembro.

Raphael, Amy. 2004. "A Star Is Reborn", *The Observer*, 19 de setembro.

Rensin, David. 1973. "Performance: Elton at the Hollywood Bowl, 9/7/73", *Rolling Stone*, 10 de novembro.

Reidel, Michael. 2005. "The Musical King", *New York Post*, 27 de julho.

Robbins, Wayne. 1974. "Elton John: Goodbye Yellow Brick Road", *Creem*, janeiro.

Salewicz, Chris. 1986. "The Fall And Rise Of Reginald Dwight", *Q*, dezembro.

Sandall, Robert. 1992. "Bernie Taupin: Him Indoors", *Q*, julho.

Schwartz, Larry. 2005. "Turing Raw Talent Into TV Stars" [entrevista com John Reid], 14 de maio, theage.com.au

Scoppa, Bud. 1976. "Elton John: *Caribou*", *Phonograph Record*, agosto.

— "Elton John: Blue Moves", *Phonograph Record*, novembro.

Sculatti, Gene. 1982. "Elton John: *Jump Up*", *Creem*, agosto.

— 1974. "Elton John", *NME*, 26 de janeiro.

Shaw, Greg. 1975. "Elton John: *Captain Fantastic And The Brown Dirt Cowboy*, *Phonograph Record*, junho.

Simpson, Dave. 2002. Elton John Live Review, Kings Dock, Liverpool, *The Guardian*, 11 de julho.

Sischy, Ingrid. 1995. "Elton John: 150 per cent Involved", *Interview Magazine*, abril.

Snow, Mat. 1995. The *Q* 100 Interview: Elton John, janeiro.

Standish, David e Eugenie Ross-Leming. 1976. Entrevista da *Playboy*, janeiro.

Sutcliffe, Phil. 1976. "The Real Elton John Stands Up – 'Hoorah!'", *Sounds*, 18 de dezembro.

— 1988. "Elton John: You've Got To Laugh", *Q*, agosto.

— 1992. "Sober" [resenha de *The One), Q*, agosto.

Sutcliffe, Thomas. 2000. "Elton John Spent Over £290,000 On Flowers. Why? Because He Can". *The Independent*, 16 de novembro.

Sweeney, John. 1989. "The Sun And The Star", *The Independent*, 11 de fevereiro. Reimpresso em Dylan Jones, ed. *Meaty Beaty Big And Bouncy!: Classic Rock and Pop Writing from Elvis to Oasis*, Hodder & Stoughton, 1996.

Swenson, John. 1974. "Elton John: A Few Moments Of Candor On The Yellow Brick Road", *Crawdaddy*, fevereiro.

Tannenbaum, Rob. 2003. "Dear Superstar: Iggy Pop", *Blender*, setembro.

Tennant, Neil. 1998. Elton John Interview, *Interview*, janeiro.

Thomas, Pat. 1985. "The Story of Elton John: Still Standing", *Beat*, dezembro de 1985.

Tobler, John. 1973. "The Elton John Story: Final Part", *ZigZag*, abril.

— 1975. Elton John: *Captain Fantastic And The Brown Dirt Cowboy, ZigZag*, novembro.

— 1995. "Don't Shoot Me I'm Only The Piano Player" (This Record Co.) notas de capa.

— 1998. "Too Low For Zero", (Rocket Records) notas de capa.

Trakin, Roy. 1981. "Elton John: Concert in Central Park, September 1980", *Musician*, janeiro.

Turner, Steve. 1972. "Bernie Taupin: The B-Side of Elton John", *Beat Instrumental*, fevereiro.

—1973 "Elton John", *Beat Instrumental*, janeiro.

Udovitch, Mim e David Wild. 2002. "Elton John Remembers George", *Rolling Stone*, 17 de janeiro.

Wainwright, Martin. 2001. "Elton Tells Audience: Latest Album Is My Last", *The Guardian*, 3 de dezembro.

Welch, Chris. 1973. "Elton John Steps Into Christmas", *Melody Maker*, 24 de novembro.

White, Timothy. 1997. "Elton John: The Billboard Interview", *Billboard*, 4 de outubro de 1997.

Wild, David. 2004. "Sir Bitch Is Back", *Rolling Stone*, 3 de novembro.

Wilde, Jon. 2001. "Elton: The Magnificent Showman", *Uncut* 52, setembro.

Williams, Richard. 1970. "Elton Storms The States", *Melody Maker*, 26 de setembro.

Wishart, John. 1978. "Elton Moves On", [resenha de *A Single Man*], *Record Mirror*, 21 de outubro.

Valentine, Penny. 1971 "Elton John: Tumbleweed Connection", *Sounds*.

— 1971. "Elton John: the Record Rise Of A Superstar Called Reg", *Disc and Music Echo*.

Yates, Robert. 1997. "The Big Picture Review", *Q* 134, novembro.

Young, Robin. 2004. "Was 1976 The Best Year Of Your Life", *The Times*, 17 de março.

RÁDIO E TV

Jones, Ben. 2005. Entrevista com Elton John, Virgin Radio, 11 de outubro.

Moyles, Chris. 2004. Entrevista com Elton John, BBC Radio 1, 8 de novembro.

Ross, Jonathan. 2001. Entrevista com Elton John, BBC Radio 2. http://www.bbc.co.uk/radio2/shows/ross/interviews.shtml.

Walker, Johnnie. 2005. Entrevista com Elton John e Bernie Taupin, BBC Radio 2, outubro.

Wright, Steve. 2004. Entrevista com Elton John, BBC Radio 2, 8 de novembro.

FONTES DA INTERNET

Cornflakes & Classics, linha do tempo detalhada de Elton, foi particularmente de grande ajuda para as pesquisas para o livro; o excelente *website* Hercules Fan e Eltonography, uma discografia *online* de Elton também foram extremamente úteis.

Baldry, Long John, Homepage http://www.johnbaldry.com/

BBC News http://news.bbc.co.uk/

Cole, B.J., site oficial http://www.bjcole.co.uk/Index.html

Cornflakes And Classics http://www.vex.net/-paulmac/elton/ej.html

Dee, Kiki. The Kiki Dee Information Bureau http://www.kikidee.info/

Eltonography – the illustrated Elton John website http.7/www.eltonography.com/

The Guardian http://www.guardian.co.uk/0,,,00.html

Grupo do Google groups alt.fan.elton-john http://groups.google.co.uk/group/alt.fan.elton-john?lnk=lr&hl=en

Harris, Bob, site oficial http://www.bobharris.org/

Hentschel, David, official site http://www.thekeyboard.co.uk/index2.html

Hercules International Elton John Fan Club http://www.eltonfan.net/

John, Elton, Aids Foundation http://www.ejaf.org/

John, Elton, site oficial http://www.eltonjohn.com/flash_index.asp

John, Elton, World http://www.eltonjohnworld.com/

Jorgenson, John, Site Oficial http://www.johnjorgenson.com/

In Loving Memory Of Dee Murray http://members.tripod.com/-longdancer/dee.html

LaChapelle, David, http://www.davidlachapelle.com/home.html

Olsson, Nigel, Site oficial http://www.angelfire.com/ca/nigelfanclub/index3.html

Paton, David, site oficial http://www.davidpaton.com/index.shtml

Quaye, Caleb, site oficial http://www.calebquaye.com/

Rice, Sir Tim, site oficial http://www.timrice.co.uk/main.html

Roberts/Optique, Dennis Boutique http://celebritysunglasses.com/Index/elton_john_m.htm Taupin,

Bernie – A Fan Tribute http://www.bernie-taupin.com/home.htm

Judie, Tzuke, site oficial http://www.tzuke.com/

White, Ryan, site oficial http://www.ryanwhite.com/

Yorkshire Folk, Blues And Jazz Festival, Krumlin, 1970 http://www.ukrockfestivals.com/krumlin-mud.html

BBC Podcast 2006 (John Wilson entrevista Bernie Taupin), *Front Row*, BBC, 14 de junho.

The Times Podcast 2006. (Entrevista com Elton John e Bernie Taupin), setembro.

DISCOGRAFIA

COMPILADA POR DAVID BODOH

COMPACTOS

Ano	Compacto	Lançamentos nos EUA	Lançamentos no Reino Unido	Posição nas paradas americanas	Posição nas paradas inglesas	Semanas no hot 100 americano	Semanas nas paradas inglesas
1968	I've Been Loving You	-	Philips BF1643 (7")				
1969	Lady Samantha	DJM 7008 (7")	Philips BF1739 (7")				
1969	It's Me That You Need	-	DJM DJS205 (7")				
1970	Border Song	Congress C6022 (7")	DJMDJS217 (7")	92		5	
1970	Rock And Roll Madonna	-	DJM DJS222 (7")				
1970	Your Song	UNI 55265 (7")	DJM DJS233 (7")	8	7	14	12
1971	Friends	UNI 55227 (7")	DJM DJS244 (7")	34		9	
1971	Levon	UNI 55314 (7")	-	24		10	
1972	Tiny Dancer	UNI 55318 (7")	-	41		7	
1972	Rocket Man	UM 55328 (7")	DJM DJX501 (7")	6	2	15	13
1972	Honky Cat	UNI 55343 (7")	DJM DJS269 (7")	8	31	10	6
1972	Crocodile Rock	MCA40000 (7")	DJM DJS271 (7")	1	5	17	14
1973	Daniel	MCA40046 (7")	DJM DJS275 (7")	2	4	15	10
1973	Saturday Night's Alright (For Fighting)	MCA40105 (7")	DJM DJX502 (7")	12	7	12	9
1973	Step Into Christmas	MCA65018 (7")	DJM DJS290 (7")		24		7
1973	Goodbye Yellow Brick Road	MCA40148 (7")	DJM DJS285 (7")	2	6	17	16
1974	Candle In The Wind	-	DJM DJS297 (7")		11		9
1974	Bennie And The Jets	MCA40198 (7")	-	1	37	18	5

Ano	Compacto	Lançamentos nos EUA	Lançamentos no Reino Unido	Posição nas paradas americanas	Posição nas paradas inglesas	Semanas no hot 100 americano	Semanas nas paradas inglesas
1974	Don't Let The Sun Go Down On Me	MCA 40259 (7")	DJM DJS302 (7")	2	16	15	8
1974	The Bitch Is Back	MCA40297 (7")	DJM DJS322 (7")	4	15	14	7
1974	Lucy In The Sky With Diamonds	MCA 40344 (7")	DJM DJS340 (7")	1	10	14	10
1975	Philadelphia Freedom	MCA 40364 (7")	DJM DJS354 (7")	1	12	21	9
1975	Someone Saved My Life Tonight	MCA 40421 (7")	DJM DJS385 (7")	4	22	13	5
1975	Island Girl	MCA 40461 (7")	DJMDJS610 (7")	1	14	15	8
1976	Grow Some Funk Of Your Own	MCA 40505 (7")	DJM DJS629 (7")	14		11	
1976	Pinball Wizard	-	DJM DJS652 (7")		7		7
1976	Don't Go Breaking My Heart	MCA PIG40585 (7")	Rocket ROKN512 (7")	1	1	20	14
1976	Sorry Seems To Be The Hardest Word	MCA 40645 (7")	Rocket ROKN517 (7")	6	11	14	10
1977	Bite Your Lip	MCA 40677 (7")	Rocket R0KN5226 (7") Rocket RU1 (12")	28	28	6	4
1977	Crazy Water	-	Rocket R0KN521 (7")		27		6
1978	Ego	MCA 40892 (7")	Rocket R0KN538 (7")	34	34	8	6
1978	Part-Time Love	MCA 40973 (7")	Rocket XPRES1 (7")	22	15	10	13
1978	Song For Guy	MCA 40993 (7")	Rocket XPRES5 (7")	110	4		10
1978	Funeral For A Friend/ Love Lies Bleeding	-	DJM DJT15000 (12")				
1979	Mama Can't Buy You Love	MCA 41042 (7") MCA 13921 (12" EP)	Rocket XPRES20 (7")[1] Rocket XPRES1312 (12" EP)	9		18	
1979	Victim Of Love	MCA 41126 (7")	Rocket XPRES21 (7")	31		10	
1979	Johnny B. Goode	MCA 41159 (7")	Rocket XPRES24 (7") Rocket XPRES2412 (12")				
1980	Little Jeannie	MCA 41236 (7")	Rocket XPRES32 (7")	3	33	21	7
1980	Sartorial Eloquence[2]	MCA 41293 (7")	Rocket XPRES41 (7")	39	44	12	5
1980	Harmony	-	DJM DJS10961 (7")				
1980	Dear God	-	Rocket XPRES45I7")[1]				
1981	I Saw Her Standing There	-	DJMDJS10965 (7")	-	40		4
1981	Nobody Wins	Geffen 49722 (7")	Rocket XPRES54 (7")	21	42	13	5

1. Retirado de circulação

2. Título da versão americana: "Don't You Wanna Play This Game No More"

Ano	Compacto	Lançamentos nos EUA	Lançamentos no Reino Unido	Posição nas paradas americanas	Posição nas paradas inglesas	Semanas no hot 100 americano	Semanas nas paradas inglesas
1981	Just Like Belgium	-	Rocket XPRES59 (7")				
1981	Chloe	Geffen 49788 (7")	-	34		13	
1982	Empty Garden	Geffen 50049 (7")	Rocket XPRES77 (7")	13	51	17	4
1982	Blue Eyes	Geffen 29954 (7")	Rocket XPRES71 (7")	12	8	18	10
1982	Princess	-	Rocket XPRES85 (7")				
1982	Ball And Chain	Geffen 29846 (7")	-	-			
1982	All Quiet On The Western Front	-	Rocket XPRES88 (7")				
1983	I'm Still Standing	Geffen 29639 (7")	Rocket EJS1 (7") Rocket EJS112 (12")	12	4	16	11
1983	Kiss The Bride	Geffen 29568 (7")	Rocket EJS2 (7") Rocket EJS22 (7") Rocket EJS212 (12")	25	20	12	7
1983	I Guess That's Why They Call It The Blues	Geffen 29460 (7")	Rocket XPRES91 (7")	4	5	23	15
1983	Cold As Christmas (In The Middle Of The Year)		Rocket EJS3 (7") Rocket EJS33 (7") Rocket EJS312 (12")	—	33		6
1984	Sad Songs (Say So Much)	Geffen 29292 (7")	Rocket PH7 (7") Rocket PH712 (12")		7	19	12
1984	Passengers	-	Rocket EJS5 (7") Rocket EJS512 (12")	-	5		11
1984	Who Wears These Shoes	Geffen 29189 (7")	Rocket EJS6 (7") Rocket EJS612 (12")	16	50	14	3
1984	In Neon	Geffen 29111 (7")	-	38		13	
1984	Breaking Hearts (Ain't What It Used To Be)	-	Rocket EJS7 (7")	-	59		3
1985	Act Of War [with Millie Jackson]	Geffen 28956 (7") Geffen 203470 (12")	Rocket EJS8 (7") Rocket EJS812 (12") Rocket EJSR812 (12")		32		5
1985	Wrap Her Up	Geffen 28873 (7")	Rocket EJS10 (7") Rocket EJS1012 (12")	20	12	14	10
1985	That's What Friends Are For	Arista AS19422 (7")	Arista ARIST638 (7") Arista 12638 (12")	1	16	23	9
1986	Nikita	Geffen 28800 (7")	Rocket EJS9 (7") Rocket EJSD9 (7") Rocket EJS912 (12")	7	3	18	13

DISCOGRAFIA ★ 349

Ano	Compacto	Lançamentos nos EUA	Lançamentos no Reino Unido	Posição nas paradas americanas	Posição nas paradas inglesas	Semanas no hot 100 americano	Semanas nas paradas inglesas
1986	Cry To Heaven		Rocket EJS11 (7")		47		4
			Rocket EJSD11 (7")				
			Rocket EJS1112 (12")				
1986	Heartache All Over The World	Geffen 28578 (7")	Rocket EJS12 (7")	55	45	8	4
		Geffen 205630 (12")	Rocket EJSD12 (7")				
			Rocket EJS1212 (12")				
1986	Slow Rivers	-	Rocket EJS13 (7")	-	44		8
			Rocket EJS1312 (12")				
1987	Flames Of Paradise [with Jennifer Rush]	Epic 3407119 (7")	CBS 6508657 (7")	36	59	13	3
		Epic 4906829 (12")	CBS 6508652 (12")				
1987	Your Song [live]	-	Rocket EJS14 (7")	-	85		
			Rocket EJS1412 (12")				
1987	Candle In The Wind [live]	MCA53196 (7")	Rocket EJS15 (7")	6	5	21	11
			Rocket EJS1512 (12")				
			Rocket EJSCD15 (CD)				
1988	Take Me To The Pilot [live]	MCA 53260 (7")	-	-			
1988	I Don't Wanna Go On With You Like That	MCA53345 (7")	Rocket EJS16 (7")	2	30	18	8
		MCA 23870 (12")	Rocket EJS1612 (12")				
			Rocket EJSCD16 (CD)				
1988	Mona Lisas And Mad Hatters	MCA 23917 (12")	-	-			
1988	Town Of Plenty		Rocket EJS17 (7")	-	74		1
			Rocket EJS1712 (12")				
			Rocket EJSCD17 (CD)				
1988	A Word In Spanish	MCA 53408 (7")	Rocket EJS18 (7")	19	91	13	
			Rocket EJS1812 (12")				
			Rocket EJSCD18 (CD)				
1989	Through The Storm [with Aretha Franklin]	Arista AS19809 (7")	Arista 112185 (7")	16	41	11	3
			Arista 612185 (12") Arista 162185 (CD)				
1989	Healing Hands	MCA 53692 (7")	Rocket EJS19 (7")	13	45	15	5
			Rocket EJS1912 (12")				
			Rocket EJCD19 (CD)				
1990	Sacrifice	MCA 53750 (7")	Rocket EJS20 (7")	18	1	17	15
			Rocket EJS2012 (12")				
			Rocket EJSCD20 (CD)				
			Rocket EJS22 (7")				

Ano	Compacto	Lançamentos nos EUA	Lançamentos no Reino Unido	Posição nas paradas americanas	Posição nas paradas inglesas	Semanas no hot 100 americano	Semanas nas paradas inglesas
			Rocket EJS2212 (12")				
			Rocket EJSCD22 (CD)				
1990	**Club At The End Of The Street**	MCA 79026 (7")	Rocket EJS21 (7")	28	47	16	3
			Rocket EJS2112 (12")				
			Rocket EJSCD21 (CD)				
			Rocket EJS23 (7")				
			RocketEJS2312 (12")				
			Rocket EJSCD23 (CD)				
1990	**You Gotta Love Someone**		Rocket EJS24 (7")	43	33	13	4
			Rocket EJS2412 (12")				
			Rocket EJSCD24 (CD)				
1990	**Easier To Walk Away**		Rocket EJS25 (7")	-	63		2
			Rocket EJS2512 (12")				
			Rocket EJSCD25 (CD)				
1991	**Don't Let The Sun Go Down On Me [with George Michael]**	Columbia 3874086 (7") Columbia 44K74130 (CD)	Epic 6576467 (7") Epic 6576465 (12") Epic 6576462 (CD)	1	1	20	10
1992	**The One**	MCA 754423 (7") MCA 54435 (CD)	Rocket EJS28 (7") Rocket EJSCB28 (CD) Rocket EJSCR28 (CD)	9	10	22	8
1992	**Runaway Train**	MCA 754452 (7") MCA 54472 (CD)	Rocket EJS29 (7") Rocket EJSCD29 (CD) Rocket EJSCB29 (CD)		31		4
1992	**The Last Song**		Rocket EJS30 (7") Rocket EJSCD30 (CD) Rocket EJSCB30 (CD)	23	21	20	4
1993	**Simple Life**	MCA 754581 (7")	Rocket EJS31 (7") Rocket EJSCD31 (CD)	30	44	16	2
1993	**True Love**	MCA 754762 (7")	Rocket EJS32 (7") Rocket EJSCD32 (CD) Rocket EJSCX32 (CD)	56	2	12	10
1994	**Don't Go Breaking My Heart [with RuPaul]**	MCA 54796 (12") MCA 54831 (CD)	Rocket EJS33 (7") Rocket EJCD33 (CD) Rocket EJRMX33 (CD)	92	7	2	7
1994	**Ain't Nothing Like The Real Thing [with Marcella Detroit]**	-	London LON350 (7") London L0NCD350 (CD) London L0CDP350 (CD)	-	24		4

DISCOGRAFIA ★ 351

Ano	Compacto	Lançamentos nos EUA	Lançamentos no Reino Unido	Posição nas paradas americanas	Posição nas paradas inglesas	Semanas no hot 100 americano	Semanas nas paradas inglesas
1994	**Can You Feel The Love Tonight**	Hollywood HR645432 (CD)	Mercury EJS34 (7") Mercury EJCD34 (CD)	4	14	26	9
1994	**Circle Of Life**	Hollywood HR645182 (CD)	Mercury EJSCD35 (CD) Mercury EISCX35 (CD)	18	11	20	12
1995	**Believe**	Rocket 422856014 (7") Rocket 422856711 (CD) Rocket 422856713 (CD)	Rocket EJSCD36 (CD) Rocket EJSDD36 (CD)	13	15	20	7
1995	**Made In England**	Rocket 422852172 (7") Rocket 422852093 (12") Rocket 422852093 (CD) Rocket 422852173 (CD)	Rocket EJSCD37 (CD) Rocket EJSDD37 (CD)	52	18	10	5
1995	**Blessed**	Rocket 422852394 (7") Rocket 422852394 (CD)	Rocket EJSCD38 (CD) Rocket EJSDD38 (CD)	34		20	
1996	**Please**	-	Rocket EJSCD40 (CD) Rocket EJSDD40 (CD)	-	33		3
1996	**You Can Make History (Young Again)**	-	-	70	70	17	
1996	**Live Like Horses [with Luciano Pavarotti]**	-	Rocket LLHCD1 (CD) Rocket LLHDD1 (CD)	-	9		6
1997	**Something About The Way You Look Tonight/ Candle In The Wind 1997**	Rocket 3145681087 (7") Rocket 3145681082 (CD)	Rocket PTCD1 (CD)	1	1	42	24
1998	**Recover Your Soul**	Rocket 3145687622 (CD)	Rocket EJSCD42 (CD) Rocket EJSCX42 (CD)	55	16	20	3
1998	**If The River Can Bend**	-	Rocket EJSCD43 (CD) Rocket EJSDD43 (CD)	-	32		2
1999	**Written In The Stars [with Leann Rimes]**	Rocket 3145669182 (CD)	Rocket EJSCD45 (CD) Rocket EJSDD45 (CD)	29	10	10	8
2000	**Someday Out Of The Blue**	Dreamworks 4459039 -(CD)	49		15		
2001	**I Want Love**	-	Rocket 588706 (CD) Rocket 588707 (CD)	110	9		10
2002	**This Train Don't Stop There Anymore**	-	Rocket 588896 (CD) Rocket 588897 (CD)	-	24		4
2002	**Original Sin**	-	Rocket 588999 (CD) Rocket 582850 (CD)	-	39		2
2002	**Your Song [with Alessandro Safina]**	-	Mercury 0639972 (CD)	-	4		10

acima: O jovem Reg Dwight (extrema esquerda) é pajem no casamento de seu tio, o jogador de futebol Roy Dwight.

abaixo: O ratinho da cidade e o ratinho do campo: Elton John e seu parceiro de composição Bernie Taupin prestes a se tornarem astros.

acima à esquerda:
A formação clássica. Da esquerda para a direita: o baterista Nigel Olsson, Legs Larri Smith (emprestado do Bonzo Dog Doo-Dah para fazer uma participação com um número de sapateado), Elton, o baixista Dee Murray e o guitarrista Davey Johnstone, novembro de 1972.

acima à direita: Acrobacias ao piano, Londres, 1972.

à esquerda: Reginald Kenneth Dwight torna-se Elton Hercules John por meio de uma declaração legal, datada de 6 de janeiro de 1972.

« **página anterior acima**: Elton nos dias do Bluesology – "Eu parecia um jovem Reginald Maudling".

« **página anterior abaixo**: O Bluesology tocando no Ricky Tick Club, em Windsor.

acima: Elton John a bordo do Starship 1, o Boeing particular usado na turnê pelos Estados Unidos de 1974.

abaixo: Elton e Bernie em frente ao Starship 1. Atrás deles encontram-se alguns dos 35 músicos, roadies e outros integrantes da equipe que acompanhou a turnê.

acima: Com John Lennon no palco do Madison Square Garden (Nova York, 28 de novembro de 1974), no que seria a última apresentação ao vivo de Lennon.

abaixo: As maiores botas da história do rock – Elton com Roger Daltrey na sequência "Pinball Wizard", do épico do Who dirigido por Ken Russel *Tommy* (1975).

acima: Uma das fotos mais icônicas do rock – Elton no Dodger Stadium, Los Angeles, outono de 1975.

acima: Elton com a cantora da Rocket Kiki Dee. O dueto "Don't Go Breaking My Heart" foi o primeiro compacto dele a alcançar o 1º lugar das paradas do Reino Unido em 1976.

abaixo: Era na quadra de tênis que o espírito competitivo de Elton ficava mais evidente. Na foto ele joga com Billie Jean King, 1975.

acima: Elton John promovia sua fama com óculos de palco cada vez mais loucos.

à direita: O produtor Gus Dudgeon, que ajudou a criar o som clássico de Elton John.

« página anterior acima à esquerda: No palco com o guitarrista Davey Johnstone, 1976.

« página anterior acima à direita: Elton no palco com acessório em forma de cenoura,1976.

« página anterior abaixo: Elton com o percussionista Ray Cooper, em 1979, durante seu bem-sucedido show a dois.

acima: O presidente do Watford FC, Elton John, com o dirigente do time, Graham Taylor.

abaixo: Elton com o letrista Gary Osborne de férias em Antígua, 1981.

acima: "I Wanna Kiss The Bride". Elton se casa com a técnica de som Renate Blauel em 14 de fevereiro de 1984, em Sydney, Austrália.

acima: Elton acompanha Jeannie White, que toca o corpo do filho, Ryan, falecido aos 18 anos por complicações resultantes da aids (Indianápolis, abril de 1990).

acima: Elton John com John Reid, na época seu empresário, na festa de aniversário deste, Londres, 1990.

acima: Los Angeles, Califórnia, 27 de março de 1995. Elton e o letrista Tim Rice recebem o Oscar de melhor canção original com "Can You Feel The Love Tonight?", da trilha sonora de *O rei leão*.

página ao lado acima: Abadia de Westminster, 6 de setembro de 1997: Elton John toca uma versão de "Candle In The Wind" adaptada às pressas para o funeral de Diana, princesa de Gales.

página ao lado abaixo: O mais novo cavaleiro Elton John com o companheiro David Furnish (esquerda), a mãe, Sheila, e o padrasto, Fred Farebrother, em frente ao Palácio de Buckingham, 24 de fevereiro de 1998.

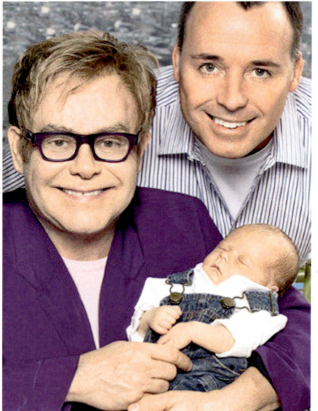

acima: 21 de dezembro de 2005 – Sir Elton John e David Furnish celebram sua união civil em frente à Prefeitura de Windsor.

à esquerda: Elton John, David Furnish e o filho Zachary Jackson.

Ano	Compacto	Lançamentos nos EUA	Lançamentos no Reino Unido	Posição nas paradas americanas	Posição nas paradas inglesas	Semanas no hot 100 americano	Semanas nas paradas inglesas
2003	Are You Ready For Love [Remix]	Ultra UL11776 (12") Ultra UL11772 (CD)	So. Fried ECB50 (12") So. Fried ECB5OLOVE (12") So. Fried ECB5OCDS (CD)	-	1		14
2004	All That I'm Allowed (I'm Thankful)		Rocket 9868689 (7") Rocket 9868257 (CD) Rocket 9858258 (CD)		20		5
2005	Turn The Lights Out When You Leave	-	Rocket 9870664 (CD) Rocket 9870663 (CD)	-		32	2
2005	Ghetto Gospel [Tupac Shaker feat. Elton John]	-	Interscope Records 9883248	-	1		19
2005	Electricity		Rocket 987234 (7") Rocket 9872183 (CD) Rocket 9872184 (CD)		4		5
2008	Joseph, Better You Than Me [The Killers feat. Elton John]		B001 2535-32	-	88		
2009	Tiny Dancer (Hold Me Closer) [Ironic feat. Chipmunk and Elton John]	Warner Music	-		3	8	

ÁLBUNS

Ano	Álbum	Primeiros lançamentos nos EUA	Primeiros lançamentos no Reino Unido	Melhor posição nos EUA	Melhor posição no Reino Unido	Semanas no top 200 americano	Semanas nas paradas inglesas
1969 (UK) 1975 (US)	Empty Sky	MCA 2130 (LP)	DJM DJLP403 (LP)	6		18	
1970	Elton John	UNI 73090 (LP)	DJM DJLPS406 (LP)	4	5	51	22
1970	Tumbleweed Connection	UNI 73096 (LP)	DJM DJLPS410 (LP)	5	2	37	20
1971	Friends Soundtrack	Paramount PAS6004 (LP)	Paramount SPFL269 (LP)	36		19	
1971	11-17-70	UNI 93105 (LP)	DJMD JLPS414 (LP)	11	20	23	2
1971	Madman Across The Water	UNI 93120 (LP)	DJM DJLPH420 (LP)	8	41	51	2
1972	Honky Château	UNI 93135 (LP)	DJM DJLPH423 (LP)	1	2	61	23

Ano	Álbum	Primeiros lançamentos nos EUA	Primeiros lançamentos no Reino Unido	Melhor posição nos EUA	Melhor posição no Reino Unido	Semanas no top 200 americano	Semanas nas paradas inglesas
1973	Don't Shoot Me I'm Only The Piano Player	MCA 2100 (LP)	DJM DJLPH427 (LP)	1	1	89	42
1973	Goodbye Yellow Brick Road	MCA 210003 (LP)	DJM DJLPH10012 (LP)	1	1	103	88
1974	Caribou	MCA 2116 (LP)	DJM DJLPH439 (LP)	1	1	54	18
1974	Greatest Hits	MCA 2128 (LP)	DJM DJLPH442 (LP)	1	1	107	84
1975	Captain Fantastic And The Brown Dirt Cowboy	MCA 2142 (LP)	DJM DJLPX1 (LP)	1	2	43	24
1975	Rock Of The Westies	MCA 2163 (LP)	DJM DJLPH464 (LP)	1	5	26	12
1976	Here And There	MCA 2197 (LP)	DJM DJLPH473 (LP)	4	7	20	7
1976	Blue Moves	MCA/Rocket 211004 (LP)	Rocket ROSP1 (LP)	3	3	22	15
1977	Greatest Hits Volume 2	MCA 3027 (LP)	DJM DJLPH520 (LP)	21	6	20	24
1978	A Single Man	MCA 3065 (LP)	Rocket TRAIN1 (LP)	15	8	18	26
1979	The Thorn Bell Sessions	MCA 39115 (LP)	-	51		18	
1979	Victim Of Love	MCA 5104 (LP)	Rocket HSPD125 (LP)	35	41	10	3
1980	21 At 33	MCA 5121 (LP)	Rocket HSPD126 (LP)	13	12	21	13
1981	The Fox	Geffen GHS2002 (LP)	Rocket TRAIN16 (LP)	21	12	19	12
1982	Jump Up!	Geffen GHS2013 (LP)	Rocket HISPD127 (LP)	17	13	33	12
1983	Too Low For Zero	Geffen GHS4006 (LP) Geffen 40062 (CO)	Rocket HISPD24 (LP) Rocket 8110522 (CD)	25	7	54	73
1984	Breaking Hearts	Geffen GHS24031 (LP) Geffen 9240312 (CD)	Rocket HISPD25 (LP) Rocket 8220882 (CD)	20	2	34	23
1985	Ice On Fire	Geffen GHS24077 (LP) Geffen 924077 (CD)	Rocket HISPD26 (LP) Rocket 8262132 (CD)	48	3	28	23
1986	Leather Jackets	Geffen GHS24114 (LP) Geffen 9241142 (CD)	Rocket EJLP1 (LP) Rocket 8304872 (CD)	91	24	9	9
1986	Live In Australia	MCA 28022 (LP) MCA MCAD8022 (CD)	Rocket EJLP2 (LP) Rocket 8324702 (CD)	24		41	7
1988	Reg Strikes Back	MCA 6420 (LP) MCA MCAD6240 (CD)	Rocket EJLP3 (LP) Rocket 8347012 (CD)	16	18	29	6
1989	Sleeping With The Past	MCA 6321 (LP) MCA MCAD6321 (CD)	Rocket EJLP4 (LP) Rocket 8388392 (CD)	23	1	53	42
1990	To Be Continued...	MCA MCAD41011 (CD)	Rocket 8482362 (CD)	82		13	
1992	The One	MCA MCAD10614 (CD)	Rocket 5123601 (LP) Rocket 5123602 (CD)	8	2	53	18
1993	Duets	MCA MCAD10926 (CD)	Rocket 5184781 (LP) Rocket 5184782 (CD)	25	5	22	18
1994	The Lion King Soundtrack	Walt Disney 608587 (CD)	Walt Disney 5050466689726 (CD)	1		88	

Ano	Álbum	Primeiros lançamentos nos EUA	Primeiros lançamentos no Reino Unido	Melhor posição nos EUA	Melhor posição no Reino Unido	Semanas no top 200 americano	Semanas nas paradas inglesas
1995	Made In England	Rocket 3145269151 (LP)	Rocket 5261851 (LP)	13	3	46	14
		Rocket 3145261852 (CD)	Rocket 5261852 (CD)				
1996	Love Songs	MCA MCAD11481 (CD)	Rocket 5287881 (LP)	24	4	76	48
			Rocket 5287882 (CD)				
1997	The Big Picture	Rocket 3145362662 (CD)	Rocket 5362662 (CD)	9	3	23	23
1999	Elton John and Tim Rice's Aida	Rocket 3145246282 (CD)	Rocket 4246512 (CD)	41	29	7	2
2000	The Road To El Dorado Soundtrack	Dreamworks 004450259 (CD)	Dreamworks 4502192 (CD)	63		8	
2000	One Night Only - The Greatest Hits	Mercury 4400130502 (CD)	Mercury 5483342 (CD)	65	7	18	13
2001	Songs From The West Coast	Rocket 3145863302 (CD)	Rocket 5863302 (CD)	15	2	24	34
2002	Greatest Hits 1970-2002	Rocket 4400634782 (CD)	Rocket 0634992 (CD)	12	3	67	54
2004	Peachtree Road	Rocket B000364702 (CD)	Rocket 9872301 (LP)	17	21	10	8
2006	The Captain And The Kid	Universal B000754502 (CD)	Universal 1705710 (CD) Universal 1705730 (LP)	18	6		
2007	Rocket Man - Number Ones (US); Rocket Man -The Definitive Hits (UK)	Mercury B00086000 (CD)	Mercury 1726840 (CD)	9	2	31	22

LANÇAMENTOS EM VÍDEO E APARIÇÕES IMPORTANTES NA TELEVISÃO

Ano	Título do Vídeo	Formato	Comentários
1971	Sounds for Saturday	Transmissão da BBC	8 músicas do álbum Madman Across the Water interpretadas
1971	Andy Williams Show	Transmissão	Elton toca em duas músicas
1972	Born to Boogie	Filme e DVD	Elton faz uma breve participação tocando piano durante uma execução de "Children Of The Revolution"
1972	Royal Festival Hall	Transmissão da BBC	Elton toca 10 músicas com a Royal Philharonic Orchestra
1974	Elton John and Bernie Taupin say Goodbye Norma Jean and Other Things	Transmissão	Documentário cobrindo a gravação do álbum Goodbye Yellow Brick Road
1975	Tommy	Filme e DVD	Usando suas famosas botas gigantes, Elton interpreta Pinball Wizard nesta ópera-rock do Who
1975	Russell Harty Documentary	Transmissão	Documentário cobrindo os shows lendários do Dodgers Stadium
1975	Rock Music Awards	Transmissão	Elton e Diana Ross são os anfitriões

DISCOGRAFIA ★ 355

Ano	Título do Vídeo	Formato	Comentários
1975	Cher	Transmissão	Elton interpreta três músicas no episódio de estreia de Cher
1975	Soul Train	Transmissão	Elton interpreta duas músicas
1976	Live in Edinburgh	Transmissão da BBC e vídeo	Cobertura do concerto solo
1977	The Muppet Show	Transmissão e vídeo	Elton interpreta quatro músicas
1977	The Michael Douglas Show	Transmissão	Elton é entrevistado em uma série de duas partes
1979	To Russia With Elton	Transmissão e DVD	Documentário sobre Elton e o percussionista Ray Cooper enquanto se apresentam para os fãs por trás da Cortina de Ferro
1980	The Tonight Show	Transmissão	Elton toca Sorry Seems To Be The Hardest Word
1980	Live in Central Park	Transmissão e vídeo	Cobertura do concerto ao ar livre de Elton em Nova York
1980	Paul Gambaccini Interview		Entrevista da BBC com Elton transmitida da sua casa na Inglaterra
1981	Visions	Vídeo	Coleção com clipes das músicas de todo o álbum Fox
1982	Saturday Night Live	Transmissão	Elton é o convidado musical e toca duas músicas
1984	Breaking Hearts Tour & The Nighttime Concert	Vídeo	Concerto ao vivo de duas partes do Wembley Stadium
1985	Live Aid	Transmissão e DVD	Elton toca seis músicas durante o seu set
1986	Live in Australia	Transmissão e video	Cobertura dos concertos sinfônicos de Elton em Sydney
1990	Ryan White Funeral	Transmissão	Elton faz uma homenagem a Ryan com Skyline Pigeon
1990	Farm Aid IV	Transmissão	Elton toca três músicas
1990	MTV Unplugged	Transmissão	Elton toca sete músicas solo
1991	Two Rooms	Transmissão e DVD	Documentário de estrelas que celebram as músicas de Elton John e Bernie Taupin
1991	The Very Best of Elton John	Vídeo	Coleção de vídeos que complementam o álbum de sucessos do Reino Unido
1992	The Last Song	Vídeo	Entrevista beneficente com vídeo de The Last Song
1992	Live In Barcelona	DVD	Cobertura do concerto ao vivo na Espanha
1996	Love Songs	DVD	Coleção de vídeos que complementam o álbum de sucessos
1997	Tantrums and Tiaras	Transmissão e DVD	A vida pessoal de Elton é exposta nesta biografia por trás das câmeras
1997	Storytellers	Transmissão	Elton toca ao vivo da House of Blues, na Louisiana
2000	Greatest Hits: One Night Only	Transmissão e DVD	Cobertura do concerto de Elton no Madison Square Garden
2002	Classic Albums: Goodbye Yellow Brick Road	DVD	Documentário retrospectivo com entrevista sobre o álbum
2004	Radio City Music Hall	Transmissão	Cobertura dos concertos sinfônicos de Elton em Nova York
2004	Elton John: Dream Ticket	DVD	Box set de 4 DVDs com três concertos realizados entre 2000 e 2002, mais clipes de toda a carreira de Elton
2005	Larry King Live	Transmissão	Elton é entrevistado e toca três músicas de sua casa

Ano	Título do Vídeo	Formato	Comentários
2005	**Philadelphia Freedom Concert**	Transmissão	Elton é a atração principal desse concerto ao vivo e toca cinco músicas
2005	**Inside the Actors Studio**	Transmissão	Elton é entrevistado e atende alguns pedidos
2007	**Elton 60 - Live at Madison Square Garden**	DVD/Blu-Ray	Gravação ao vivo da apresentação do 60.o aniversário de Elton no Garden
2008	**Elton John: The Red Piano**	DVD/Blu-Ray	Gravação ao vivo da longa temporada de Elton em Las Vegas

ÍNDICE REMISSIVO

2-4-6-8 Motorway (Robinson) 218
2Pac 111
17-11-70 107-08
21 At 33 217-20

A

Abba 191, 211
Ackles, David 92, 96, 109
Adams, Ryan 304
Adams, Victoria 299
Aida (Rice e John) 293, 309, 355
aids 227, 236, 240, 260, 262, 270, 271, 274, 288, 298, 303, 305, 307, 316, 318, 325
Air Studios, Montserrat 227-28, 235
Alcoólicos Anônimos 269
Aldridge, Alan 168, 170, 182
"All Across The Havens" 69
"All That I'm Allowed" 309
"All The Young Girls Love Alice" 140
"All The Nasties" 109
"American Triangle" 305
"Amoreena" 99
"Amoureuse" (Kiki Dee) 143,184
Anastasia 300

Anciano, Marcello 231
Anderson, Pamela 310
Andrew, príncipe 226
Andrews, Bernie 211
"And The House Fell Down" 317
"Angel Eyes" (Roxy Music) 211
"Angels" (Williams) 310
"Answer In The Sky" 309
Anton, Susan 213
Appleton, Mike 238
"Are You Ready For Love" 194, 308
Argosy 89
Armatrading, Joan 189
Armstrong, Craig 298
Atlanta, Georgia 308
Attard, Caroline 124
Atwell, Winifred 22, 37
Auger, Brian 47
Australian Broadcasting Corporation (ABC) 246

B

"Baby I Miss You" 66
"Baby Jane" (Stewart) 234
Babylon, Guy 275, 324
"Back In The USSR" (Beatles) 209
"Bad Side Of The Moon" 76

Bailey, Andrew 147

Baldry, Long John 30, 47-48, 53, 55, 64, 109

"Ballad Of A Well Known Gun" 99

"Ballad Of Danny Bailey, The" 136, 140, 259

"Ballad Of The Boy In The Red Shoes" 305

"Ball And Chain" 305

Band, The 96-7

Banks, Clive 184

Baragwanath, Judith 160-61

Barlow, Gary 315

Barnes, John 210

Bateson, Chris 46

Baverstock, Jack 40

Baxter, Jeff "Skunk" 169

Beach Boys 83, 90, 93, 157, 160, 170, 267

Beatles 13, 18, 35, 43, 45, 49, 50, 58, 61, 65, 68, 71-3, 76, 78, 80, 83, 95, 108, 110, 117, 121, 124, 132, 152, 160, 168, 172, 184, 194, 210, 267, 274, 276, 279

Becker, Boris 315

Beckham, David 299, 307, 313

Beckham, Victoria 307, 313

Beck, Jeff 95-6

"Believe" 278-79

Bell, Madeline 83, 124

Bellotte, Pete 212

Bell, Thorn 194

"Bennie And The Jets" 138-39, 209, 229, 238, 276

"Better Off Dead" 166, 197

"Between Seventeen And Twenty" 186

"Big Dipper" 202

Big Picture, The 286, 290-91, 293-94

Billboard, revista 21, 154

Billy Elliot (musical) 309

Birch, Bob 279

Bishop, Rex 31, 35-37, 40, 42, 45, 46

"Bitch Is Back, The" 156, 172, 273, 310, 348

"Bite Your Lip (Get Up And Dance)" 197, 214

"Bitter Fingers" 166

Björk 313

Black, Cilla 315

Blair, Tony 285

Blake, Peter 182

Blauel, Renate (esposa) 230, 234-36, 241, 244, 245, 253-55, 259, 266

Blender, revista 307

"Blessed" 279

Blige, Mary J 300

Blissett, Luther 210

Blondie 191, 255

Blood, Sweat and Tears 73

"Blue Eyes" 220, 227, 233-34

Blue Moves 184, 186-89, 201, 206, 212, 224, 303

"Blues For Baby And Me" 127

"Blues Never Fade Away" 213, 289

Bluesology 17, 30-2, 34-8, 40-50, 52-3, 62-4, 67, 83

Blunstone, Colin 142

Bob Marley And The Wailers 135

"Bohemian Rhapsody" 273, 288

Bolan, Marc 96, 124, 128, 178

Bolshoi Concert Hall, Leningrado 209

Bolton, Michael 216

Bon Jovi, Jon 216, 273, 321

Boney M 191, 207

Bonzo Dog Doo-Dah Band 59, 81, 122

Boomtown Rats 191

"Border Song" 73, 83-4, 273

Born To Boogie (filme) 124

Bourke, David 292

Bowie, David 34, 79, 81, 96, 110, 116-17, 120, 125, 128, 141, 161, 178-79, 192, 200, 211, 226, 234, 238, 311, 315, 320, 323

    abordagem artística 115, 119, 129, 134, 139, 223

    Elton, "rivalidade" com 178-79

    sexualidade 117, 176, 178, 236

    "Space Oddity" 79-81, 120, 128

Boy George 310

Brainsby, Tony 161

Branson, Richard 287

Bread and Beer Band 72

Breaking Hearts 236-37

Brooking, Trevor 207

Brooklyn Youth Chorus 321

Brooks, Elkie 189

Brooks, Garth 294

Brosnan, Pierce 321

Brown, Gordon 288

Brown, Steve 67-8, 78, 79, 100, 103, 109, 110, 142, 143, 146, 168, 184, 258, 331

Brown, Stewart 31, 35-6, 38, 40-1, 44, 46

Buck, Vance 274

Buckmaster, Paul 29, 79, 80, 82, 83, 85, 86, 97, 100, 110, 124, 128, 141, 187, 246, 278

    conversa com o autor 329

Buggles 232

Bullard, Kim 324

Burchett, Guy 204

Burchill, Julie 277

"Burn Down The Mission" 98, 100, 106-08, 163, 259, 273, 321

Burrows, Tony 83, 332

Bush, Kate 111, 121, 273

C

Cable, Robin Geoffrey 82, 334

Caine, Michael 134, 315

Calvert, Bernie 72

Caminho Para El Dorado, O (filme) 293

Campbell, Naomi 307

"Can You Feel The Love Tonight?" 277, 279, 293

"Candle In The Wind" 137-38, 197, 227, 246-47, 284, 286-87

"Candle In The Wind 1997" 286-87

Cannes, Festival do Cinema 2006 312

"Can't Go On (Living Without You)" 66

"Can't You See It" 60

Capital Radio Awards 194

Captain And The Kid, The 317-18, 320, 332, 339, 355

Captain Fantastic And The Brown Dirt Cowboy 166, 340, 342-43, 354

Caribou 155, 156, 171, 281

Caribou Ranch Studio, Colorado 153, 155, 171

"Carla/Etude-Fanfare-Chloe" 224

Cars, The 238

Cash, Johnny 57, 303

Cashbox, revista 97

Central Park, New York 213-15

Chapman, Beth Nielsen 292

Chapman, Roger 128

Charig, Marc 47

Charles, príncipe de Gales 226

Charles/Chloe 220, 222, 224

Charlesworth, Chris 77, 78, 100, 103, 104, 132, 133, 162, 181, 193, 255

Château Herouville, França 118

Cher 187, 241, 306

Chic 307

Chicago Sun Times 93

"Children Of The Revolution" 124, 314

China 197

Chopin, Frédéric 119

"Circle Of Life" 277

Clapton, Eric 34-5, 47, 67, 97, 114, 259, 273, 275

Clare, Kenny 144

Clarke, Gary 220, 234

Clash 191

Clement, Dick 209

Clements, Paul 299

Clifford, Max 295

Clinton, Bill 321

Clinton, Hillary 324

Cloud Nine (Harrison) 256

cocaína 161-62, 221, 241, 269, 313, 317

Cohen, Leonard 85, 276

Colclough, Beechy 267-68, 295

"Cold As Christmas (In The Middle Of The Year)" 234, 349

Cole, B.J. 44, 61, 97, 110, 201

Collins, Phil 273

"Come Back Baby" 30, 39-40, 44

"Come Down In Time" 99, 273

Concert For Life, A 273

Connolly, Billy 76, 108, 198, 207, 238, 245, 268, 341

Connolly, Seana 229

Conway, Lionel 68

Cook, Norman 308

Cook, Roger 68-9, 332

Cool Britannia, programa de rádio 145

Cooper, Alice 115, 141, 182, 190, 195

Cooper, Ray 109, 157, 163, 169, 187, 196, 197, 207-10, 220, 232, 275, 276, 280, 323,
deixa a banda 280
estilo 163, 323

Cornwell, Hugh 207

Cort, John Leonard Patchett 56

Corvettes 30, 36

Costa, David 188, 205, 208, 244, 258, 271, 274

Costello, Elvis 191, 207, 308, 322

"Could It Be Magic" 307

"Country Comfort" 99

Corvington, Julie 145

Cox, Terry 109

Creem, revista *228*

"Crocodile Rock" 115, 126, 127, 130, 133, 140, 169, 181, 321

Croft, Sally 163

Croker, David 184, 295

Cromelin, Richard 128

Crosby, Dave 93

Crouch, Andrae 185

Crowe, Cameron 111, 122

"Crystal" 234

"Curtains" 166

D

Daily Express 209

Daily Mail 206

Daily Mirror 253, 255

Daily Telegraph 107, 307, 314

Daldry, Stephen 309

Daltrey, Roger 273

D'Amico, Antonio 289

"Dan Dare (Pilot Of The Future)" 171

"Dandelion Dies In The Wind, A" 60

"Daniel" 126-27

"Dark Diamond" 305

Davies, Paul 196
Davis, Clive 137
Dawn, P.M. 276
Deacon, John 240
Dean, Elton 47-8, 63
Decca Records 22
Dee, Brian 334
Dee, Kiki 142-43, 145, 158-59, 183, 184, 197, 205, 222, 232, 238, 275, 300, 327
Dempsey, Mike 182
Dench, dama Judi 307
Denmark Street, Londres ("Tin Pan Alley") 18, 32-4, 47, 61
Derek and the Dominoes 127
Diamond, Neil 92-4
Diana, princesa de Gales 137, 226, 281, 285, 286, 287, 289, 292
Elton, amizade com 283, 288, 289
funeral 137, 284, 285, 286, 292
Diana Princess Of Wales Tribute, CD 287
Dick James Music (DJM) 50, 61-2, 65, 67-8, 70, 82, 87, 105
é processada por Elton 242
"Dirty Little Girl" 140
Disc, revista 141, 142
Disney, filmes 176, 277-78, 293, 299
Divine 180
"Dixie Lily" 156
"Do They Know It's Christmas?" 288
"Do You Think I'm Sexy?" (Stewart) 211
Dodger Stadium, Los Angeles 18, 172-73, 258, 275
Doherty, Pete 314
Donovan 33
"Don't Go Breaking My Heart" 183, 187, 197, 218, 238, 275

"Don't Let The Sun Go Down On Me" 157, 215, 272, 351
Don't Shoot Me I'm Only The Piano Player "Don't Trust That Woman" 125-26, 128, 340
Double Fantasy (Lennon/Ono) 214, 226
Downey, Robert Jr. 190, 302-03
Drake, Nick 86
Draught Porridge 109
Dreau, Jean-Paul 224
Driscoll, Julie 47
"Drive" (Cars) 238
Dudgeon, Gus, 80-83, 97, 99, 100, 107, 109, 110, 121, 136, 138, 139, 142, 157, 158, 166, 167, 172, 189, 198, 200, 203, 204, 240, 241, 244, 246, 257
disputa relacionada à Rocket Records 189
estilo de produção 83, 304, 335
estúdio em Cookham 189, 239--40
morte 139, 306
Tumbleweed Connection 97-101, 108, 110
Dudgeon, Sheila 306
Duets 275
Duncan, Kirk 59
Duncan, Lesley 124
Duran Duran 231-32, 288
"Durban Deep" 260
Dwight, Edwin (avô) 19
Dwight, Geoff (meio-irmão) 307
Dwight, Reginald Kenneth *vide* John, Elton
Dwight, Roy 22
Dwight, Sheila (mãe, mais tarde Farebrother) casa-se pela segunda vez 114

Dwight, Stanley (pai), 17, 19, 20, 23--6, 30-1, 171, 225, 267, 271, 307

Dylan, Bob 58, 72, 82, 90, 97, 106, 167, 191, 221, 238, 268, 273, 291, 319

Dynamic Sound Studios, Jamaica 135

Dyson, Geoff 30-1, 36-7

E

Eagles, The 169, 171, 192-200

"Edge Of Heaven, The" 244

Edmonds, Ben 148

Edmunds, Dave 189

"Ego" 200

"Elaborate Lives" 293

"Elderberry Wine" 127, 132

Electric Light Orchestra 59

"Electricity" 309

Ellen, Barbara 292

Elliot, Bobby 72, 79

Ellis, Geoffrey 101, 103, 185-86, 208-09, 243

Elton John Aids Foundation 270, 307, 325

Elton John and Bernie Taupin Say Goodbye To Norma Jean and Other Things, documentário 147

Elton John And Tim Rice's Aida 293

Elton's Greatest Hits 154

"Elton's Song" 224

Eminem 111, 310

"Emperor's New Clothes, The" 305

"Empty Garden (Hey, Hey Johnny)" 227

Empty Sky 67, 70, 73, 81, 88, 166, 189

Eno, Brian 116

Epps, Stuart 65, 79, 86, 100, 107, 123, 145, 189, 204-05, 241, 306

Epstein, Brian 95, 186, 337

Essex, David 26, 59, 145

Estados Unidos
Central Park, Nova York 213, 215
Dodger Stadium, Los Angeles 18, 172-73, 258, 275
Hollywood Bowl, concertos 131-33, 135
lançamento de Elton 90-1, 92-8
Las Vegas 310
Madison Square Garden, Nova York, 151, 164, 180, 196, 243, 245, 259, 299, 320
reação à homossexualidade de Elton, 178, 236, 244
turnês 105-08, 129, 181, 245, 276

Eurovision Song Contest 33, 66

Eurythmics 142

Everett, Kenny 205

Ewbank, Tim 163

Ezrin, Bob 325

F

Fairport Convention 77, 88, 128

Family 20, 128

Farber, Jim 274

Farebrother, Fred "Derf" (padrasto), 26, 30, 36, 53, 62, 73, 114, 122, 172, 208, 211, 221, 269

Farrow, Gary 142, 272, 298, 312

Fashanu, Justin 176

Fatboy Slim 308

Feibelmann, Maxine 104

Felton, Dave 106-07

Ferry, Bryan 47, 116, 125, 178, 191

"First Episode At Hienton" 85

"Flames Of Paradise" 256
Flatley, Michael 297
Flowers, Herbie 83, 109
Folds, Ben 310, 336
Forbes, Bryan 113-14, 147, 172, 236
Forbes, Sarah 236
"Forever Autumn" 145, 207
Forrest, Emma 287
Foster, Danny 313
Fountain, Nigel 60, 179
Fox, The 222, 223, 232
Frank N. Stein, compania 223
Franks, Carla 220, 224
Franks, Clive 62, 67, 70, 82, 109, 123,
   132, 133, 152, 163-64, 168, 170,
   197, 198, 224, 226, 235, 239, 267
   brigas com John Reid 159-160
   Elton, generosidade 244
   Elton, perda de audição 318
   Elton, personalidade 64, 204,
   281, 320
   sobre Kiki Dee 158-159
   sobre o casamento de Elton 235
   trabalho como produtor 201,
   203, 217, 223
Friends 99, 100
From The Inside (Alice Cooper) 190
"Funeral For A Friend" 138, 208,
   224
Furnish, David 265-68, 270, 281,
   306, 315-16, 321-22, 323
   Elton, união civil com 315
futebol 22, 31-3, 38, 60, 144, 175,
   176-77, 180, 193-94, 197, 202,
   207, 210-11, 217, 271, 293-94,
   303, 323

G

Gaff, Billy 230, 253-54
Gale, Paul 46

Gallagher, Noel 312
Gambaccini, Paul 36, 49, 58, 109,
   147-48, 154, 167, 169-70, 305,
   221, 312
Gamer, Kay 332
Gandy, Freddie 46
Geffen, David 226, 233,
Geffen Records 226, 232-33
Geller, Uri 152
"Georgia" 202, 270
Gere, Richard 281
"Ghetto Gospel" (2Pac) 310
Gibson, John 93
Gilbert, John 100
Gilbert, Lewis 99
"Gimme Gimme Gimme" (Abba)
   211
"Give Me The Love" 219
"Glad To Be Gay" (Robinson) 219
Glastonbury Festival 142
Glitter, Gary 164
Glover, Dave 78, 109
Goaldiggers 197, 207
"Goaldiggers Song, The" 197
Goldberg, Whoopi 321
Goldsmith, Harvey 208
"Gonna Capture Your Heart" (Blue)
   194
"Gonna Make You A Star" 145
"Goodbye Marlon Brando" 256
Goodbye Yellow Brick Road, 135, 137,
   138, 140-41, 147, 156, 166-68,
   171, 215, 224, 234
"Goodbye Yellow Brick Road" 172,
   320
Goodies, The, programa de TV 122
GQ, revista 268
Gralto, companhia de edição musical
   59
Grant, Hugh 315

Grateful Dead 119

"Greatest Discovery, The" 85, 124, 246

Greatest Hits 154, 165, 212,

Greatest Hits, Vol. II 212

Greatest Hits 1970-2002 308

Green, Colin 83, 115, 334

Greenaway, Roger 68-9, 88, 94-5

Greenfield, Robert 100

"Grey Seal" 86

Griffin, Jeff 211

"Grow Some Funk Of Your Own" 171

Guardian Readers, The (quadro) 188

Guardian, The 168, 188, 287, 325

"Gulliver/Hay Chewed/Reprise" 71

Guns N'Roses 273

H

"Hakuna Matata" 277

Hall, Eric 33-4

Hall, John 229

Halley, Bob 223, 233, 267, 281, 290, 306, 324

Hamburgo, Alemanha 45

Hammersmith Odeon, shows de Natal 164, 228

Hampshire, Gary 186

Hardy, Stephen 253, 255

Harker, Roland 83

"Harmony" 140

Harper, Gerald 194

Harris, Bob 72, 104, 124, 154, 164, 192, 211, 221

Harris, Fred (avô) 56

Harris, Ivy (avó) 19

Harris, Win 19

Harrison, Brian 142

Harrison, George 57, 256, 301, 319

Harty, Russell 172-73

"Have Mercy On The Criminal" 127, 259

Haydon, Andrew 295, 296

Haywood, Justin 145, 207

Hazzard, Tony 332

"Healing Hands" 260

"Heart In The Right Place" 224

"Heart of Glass" (Blondie) 211

"Heartache All Over The World" 242

Heartbreaker (Adams) 340

Heath, Chris 313

"Heavy Traffic" 257

Heimbecher, Stephan 290, 323

Hello, revista 145, 307

Hendrix, Jimi 42, 65, 72, 87, 139, 158

Henry, Stuart 69

Hentschel, David 121, 123, 126, 137-38, 141, 156

"Hercules" 114

Here And There 164

"Here's To The Next Time" 65

Hermitage, Museu, Leningrado 209

Hewiston, Mike 306

Hibbert, Tom 273

Hicks, Clive 83

Higgs, Pat 41, 46

"High Flying Bird" 127, 132-33, 306

Hilburn, Robert 93-4, 209, 233, 341

Hildred, Stafford 163

Hill, George 30, 37

Hill, Jimmy 197

Hiller, Tony 33, 60, 72

Hillman, Connie 281

Hinds, Dave 59

HIV *vide* aids

Hodes, Lenny 88

Holden, Stephen 206, 212, 223

Hollies 59, 65, 72, 79, 96

Hollywood Bowl, Los Angeles 131, 132-33, 135

Hollywood Reporter 93

homossexualidade 117, 176

"Honky Cat" 122, 163

Honky Château 117-18, 120-21, 123-25, 128, 130, 171, 184, 190

"Honky Tonk Women" (Stones) 76, 108, 170

Hookfoot 78, 83

Horsfield, Arthur 193

Houston, Cissy 158

"How You Gonna See Me Now" (Alice Cooper) 190

Howard, James Newton 169, 187, 224, 232, 246

Howard, John 316

Hubbard, Neil 47

Hughes Stadium, Colorado 170

Humblebums 76

Humphries, Barry 189

Humphries, Patrick 305

Hunt, Marsha 47-8

Hurley, Liz 312, 315

"Hurt" 303

Hutchins, Stephen 38

"Hymn 2000" 70

Hynde, Chrissie 291

I

"I Don't Feel Like Dancing" (Scissor Sisters) 311

"I Don't Wanna Go On With You Like That" 256, 350

"I Fall Apart" 241

"I Feel Like A Bullet (In The Gun Of Robert Ford)" 171

"I Guess That's Why They Call It the Blues" 234

"I Need You To Turn To" 84-5

"I Saw Her Standing There" 152, 243

"I Think I'm Going To Kill Myself" 122, 128-19

"I Want Love" 301-02, 305

Ice On Fire 239-40

"If You Could See Me Now" 60

Iggy and the Stooges 148

Igreja Católica 316

"I'm Gonna Be A Teenage Idol" 113, 128

"I'm Not In Love" (10cc) 186

"I'm Still Standing" 230, 232, 234, 310, 321

"Imagine" (Lennon) 108, 214, 301

"In Private" (Springfield) 299

"Indian Sunset" 110, 111, 310

Inkpen, Mick 31, 34-48, 62-3, 73, 83, 103, 105

Inkspots 42

Interview, revista 311

Invalid Children's Aid Society Benefit 163

IRA 203

Irwin, Colin 212

"Island Girl" 171

It Ain't Easy (Baldry) 109

"It Ain't Gonna Be Easy" 203

"It's A Sin" (Pet Shop Boys) 299

"It's Me That You Need" 70

"I've Been Loving You" 65-6

I've Got The Music In Me (Dee) 158

"I've Seen That Movie Too" 141

J

Jackson, Jack 39

Jackson, Michael 127, 217, 223, 234, 262

Jackson's Recording Studio 39

Jagger, Mick 42, 47, 106, 107, 122, 134, 170, 192, 254, 276, 315, 323

Jahr, Cliff 176

Jam, The 309

"Jamaica Farewell" 204

"Jamaica Jerk-Off" 140

"James, Dick" 59-62, 64-5, 67-70, 79, 81-2, 85, 87-9, 92, 95, 96, 101-03, 105, 107, 125, 127, 152, 185, 242-43

James, Nicky 59

James, Steve 64

"Jimmy, Brian, Elton, Eric" 197

Joel, Billy 276, 293, 294, 300, 323

John, Elton Hercules (Reg Dwight)

50º aniversário 289-90

60º aniversário 320-21

acrobacias com o piano 94, 106, 107, 168, 209

anúncios de aposentadoria 181, 193, 207, 294, 320

ativismo político 323

bulimia 252, 263, 288

cachorros 54, 221, 254, 269, 282

casamento com Renate Blauel 236, 244, 255, 259, 266

casas 101-02, 114, 205, 211, 280

CBE 292

cirurgia cardíaca 271

cocaína 161, 173, 188, 198-99, 220-21, 236, 241, 252-53, 262, 264, 270, 297, 313

colaborações com Taupin 59, 62, 190, 203, 218-19, 220, 224, 233-34, 280-81

colapso nervoso 225

coleção de discos 24, 72, 73, 124, 185, 195, 211

composições 111-12, 120, 186, 257, 291

compras 258, 260, 297, 298

conhecimento e talento musical 17-18, 20-1, 28-30, 34, 65-6, 313-14, 319-20

consumo de álcool 161, 182, 199, 236, 244, 252-53, 261

dependências 173, 199-200, 220--21, 252-53, 262, 264, 270, 312

estilo de vida 114, 147, 159, 211, 221, 226, 269, 279, 304

filmes e musicais 277, 293, 309

finanças 65, 228, 233, 243, 244, 295-96, 324

funda a Rocket Records 141, 145

generosidade 100, 156, 185, 194, 208, 244

hábitos alimentares 182

homossexualidade 174-75, 176, 178, 185

infância 19-31

looks 18-19, 37, 63, 86, 192-93, 215-16, 226, 258, 289-90, 306

mudança de nome 64, 69, 95, 114

noivado com Linda Woodrow 52-5, 101, 123

óculos 134-35

ordem de cavaleiro 292

perda de audição 318-19

planos de adoção 325

prática do tênis 165, 180, 196, 252, 266

prêmios 135, 205, 278, 293

problemas de voz 245, 246, 253

processa Benjamin Pell e o *Daily Mirror* 295

processa o *Sun* 255

reabilitação de dependências 163-64, 270

relacionamento com David Furnish 266-67, 315-16

relacionamento com John Reid 101-103, 177-78

relacionamento com o pai 24, 26, 225, 271, 307

relacionamentos e sexo 54-5, 101-02, 166-67, 220, 235-36, 245, 259, 263

Rock And Roll Hall Of Fame 276

temperamento 23, 24, 52 55, 186, 197, 230, 231, 252, 266, 292, 313, 321

tentativa de suicídio 173

trabalho beneficente 163, 184, 197, 215, 237, 240, 288, 298, 307, 356

tratamentos capilares 191, 279

turnês pelos Estados Unidos 105-08, 129, 181, 245, 276

união civil com Furnish 315

venda na Sotheby's 258

vício pelo trabalho 267

videoclipes 231, 232, 303, 305

website 324-25

John Reid Enterprises 142, 185, 295-96

Johnstone, Bruce 157

Johnstone, Davey 109, 118, 126, 136, 139, 141, 152, 157, 159, 197, 202, 224, 232, 244, 275, 279, 290, 306, 314, 340

Johnstone, Oliver 306

Jones, Allan 155

Jones, Dylan 268, 319

Jones, Jack 129

Jones, John Paul 144

Jones, Quincy 93

Joplin, Janis 79, 137

Jorgenson, John 280, 282-83, 291--92, 299, 318

Jump Up! 222, 227-28, 233

"Just Like Belgium" 224

"J'Veux d'la Tendresse" 224

K

Kanga, Skaila 232, 333

Kay Smith Studio, Seattle 194

Keating, Ronan 299

Keen, Mike 163

Kendall, Howard 237

Kendall, Kenneth 195

Kershaw, Nik 240

Key, Robert 325

Khan, Jemima *307*

Kiki Dee Band 158

Killers, The 313

King, Billie Jean 165, 169, 172

"King Must Die, The" 85

King, Tony 72

Kinks, The 193

"Kiss The Bride" 234

Klein, Calvin 213

Knight, Gladys 240

Knokke Festival, Bélgica 88

Knopfler, Mark 259

Kokonin, Vladimir 207

Korner, Alexis 42

Krause, Ian 35

Krumlin Festival, Yorkshire 75-8, 104

L

La Frenais, Ian 209

Labelle, Patti 42-4, 46, 307

LaChapelle, David 310

"Lady Samantha" 69-70, 73, 81, 271

Lance, Major 42

Larkham, David 130, 182

Las Vegas 310

"Last Song, The" 274

"Laughter In The Rain" 184

"Laura" (Scissor Sisters) 310

Lawrence, Sharon 173

Le Bon, Simon 231

"Le Freak" 221

Leather Jackets 241-42, 244, 246, 256-57

Led Zeppelin 96, 144

Lee, Byron 135

"Legal Boys" 228

Lei da União Civil 314

Leigh, Spencer 46, 286, 293

Leningrado 209-10

Lennon, John 106, 108, 151-54, 164-65, 182, 213-14, 226-27, 243, 259, 261, 301-02, 321, 338

Lennon, Julian 165

Lestat 316

"Let It Be" 239

Let's Dance (Bowie) 234

"Levon" 273

Lewis, Jerry Lee 21, 94

Lewis, Linda 128, 145

Liberace 129

Liberty Records 49, 58

Lightfoot, Gordon 93

Lindisfarne 189

Lippman, Michael 219

"Little Jeannie" 214, 217-18

"Little Love Goes a Long Long Way, A" 60

Little Richard 17, 21-2, 30, 46, 94, 125, 276

Live 8, Hyde Park 314

Live Aid 237-39

Live In Australia 247, 256, 335

"Live Like Horses" 291

Lloyd-Webber, Andrew 92, 96

Longdancer 142, 145

"Look Ma, No Hands" 305

Lopez, Denis 332

Los Angeles Times 93-4, 209

Louder than Concorde... But Not Quite As Pretty, turnê 179, 181

Lovelace, Linda 131, 132

Love, Courtney 215

"Love Lies Bleeding" 138

Love, Mike 93

"Love's Got A Lot To Answer For" 291

Loving And Free (Dee) 143

Lucas, Matt 315

"Lucy In The Sky With Diamonds" 152-53

Lulu 315

Lynch, Kenny 48

Lynne, Jeff 59

M

Mackie, Bob 172, 181, 246

Madame Tussaud, Museu de Cera 184

Made In England 278-79

"Made In England" 291

Madison Square Garden, Nova York 151, 164, 180, 196, 243, 245, 259, 299, 320, 356

Madman Across The Water 109-11, 118, 124

"Madman Across The Water" 109, 118, 124, 321

"Madness" 203

Madonna 190, 217, 311

Magna Carta 109

Magne, Michel 119

Mailand, Mike 154

Mancini, Henry 93

Manfred Mann 34

Manilow, Barry 307

Mankowitz, Gered 244, 258

Mansfield, Mike 183

Margaret, princesa 226

Marquee Enterprises 45

Martin, (*sir*) George 61, 80, 228, 286

Marx, Groucho 125-26

Massive Attack 267

Mattacks, Dave 240

May, Brian 290

McCartney, Paul 47, 52, 67, 68, 81, 152, 191, 226, 239, 243, 276

McEnroe, John 213

McGowan, Cathy 202

McKenzie, Kelvin 253, 255

McManus, Michelle 313

McMullen, Sarah 281

Medúlla (Björk) 313

Mee, Bertie 210

"Memory Of Love" 241

Mercuriadis, Merck 317, 320

Mercury, Freddie 238, 271, 273, 338

Michael, George 238, 240, 272, 313

Mill, The, Cookham 189, 198, 200, 204, 239

Mills Music 18, 31-4, 38-44, 60

Mills Publishing 40

Minogue, Kylie 307

Mockingbirds 30

Mojo, revista 166, 270

"Mona Lisas And Mad Hatters" 120-21

Monroe, Marilyn 132, 135, 180, 227

Moon, Keith 143, 169

Moore, Barbara 332

Moore, Brian 197

Moore, Dudley 213

Moore, Mandy 306

Morecambe and Wise Christmas Special, programa de TV 195

Morecambe, Eric 184, 197

Morgan, Barry 83, 109, 332

Morgan, Charlie, 236, 239, 240, 242, 244-45, 256, 257, 261, 268, 270, 275, 280, 288, 290, 332

    deixa a banda 295

    temperamento de Elton 276, 279, 291, 298

Moroder, Giorgio 212

Morrissey 217, 313

Moscou 209-10

Moss, Kate 313

Motown Records 102, 142

Mouskouri, Nana 134

Move, The 77

Moyles, Chris 311

Mr Bloe 87

"Mr Frantic" 44

Mr Freedom 92

MTV 210, 223, 232, 303

Mulcahy, Russell 230, 231, 232

Murphy, Dave 41, 46

Murray, Dee 75, 87, 109, 123, 141, 146, 168, 220, 232, 239

Murray, Tony 59

Music Land Records 72

Music Week, prêmio 205

Musicland, Munique 211

"My Elusive Drug" 308-09

"My Father's Gun" 99

"My Oh My" (Slade) 234

N

Napier-Bell, Simon 161

Nash, Graham 59, 65, 93, 96, 127

Nazareth 163

New Musical Express 48

New Paul O'Grady Show (Canal 4) 114

New Wave music 191, 211

New York Post 309

New York Times 287

Newman, Del 141

Newman, Nanette 114, 125, 147, 172, 236

Newman, Randy 97

Nicholls, Juiz 243

"Nikita" 240

Niraki Music 59

"Nobody Wins" 224-25

Norman, Philip 23, 25, 26, 30, 58, 85, 88, 92, 101, 125, 134, 142, 160, 172, 173, 189, 226, 229, 233, 246, 253, 254, 255, 337

Northwood Hills Hotel, Londres 18, 28, 30, 34, 37-8, 73

Norton, Graham 315

"Not Me" 293

Nudie, Bill 181

O

Observer, jornal 292

Oddie, Bill 122, 207

Odgers, Brian 109

Ogilvy & Mather 281

Old Grey Whistle Test, programa de TV 164, 221, 229, 238

Olsson, Kai 142

Olsson, Nigel 75, 87, 88, 106, 109, 118, 123, 130, 137, 142, 157, 168, 171, 188, 214, 218, 220, 229, 232, 239

"One Horse Town" 187

O'Neill, Terry 172, 205

"One In A Million" (Guns N'Roses) 273

One Night Only 299

One, The 274-75

One Who Writes The Words For Elton John, The (livro) 182

Ono, Yoko 152-54, 214, 226, 302

Optique Boutique, Los Angeles 134

"Original Sin" 305-06

Orloff, Kathy 93

Orquestra Sinfônica de Londres 224

Orquestra Sinfônica de Melbourne 246

Osborne, Gary 43, 143-45, 177, 178, 197, 200, 202-06, 208, 209, 211, 217, 225, 228, 232, 241, 314, 327

comparação com Taupin 203, 206

composição de letras 144

Elton, amizade com 144, 206, 222-23

Elton, consumo de álcool e drogas 199, 221

Elton, rivalidade com Bowie 194

letras para Elton 195, 201, 218, 219, 221, 224, 227

substituição por Taupin 233

Woodside 211

Osborne, Jenny 221, 222

Osborne, Luke 222

Osbourne, Ozzy 321

Osbourne, Sharon 307, 321

Oscar 267, 278

"Out Of The Blue" 186

Out Of The Closet, brechó 298

P

Page, Jimmy 47, 147

Page, Martin 241

Pang, May 154-54

Pareles, John 287

Parker, Alan 83, 124

Parkinson, Michael 199, 254

Parkside Lutheran Hospital, Chicago 263

Parsons, Tony 23, 114, 252, 255, 262, 264
"Part-Time Love" 202
Passarelli, Kenny 169, 172, 186
"Passengers" 237
Paton, David 239-40, 244-45, 254, 257, 279
Paul, Henri 285
Paul, Lynsey de 182
Pavarotti, Luciano 291
Peachtree Road 308-09
Peel, John 69, 88, 146, 211
Pegg, Dave 77
Pell, Benjamin 294-95
Penny, Greg 278
Pet Shop Boys 299
"Philadelphia Freedom" 165, 321
Philips Records 40
Piaf, Edith 187
Pickett, Lenny 157
Pickett, Wilson 41
Piena, Helen 27-30
"Pinball Wizard" 163, 258
Pink Floyd 49, 76, 311
Pinner County Grammar School 28, 31
Pipolo, Pat 139
Pitt, Brad 130
Plastic Ono Band 301
Playboy Club, Nova York 95
Playboy, revista 22, 25, 51, 68, 95, 178-79, 182
"Please" 279
Police 128, 191
Pond, Steve 211
"Pop Music" (M) 211
Pop Proms 88
Pope, Maldwyn (Mal) 146, 184
Pope, Roger 72, 78, 109, 169
"Postcards From Richard Nixon" 90, 317

Prentice, Thomson 206
Presley, Elvis 21, 132, 135, 187, 261, 262, 313
Prévost, Janic 224
Price Waterhouse 295-96
"Princess" 228
Prince's Trust, festa de aniversário 243
Procktor, Patrick 188
Procol Harum 49
Punch, revista 281
punk rock 191

Q

Q Awards 311
Q, revista 27, 84, 196, 241, 242, 272, 273, 276, 291, 311
Quase Famosos (filme) 111, 122
Quaye, Caleb 33, 47, 60, 65, 67, 69, 70, 72, 78, 83, 109, 169, 172, 186, 188, 332
Queen 185, 187, 238, 240, 246, 275, 288

R

Rádio Luxembourg 39-40, 56
Rafferty, Gerry 76
Ramone, Phil 107
Ramsay, Gordon 313
Rea, Chris 189
Record Mirror, revista 86, 207
Record Retailer and Music Industry News 41
Red Piano show 310, 322-23, 325, 357
Reed, Lou 216
Reg Strikes Back 256-59
Regan, Russ 88, 94
Rei Leão, O (filme) 277-78, 293, 296, 303, 309

Reid, John 123, 133, 136, 142, 163, 165, 168, 172, 175, 181, 185, 189, 197, 207, 208, 223, 226, 231, 233, 235-36, 242, 245, 254, 258, 266, 268, 274, 276, 277, 294-97
   consumo de álcool 161
   consumo de cocaína 161-62
   é demitido por Elton 281-82
   Elton, rompimento com 177-78, 186
   empresário de Elton 102-03
   interesses empresariais 185
   noivado com Sarah Forbes 236
   processa a DJM 243
   relacionamento com Elton 101--03
   temperamento 103, 161, 186, 246
"Return To Paradise" 203
Rice, *sir* Tim 69, 92, 96, 97, 228, 261, 276, 278, 281, 292, 293, 307
Richard, Cliff 207, 217, 242
Richards, Keith 42, 287
Ridgeley, Andrew 238
Riedel, Michael 309
"River Can Bend, The" 291
Roberts, Dennis 135
Robertson, Robbie 97, 98
Roberts, Tommy 92
Robinson, Tom 217-18, 224, 236
Rock And Roll Hall Of Fame 276
"Rock And Roll Madonna" 86
Rocket Fan, fã clube 290
"Rocket Man" 120-22, 184, 273, 317, 322, 337, 339, 347, 355
Rock Of The Westies 171-73, 184, 186
Rocket Man (Greatest Hits) 322
Rocket Records 141-42, 145, 158, 167, 184, 186, 189, 194, 204, 229, 247, 297

Rodkin, Loree 190
Rolling Stone, revista 86, 100, 111, 118, 147, 174, 176, 177, 179, 188, 206, 212, 217, 221, 223, 236, 242, 274, 318
Rolling Stones 33, 35, 45, 47, 72, 78, 118, 135, 170, 192, 287
Ronson, Mick 110, 116
Rose, Axl 273, 276
Rose, Howard 281
Rosenthal, Elizabeth 200
Rossiya Concert Hall, Moscou 210
Ross, Jonathan 311
Ross, Michael 130
Roxy Music 115-17, 141, 211
Royal Albert Hall, Londres 105, 299
Royal Command Performance Variety Show 129
Royal Festival Hall, Londres 124, 139, 147, 163, 335
Royal Philharmonic Orchestra 124
Royal Variety Club 197
"Roy Rogers" 135, 140
Roy Tempest Agency 40-1, 44-5
Rubettes, The 207
Rufus & Chaka Kahn 169
RuPaul 275
Rusedski, Greg 315
Rush, Jennifer 256
Rusk Sound Studios, Hollywood 212
Russell, Leon 93-4, 96, 99, 106, 172-73, 322
Russo, Toni Lynn 234

S

"Sacrifice" 260, 261
Safina, Alessandro 308
Sandall, Robert 126, 272

"Sand and Water" 292

Sand, George 119

"Sartorial Eloquence" 218-19

"Saturday Night's Alright For Fighting" 137, 139, 273, 304

Sayer, Leo 191

"Say You Do" 144

"Scarecrow" 60

Schaeffer Stadium, Foxborough 180

Schiffer, Claudia 315

Scissor Sisters 307, 310-11

Scott, John 270

Scott, Ken 110, 118, 120, 123, 124, 126, 129, 135, 136, 157

Sedaka, Neil 108, 142, 146, 184, 189, 206

Sex Pistols 191

Sgt. Pepper's Lonely Hearts Club Band 49, 169

Shanks, John 336

Shaper, Hal 144

Shatner, William 121

Shears, Jake 307

Shepard, Matthew 305-06

"Shine On Through" 195, 203, 206

"Shooting Star" 203

Shoreditch College 196

Sigma Sound Studios, Filadélfia 194

Simon, Paul 34

"Simple Life" 274

Sinatra, Frank 187

Single Man, A 198-209, 211-12, 217, 219, 224, 339

Siouxsie and The Banshees 191

"Sixty Years On" 76, 85, 94, 246, 301, 321, 329, 332, 333

Sky TV 194, 308

"Skyline Pigeon" 69, 71, 127, 163

Slade 115, 141, 234

"Slave" 122

Sleeping With The Past 260-61

"Slow Down Georgie (She's Poison)" 237

"Slow Rivers" 242

Smith, "Legs" Larry 122, 128-29

"Snow Queen" 187

"Social Disease" 140

Sociedade de Oftalmologia Americana, prêmio 135

"Solar Prestige A Gammon" 156

Sol Studios, The Mill, Cookham 239

"Someone Saved My Life Tonight" 167

"Someone's Final Song" 188

"Something About The Way You Look Tonight" 186, 291

"Song For Guy" 204-06

Songs From The West Coast 304-06, 309, 355

"Sorry Seems To Be The Hardest Word" 184, 187, 228, 308, 348

Sotheby's, venda 258

Sounds, revista 177, 180, 187, 189, 193, 194, 310

"Space Oddity" 79-81, 120, 128

Spector, Phil 124, 148

Spencer, Earl 286

Spice Girls 293

Sports Aid Foundation 180

Springfield, Dusty 97, 142, 157, 299

Springsteen, Bruce 216

Sproxton, Steve 142

Stacey, Bob 281

Stackridge 142, 169

Stallone, Sylvester 281

"Starman" (Bowie) 116

Starr, Ringo 124-25, 169, 315

Starship 241

"Stay With Me Till Dawn" (Tzuke) 214

Stein, doutor Jules 135
Stephenson, Pamela 198
"Step Into Christmas" 148, 175
Steptoe and Son, série de TV 114
Stevens, Cat 71, 86, 96
Stewart, Dave 142
Stewart, "Fat Boy" Billy 43-44
Stewart, Rod 45, 47, 99, 109, 134, 141, 163-64, 190-93, 207, 211, 216, 230, 234, 237, 253, 272-73, 276, 290, 307, 315, 318, 323
Sting 202, 216, 241, 273, 293
Stipe, Michael 215, 217
Stonewall 299
Stranglers, The 207
Strawberry Studios, Auvers-sur-Oise (Château Hérouville) 118-19, 123
Street Life, revista 179
Street-Porter, Janet 191
Streisand, Barbra 135, 306
Studio 54, Nova York 221
"Sugar Baby Love" 145
Sullivan, Big Jim 144
Summer, Donna 212, 307
Sunday Mirror 54, 259, 340, 342
Sunday People 271
Sunday Telegraph 23
Sunday Times 277, 289
Sun, jornal 253-56, 272, 315
Superbear Studios, Nice 217
Supersonic, programa de TV 183
Sutcliffe, Phil 194, 207, 246
Swarbrick, Dave 77
"Sweet Painted Lady" 140
"Sympathy For The Devil" 71

T

T Rex 314
Take That 307, 310, 314

"Take Me To The Pilot" 85, 108, 273
"Take Your Mama Out" (Scissor Sisters) 311
Talking Heads 211
"Talking Old Soldiers" 99
Tantrums and Tiaras, documentário para a TV 173, 265-68, 281
Tatler, revista 293
Taupin, Bernie 51, 54-5, 57-8, 60, 65-7, 71, 84-5, 90, 98-9, 103, 105, 110, 117, 120-21, 132, 134, 135, 137, 140, 142, 147, 148, 151, 186, 187, 195, 198, 200, 206, 213, 214, 217, 219, 221, 227, 232, 243, 251, 256, 270, 274, 280, 290, 302, 319, 322, 323, 335
  álbum 109-110
  "Candle In The Wind 1997" 286-87
  casamento com Maxine Feibelmann 104, 162, 172, 186
  casamento com Toni Lynn Russo 234
  colaboração com Elton 59, 62, 190, 203, 218-19, 220, 224, 233-34, 280-81
  consumo de álcool 162, 182-83, 190
  drogas 162
  início de tudo 56-9
  vida com Elton 62-3, 74
Taylor, Alvin 218-19
Taylor, Elizabeth 306
Taylor, Graham 193, 197, 202, 210, 220, 237, 294
Taylor, James 92, 96-7
Taylor, Roger 240
Taylor-Wood, Sam 302
"Teacher I Need You" 127

Teller, Juergen 271
Tempest, Roy 40-1, 44-45
Tendler, Arnold 37-8, 40, 46
Tennant, Neil 24
Tennille, Toni 157
"Texas Love Song" 128
Thatcher, Margaret 288
"That's What Friends Are For" 240
"These Dreams" (Heart) 240
This Music 64
"This Song Has No Title" 140
"This Town" 240
"This Train Don't Stop There Anymore" 352
Thomas, Chris 29, 72, 223, 232, 235, 257, 260, 269, 274, 290-91
Thompson, Richard 77
Three Dog Night 73
Thriller (Jackson) 234
"Ticking" 156
Timbaland 322
Timberlake, Justin 306
Time Out Of Mind (Dylan) 291
Time Out, revista 73
"Tinderbox" 317
Tin Pan Alley (Denmark Street) 58-9, 61, 165, 315, 317
"Tiny Dancer" 104, 110 ,111, 201, 317
To Be Continued..., box set 39, 271, 354
Tokyo Dome 259
Tommy (filme) 143, 258
"Tonight" 187, 224
Tony, prêmio 293
Too Low For Zero 232, 234-34
"Too Many Tears" 309
Top Gear, programa de TV 186
Top Of The Pops 71, 83, 84, 86, 115, 116, 124, 127, 225, 339
Top Pop, revista 66

Tour De Force 245
Tourists, The 142
Tower Records 95, 298
"Town Of Plenty" 257, 350
Townshend, Pete 105, 143, 228, 273
Trident Studios 82, 110, 121, 330
Trinny and Susanna 315
Troubadour Club, Hollywood 92-7, 100, 135, 209
Troy, Doris 42-3
Trump Taj Mahal, Atlantic City 261
Tucker, Ken 217
Tumbleweed Connection 97-101, 108, 110
turnê pela Rússia 207-09, 307
Turner, Steve 98
Turner, Tina 216, 246, 273, 293
"Tutti Frutti" 124
"Two Rooms At The End Of The World" 219, 272
Two Rooms, CD/vídeo 272-73
Tzuke, Judie 213-14, 217, 219, 297

U

U2 238
Uncut, revista 258, 343
Universal Records (MCA/Universal) 92
University Challenge, programa de TV 186
"Uptown Girl" (Joel) 293
Uttal, Larry 88

V

"Val Hala" 71
Vaughan, Michael 315
"Velvet Fountain" 60
Venables, Terry 32-3
Vernon, Mike 81, 99

Versace, Donatella 315

Versace, Gianni 274-75, 283, 287, 289, 297-99, 318

Very Best Of Elton John, The 272

Vialli, Gianluca 294

Victim Of Love 212, 241

"Video Killed The Radio Show" 232

vídeos 183, 223, 231-32, 265, 276, 303, 323

Vigrass, Paul 145

Virginia Water, Surrey 113

Visconti, Tony 119, 124

W

Wainwright, Rufus 305

Wakeman, Rick 109

Waldbühne, Berlim 280

Walker, Alan 47

Walker, Johnnie 78

Walsh, Joe 169

Walters, Barbara 28

Walters, Helen 85, 100

Walters, John 105, 146

War Of The Worlds (Wayne) 145, 206

Warwick, Dionne 240

Water Gardens, Edgware 103, 142

Waterman, Denis 207

Watford Football Club 22, 163, 174, 175, 184, 193, 202, 210, 237, 271, 294, 324

Watson, Tom 196

Watts, Charlie 182

Watts, Mark 294

Wayne, Jeff 145, 207

"We All Fall In Love Sometimes" 166

"We Are The World" 240

website 325

"We Built This City" (Starship) 240-41

Weighll, Alan 332

"Weight Of The World" 309

Wembley Stadium 169, 170, 237, 244, 273

Wham! 238, 243

"Whatever Gets You Through The Night" (Lennon) 151-53

Wheeler, David 160

"When I Was Tealby Abbey" 69

"Where To Now St. Peter?" 99, 321

"Whispers" 260

"White Lady, White Powder" 219

White, Ryan 262

White Tie and Tiara, Baile 307

White, Timothy 21

Who 35, 43, 45, 57, 105, 157, 162, 163, 182, 193, 214, 224, 238, 273, 286, 310, 318

Wigg, David 209

Wilde, Jon 258

Williams, Hugh 263

Williams, Kevin 160

Williams, Ray 48-50, 58-9, 88, 92, 99, 101

Williams, Robbie 310, 313, 315

Williams, Robin 321

Wilson, Brian 83, 167

Wilson, Carl 157

Windsor, Barbara 102

Winter, Norm 91, 93

Wisseloord Studios, Hilversum 241

Wogan, Terry 315

Woodrow, Linda Ann 52-4, 101, 167

Woodside, Crimps Hill 170, 184, 188, 196, 202, 205, 207, 210-11, 222, 227, 254, 266-67, 281-82, 307, 314-15

"Wrap Her Up" 240

Wright, Lawrence 34

Wright, Steve 180, 308

Y

Yardbirds 30
Yates, Robert 291
"Yell Help/Wednesday Night/Ugly" 171
"Yesterday" (Beatles) 274
Yevtushenko, Yevgeny 209
York, duquesa de 307
Yorkshire Folk, Blues and Jazz Festival 75
"You'll Be Sorry To See Me Go" 66
Young, Neil 142
Young, Paul 69
"You're In My Heart" (Stewart) 272
"Your Sister Can't Twist (But She Can Rock'n'Roll)" 140
"Your Song" 74-5, 78-9, 83, 84, 100, 104, 106, 108, 121, 124, 172, 213, 237, 261, 273, 288, 293, 308, 323, 331, 332
"Your Starter For..." 186

Z

Zegers, Kevin 312
Zeta-Jones, Catherine 190
Zito, Richie 219

Este livro foi publicado em 2011 pela Companhia Editora Nacional.
CTP, impressão e acabamento pela IBEP Gráfica, em São Paulo.